KT그룹

온라인 종합적성검사

기출이 답이다

시대에듀

시대에듀 기출이 답이다 KT그룹 온라인 종합적성검사

Always **with you**

사람의 인연은 길에서 우연하게 만나거나 함께 살아가는 것만을 의미하지는 않습니다.
책을 펴내는 출판사와 그 책을 읽는 독자의 만남도 소중한 인연입니다.
시대에듀는 항상 독자의 마음을 헤아리기 위해 노력하고 있습니다. 늘 독자와 함께하겠습니다.

머리말 PREFACE

KT그룹은 1981년 창립되었으며, 2002년 민영화되어 대한민국 정보통신을 선도해 왔다. 창립 당시 450만 회선에 불과했던 전화시설을 12년 만에 2,000만 회선으로 확대하였으며, 아시아 최초의 첨단 인터넷망과 위성통신망 구축, 대한민국 최초 통신위성인 '무궁화호' 발사 등을 통해 우리나라를 정보통신 선진국 대열에 올려놓는 데 기여하였다.

앞으로도 KT그룹은 음성과 데이터, 유선과 무선, 통신과 방송이 융합하는 컨버전스(Convergence) 시대에 최고의 서비스 품질과 기술력을 확보하여 세계 시장을 선도하고 사회적 · 환경적 차원에서도 기업의 책임을 성실히 이행하여 신뢰와 사랑을 받는 기업이 되도록 노력할 것이다.

KT그룹은 채용절차에서 지원자가 업무에 필요한 역량을 갖추고 있는지를 평가하기 위해 KT그룹 온라인 종합인적성검사를 실시하여 맞춤인재를 선발하고 있다. KT그룹 온라인 종합인적성검사는 인성검사와 적성검사로 구성되어 있으며, 2022년 상반기부터 온라인으로 시행되고 있다.

이에 시대에듀에서는 KT그룹 온라인 종합적성검사를 준비하는 수험생들이 시험에 효과적으로 대비할 수 있도록 다음과 같은 특징의 본서를 출간하게 되었다.

도서의 특징

1. 최신 기출유형을 반영한 기출유형 뜯어보기를 수록하여 풀이방법과 이에 따른 팁을 학습할 수 있도록 하였다.
2. 2025~2019년 시행된 KT그룹 온라인 종합적성검사 7개년 기출복원문제를 수록하여 KT그룹만의 출제경향을 한눈에 파악할 수 있도록 하였다.
3. 2025~2023년 3개년 주요기업 기출복원문제를 수록하여 다양한 기업의 출제유형을 학습할 수 있도록 하였다.

끝으로 본서를 통해 KT그룹 입사를 준비하는 여러분 모두에게 합격의 기쁨이 있기를 진심으로 기원한다.

SDC(Sidae Data Center) 씀

KT그룹 기업분석 INTRODUCE

◇ 비전

고객의 보다 나은 미래를 만드는 AI 혁신 파트너

KT의 유무선 통신과 AX 역량으로 고객이 필요로 하는 가치를 제공하여
고객의 더 발전된 미래를 만드는 데 기여한다.

◇ 핵심가치

고객

고객의 니즈 충족과 문제 해결을 위해 치열하게 고민하고 새로운 고객 경험을 제시한다.

역량

고객의 문제를 해결하고 고객이 원하는 혁신을 가장 잘할 수 있도록 전문성을 높인다.

실질

본업인 통신과 ICT를 단단히 하고 화려한 겉모습보다 실질적인 성과를 추구한다.

화합

다름을 인정하되 서로 존중하고 합심해 함께 목표를 이뤄간다.

◇ 인재상

기본과 원칙에 충실하고 고객 가치 실현을 위해
끊임없이 소통하며 근성을 가지고 도전하는 KT인

끊임없이 도전하는 인재

- 시련과 역경에 굴하지 않고 목표를 향해 끊임없이 도전하여 최고의 수준을 달성한다.
- 변화와 혁신을 선도하여 차별화된 서비스를 구현한다.

벽 없이 소통하는 인재

- 동료 간 적극적으로 소통하여 서로의 성장과 발전을 위해 끊임없이 노력한다.
- KT그룹의 성공을 위해 상호 협력하여 시너지를 창출한다.

고객을 존중하는 인재

- 모든 업무 수행에 있어 고객의 이익과 만족을 먼저 생각한다.
- 고객을 존중하고, 고객과의 약속을 반드시 지킨다.

기본과 원칙을 지키는 인재

- 회사의 주인은 나라는 생각으로 자부심을 갖고 업무를 수행한다.
- 윤리적 판단에 따라 행동하며 결과에 대해 책임을 진다.

2025년 상반기 기출분석 ANALYSIS

총평

2025년 상반기 KT그룹 온라인 적성검사는 도형 영역을 제외하고는 타 기업의 적성검사와 출제수준이 유사하거나 더욱 쉬웠다는 평이다. 언어, 언어 · 수추리, 수리 영역은 평소 꾸준히 학습했다면 충분히 풀 수 있었지만, 도형 영역은 대다수의 수험생들이 어려웠다고 했을 만큼 고난도로 출제되었다. 따라서 네 개의 영역을 고루 학습하되 KT그룹만의 특징을 보이는 도형 영역에 집중하였다면 원하는 결과를 얻었을 것으로 예상된다.

◇ 핵심전략

KT그룹은 온라인으로 인적성검사를 진행하기 때문에 시험 전 온라인 모의고사를 통해 실전 감각을 키우는 것이 중요하다. 실물 필기도구는 사용할 수 없지만 프로그램 내 계산기와 메모장은 사용 가능하며, 주어진 기능을 활용한 문제 풀이 연습이 필요하다. 또한 온라인 시험인 만큼 서버나 통신 오류 등의 문제에 대비하여 미리 시스템을 점검해두는 것이 좋다.

도형 영역에서 많은 수험생이 어려움을 겪으므로 문제의 난도에 대해 크게 걱정할 필요는 없다. 다만 평소 다양한 문제를 풀어보며 해당 유형 풀이에 대한 접근법을 익히는 것이 중요하다. 온라인 시험 특성상 복잡한 문제는 출제빈도가 높지 않기에 시험시간 내에 풀 수 있는 문제를 파악하여 점수를 얻는 전략을 세워야 한다.

◇ 시험진행

구분	영역	문항 수	제한시간
적성검사	언어	20문항	20분
	언어 · 수추리	20문항	25분
	수리	20문항	25분
	도형	15문항	20분
인성검사	PART 1	333문항	45분
	PART 2	160문항	15분

◇ 영역별 출제비중

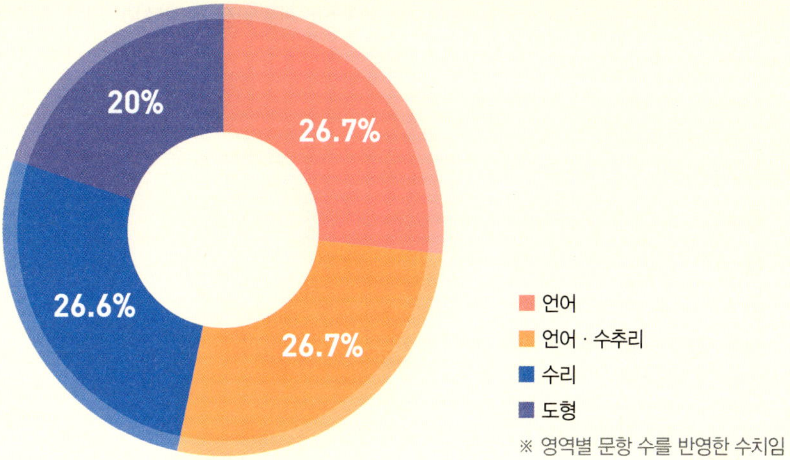

◇ 영역별 출제특징

구분	영역	출제특징
적성검사	언어	• 띄어쓰기 등 맞춤법 관련 문제 • 제시문의 주제나 제목을 찾는 문제 • 제시문과 일치하거나 일치하지 않는 내용을 찾는 문제
	언어 · 수추리	• 주어진 명제가 참일 때 항상 참이거나 참이 아닌 명제를 찾는 문제 • 주어진 명제를 통해 추론할 수 있는 내용을 찾는 문제
	수리	• 거리 · 속력 · 시간, 농도, 확률 등 응용수리 문제 • 통계자료를 해석하고 순위, 비율, 증감률 등을 구하는 문제
	도형	• 제시된 도형의 규칙을 찾아 외 · 내부도형의 변화를 추론하는 문제

신입사원 채용 안내 INFORMATION

◇ 채용시기

수시채용으로 진행되며 계열사별로 여건에 따라 채용일정 및 방식이 다를 수 있음

◇ 지원자격

❶ 정규 4년제 기졸업 또는 정해진 기간 내 졸업 가능한 자
❷ 남성의 경우, 병역 필 또는 면제자
❸ 해외여행/체류에 결격 사유 없는 자
❹ 최종합격 후 정해진 기간 내 입사 가능한 자

◇ 채용절차

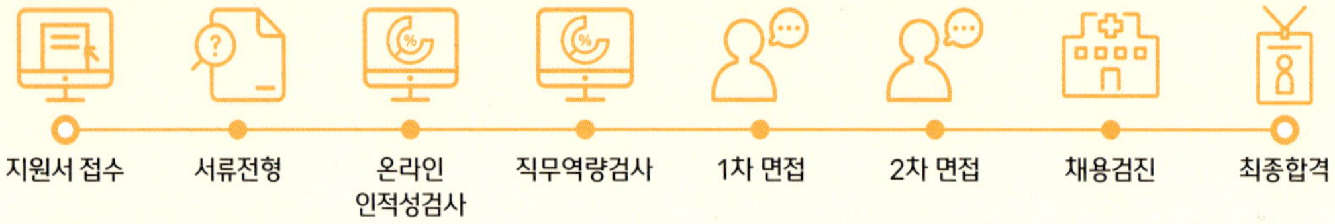

지원서 접수	KT 채용홈페이지(recruit.kt.com)를 통해 온라인 지원서 작성
서류전형	지원자격 보유 여부 확인 및 자기소개서를 통한 잠재역량 평가
인적성검사 및 실무면접	지원자의 인성과 적성이 KT그룹의 조직과 인재상에 부합하는지 종합적으로 평가
임원면접	지원자의 자질, 인성 및 태도 등 종합적으로 평가
채용검진	지정된 기관을 통해 건강검진을 진행

◇ 기타사항

❶ 최종 배치부서는 회사의 인력계획을 고려하여 결정
❷ 신입 채용 최종합격자에게는 학위나 경력에 관계없이 동일한 신입사원 처우를 제공
❸ 취업보호 대상자(보훈)는 관련 법령 및 내부 기준에 의거하여 우대

❖ 채용절차는 채용유형, 채용직무, 채용시기 등에 따라 변동될 수 있으므로 반드시 발표되는 채용공고를 확인하기 바랍니다.

온라인 시험 Tip

TEST TIP

◇ 필수 준비물

❶ **신분증** : 주민등록증, 외국인등록증, 여권, 운전면허증 중 하나

❷ **그 외** : 휴대폰, 휴대폰 거치대, 노트북, 웹캠, 노트북/휴대폰 충전기

◇ 온라인 종합인적성검사 프로세스

❶ 전형 안내사항 확인

❷ 응시자 매뉴얼 숙지/검사 프로그램 설치

❸ 사전점검 진행(지정 기한 내)

❹ 본 검사 응시

◇ 유의사항

❶ 오답 감점이 있으므로 모르는 문제는 찍지 말고 놔두는 것이 좋다.

❷ 필기도구는 일절 사용이 불가하다(프로그램 내 메모장 및 계산기 사용 가능).

❸ 터치스크린 노트북은 사용이 불가하다.

◇ 알아두면 좋은 Tip

❶ 원활한 시험 진행을 위해 삼각대와 책상 정리가 필요하다.

❷ 개인용 핫스팟은 사용이 불가하며 네트워크 연결 이상 여부를 잘 확인해야 한다.

❸ PC 전원공급 상태를 확인하고, 배터리 충전기는 미리 꽂아두어야 한다.

❹ 각종 전자기기는 전원 종료 후 손에 닿지 않는 곳에 치워두어야 한다.

❺ KT그룹의 인성검사를 위해 KT그룹의 인재상에 대해 숙지해둔다.

주요 대기업 적중 문제 TEST CHECK

KT

언어 ▶ 주제 · 제목 찾기

2025년 적중

※ 다음 글을 읽고 글의 주제로 가장 적절한 것을 고르시오. [3~4]

03

오늘날 사회계층 간 의료수혜의 불평등이 심화되어 의료이용도의 소득계층별, 지역별, 성별, 직업별, 연령별 차이가 사회적 불만의 한 원인으로 대두되고, 보건의료서비스가 의 · 식 · 주에 이어 제4의 기본적 수요로 인식됨에 따라 의료보장제도의 필요성이 나날이 높아지고 있다.
의료보장제도란 국민의 건강권을 보호하기 위하여 요구되는 필요 보건의료서비스를 국가나 사회가 제도적으로 제공하는 것을 말하며 건강보험, 의료급여, 산재보험을 포괄한다. 이를 통해 상대적으로 과다한 재정의 부담을 경감시킬 수 있으며, 국민의 주인의식과 참여 의식을 고취할 수 있다.
의료보장제도는 의료수혜의 불평등을 해소하기 위한 사회적 · 국가적 노력이며, 예측할 수 없는 질병의 발생 등에 대한 개인의 부담능력의 한계를 극복하기 위한 제도이다. 또한 개인의 위험을 사회적 · 국가적 위험으로 인식하여 위험의 분산 및 상호부조 인식을 제고하기 위한 제도이기도 하다.
의료보장제도의 의료보험(National Health Insurance) 방식은 일명 비스마르크(Bismarck)형 의료제도라고 하는데, 개인의 기여를 기반으로 한 보험료를 주재원으로 하는 제도이다. 사회보험의 낭비를 줄이기 위하여 진찰 시에 본인 일부 부담금을 부과하는 것이 특징이라 할 수 있다. 반면, 국가보건서비스(National Health Service) 방식은 일명 조세 방식, 베버리지(Beveridge)형 의료제도라고 하며, 국민의 의료문제는 국가가 책임져야 한다는 관점에서 조세를 재원으로 모든 국민에

언어 · 수추리 ▶ 명제

2025년 적중

02

- 영희, 상욱, 수현이는 영어, 수학, 국어 시험을 보았다.
- 영희는 영어 2등, 수학 2등, 국어 2등을 하였다.
- 상욱이는 영어 1등, 수학 3등, 국어 1등을 하였다.
- 수현이는 수학만 1등을 하였다.
- 시험 점수로 전체 평균 1등을 한 사람은 영희이다.

① 총점이 가장 높은 것은 영희이다.
② 수현이의 수학 점수는 상욱이의 영어 점수보다 높다.
③ 상욱이의 영어 점수는 영희의 수학 점수보다 높다.
④ 영어와 수학 점수만을 봤을 때, 상욱이가 1등일 것이다.
⑤ 상욱이의 국어 점수는 수현이의 수학 점수보다 낮다.

수리 ▶ 거리 · 속력 · 시간

2025년 적중

02 영채는 배를 타고 길이가 30km인 강을 배를 타고 이동하고자 한다. 강을 거슬러 올라가는 데 걸린 시간이 5시간이고 강물의 흐르는 방향과 같은 방향으로 내려가는데 걸린 시간이 3시간일 때, 흐르지 않는 물에서의 배의 속력은?(단, 배와 강물의 속력은 일정하다)

① 5km/h
② 6.5km/h
③ 8km/h
④ 10km/h
⑤ 12km/h

삼성

수리 ▶ 확률

2025년 적중

01 서로 다른 2개의 주사위 A, B를 동시에 던졌을 때, 나온 눈의 곱이 홀수일 확률은?

① $\frac{1}{4}$ ② $\frac{1}{5}$

③ $\frac{1}{6}$ ④ $\frac{1}{8}$

⑤ $\frac{1}{10}$

추리 ▶ 명제

2025년 적중

02

전제1. 연예인이 모델이면 매출액이 증가한다.
전제2. ____________________
결론. 연예인이 모델이면 브랜드 인지도가 높아진다.

① 브랜드 인지도가 높아지면 연예인이 모델이다.
② 브랜드 인지도가 높아지면 매출액이 줄어든다.
③ 매출액이 줄어들면 브랜드 인지도가 높아진다.
④ 매출액이 증가하면 브랜드 인지도가 높아진다.
⑤ 매출액이 증가하면 브랜드 인지도가 낮아진다.

추리 ▶ 배열하기 · 묶기 · 연결하기

2025년 적중

01 S사의 기획부 A대리는 회의를 위해 8인용 원탁에 부서원들을 다음 〈조건〉에 따라 배치한다고 할 때, H부장의 오른쪽에 앉는 사람은?

조건
- S사의 기획부는 A대리, B대리, C대리, D과장, E과장, F팀장, G팀장, H부장으로 구성되어 있다.
- 동일 직급끼리는 마주 보거나 이웃하여 앉을 수 없다.
- B대리는 D과장의 오른쪽에 앉는다.
- F팀장은 대리 직급과 마주 보고 앉는다.
- D과장은 F팀장과 이웃하여 앉을 수 없다.
- G팀장은 A대리의 왼쪽에 앉는다.
- E과장은 F팀장과 이웃하여 앉는다.

① A대리 ② C대리
③ D과장 ④ F팀장
⑤ G팀장

주요 대기업 적중 문제 TEST CHECK

SK

언어이해 ▶ 추론적 독해

2025년 적중

01 다음 글을 읽고 추론한 내용으로 가장 적절한 것은?

EU는 1995년부터 철제 다리 덫으로 잡은 동물 모피의 수입을 금지하기로 했다. 모피가 이런 덫으로 잡은 동물의 것인지, 아니면 상대적으로 덜 잔혹한 방법으로 잡은 동물의 것인지 구별하는 것은 불가능하다. 그렇기 때문에 EU는 철제 다리 덫 사용을 금지하는 나라의 모피만 수입하기로 결정했다. 이런 수입 금지 조치에 대해 미국, 캐나다, 러시아는 WTO에 제소하겠다고 위협했다. 결국 EU는 WTO가 내릴 결정을 예상하여, 철제 다리 덫으로 잡은 동물의 모피를 계속 수입하도록 허용했다.

또한 1998년부터 EU는 화장품 실험에 동물을 이용하는 것을 금지했을 뿐만 아니라, 동물실험을 거친 화장품의 판매조차 금지하는 법령을 채택했다. 그러나 동물실험을 거친 화장품의 판매 금지는 WTO 규정 위반이 될 것이라는 유엔의 권고를 받았다. 결국 EU의 판매 금지는 실행되지 못했다.

한편 그 외에도 EU는 성장 촉진 호르몬이 투여된 쇠고기의 판매 금지 조치를 시행하기도 했다. 동물복지를 옹호하는 단체들이 소의 건강에 미치는 영향을 우려해 호르몬 투여 금지를 요구했지만, EU가 쇠고기 판매를 금지한 것은 주로 사람의 건강에 대한 염려 때문이었다. 미국은 이러한 판매 금지 조치에 반대하며 EU를 WTO에 제소했고, 결국 WTO 분쟁패널로부터 호르몬 사용이 사람의 건강을 위협한다고 믿을 만한 충분한 과학적 근거가 없다는 판정을 이끌어 내는 데 성공했다. EU는

창의수리 ▶ 금액

2025년 적중

03 S사는 원가에 20%의 이윤을 붙인 가격을 정가로 팔던 제품을 정가에서 10% 할인하여 판매하였다. 이후 정산을 하였더니 제품당 2,000원의 이윤이 생겼다. 이 제품의 원가는?

① 14,000원
② 18,000원
③ 22,000원
④ 25,000원
⑤ 30,000원

언어추리 ▶ 진실게임

2025년 적중

02 다음 중 한 명만 거짓말을 할 때 항상 참인 것은?(단, 한 층에 한 명만 내린다)

- A : B는 1층에서 내렸다.
- B : C는 1층에서 내렸다.
- C : D는 적어도 3층에서 내리지 않았다.
- D : A는 4층에서 내렸다.
- E : A는 4층에서 내리고 나는 5층에 내렸다.

① A는 4층에서 내리지 않았다.
② C는 1층에서 내렸다.
③ D는 3층에서 내렸다.
④ A는 D보다 높은 층에서 내렸다.
⑤ C는 B보다 높은 층에서 내렸다.

CJ

언어추리 ▶ 진실게임

2025년 적중

06 호텔 라운지에 둔 화분이 투숙자 중의 1명에 의하여 깨진 사건이 발생했다. 이 호텔에는 A ~ D의 4명의 투숙자가 있었으며, 각 투숙자는 아래와 같이 세 가지 사실을 진술하였다. 4명의 투숙자 중 3명은 진실을 말하고, 1명이 거짓말을 하고 있다면 화분을 깬 사람은 누구인가?

- A : 나는 깨지 않았다. B도 깨지 않았다. C가 깨뜨렸다.
- B : 나는 깨지 않았다. C도 깨지 않았다. D도 깨지 않았다.
- C : 나는 깨지 않았다. D도 깨지 않았다. A가 깨뜨렸다.
- D : 나는 깨지 않았다. B도 깨지 않았다. C도 깨지 않았다.

① A
② B
③ C
④ D
⑤ 알 수 없다.

자료해석 ▶ 자료계산

2025년 적중

07 다음은 농구 경기에서 갑 ~ 정 4개 팀의 월별 득점에 관한 자료이다. 빈칸에 들어갈 수치로 가장 적절한 것은?(단, 각 수치는 매월 일정한 규칙으로 변화한다)

〈월별 득점 현황〉

(단위 : 점)

구분	1월	2월	3월	4월	5월	6월	7월	8월	9월	10월
갑	1,024	1,266	1,156	1,245	1,410	1,545	1,205	1,365	1,875	2,012
을	1,352	1,702	2,000	1,655	1,320	1,307	1,232	1,786	1,745	2,100
병	1,078	1,423		1,298	1,188	1,241	1,357	1,693	2,041	1,988
정	1,298	1,545	1,658	1,602	1,542	1,611	1,080	1,458	1,579	2,124

① 1,358
② 1,397
③ 1,450
④ 1,498
⑤ 1,522

창의수리 ▶ 비율

2025년 적중

19 C사에 지원한 남학생과 여학생의 비율은 3 : 2였다. 지원자 중 합격자의 남녀 비율은 5 : 2이고, 불합격자의 남녀 비율은 4 : 3이라고 한다. 전체 합격자 수가 280명일 때, 지원자 중 여학생은 총 몇 명인가?

① 440명
② 480명
③ 540명
④ 560명
⑤ 640명

도서 200% 활용하기 STRUCTURES

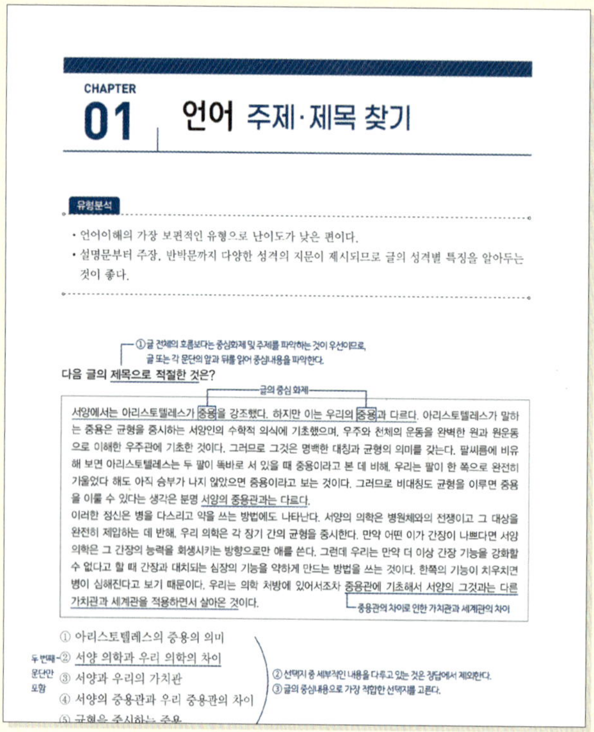

CHAPTER 01 언어 주제·제목 찾기

유형분석

- 언어이해의 가장 보편적인 유형으로 난이도가 낮은 편이다.
- 설명문부터 주장, 반박문까지 다양한 성격의 지문이 제시되므로 글의 성격별 특징을 알아두는 것이 좋다.

①글 전체의 흐름보다는 중심화제 및 주제를 파악하는 것이 우선이므로, 글 또는 각 문단의 앞과 뒤를 읽어 중심내용을 파악한다.

다음 글의 제목으로 적절한 것은?

글의 중심 화제

서양에서는 아리스토텔레스가 중용을 강조했다. 하지만 이는 우리의 중용과 다르다. 아리스토텔레스가 말하는 중용은 균형을 중시하는 서양인의 수학적 의식에 기초했으며, 우주와 천체의 운동을 완벽한 원과 원운동으로 이해한 우주관에 기초한 것이다. 그러므로 그것은 명백한 대칭과 균형의 의미를 갖는다. 팔씨름에 비유해 보면 아리스토텔레스는 두 팔이 똑바로 서 있을 때 중용이라고 본 데 비해, 우리는 팔이 한 쪽으로 완전히 기울었다 해도 아직 승부가 나지 않았으면 중용이라고 보는 것이다. 그러므로 비대칭도 균형을 이루면 중용을 이룰 수 있다는 생각은 분명 서양의 중용관과는 다르다.
이러한 정신은 병을 다스리고 약을 쓰는 방법에도 나타난다. 서양의 의학은 병원체와의 전쟁이고 그 대상을 완전히 제압하는 데 반해, 우리 의학은 각 장기 간의 균형을 중시한다. 만약 어떤 이가 간장이 나쁘다면 서양 의학은 그 간장의 능력을 회생시키는 방향으로만 애를 쓴다. 그런데 우리는 만약 더 이상 간장 기능을 강화할 수 없다고 할 때 간장과 대치되는 심장의 기능을 약하게 만드는 방법을 쓰는 것이다. 한쪽의 기능이 치우치면 병이 심해진다고 보기 때문이다. 우리는 의학 처방에 있어서조차 중용관에 기초해서 서양의 그것과는 다른 가치관과 세계관을 적용하면서 살아온 것이다.

중용관의 차이로 인한 가치관과 세계관의 차이

① 아리스토텔레스의 중용의 의미
② 서양 의학과 우리 의학의 차이
③ 서양과 우리의 가치관
④ 서양의 중용관과 우리 중용관의 차이
⑤ 균형을 중시하는 중용

두 번째 문단만 포함

②선택지 중 세부적인 내용을 다루고 있는 것은 정답에서 제외한다.
③글의 중심내용으로 가장 적합한 선택지를 고른다.

기출유형 뜯어보기

KT그룹의 최신 출제경향을 바탕으로 구성한 영역별 대표유형과 상세한 해설을 수록하여 각 영역의 출제유형 및 학습방법을 확인하고 학습할 수 있도록 하였다.

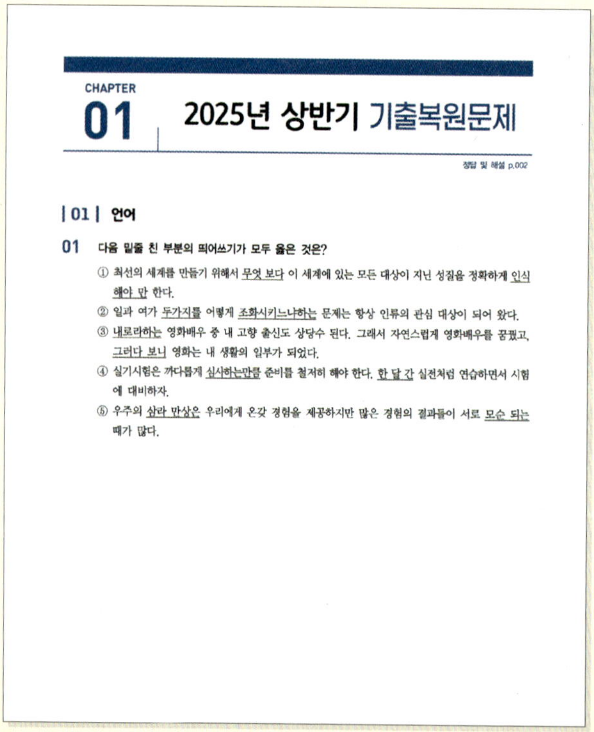

CHAPTER 01 2025년 상반기 기출복원문제

정답 및 해설 p.002

| 01 | 언어

01 다음 밑줄 친 부분의 띄어쓰기가 모두 옳은 것은?

① 최선의 세계를 만들기 위해서 무엇 보다 이 세계에 있는 모든 대상이 지닌 성질을 정확하게 인식해야 만 한다.
② 일과 여가 두가지를 어떻게 조화시키느냐하는 문제는 항상 인류의 관심 대상이 되어 왔다.
③ 내로라하는 영화배우 중 내 고향 출신도 상당수 된다. 그래서 자연스럽게 영화배우를 꿈꿨고, 그러다 보니 영화는 내 생활의 일부가 되었다.
④ 실기시험은 까다롭게 심사하는만큼 준비를 철저히 해야 한다. 한 달 간 실전처럼 연습하면서 시험에 대비하자.
⑤ 우주의 삼라 만상은 우리에게 온갖 경험을 제공하지만 많은 경험의 결과들이 서로 모순 되는 때가 많다.

7개년 기출복원문제

2025년부터 2019년까지의 KT그룹의 적성검사 기출복원문제를 수록하여 변화하는 출제경향을 파악하고 분석할 수 있도록 하였다.

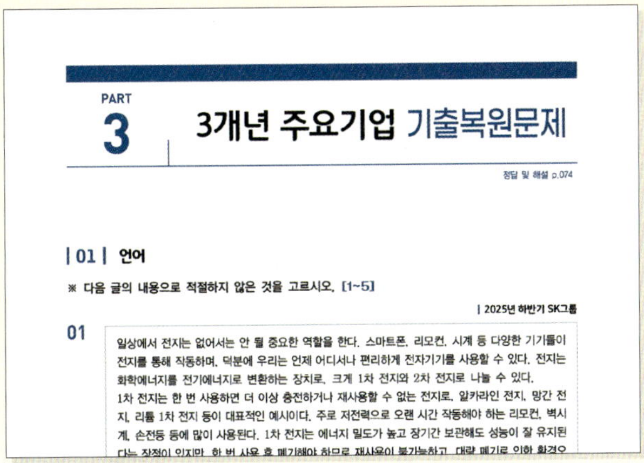
PART 3 3개년 주요기업 기출복원문제

정답 및 해설 p.074

| 01 | 언어

※ 다음 글의 내용으로 적절하지 않은 것을 고르시오. [1~5]

| 2025년 하반기 SK그룹

01 일상에서 전지는 없어서는 안 될 중요한 역할을 한다. 스마트폰, 리모컨, 시계 등 다양한 기기들이 전지를 통해 작동하며, 덕분에 우리는 언제 어디서나 편리하게 전자기기를 사용할 수 있다. 전지는 화학에너지를 전기에너지로 변환하는 장치로, 크게 1차 전지와 2차 전지로 나눌 수 있다.
1차 전지는 한 번 사용하면 더 이상 충전하거나 재사용할 수 없는 전지로, 알카라인 전지, 망간 전지, 리튬 1차 전지 등이 대표적인 예시이다. 주로 저전력으로 오랜 시간 작동해야 하는 리모컨, 벽시계, 손전등 등에 많이 사용된다. 1차 전지는 에너지 밀도가 높고 장기간 보관해도 성능이 잘 유지된다는 장점이 있지만, 한 번 사용 후 폐기해야 하므로 재사용이 불가능하고, 대량 폐기로 인한 환경오

2025~2023년 주요기업 기출복원문제

SK, CJ, 포스코, LG, 삼성 등 주요기업의 2025~2023년 3개년 기출복원문제를 영역별로 수록하여 변화하고 있는 적성검사 유형에 대비하고 연습할 수 있도록 하였다.

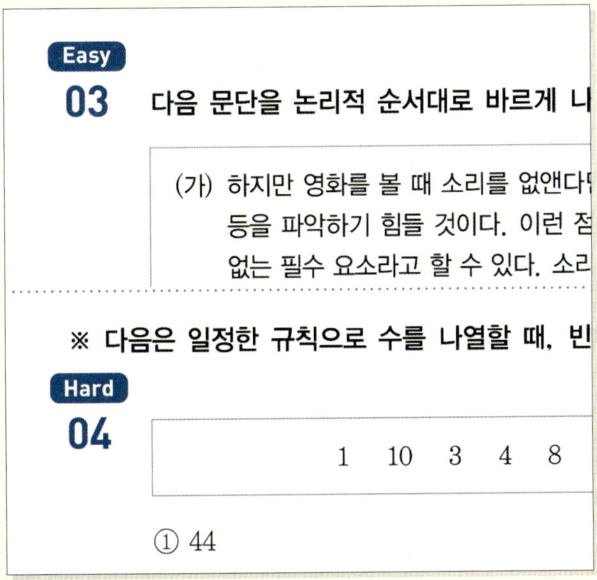
Easy

03 다음 문단을 논리적 순서대로 바르게 나

(가) 하지만 영화를 볼 때 소리를 없앤다면
등을 파악하기 힘들 것이다. 이런 점
없는 필수 요소라고 할 수 있다. 소리

※ 다음은 일정한 규칙으로 수를 나열할 때, 빈

Hard

04

1 10 3 4 8

① 44

Easy & Hard로 난이도별 시간 분배 연습

문제별 난이도를 표시하여 시간을 절약해야 하는 문제와 투자해야 하는 문제를 구분하여 학습할 수 있도록 하였다.

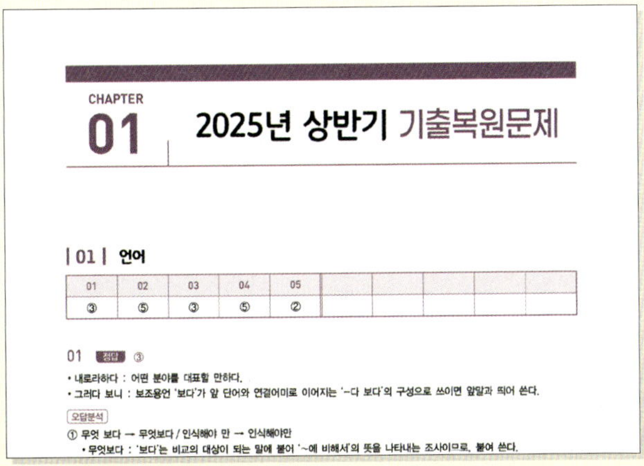
CHAPTER 01 2025년 상반기 기출복원문제

| 01 | 언어

01	02	03	04	05					
③	⑤	③	⑤	②					

01 정답 ③

• 내로라하다 : 어떤 분야를 대표할 만하다.
• 그러다 보니 : 보조용언 '보다'가 앞 단어와 연결어미로 이어지는 '-다 보다'의 구성으로 쓰이면 앞말과 띄어 쓴다.

오답분석

① 무엇 보다 → 무엇보다 / 인식해야 만 → 인식해야만
• 무엇보다 : '보다'는 비교의 대상이 되는 말에 붙어 '~에 비해서'의 뜻을 나타내는 조사이므로, 붙여 쓴다.

정답 및 오답분석으로 풀이까지 완벽 마무리

정답에 대한 자세한 해설은 물론 문제별로 오답분석을 수록하여 오답이 되는 이유를 정확하게 이해할 수 있도록 하였다.

이 책의 차례 CONTENTS

PART 1

기출유형 뜯어보기

CHAPTER

01 언어 주제·제목 찾기

유형분석

- 가장 보편적인 유형으로 난이도가 낮은 편이다.
- 설명문부터 주장, 반박문까지 다양한 성격의 지문이 제시되므로 글의 성격별 특징을 알아두는 것이 좋다.

① 글 전체의 흐름보다는 중심화제 및 주제를 파악하는 것이 우선이므로, 글 또는 각 문단의 앞과 뒤를 읽어 중심내용을 파악한다.

다음 글의 제목으로 적절한 것은?

글의 중심 화제

서양에서는 아리스토텔레스가 중용을 강조했다. 하지만 이는 우리의 중용과 다르다. 아리스토텔레스가 말하는 중용은 균형을 중시하는 서양인의 수학적 의식에 기초했으며, 우주와 천체의 운동을 완벽한 원과 원운동으로 이해한 우주관에 기초한 것이다. 그러므로 그것은 명백한 대칭과 균형의 의미를 갖는다. 팔씨름에 비유해 보면 아리스토텔레스는 두 팔이 똑바로 서 있을 때 중용이라고 본 데 비해, 우리는 팔이 한 쪽으로 완전히 기울었다 해도 아직 승부가 나지 않았으면 중용이라고 보는 것이다. 그러므로 비대칭도 균형을 이루면 중용을 이룰 수 있다는 생각은 분명 서양의 중용관과는 다르다.
이러한 정신은 병을 다스리고 약을 쓰는 방법에도 나타난다. 서양의 의학은 병원체와의 전쟁이고 그 대상을 완전히 제압하는 데 반해, 우리 의학은 각 장기 간의 균형을 중시한다. 만약 어떤 이가 간장이 나쁘다면 서양 의학은 그 간장의 능력을 회생시키는 방향으로만 애를 쓴다. 그런데 우리는 만약 더 이상 간장 기능을 강화할 수 없다고 할 때 간장과 대치되는 심장의 기능을 약하게 만드는 방법을 쓰는 것이다. 한쪽의 기능이 치우치면 병이 심해진다고 보기 때문이다. 우리는 의학 처방에 있어서조차 중용관에 기초해서 서양의 그것과는 다른 가치관과 세계관을 적용하면서 살아온 것이다.

중용관의 차이로 인한 가치관과 세계관의 차이

① 아리스토텔레스의 중용의 의미
② 서양 의학과 우리 의학의 차이 — 두 번째 문단만 포함
③ 서양과 우리의 가치관
④ 서양의 중용관과 우리 중용관의 차이
⑤ 균형을 중시하는 중용

② 선택지 중 세부적인 내용을 다루고 있는 것은 정답에서 제외한다.
③ 글의 중심내용으로 가장 적합한 선택지를 고른다.

정답 해설

아리스토텔레스가 강조한 중용과 서양과 동양의 중용을 번갈아 설명하며 그 차이점에 대해 설명하고 있다.

오답분석

① 아리스토텔레스의 중용은 글의 주제인 서양과 우리의 중용에 대한 차이점을 말하기 위해 언급한 것일 뿐이다.
② 우리는 의학에 있어서도 중용관에 입각했다는 것을 말하기 위해 부연 설명한 것이다.
③ 중용을 바라보는 서양과 우리의 차이점을 말하고 있다.
⑤ 서양과 비교하여 우리의 중용관이 균형에 신경 쓰고 있다는 내용을 담고는 있지만, 전체적으로 보았을 때 서양과 우리의 중용관 차이에 관하여 쓰여진 글이다.

정답 ④

이거 알면 30초 컷!

- 글의 세부적인 내용에 집중하지 말고, 전체적인 맥락을 파악하면서 독해한다. 만약 세부적인 내용을 묻는 선택지가 있다면 빠르게 소거한다.
- 글의 진행 중에 반전이 되는 내용이나 접속어가 나온다면 그 다음에 나오는 내용에 집중한다. 글의 분위기가 변하는 경우가 있기 때문이다. 그러나 항상 글의 내용이 변화한다고 할 수는 없으므로 섣부르게 판단하지는 않는다.

온라인 풀이 Tip

- 스마트폰에서 뉴스를 볼 때도 그냥 스크롤을 내리지 말고, 텍스트를 읽는 연습을 해야 한다. 만약 상황이 여의치 않다면 독서대에 책을 세워놓고 글을 읽는 연습을 한다.
- 시간을 단축할 수 있는 효자 유형이다. 집중력을 잃어서 문제를 다시 보는 일이 없도록 하고, 메모장 사용 없이 30초 안에 문제를 풀 수 있도록 연습한다.

CHAPTER

01 언어 나열하기

유형분석

- 글의 내용과 흐름을 파악할 수 있는지를 평가하는 유형이다.
- 문단 순서 나열에서 가장 중요한 것은 지시어와 접속어이므로, 접속어의 쓰임에 대해 정확히 알고 있어야 하며 지시어가 가리키는 것이 무엇인지 잘 파악해야 한다.

① 먼저 접속사 및 지시대명사를 찾아 확인

제시된 문단을 논리적 순서대로 바르게 나열한 것은?

④ (가)에서 핵심어 찾기 : 글쓴이가 하고 싶은 말은 첫 문장에 있기 마련이므로 첫 문장에서 글의 핵심이 되는 단어 또는 내용을 확인

(가) 상품의 가격은 기본적으로 수요와 공급의 힘으로 결정된다. 시장에 참여하고 있는 경제 주체들은 자신이 가진 정보를 기초로 하여 수요와 공급을 결정한다.

(나) 이런 경우에는 상품의 가격이 우리의 상식으로는 도저히 이해하기 힘든 수준까지 일시적으로 뛰어오르는 현상이 나타날 가능성이 있다. 이런 현상은 특히 투기의 대상이 되는 자산의 경우 자주 나타나는데, 우리는 이를 '거품 현상'이라고 부른다.

② 정의된 단어를 확인 : '거품 현상'이라는 단어가 들어간 문장은 (나) 외에 (라)밖에 없으므로 (나) 뒤에 (라)가 위치해야 옳다.

(다) 그러나 현실에서는 사람들이 서로 다른 정보를 갖고 시장에 참여하는 경우가 많다. 어떤 사람은 특정한 정보를 갖고 있는데, 거래 상대방은 그 정보를 갖고 있지 못한 경우도 있다.

(라) 일반적으로 거품 현상이란 것은 어떤 상품 – 특히 자산 – 의 가격이 지속해서 급격히 상승하는 현상을 가리킨다. 이와 같은 지속적인 가격 상승이 일어나는 이유는 애초에 발생한 가격 상승이 추가적인 가격 상승의 기대로 이어져 투기 바람이 형성되기 때문이다.

(마) 이들이 똑같은 정보를 함께 갖고 있으며 이 정보가 아주 틀린 것이 아닌 한, 상품의 가격은 어떤 기본적인 수준에서 크게 벗어나지 않을 것이라고 예상할 수 있다.

① (마) – (가) – (다) – (라) – (나) ③ 첫 문장으로 적합하지 않은 선택지를 삭제
② (라) – (가) – (다) – (나) – (마)
③ (가) – (다) – (나) – (라) – (마)
④ (가) – (마) – (다) – (나) – (라)
⑤ (라) – (다) – (가) – (나) – (마)

정답 해설

먼저 (가)~(마) 문단의 맨 앞 글자만 빠르게 보면서 접속사나 지시대명사가 있는지 확인하여 (나) 문단의 '이런 경우', (다) 문단의 '그러나'와 (마) 문단의 '이들이', '이 정보'에 표시를 해놓는다. 또한 따옴표로 거품 현상을 정의한 (나)의 마지막 문장은 큰 힌트가 된다.
(나) 문단을 제외하고 거품 현상에 대해서 설명한 문단은 (라)밖에 없으므로 (나) 문단 다음에 (라) 문단을 배치하는 것이 자연스럽다. 이를 종합해보면 접속어 및 지시어가 있는 문단을 제외한 (가) 문단과 (라) 문단이 첫 문단이 될 수 있는데, (라) 문단은 (나) 문단 뒤에 연결되므로 (가) 문단이 이 글의 첫 문단이 된다.
(가) 문단이 맨 앞에 배치된 선택지는 ③과 ④로, (가) 문단 다음으로 (다) 문단 또는 (마) 문단임을 알 수 있다. 연결되는 문단을 찾기 위해서 (가) 문단의 핵심어를 찾아보면, (가) 문단에서 상품의 가격은 경제 주체들이 자신이 가진 정보를 기초로 하여 정한 수요와 공급으로 결정된다고 하였으므로 궁극적으로 '상품의 가격'이 핵심어가 된다.
연결되는 문단 후보인 (다) 문단부터 살펴보면, 접속어 '그러나'로 시작하며 앞의 내용을 뒤집고 있다.
반면 (마) 문단은 (가) 문단의 '경제 주체들'과 '자신이 가진 정보'를 각각 '이들이'와 '이 정보'로 지시하면서 부연 설명을 하고 있다. 따라서 내용을 뒤집기 전에 부연 설명을 하는 것이 적절하므로, (가) 문단 뒤에 (마) 문단이 오는 ④가 정답이다.

정답 ④

이거 알면 30초 컷!

- 우선 각 문장에 자리한 지시어와 접속어를 살펴본다. 문두에 접속어가 오거나 문장 중간에 지시어가 나오는 경우 글의 첫 번째 문장이 될 수 없다. 따라서 이러한 문장들을 하나씩 소거하면 첫 문장이 될 수 있는 것을 찾을 수 있다.
- 첫 문장을 찾기 어려운 경우 선택지를 참고하여 문장의 순서를 생각해보는 것이 시간을 단축하는 좋은 방법이 될 수 있다.

CHAPTER

01 언어 서술·전개 특징

유형분석

• 글을 읽고 논지가 전개되는 방식과 글의 구조를 파악할 수 있는지를 평가하는 유형이다.
• 선택지를 먼저 읽고, 글의 전체적인 흐름을 파악한다. 이때, 너무 지엽적인 특징은 제외한다.

다음 글의 논지 전개상 특징으로 적절한 것은?

② 글의 단락별 핵심 내용, 주제와 같은 단락별 특징을 통해 글의 흐름과 전개 방식, 서술 방식 등을 파악

현대 사회에서 스타는 대중문화의 성격을 규정짓는 가장 중요한 열쇠이다. 스타가 생산, 관리, 활용, 거래, 소비되는 전체적인 순환 메커니즘이 바로 스타 시스템이다. 이것이 자본주의 대중문화의 가장 핵심적인 작동 원리로 자리 잡게 되면서 사람들은 스타가 되기를 열망하고, 또 스타 만들기에 진력하게 되었다.

— 현대 사회의 스타 만들기 현상 소개

스크린과 TV 화면에 보이는 스타는 화려하고 강하고 영웅적이며, 누구보다 매력적인 인간형으로 비춰진다. 사람들은 스타에 열광하는 순간 스타와 자신을 무의식적으로 동일시하며 그 환상적 이미지에 빠진다. 스타를 자신들의 결점을 대리 충족시켜 주는 대상으로 생각하기 때문이다. 그런 과정이 가장 전형적으로 드러나는 장르가 영화이다. 영화는 어떤 환상도 쉽게 먹혀들어 갈 수 있는 조건에서 상영되며 기술적으로 완벽한 이미지를 구현하여 압도적인 이미지로 관객을 끌어들인다. 컴컴한 극장 안에서 관객은 부동자세로 숨죽인 채 영화에 집중하게 되며 자연스럽게 영화가 제공하는 이미지에 매료된다. 그리고 그 순간 무의식적으로 자신을 영화 속의 주인공과 동일시하게 된다. 관객은 매력적인 대상과 자신을 동일시하면서 자신의 진짜 모습을 잊고 이상적인 인간형을 간접 체험하게 되는 것이다. 스크린과 TV 화면에 비친 대중이 선망하는 스타의 모습은 현실적인 이미지가 아니라 허구적인 이미지에 불과하다. 사람들은 스타 역시 어쩔 수 없는 약점과 한계를 안고 사는 한 인간일 수밖에 없다는 사실을 아주 쉽게 망각해 버리곤 한다. 이렇게 스타에 대한 열광의 성립은 대중과 스타의 관계가 기본적으로 익명적일 수밖에 없다는 데서 가능해진다.

— 스타와 대중의 익명 관계를 바탕으로 만들어진 이미지를 통해 현실을 망각하는 현상

자본주의의 특징 가운데 하나는 필요 이상의 물건을 생산하고 그것을 팔기 위해 갖은 방법으로 소비자들의 욕망을 부추긴다는 것이다. 스타는 그 과정에서 소비자들의 구매 욕구를 불러일으키는 가장 중요한 연결고리 역할을 함과 동시에 그들도 상품처럼 취급되어 소비된다. 스타 시스템은 대중문화의 안과 밖에서 스타의 화려하고 소비적인 생활 패턴의 소개를 통해 사람들의 욕망을 자극하게 된다. 또한 스타들을 상품의 생산과 판매를 위한 도구로 이용하며, 끊임없이 오락과 소비의 영역을 확장하고 거기서 이윤을 발생시킨다. 이 모든 것이 가능한 것은 많은 대중이 스타를 닮고자 하는 욕구를 가지고 있어 스타의 패션과 스타일, 소비 패턴을 모방하기 때문이다.

— 소비 촉진을 위한 도구로 사용되는 스타 시스템

스타 시스템을 건전한 대중문화의 작동 원리로 발전시키기 위해서는 우선 대중문화 산업에 종사하고 싶어 하는 사람들을 위한 활동 공간과 유통 구조를 확보하여 실험적이고 독창적인 활동을 다양하게 벌일 수 있는 토양을 마련해 주어야 한다. 나아가 이러한 예술 인력을 스타 시스템과 연결하는 중간 메커니즘도 육성해야 할 것이다.

— 소비자를 유혹하는 것이 아닌 건전한 문화로서의 스타 시스템을 만들기 위한 방안 제시

① 상반된 이론을 제시한 후 절충적 견해를 이끌어내고 있다.
② 현상의 문제점을 언급한 후 해결 방안을 제시하고 있다.
③ 권위 있는 학자의 견해를 들어 주장의 정당성을 입증하고 있다.
④ 대상을 하위 항목으로 구분하여 논의의 범주를 명확히 하고 있다.
⑤ 현상의 변천 과정을 고찰하고 향후의 발전 방향을 제시하고 있다.

① 선택지에서 제시하고 있는 서술 방식을 먼저 파악

정답 해설

제시문은 스타 시스템에 대한 문제점을 지적하고 글쓴이 나름대로의 대안을 모색하고 있다.

오답분석

① 스타 시스템의 정의와 그로 인한 문제점을 제시할 뿐, 이를 옹호하거나 절충안을 제시하고 있지는 않다.
③ 글쓴이의 주장과 해결 방안이 있을 뿐, 학자의 견해나 주장을 통한 정당성을 입증하고 있지는 않다.
④ 스타 시스템과 이에 따른 현상을 설명할 뿐, 별도의 하위 항목으로 구분하고 있지는 않다.
⑤ 현상의 정의와 특징, 그로 인한 문제점을 설명하고 있을 뿐, 시간의 흐름이나 변천 과정에 대해서는 언급하고 있지는 않다.

정답 ②

이거 알면 30초 컷!

문장을 전개하는 방법

- 논리적 순서에 따른 배열
- 중요성의 순서에 따른 배열
- 시간적 순서에 따른 배열
- 공간적 질서에 따른 배열

CHAPTER

01 언어 내용일치

유형분석

- 글의 세부적인 내용을 이해할 수 있는지를 평가하는 유형이다.
- 경제 · 경영 · 철학 · 역사 · 예술 · 과학 등 다양한 분야에 관련된 지문이 제시되므로 폭 넓은 독서를 해야 한다.

다음 글의 내용으로 적절하지 않은 것은? 2. 선택지에 체크한 핵심어와 관련된 내용을 지문에서 파악하며 글의 내용과 비교

생물 농약이란 농작물에 피해를 주는 병이나 해충, 잡초를 제거하기 위해 자연에 있는 생물로 만든 천연 농약을 뜻한다. 생물 농약을 개발한 것은 흙속에 사는 병원균으로부터 식물을 보호할 목적에서였다. 뿌리를 공격하는 병원균은 땅속에 살고 있으므로 병원균을 제거하기에 어려움이 있었다. 게다가 화학 농약의 경우 그 성분이 토양에 달라붙어 제 기능을 발휘하지 못했기 때문에, 식물 성장을 돕고 항균 작용을 할 수 있는 미생물에 주목하기 시작한 것이다.

식물 성장을 돕고 항균 작용을 하는 미생물집단을 '근권미생물'이라 하는데, 여러 종류의 근권미생물 중 농약으로 쓰기에 가장 좋은 것은 뿌리에 잘 달라붙는 것들이다. 근권미생물의 입장에서 뿌리 주변은 사막의 오아시스와 비슷한 조건이다. 뿌리 주변은 뿌리에서 공급되는 양분과 안락한 서식 환경을 제공받지만, 뿌리 주변에서 멀리 떨어진 곳은 황량한 지역이어서 먹을 것을 찾기가 어렵기 때문이다. 따라서 뿌리 주변에서는 좋은 위치를 선점하기 위해 미생물 간에 치열한 싸움이 벌어진다. 얼마나 뿌리에 잘 정착하느냐가 생물 농약으로 사용되는 미생물을 결정하는 데 중요한 기준이 되는 셈이다.

생물 농약으로 쓰이는 미생물은 식물 성장을 돕는 성질을 포함한다. 미생물이 만든 항균물질은 농작물의 뿌리에 침입하려는 곰팡이나 병원균의 성장을 억제하거나 죽게 한다. 그리고 병원균이나 곤충, 선충에 기생하는 종들을 사용한 생물 농약은 유해 병원균이나 해충을 직접 공격하기도 한다. 예를 들자면, 흰가루병은 채소 대부분에 생겨나는 곰팡이 때문에 발생하는데, 흰가루병을 일으키는 곰팡이의 영양분을 흡수해 죽이는 천적 곰팡이(암펠로마이세스 퀴스콸리스)를 이용한 생물 농약이 만들어졌다.

(② 일치, ① 일치, ③ 일치, ④ 일치, ⑤ 불일치)

① 화학 농약은 화학 성분이 토양에 달라붙어 제 기능을 발휘하지 못한다.
② 생물 농약은 식물을 흙속에 사는 병원균으로부터 보호하기 위해서 만들어졌다.
③ '근권미생물'이란 식물의 성장에 도움을 주는 미생물이다.
④ 뿌리에 얼마만큼 정착하는지의 여부가 미생물의 생물 농약 사용 기준이 된다.
⑤ 생물 농약으로 쓰이는 미생물들은 유해 병원균이나 해충을 직접 공격하지는 못한다.

1. 지문에서 접할 수 있는 핵심어 중심으로 선택지 체크

정답 해설

마지막 문단에서 '그리고 병원균이나 곤충, 선충에 기생하는 종들을 사용한 생물 농약은 유해 병원균이나 해충을 직접 공격하기도 한다.'라고 설명했다.

오답분석

① 첫 번째 문단 '화학 농약의 경우 그 성분이 토양에 달라붙어 제 기능을 발휘하지 못했기 때문'이라는 문장을 통해 확인 가능하다.
② 첫 번째 문단 '생물 농약을 개발한 것은 흙속에 사는 병원균으로부터 식물을 보호할 목적'이라는 문장을 통해 확인 가능하다.
③ 두 번째 문단 '식물 성장을 돕고 항균 작용을 하는 미생물집단을 근권미생물'이라는 문장을 통해 확인 가능하다.
④ 두 번째 문단 '얼마나 뿌리에 잘 정착하느냐가 생물 농약으로 사용되는 미생물을 결정하는 데 중요한 기준'이라는 문장을 통해 확인 가능하다.

정답 ⑤

이거 알면 30초 컷!

- 주어진 글의 내용과 일치하는 것 또는 일치하지 않는 것을 고르는 문제의 경우, 제시문을 읽기 전에 문제와 선택지를 먼저 읽어보는 것이 좋다. 이를 통해 지문 속에서 알아내야 할 정보가 무엇인지를 먼저 인지한 후 글을 읽어야 문제 푸는 시간을 단축할 수 있다.
- 선택지에 키워드를 표시한 후에 제시문에도 중요한 키워드는 표시하면서 독해한다. 이 경우 제시문을 다시 봐야 할 때, 필요한 정보가 있는 곳을 빠르게 찾을 수 있다.
- 이 유형의 경우 선택지에는 제시문의 아주 세부적인 내용(온도, 숫자 등)이나, 제시문의 내용을 반대로 설명하는 내용 혹은 A의 특징을 B의 특징으로 설명하는 선택지가 답인 경우가 많다. 때문에 이러한 부분에 주의하여 독해한다.

  예 ⑤는 '생물 농약은 유해 병원균이나 해충을 직접 공격하기도 한다.'라는 제시문의 내용을 반대로 설명한 경우이다.

CHAPTER

01 언어 추론적 독해

유형분석

- 글에 명시적으로 드러나지 않은 부분을 추론하여 답을 도출해야 하는 유형이다.
- 자신의 주관적인 판단보다는 글의 세부적 내용에 대한 이해를 바탕으로 확실한 근거를 가지고 문제를 풀어야 한다.

다음 글을 읽고 추론할 수 있는 내용으로 적절하지 않은 것은?

1. 문제에서 제시하는 추론 유형을 확인 → 세부적인 내용을 추론하는 유형

> 제약 연구원이란 제약 회사에서 약을 만드는 과정에 참여하는 사람을 말한다. 제약 연구원은 이러한 모든 단계에 참여하지만, 특히 신약 개발 단계와 임상 시험 단계에서 가장 중점적인 역할을 한다. 일반적으로 약을 만드는 과정은 새로운 약품을 개발하는 신약 개발 단계, 임상 시험을 통해 개발된 신약의 약효를 확인하는 임상 시험 단계, 식약처에 신약이 판매될 수 있도록 허가를 요청하는 약품 허가 요청 단계, 마지막으로 의료진과 환자를 대상으로 신약에 대해 홍보하는 영업 및 마케팅의 단계로 나눈다.
>
> 제약 연구원이 되기 위해서는 일반적으로 약학을 전공해야 한다고 생각하기 쉽지만, 약학 전공자 이외에도 생명 공학, 화학 공학, 유전 공학 전공자들이 제약 연구원으로 활발하게 참여하고 있다. 만일 신약 개발의 전문가가 되고 싶다면 해당 분야에서 오랫동안 연구한 경험이 필요하기 때문에 대학원에서 석사나 박사 학위를 취득하는 것이 유리하다.
>
> 제약 연구원이 되기 위해서는 전문적인 지식도 중요하지만, 사람의 생명과 관련된 일인 만큼, 무엇보다도 꼼꼼함과 신중함, 책임 의식이 필요하다. 또한 제약 회사라는 공동체 안에서 일을 하는 것이므로 원만한 일의 진행을 위해서 의사소통 능력도 필수적으로 요구된다. 오늘날 제약 분야가 빠르게 성장하고 있다는 점을 고려할 때, 일에 대한 도전 의식, 호기심과 탐구심 등도 제약 연구원에게 필요한 능력으로 꼽을 수 있다.

(주석: ①의 근거 / ②의 근거 / ③의 근거 / ⑤의 근거)

- 제약 연구원의 하는 일과 약을 만드는 과정
- 제약 연구원이 되기 위한 방법
- 제약 연구원에게 필요한 능력과 마음가짐

2. 문단을 읽으면서 선택지의 근거가 되는 부분을 확인

① 제약 연구원은 약품 허가 요청 단계에 참여한다. — 첫 번째 문단

② 제약 연구원과 관련된 정보가 부족하다면 약학을 전공해야만 제약 연구원이 될 수 있다고 생각할 수 있다.

③ 생명이나 유전 공학 전공자도 제약 연구원으로 일할 수 있다.

④ 신약 개발 전문가가 되려면 반드시 석사나 박사를 취득해야 한다.

(②~④: 두 번째 문단)

⑤ 오늘날 제약 연구원에게 요구되는 능력이 많아졌다. — 세 번째 문단

정답 해설

제시문에 따르면 신약 개발의 전문가가 되기 위해서는 해당 분야에서 오랫동안 연구한 경험이 필요하므로 석사나 박사 학위를 취득하는 것이 유리하다고 하였다. 그러나 석사나 박사 학위가 신약 개발 전문가가 되는 데 도움을 준다는 것일 뿐이므로 반드시 필요한 필수 조건인지는 알 수 없다. 따라서 ④는 제시문을 통해 추론할 수 없다.

오답분석

① 제약 연구원은 약을 만드는 모든 단계에 참여한다고 하였으므로 일반적으로 약을 만드는 과정에 포함되는 약품 허가 요청 단계에도 제약 연구원이 참여하는 것을 알 수 있다.

② 일반적으로 제약 연구원이 되기 위해서는 약학을 전공해야 한다고 생각하기 쉽다고 하였으므로, 제약 연구원에 대한 정보가 부족한 사람이라면 약학을 전공해야만 제약 연구원이 될 수 있다고 생각할 수 있다.

③ 약학 전공자 이외에도 생명 공학 · 화학 공학 · 유전 공학 전공자들도 제약 연구원으로 활발하게 참여하고 있다고 하였다.

⑤ 오늘날 제약 분야가 성장함에 따라 도전 의식, 호기심, 탐구심 등도 제약 연구원에게 필요한 능력이 되었다고 하였으므로, 과거에 비해 요구되는 능력이 많아졌음을 알 수 있다.

정답 ④

이거 알면 30초 컷!

- 문제에서 제시하는 추론 유형이 어떤 형태인지 파악한다.
  - 글쓴이의 주장/의도를 추론하는 유형 : 글에 나타난 주장, 근거, 논증 방식을 파악하는 유형으로, 주장의 타당성을 평가하여 글쓴이의 관점을 이해하며 읽는다.
  - 세부적인 내용을 추론하는 유형 : 주어진 선택지를 먼저 읽고 제시문을 읽으면서 답이 아닌 선택지를 지워나가는 방법이 효율적이다.
- 세부적인 내용을 추론하는 유형의 경우 글의 의도나 주장보다는 사실이나 수치에 근거한 자료에서 정답이 주로 출제되는 편이다. 뚜렷한 수치나 단계가 언급된 경우 선택지와의 대조에 유의하도록 한다.

CHAPTER

01 언어 비판적 독해

유형분석

- 글을 읽고 비판적 의견이나 반박을 생각할 수 있는지를 평가하는 유형이다.
- 제시문의 '주장'에 대한 반박을 찾는 것이므로, '근거'에 대한 반박이나 논점에서 벗어난 것을 찾지 않도록 주의해야 한다.

다음 글의 주장에 대한 반대 의견의 근거로 적절하지 않은 것은?

① 문제를 풀기 위해 글의 주장, 관점, 의도, 근거 등 글의 핵심을 파악

> 소년법은 반사회성이 있는 소년의 환경 조정과 품행 교정을 위한 보호처분 등의 필요한 조치를 하고, 형사처분에 관한 특별조치를 적용하는 법이다. 만 14세 이상부터 만 19세 미만의 사람을 대상으로 하며, 인격 형성 도중에 있어 그 개선가능성이 풍부하고 심신의 발육에 따르는 특수한 정신적 동요상태에 놓여 있으므로 현재의 상태를 중시하여 소년의 건전한 육성을 기하려는 것이 본래의 목적이다.
> 하지만 청소년이 강력범죄를 저지르더라도 소년법의 도움으로 처벌이 경미한 점을 이용해 성인이 저지른 범죄를 뒤집어쓰거나 일정한 대가를 제시하고 대신 자수하도록 하는 등 악용사례가 있으며, 최근에는 미성년자들 스스로가 모의하여 발생한 강력범죄가 날로 수위를 높여가고 있다. 무엇보다 이러한 죄를 저지른 이들이 범죄나 처벌을 대수롭지 않게 여기는 태도를 보이는 경우가 많아 법의 존재 자체를 의심받는 상황에 이르고 있다. 따라서 해당 법을 폐지하고 저지른 죄에 걸맞은 높은 형량을 부여하는 것이 옳다.

소년법의 사전적 정의와 목적

소년법의 악용 사례와 실효성에 대한 의문 제기를 통한 소년법 폐지 및 형량 강화 주장

① 성인이 저지른 범죄를 뒤집어쓰는 경우는 소년법의 문제라기보다는 해당 범죄를 악용한 범죄자를 처벌하는 것이 옳다.
② 소년법 대상의 대부분이 불우한 가정환경을 가지고 있기 때문에 소년법 폐지보다는 범죄예방이 급선무이다.
③ 소년법을 폐지하면 형법의 주요한 목적 중 하나인 응보의 의미가 퇴색된다.
④ 세간에 알려진 것과 달리 강력범죄의 경우에는 미성년자라고 할지라도 실형을 선고받는 사례가 더 많으므로 성급한 처사라고 볼 수 있다.
⑤ 한국의 소년법은 현재 UN 아동권리협약에 묶여있으므로 무조건적인 폐지보다는 개선방법을 고민하는 것이 먼저다.

= 되갚음 → 소년법은 소년의 보호를 목적으로 하므로 어색함

② 글의 주장 및 근거의 어색한 부분을 찾아 반박 근거와 사례를 생각

정답 해설

형법의 주요한 목적 중 하나인 응보는 '어떤 행위에 대하여 받는 갚음'을 뜻한다. 제시문의 주장에 따르면 소년법을 악용하여 범죄 수준에 비해 처벌을 경미하게 받는 등 악용사례가 있으므로, 소년법을 폐지하면 응보의 의미가 퇴색된다는 것은 필자의 주장을 반박하는 근거로 적절하지 않다.

오답분석

① 소년법의 악용사례가 소년법 자체의 문제에 의한 것이 아니라고 주장하는 반대 의견이다.
② · ⑤ 소년법 본래의 취지와 현재의 상황을 상기시키며 필자의 주장이 지나치다고 반박하고 있다.
④ 필자의 주장의 근거 중 하나인 경미한 처벌이 사실과 다르다고 반박하고 있다.

정답 ③

이거 알면 30초 컷!

- 주장, 관점, 의도, 근거 등 문제를 풀기 위한 글의 핵심을 파악한다. 이후 글의 주장 및 근거의 어색한 부분을 찾아 반박할 주장과 근거를 생각해본다.
- 제시된 지문이 지나치게 길 경우 선택지를 먼저 파악하여 홀로 글의 주장이 어색하거나 상반된 의견을 제시하고 있는 답은 없는지 확인한다.

CHAPTER

02 언어 · 수추리 배열하기·묶기·연결하기

유형분석

- 제시된 조건을 바탕으로 사람이나 사물을 배열하거나 분류하는 유형이 출제된다.

① 정보 확인 — 환자 / 처방약

약국에 희경, 은정, 소미, 정선 4명의 손님이 방문하였다. 약사는 이들로부터 처방전을 받아 A, B, C, D 네 봉지의 약을 조제하였다. 다음 〈조건〉이 모두 참일 때 항상 참인 것은?

조건

- 방문한 손님들의 병명은 몸살, 배탈, 치통, 피부병이다. (증세)
- 은정이의 약은 B에 해당하고, 은정이는 몸살이나 배탈 환자가 아니다.
- A는 배탈 환자에 사용되는 약이 아니다.
- D는 연고를 포함하고 있는데, 이 연고는 피부병에만 사용된다.
- 희경이는 임산부이고, A와 D에는 임산부가 먹어서는 안 되는 약품이 사용되었다.
- 소미는 몸살 환자가 아니다.

① 은정이는 피부병에 걸렸다.
② 정선이는 몸살이 났고, 이에 해당하는 약은 C이다.
③ 소미는 치통 환자이다.
④ 희경이는 배탈이 났다.
⑤ 소미의 약은 A이다.

② 표로 시각화하여 정리

처방약 \ 환자 \ 증세	환자	몸살	배탈	치통	피부병
A	임산부 ×, 소미 ×, 희경 × → 정선	○	×	×	×
B	은정	×	×	○	×
C	희경	×	○	×	×
D	임산부 ×, 소미	×	×	×	○

정답 해설

ⅰ) 증세

증세에 따른 처방전에 대한 조건을 정리하면 다음과 같다.

- A : 세 번째 조건 – 배탈 ×
- B : 두 번째 조건 – 몸살 ×, 배탈 ×
- D : 네 번째 조건 – 피부병 ○

처방전 D의 증세는 피부병이므로 처방전 B의 증세는 치통이다. 처방전 B와 D의 증세에 따라 처방전 A의 증세는 몸살이고 나머지 처방전 C의 증세는 배탈이다.

ⅱ) 약

환자와 약에 대한 조건을 정리하면 다음과 같다.

- A : 다섯 번째 조건 – 임산부 ×
- B : 두 번째 조건 – 은정 ○
- D : 다섯 번째 조건 – 임산부 ×

다섯 번째 조건에서 희경이는 임산부라고 하였는데 A와 D는 임산부가 먹어서는 안 되는 약품이라고 하였으므로 희경이의 약은 C이다. 마지막 조건에 의해 소미는 몸살 환자가 아님을 알 수 있는데 A는 몸살 환자에게 필요한 약품이므로 소미의 약은 D이다.

정답 ④

이거 알면 30초 컷!

- 제시된 조건을 자신만의 방법으로 도식화하여 나타낸다.
- 고정 조건을 중심으로 표나 도식으로 정리하여 확실한 조건과 배제해야 할 조건들을 정리한다.

CHAPTER 02 언어 · 수추리 명제

유형분석

- '$p \to q$, $q \to r$이면 $p \to r$이다.' 형식의 삼단논법과 명제의 대우를 활용하여 푸는 유형이다.
- 명제의 역 · 이 · 대우

A이면 B이다.	역	B이면 A이다.
이	대우	이
~A이면 ~B이다.	역	~B이면 ~A이다.

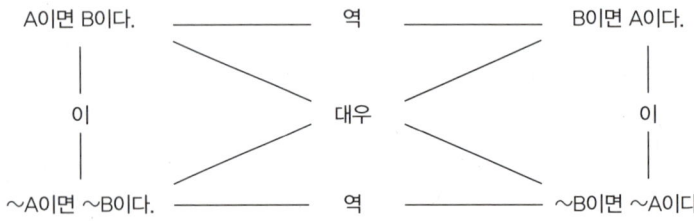

다음 중 제시된 명제가 모두 참일 때, 항상 참인 것은?

- 재현이가 춤을 추면(p) 서현이나 지훈이가 춤을 춘다(q or r).
- 재현이가 춤을 추지 않으면 종열이가 춤을 춘다(s).
- 종열이가 춤을 추지 않으면 지훈이도 춤을 추지 않는다.

① 명제의 도식화
- $p \to q$ or r
- $\sim p \to s$
- $\sim s \to \sim r$

② 명제의 대우
- $\sim q$ and $\sim r \to \sim p$
- $\sim s \to p$
- $r \to s$

③ 연결
$\sim s \to p \to q$ or r
$\Rightarrow \sim s \to p \to q$

④ 보기 도식화하여 정답 찾기

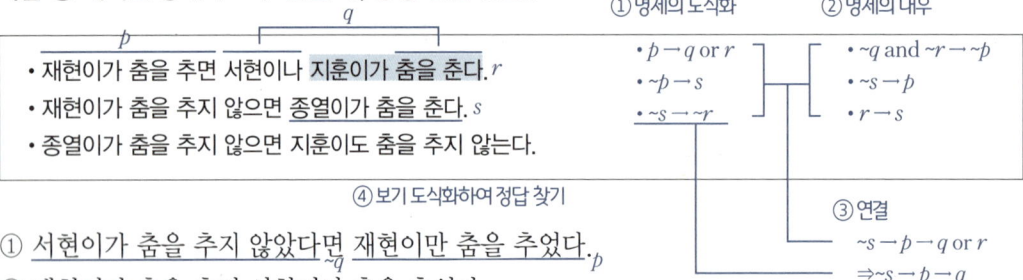

① 서현이가 춤을 추지 않았다면($\sim q$) 재현이만 춤을 추었다(p).
② 재현이가 춤을 추면(p) 서현이만 춤을 추었다(q).
③ 종열이가 춤을 추지 않았다면($\sim s$) 지훈이만 춤을 추었다(r).
④ 서현이가 춤을 추면(q) 재현이와 지훈이는 춤을 추었다(p and r).
⑤ 종열이가 춤을 추지 않았다면($\sim s$) 재현이와 서현이는 춤을 추었다(p and q).

정답 해설

'재현이가 춤을 추다.'를 p, '서현이가 춤을 추다.'를 q, '지훈이가 춤을 추다.'를 r, '종열이가 춤을 추다.'를 s라고 하면 주어진 명제는 순서대로 $p \rightarrow q$ or r, $\sim p \rightarrow s$, $\sim s \rightarrow \sim r$이다. 두 번째 명제의 대우는 $\sim s \rightarrow p$이고 이를 첫 번째 명제와 연결하면 $\sim s \rightarrow p \rightarrow q$ or r이다. 세 번째 명제에서 $\sim s \rightarrow \sim r$라고 하였으므로 $\sim s \rightarrow p \rightarrow q$임을 알 수 있다. 따라서 ⑤가 항상 참이다.

정답 ⑤

이거 알면 30초 컷!

- 꼬리 물기 명제의 경우 가장 첫 문장을 찾는다.
- 진실게임 문제는 모순이 되는 진술을 먼저 찾고 이의 참 · 거짓을 판단한다.

CHAPTER

02 언어 · 수추리 수열

유형분석

- 나열된 수를 분석하여 그 안의 규칙을 찾고 적용할 수 있는지를 평가하는 유형이다.
- 규칙에 분수나 소수가 나오면 어려운 문제인 것처럼 보이지만 오히려 규칙은 단순한 경우가 많다.
- 수열
  - 등차수열 : 앞의 항에 일정한 수를 더해 이루어지는 수열
  - 등비수열 : 앞의 항에 일정한 수를 곱해 이루어지는 수열
  - 계차수열 : 앞의 항과의 차가 일정하게 증가하는 수열
  - 피보나치수열 : 앞의 두 항의 합이 그 다음 항이 되는 수열
  - 군수열 : 일정한 규칙성으로 몇 항씩 묶어 나눈 수열

※ 일정한 규칙으로 수를 나열할 때, 빈칸에 들어갈 알맞은 수를 고르시오. [1~2]

01

×3 ×3

① [2] ② [6] ④ [18] ( )

×2 ×2 ×2

① 일반적인 수열의 규칙
② 홀수항, 짝수항 규칙
③ 군수열 규칙

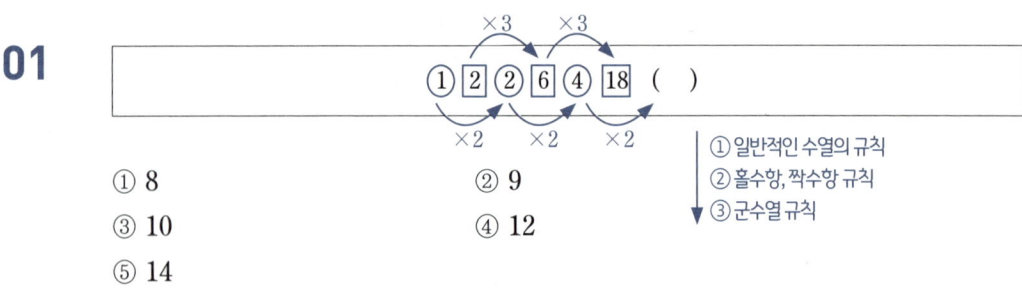

① 8 ② 9
③ 10 ④ 12
⑤ 14

02

\+ \+ \+ ② 규칙 찾기

2 5 7 3 6 9 4 7 ( )

$2+5=7$
$3+6=9$
$4+7=(11)$

① 수열의 규칙성 찾기
: 숫자 3개씩 묶기

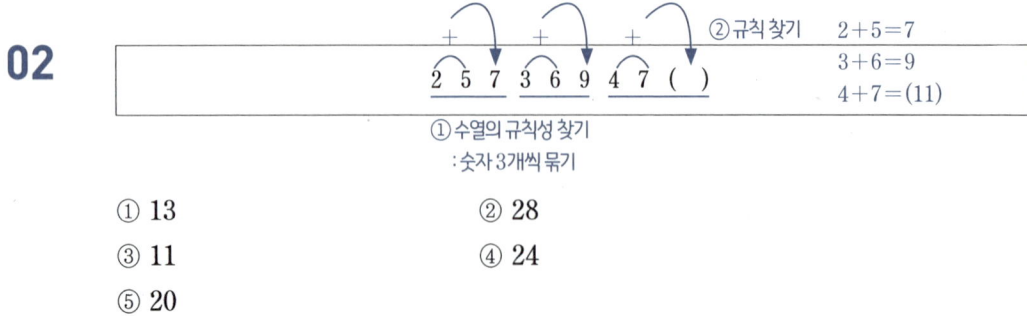

① 13 ② 28
③ 11 ④ 24
⑤ 20

정답 해설

01

홀수 항에는 $\times 2$, 짝수 항에는 $\times 3$을 하는 수열이다.
따라서 ( )$=4\times 2=8$이다.

정답 ①

02

나열된 수를 3개씩 묶어 각각 A, B, C라고 하면
$A\ B\ C \rightarrow A+B=C$
따라서 ( )$=4+7=11$이다.

정답 ③

이거 알면 30초 컷!

- 일반적인 방법으로 규칙이 보이지 않는다면 홀수 항과 짝수 항을 분리해서 파악한다.
- 앞뒤 항과의 규칙이 보이지 않는다면 군수열을 떠올리고 n개의 항을 묶어 생각한다.

CHAPTER

03 수리 거리·속력·시간

유형분석

- 기차와 터널의 길이, 물과 같이 속력이 있는 공간 등 추가적인 거리 · 시간 · 속력에 관한 정보가 있는 경우 난도가 높은 편에 속하는 문제로 출제되지만, 기본적인 공식에 더하거나 빼는 것이므로 기본에 집중한다.
- (거리)=(시간)×(속력)
- (속력)=$\frac{(거리)}{(시간)}$
- (시간)=$\frac{(거리)}{(속력)}$

물의 방향

③ • 물의 방향 : +1m/s
• 물의 반대 방향 : −1m/s

①3,000m

강물이 A지점에서 3km 떨어진 B지점으로 흐르고 있을 때, 물의 속력이 1m/s이다. 철수가 A지점에서 B지점까지 갔다가 다시 돌아오는 데 1시간 6분 40초가 걸렸다고 할 때, 철수의 속력은 몇 m/s인가?

①4,000초

②미지수 설정

①구해야 할 최종 단위에 맞추어 계산

① 2m/s
② 4m/s
③ 6m/s
④ 8m/s
⑤ 12m/s

정답 해설

철수의 속력을 xm/s라 하자. ┌ 물의 방향 ┌ 물의 반대 방향

② A지점에서 B지점으로 갈 때 속력은 $(x+1)$m/s, B지점에서 A지점로 갈 때 속력은 $(x-1)$m/s이다.

1시간 6분 40초는 $(1\times60\times60)+(6\times60)+40=4{,}000$초이고, 3km는 3,000m이므로 ①

③

$$\frac{3{,}000}{x+1}+\frac{3{,}000}{x-1}=4{,}000$$

$\rightarrow 6{,}000x=4{,}000(x+1)(x-1)$

$\rightarrow 3x=2(x^2-1)$

$\rightarrow 2x^2-3x-2=0$

$\rightarrow (2x+1)(x-2)=0$

$\therefore x=2(\because$ 속력$\geq0)$

따라서 철수의 속력은 2m/s이다.

정답 ①

이거 알면 30초 컷!

- 기차나 터널의 길이, 물과 같이 속력이 있는 장소 등 추가적인 조건을 반드시 확인한다.
- 속력과 시간의 단위를 처음에 정리하여 계산하면 계산 실수 없이 풀이할 수 있다.
  - 1시간=60분=3,600초
  - 1km=1,000m=100,000cm

CHAPTER

03 수리 농도

유형분석

- 거리 · 속력 · 시간 유형과 더불어 출제 가능성이 높은 유형이다.
- $(\text{농도})=\dfrac{(\text{용질의 양})}{(\text{용액의 양})}\times 100$ 공식을 활용한 문제이다.
- (용액의 양)=(물의 양)+(용질의 양)이라는 것에 유의하고, 더해지거나 없어진 것을 미지수로 두고 풀이한다.

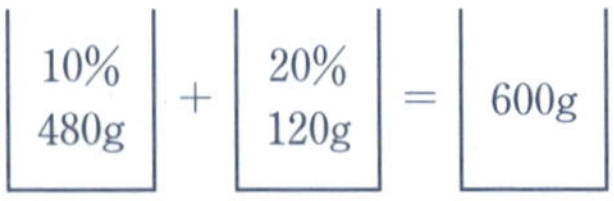

② 섞은 설탕물의 설탕 양 구하기

- 농도 : 변화 ×
- 설탕물의 양 : $(600-x)$g
- 설탕의 양 : ↓

③

농도가 10%인 설탕물 480g에 농도가 20%인 설탕물 120g을 섞었다. 이 설탕물에서 한 컵의 설탕물을 퍼내고, 퍼낸 설탕물의 양만큼 다시 물을 부었더니 11%의 설탕물이 되었다. 이때 컵으로 퍼낸 설탕물의 양은?

④ 방정식

① 미지수 설정

- 농도 : 변화 o
- 설탕물의 양 : $600(=600-x+x)$g
- 설탕의 양 : 변화 ×

① 30g ② 50g

③ 60g ④ 90g

⑤ 100g

정답 해설

- 농도 10% 설탕물에 들어있는 설탕의 양 : $\frac{10}{100}\times 480=48g$
- 농도 20% 설탕물에 들어있는 설탕의 양 : $\frac{20}{100}\times 120=24g$
- 두 설탕물을 섞었을 때의 농도 : $\frac{48+24}{480+120}\times 100=12\%$ — ②

컵으로 퍼낸 설탕물의 양을 xg이라고 하자.(①) 이때, 컵으로 퍼낸 설탕의 양은 $\frac{12}{100}x$g이다.(③)

컵으로 퍼낸 만큼 물을 부었을 때의 농도는 $\frac{(48+24)-\frac{12}{100}x}{600-x+x}\times 100=11\%$(④)이므로

$$\frac{\left(72-\frac{12}{100}x\right)\times 100}{600}=11$$

$\rightarrow 7{,}200-12x=600\times 11$

$\rightarrow 12x=600$

$\therefore x=50$

따라서 컵으로 퍼낸 설탕물의 양은 50g이다.

정답 ②

이거 알면 30초 컷!

- 숫자의 크기를 최대한 간소화해야 한다. 특히, 농도의 경우 분수와 정수가 같이 제시되고, 최근에는 비율을 활용한 문제가 많이 출제되고 있으므로 통분이나 약분을 통해 수를 간소화시켜 계산 실수를 줄일 수 있도록 한다.
- 소금물이 증발하는 경우 소금의 양은 유지되지만, 물의 양이 감소한다. 따라서 농도는 증가한다.
- 농도가 다른 소금물 두 가지를 섞는 문제의 경우 보통 두 소금물을 합했을 때의 전체 소금물의 양을 제시해주는 경우가 많다.때문에 각각의 미지수를 x, y로 정하는 것보다 하나를 x로 두고 다른 하나를 (전체)$-x$로 식을 세우면 계산을 간소화할 수 있다.

CHAPTER

03 수리 인원수·개수 ①

유형분석

- 구하고자 하는 값을 미지수로 놓고 식을 세운다.
- 최근 증가·감소하는 비율이나 평균과 결합된 문제가 많이 출제되고 있다.

유진이네 반 학생 50명이 총 4문제가 출제된 수학시험을 보았다. 1번과 2번 문제를 각 3점, 3번과 4번 문제를 각 2점으로 채점하니 평균이 7.2점이었고, 2번 문제를 2점, 3번 문제를 3점으로 배점을 바꾸어서 채점하니 평균이 6.8점이었다. 또한 각 문제의 배점을 문제 번호와 같게 하여 채점하니 평균이 6점이었다. 1번 문제를 맞힌 학생이 총 48명일 때, 2번, 3번, 4번 문제를 맞힌 학생 수의 총합은?

식1 / 식2 / 식3

① 미지수 설정
- 2번 문제를 맞힌 학생의 수 : a명
- 3번 문제를 맞힌 학생의 수 : b명
- 4번 문제를 맞힌 학생의 수 : c명

② 문제 확인

① 82명
② 84명
③ 86명
④ 88명
⑤ 90명

정답 해설

①
2번, 3번, 4번 문제를 맞힌 학생 수를 각각 a, b, c명이라 하자.

$3(48+a)+2(b+c)=7.2\times50 \rightarrow 3a+2b+2c=216$ ⋯ ㉠
$3(48+b)+2(a+c)=6.8\times50 \rightarrow 2a+3b+2c=196$ ⋯ ㉡
$48+2a+3b+4c=6\times50 \rightarrow 2a+3b+4c=252$ ⋯ ㉢
㉡과 ㉢을 연립하면 $2c=56$
$\therefore c=28$

$c=28$을 대입하여 ㉠과 ㉡을 연립하면 ③ 미지수 줄이기
$\therefore a=40$, $b=20$ ㉡과 ㉢의 경우 $2a+3b$가 공통되어있으므로 이를 먼저 소거하여 c 계산
따라서 2번, 3번, 4번 문제를 맞힌 학생 수는 각각 40명, 20명, 28명이고, 이들의 합은 $40+20+28=88$명이다.

정답 ④

이거 알면 30초 컷!

최근에는 가중평균을 활용한 문제가 많이 출제되고 있다. 때문에 산술평균과 가중평균의 개념을 알아두고, 적절하게 활용하도록 한다.

• 산술평균
n개로 이루어진 집합 x_1, x_2, x_3, ⋯, x_n이 있을 때 원소의 총합을 개수로 나눈 것

$$m=\frac{x+x_2+\cdots+x_n}{n}$$

• 가중평균
n개로 이루어진 집합 x_1, x_2, x_3, ⋯, x_n이 있을 때, 각 원소의 중요도나 영향도를 f_1, f_2, f_3, ⋯, f_n이라고 하면 각 원소의 중요도나 영향도를 가중치로 곱하여 가중치의 합인 N으로 나눈 것

$$m=\frac{x_1f_1+x_2f_2+\cdots+x_nf_n}{N}$$

예 B학생의 성적이 다음과 같다.

과목	국어	수학	영어
점수	70점	90점	50점

B학생의 산술평균 성적은 $\frac{70+90+50}{3}=70$점이다.
A대학교는 이공계 특성화 대학이다. 때문에 국어, 수학, 영어에 각각 2 : 5 : 3의 가중치를 두어 학생을 선발할 예정이다. 이때 B학생 성적의 가중평균을 구하면 $\frac{70\times2+90\times5+50\times3}{2+5+3}=\frac{740}{10}$점이다.

CHAPTER

03 수리 인원수·개수 ②

유형분석

- 미지수의 값이 계산에 의해 정확하게 구해지는 것이 아니라 가능한 여러 경우의 수를 찾아서 조건에 맞는 값을 고르는 유형이다.
- 사람이나 물건의 개수를 구하는 문제라면 0이나 자연수로만 답을 구해야 한다. 이처럼 문제에서 경우의 수로 가능한 조건이 주어지므로 유의한다.

② 미지수 확인　식1

획수가 5획, 8획, 11획인 한자를 활용하여 글을 쓰려고 한다. 각 한자를 a, b, c번 사용하였을 때 총 획의 수는 71획이고, 5획과 11획의 활용 횟수를 바꿔 사용했더니 총 획의 수가 89획이 되었다. 이때 8획인 한자를 쓸 수 있는 최대 횟수는?(단, 각 한자는 한 번 이상씩 사용하였다)

식2

① 문제에서 묻는 내용 확인

① 4번　② 5번

③ 6번　④ 7번

⑤ 8번

정답 해설

$5a+8b+11c=71$ ⋯ ㉠

$11a+8b+5c=89$ ⋯ ㉡

㉠과 ㉡을 연립하면

$6a-6c=18 \rightarrow a-c=3$

$\rightarrow a=c+3$ ⋯ ㉢

㉢을 ㉠에 대입하면

$5(c+3)+8b+11c=71 \rightarrow 16c+8b=56$

$\rightarrow 2c+b=7$

③ 미지수 줄이기
8획인 한자 b가 남도록 식 간소화

b, c는 1 이상의 자연수이므로 (b, c)는 (1, 3), (3, 2), (5, 1)가 가능하다.

b의 값이 최대가 되려면 c가 최솟값을 가져야하므로 $c=1$이고, $b=5$가 된다.

따라서 8획인 한자는 최대 5번을 활용할 수 있다.

b, c가 될 수 있는 조건 확인
획의 수$=0$ or 자연수

정답 ②

이거 알면 30초 컷!

- 연립방정식이 나오는 경우 중복이 많은 문자를 소거할 수 있는 방법을 찾거나 가장 짧은 식을 만든다.
- 미지수를 추리해야 하는 경우 계수가 큰 미지수를 먼저 구하면 계산 과정을 줄일 수 있다.

CHAPTER

03 수리 금액

유형분석

- 원가 · 정가 · 할인가 · 판매가의 개념을 명확히 한다.
- (정가)=(원가)+(이익)
- (할인가)=(정가)×$\left[1-\frac{(\text{할인율})}{100}\right]$

윤정이는 어떤 물건을 100개 구입하여, 구입 가격에 25%를 더한 가격으로 50개를 팔았다. 남은 물건 50개를 기존 판매가에서 일정 비율 할인하여 판매했더니 본전이 되었을 때의 할인율은?

- 구입 가격 → 원가
- 25%를 더한 가격 → (정가)=(원가)×$\left(1+\frac{25}{100}\right)$
- 기존 판매가 → 정가
- 할인하여 판매 → (할인 판매가) =(정가)×[1−(할인율)] =(정가)×$\left(1-\frac{y}{100}\right)$
- 본전이 되었을 때 → ② 조건 확인: (100개의 원가) =(100개의 판매가)
- 할인율 → ① 미지수 설정: • 구입가격(원가) : x원 • 할인율 : y%

① 32.5%
② 35%
③ 37.5%
④ 40%
⑤ 42.5%

정답 해설

윤정이가 구입한 개당 가격을 x원, 할인율을 y%라고 하자.

물건 100개의 원가는 $(100\times x)$원이고, 판매가는 $\left\{50\times1.25\times x+50\times1.25\times\left(1-\frac{y}{100}\right)\times x\right\}$원이다.

윤정이가 물건을 다 팔았을 때 본전이었으므로 (판매가)=(원가)이다.

$100x=50\times1.25\times x+50\times1.25\times\left(1-\frac{y}{100}\right)\times x$

$\rightarrow 2=1.25+1.25\times\left(1-\frac{y}{100}\right)$

$\rightarrow 3=5-\frac{y}{20}$

$\therefore\ y=40$

따라서 할인율은 40%이다.

정답 ④

이거 알면 30초 컷!

- 제시된 문제의 원가(x)처럼 기준이 동일하고, 이를 기준으로 모든 값을 계산하는 경우에 처음부터 x를 생략하고 식을 세우는 연습을 한다.
- 정가가 반드시 판매가인 것은 아니다.
- 금액을 계산하는 문제는 보통 비율과 함께 제시되기 때문에 풀이과정에서 실수하기 쉽다. 때문에 선택지의 값을 대입해서 풀이하는 것이 실수 없이 빠르게 풀 수 있는 방법이 될 수도 있다.

CHAPTER

03 수리 일률

유형분석

- 전체 작업량을 1로 놓고, 분 · 시간 등의 단위 시간 동안 한 일의 양을 기준으로 식을 세운다.
- $(\text{일률})=\frac{(\text{작업량})}{(\text{작업시간})}$

① (전체 일의 양) = 1

② (하루 동안 할 수 있는 일의 양) = (일률) $=\frac{(\text{작업량})}{(\text{작업기간})}$

프로젝트를 완료하는 데 A사원이 혼자 하면 7시간, B사원이 혼자 하면 9시간이 걸린다. 3시간 동안 두 사원이 함께 프로젝트를 진행하다가 B사원이 반차를 내는 바람에 나머지는 A사원이 혼자 처리해야 한다. A사원이 남은 프로젝트를 완료하는 데 걸리는 시간은?

③ 남은 일의 양을 계산

④ 미지수 설정

⑤ (작업기간) $=\frac{(\text{작업량})}{(\text{일률})}$

① 1시간 20분	② 1시간 40분
③ 2시간	④ 2시간 10분
⑤ 2시간 20분	

정답 해설

프로젝트를 완료하는 일의 양을 1이라 하면,① A사원은 한 시간에 $\frac{1}{7}$, B사원은 한 시간에 $\frac{1}{9}$② 만큼의 일을 할 수 있다.

3시간 동안 같이 한 일의 양은 $\left(\frac{1}{7}+\frac{1}{9}\right)\times 3=\frac{16}{21}$이므로, A사원이 혼자 해야 할 일의 양은 $\frac{5}{21}\left(=1-\frac{16}{21}\right)$③가 된다.

이때 프로젝트를 완료하는 데 걸리는 시간을 x시간이라 하자.④

$\frac{1}{7}\times x=\frac{5}{21}$ ⑤

$\therefore x=\frac{5}{3}$

따라서 A사원 혼자 프로젝트를 완료하는 데에는 총 1시간 40분이 더 걸린다.

정답 ②

이거 알면 30초 컷!

- 전체의 값을 모르는 상태에서 비율을 묻는 문제의 경우 전체를 1이라고 하면 쉽게 풀이할 수 있다. 이는 단순히 일률을 계산하는 경우뿐만 아니라 조건부 확률과 같이 비율이 나오는 문제에는 공통적으로 적용가능하다.
- 문제에서 제시하는 단위와 선택지의 단위가 같은지 확인한다.

CHAPTER 03 수리 최댓값·최솟값

유형분석

- 부등식의 양변에 같은 수를 더하거나 같은 수를 빼도 부등호의 방향은 바뀌지 않는다.
  → $a<b$이면 $a+c<b+c$, $a-c<b-c$
- 부등식의 양변에 같은 양수를 곱하거나 양변을 같은 양수로 나누어도 부등호의 방향은 바뀌지 않는다.
  → $a<b$, $c>0$이면 $a\times c<b\times c$, $\frac{a}{c}<\frac{b}{c}$
- 부등식의 양변에 같은 음수를 곱하거나 양변을 같은 음수로 나누면 부등호의 방향은 바뀐다.
  → $a<b$, $c<0$이면 $a\times c>b\times c$, $\frac{a}{c}>\frac{b}{c}$

〈1개 기준〉

구분	A제품	B제품
재료비	3,600	1,200
인건비	1,600	2,000

어느 회사에서는 A, B 두 제품을 주력 상품으로 제조하고 있다. A제품을 1개 만드는 데 재료비는 3,600원, 인건비는 1,600원이 들어간다. 또한 B제품을 1개 만드는 데 재료비는 1,200원, 인건비는 2,000원이 들어간다. 이 회사는 한 달 동안 두 제품을 합하여 40개를 생산하려고 한다. 재료비는 12만 원 이하, 인건비는 7만 원 이하가 되도록 하려고 할 때, A제품을 최대로 생산할 수 있는 개수는?

③ 부등식

① 미지수 설정
- A제품 생산 개수 : x개
- B제품 생산 개수 : y개

② 미지수 줄이기
$x+y=40$
$y=40-x$
- A제품 생산 개수 : x개
- B제품 생산 개수 : $(40-x)$개

① 25개
② 26개
③ 28개
④ 30개
⑤ 31개

정답 해설

A제품의 생산 개수를 x개라 하자. ①

B제품의 생산 개수는 $(40-x)$개이다. ②

$3,600\times x+1,200\times(40-x)\leq 120,000$
$\rightarrow x\leq 30$
$1,600\times x+2,000\times(40-x)\leq 70,000$
$\rightarrow x\geq 25$ ③

$\therefore 25\leq x\leq 30$

따라서 A제품은 최대 30개까지 생산할 수 있다.

정답 ④

이거 알면 30초 컷!

- 문제에 이상, 이하, 초과, 미만, 최대, 최소 등의 표현이 사용되면 부등식을 활용한다.
- 미지수가 2개 이상 나오는 경우나 부등식이 2개 사용되는 경우 그래프를 활용하면 실수의 확률을 줄일 수 있다.
- 최대를 묻는 경우의 부등호의 방향은 미지수가 작은 쪽($x\leq n$)으로 나타내고, 최소를 묻는 경우 부등호의 방향은 미지수가 큰 쪽($x\geq n$)으로 나타낸다.

CHAPTER

03 수리 경우의 수

유형분석

- 두 사건 A, B가 동시에 일어나지 않을 때, A가 일어나는 경우의 수가 a가지, B가 일어나는 경우의 수를 b가지라고 하면 A 또는 B가 일어나는 경우의 수는 $(a+b)$가지이다.
- 두 사건 A, B가 동시에 일어날 때, A가 일어나는 경우의 수가 a가지, B가 일어나는 경우의 수를 b가지라고 하면 A와 B가 동시에 일어나는 경우의 수는 $(a \times b)$가지이다.
- n명 중 자격이 다른 m명을 뽑는 경우의 수 : ${}_nP_m$가지
- n명 중 자격이 같은 m명을 뽑는 경우의 수 : ${}_nC_m$가지

중복 확인(사람일 때는 같은 사람이 없으므로 중복이 없지만,
사물이나 직급, 성별 같은 경우에는 중복이 있을 수 있으므로 주의해야 함)

합의 법칙

A, B, C, D, E 다섯 명을 일렬로 배치할 때, B와 E 사이에 1명 또는 2명이 있도록 하는 경우의 수는?

순서를 고려하므로 순열 P

①, ②

④

① 30가지 ② 60가지
③ 90가지 ④ 120가지
⑤ 150가지

어떤 둘 사이에 n명$(n \geq 2)$을 배치할 때,
$(n+2)$명을 한 묶음으로 생각하고 계산
→ $(n+2)$명을 1명으로 치환

전체 m명을 일렬로 배치하는데 n명$(2 \leq n \leq m)$이 붙어 있을 경우의 수는?
① n명을 한 묶음으로 본다. 이때, 이 한 묶음 안에서 n명을 배치하는 경우의 수 : $n!$가지
② n명을 1명으로 생각
③ $(m-n+1)$명을 배치하는 경우의 수 : $(m-n+1)!$가지
④ 곱의 법칙으로 전체 경우의 수 : $n! \times (m-n+1)!$가지

정답 해설

ⅰ) B와 E 사이에 1명이 있는 경우

• A, C, D 중 B와 E 사이에 위치할 1명을 골라 줄을 세우는 방법의 경우의 수 : ${}_3P_1$가지 ─①,②

B와 E, 가운데 위치한 1명을 한 묶음으로 생각하고, B와 E가 서로 자리를 바꾸는 것도 고려하면 전체 경우의 수는 ${}_3P_1 \times 3! \times 2 = 3 \times 6 \times 2 = 36$가지이다. ③

ⅱ) B와 E 사이에 2명이 있는 경우

• A, C, D 중 B와 E 사이에 위치할 2명을 골라 줄을 세우는 방법의 경우의 수 : ${}_3P_2$가지 ─①,②

B와 E, 가운데 위치한 2명을 한 묶음으로 생각하고, B와 E가 서로 자리를 바꾸는 것도 고려하면 전체 경우의 수는 ${}_3P_2 \times 2! \times 2 = 6 \times 2 \times 2 = 24$가지이다. ③

따라서 구하는 경우의 수는 $36 + 24 = 60$가지이다. ④

정답 ②

이거 알면 30초 컷!

• 기본적으로 많이 활용되는 공식은 숙지한다.
  - 동전 n개를 던졌을 때의 경우의 수 : 2^n가지
  - 주사위 n개를 던졌을 때의 경우의 수 : 6^n가지
  - n명을 한 줄로 세우는 경우의 수 : $n!$가지
  - 원형 모양의 탁자에 n명이 앉는 경우의 수 : $(n-1)!$가지

• 확률과 경우의 수 문제는 빠르게 계산할 수 있는 방법을 생각해야 한다. 특히 '이상'과 같은 표현이 사용됐다면 1(전체)에서 나머지 확률(경우의 수)를 빼는 방법(여사건 활용)이 편리하다.

CHAPTER

03 수리 자료해석

유형분석

- 자료를 보고 해석하거나 추론한 내용을 고르는 문제가 출제된다.
- 증감 추이, 증감률, 증감폭 등의 간단한 계산이 포함되어 있다.
- %, %p 등의 차이점을 알고 적용할 수 있어야 한다.
  - %(퍼센트) : 어떤 양이 전체(100)에 대해서 얼마를 차지하는가를 나타내는 단위
  - %p(퍼센트 포인트) : %로 나타낸 수치가 이전 수치와 비교했을 때 증가하거나 감소한 양
- $(\text{백분율})=\frac{(\text{비교하는 양})}{(\text{기준량})}\times 100$
- $(\text{증감률})=\frac{(\text{비교대상의 값})-(\text{기준값})}{(\text{기준값})}$
- (증감량)=(비교대상 값 A)−(또 다른 비교대상의 값 B)

다음은 은행별 금융민원감축 노력수준 평가에 대한 공시자료이다. 이에 대한 설명으로 적절하지 않은 것은?(단, 비율은 소수점 둘째 자리에서 반올림한다)

① 표 제목 확인
표 제목은 표의 내용을 요약한 것으로 표를 보기 전 확인하면 표 해석에 도움이 됨

〈금융민원 발생 현황〉

② 단위 확인
함정이 생길 수 있는 부분이므로 확인 필수

③ 표의 항목 확인

(단위 : 건)

구분	민원 건수(고객 십만 명당)		민원 건수	
	2023년	2024년	2023년	2024년
A은행	5.62	4.64	1,170	1,009
B은행	5.83	4.46	1,695	1,332 ↑ 제일 많음
C은행	4.19	3.92	980	950 ↓ 제일 적음
D은행	5.53	3.75	1,530	1,078

감소

① 금융민원 발생 건수는 전반적으로 전년 대비 감소했다고 평가할 수 있다.

$$(\text{○○○○년 대비 □□□□년 증감률})=\frac{(\text{□□□□년 데이터})-(\text{○○○○년 데이터})}{(\text{○○○○년 데이터})}\times 100$$

② 2024년을 기준으로 C은행은 금융민원 건수가 가장 적지만, 전년 대비 민원 감축률은 약 3.1%로 가장 낮았다.

A를 A은행의 전년 대비 민원 감축률, B를 B은행의 전년 대비 민원 감축률, C를 C은행의 전년 대비 민원 감축률, D를 D은행의 전년 대비 민원 감축률이라 하자.

C와 A, B, D 배수 비교

$C:\frac{30}{980}\times100<(A:\frac{161}{1,170}\times100, B:\frac{363}{1,695}\times100, D:\frac{452}{1,530}\times100)$

($\because$ 분자는 5배 이상 차이가 나지만 분모는 2배 미만)

③ 가장 많은 고객을 보유하고 있는 은행은 2024년에 금융민원 건수가 가장 많다.

→ $(\text{고객 십만 명당 민원 건수})=\frac{(\text{전체 민원 건수})}{\frac{(\text{전체 고객 수})}{(\text{십만 명})}}$

→ (전체 고객 수) = (전체 민원 건수) ÷ (고객 십만 명당 민원 건수) × (십만 명)

④ 금융민원 건수 감축률을 기준으로 금융소비자보호 수준을 평가했을 때 D → A → B → C 은행 순서로 우수하다. → **A와 B 배수 비교**

$A:\frac{161}{1,170}\times100<B:\frac{363}{1,695}\times100$

($\because 363=161\times n, 1,695=1,170\times m$이라고 하면, $n>2$이고 $0<m<2$이므로 $\frac{n}{m}>1$)

B와 D 분수 비교

$B:\frac{363}{1,695}\times100<D:\frac{452}{1,530}\times100$ ($\because 452>363, 1,530<1,695$)

⑤ 민원 건수가 2023년 대비 2024년에 가장 많이 감소한 곳은 D은행이다.

정답 해설

은행별 감축률을 구하면 다음과 같다.

- 전년 대비 2024년 A은행 금융민원 건수 감축률 : $(|1{,}009-1{,}170|)\div 1{,}170\times 100=\frac{161}{1{,}170}\times 100 ≒ 13.8\%$
- 전년 대비 2024년 B은행 금융민원 건수 감축률 : $(|1{,}332-1{,}695|)\div 1{,}695\times 100=\frac{363}{1{,}695}\times 100 ≒ 21.4\%$
- 전년 대비 2024년 C은행 금융민원 건수 감축률 : $(|950-980|)\div 980\times 100=\frac{30}{980}\times 100 ≒ 3.1\%$
- 전년 대비 2024년 D은행 금융민원 건수 감축률 : $(|1{,}078-1{,}530|)\div 1{,}530\times 100=\frac{452}{1{,}530}\times 100 ≒ 29.5\%$

따라서 D → B → A → C은행 순서로 우수하다.

오답분석

① 제시된 자료의 민원 건수를 살펴보면, 2023년 대비 2024년에 모든 은행의 민원 건수가 감소한 것을 확인할 수 있다.

② C은행의 2024년 금융민원 건수는 950건으로 가장 적지만, 전년 대비 약 3%로 가장 낮은 수준의 감축률을 달성하였다.

- 전년 대비 2024년 A은행 금융민원 건수 감축률 : $(|1{,}009-1{,}170|)\div 1{,}170\times 100=\frac{161}{1{,}170}\times 100 ≒ 13.8\%$
- 전년 대비 2024년 B은행 금융민원 건수 감축률 : $(|1{,}332-1{,}695|)\div 1{,}695\times 100=\frac{363}{1{,}695}\times 100 ≒ 21.4\%$
- 전년 대비 2024년 C은행 금융민원 건수 감축률 : $(|950-980|)\div 980\times 100=\frac{30}{980}\times 100 ≒ 3.1\%$
- 전년 대비 2024년 D은행 금융민원 건수 감축률 : $(|1{,}078-1{,}530|)\div 1{,}530\times 100=\frac{452}{1{,}530}\times 100 ≒ 29.5\%$

③ 각 은행의 고객 수는 '(전체 민원 건수)÷(고객 십만 명당 민원 건수)×(십만 명)'으로 구할 수 있다. B은행이 약 29,865,471명으로 가장 많으며, 2024년 금융민원 건수도 1,332건으로 가장 많다.

- A은행 고객 수 : $1{,}009\div 4.64\times$(십만 명)$=\frac{1{,}009}{4.64}\times$(십만 명)≒21,745,690명
- B은행 고객 수 : $1{,}332\div 4.46\times$(십만 명)$=\frac{1{,}332}{4.46}\times$(십만 명)≒29,865,471명
- C은행 고객 수 : $950\div 3.92\times$(십만 명)$=\frac{950}{3.92}\times$(십만 명)≒24,234,694명
- D은행 고객 수 : $1{,}078\div 3.75\times$(십만 명)$=\frac{1{,}078}{3.75}\times$(십만 명)≒28,746,667명

십만 명이 곱해지는 것은 모두 같기 때문에 앞의 분수만으로 비교를 해보면, 먼저 A은행과 B은행의 고객 수는 4.64>4.46이고 1,009<1,332이므로 분모가 작고 분자가 큰 B은행 고객 수가 A은행 고객 수보다 많다. 또한 C은행 고객 수와 D은행 고객 수를 비교해보면 3.92>3.75이고 950<1,078이므로 분모가 작고 분자가 큰 D은행 고객 수가 C은행 고객 수보다 많다. 마지막으로 D은행 고객 수와 B은행 고객 수를 직접 계산으로 비교를 하면 B은행이 D은행보다 고객 수가 많은 것을 알 수 있다.

⑤ D은행은 총민원 건수가 452건 감소하였으므로 적절하다.

정답 ④

이거 알면 30초 컷!

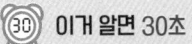

- 계산이 필요 없는 선택지를 먼저 해결한다.
  예 ②와 ④의 풀이방법은 동일하다.
- 정확한 값을 비교하기보다 어림값을 활용한다.

배수 비교

- $D=mB$, $C=nA$(단, n, $m\geq0$)일 때,

  $n>m$이면 $\frac{n}{m}>1$이므로 $\frac{A}{B}<\frac{C}{D}$

  $n=m$이면 $\frac{n}{m}=1$이므로 $\frac{A}{B}=\frac{C}{D}$

  $n<m$이면 $0<\frac{n}{m}<1$이므로 $\frac{A}{B}>\frac{C}{D}$

- $A=mB$, $C=nD$(단, n, $m\geq0$)일 때,

  $\frac{A}{B}=\frac{mB}{B}=m$, $\frac{C}{D}=\frac{mD}{D}=n$이므로

  $n>m$이면 $\frac{A}{B}<\frac{C}{D}$

  $n=m$이면 $\frac{A}{B}=\frac{C}{D}$

  $n<m$이면 $\frac{A}{B}>\frac{C}{D}$

- 간단한 선택지부터 해결한다. 계산이 필요 없거나 생각하지 않아도 되는 선택지를 먼저 해결한다.
- 적절한 것/적절하지 않은 것을 헷갈리지 않게 표시한다. 자료해석은 적절한 것 또는 적절하지 않은 것을 찾는 문제가 출제된다. 문제마다 매번 바뀌므로 이를 확인하는 것은 매우 중요하다. 따라서 선택지에 표시할 때에도 선택지가 적절하지 않은 내용이라서 '×' 표시를 했는지, 적절한 내용이지만 문제가 적절하지 않은 것을 찾는 문제라 '×' 표시를 했는지 헷갈리지 않도록 표시 방법을 정해야 한다.
- 제시된 자료를 통해 계산할 수 있는 값인지 확인한다. 제시된 자료만으로 계산할 수 없는 값을 묻는 선택지인지 먼저 판단해야 한다. 문제를 읽고 바로 계산부터 하면 함정에 빠지기 쉽다.

CHAPTER
04 도형 규칙 찾기

유형분석

- 도식에 적용되는 다양한 규칙을 이해하고 도식 흐름에 따른 결과를 추론하는 유형이다.
- 도형을 숫자로 나타내면 더욱 쉽게 풀이를 할 수 있다.

다음 도식의 기호들은 일정한 규칙에 따라 도형을 변화시킨다. 〈보기〉의 규칙을 찾고 ?에 들어갈 적절한 도형을 고르면?(단, 규칙은 A, B, C 각각의 4개의 칸에 동일하게 적용된 것을 말하며 A, B, C 규칙은 서로 다르다)

보기

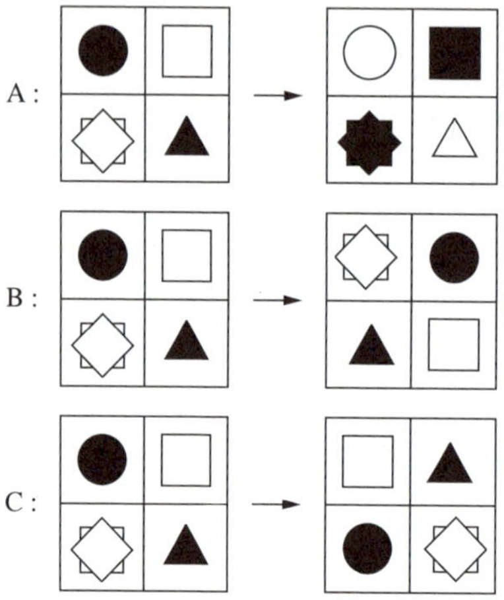

△ : 색이 처음과 같으면 Yes, 다르면 No

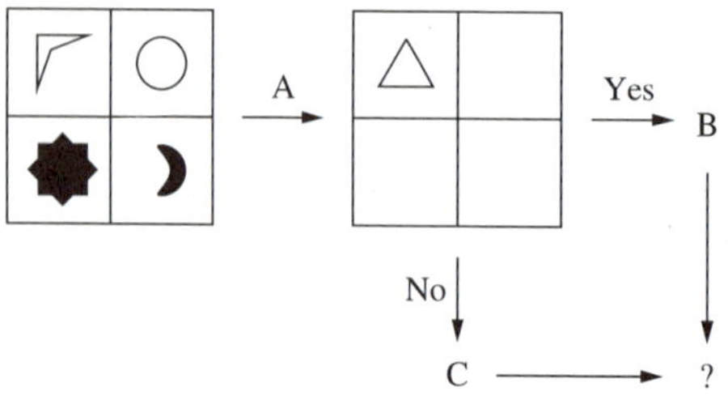

①
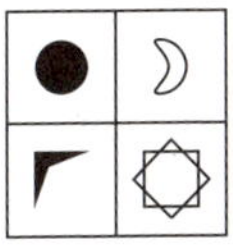

②
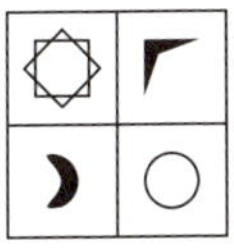

③
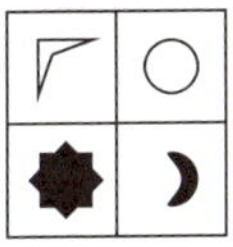

④
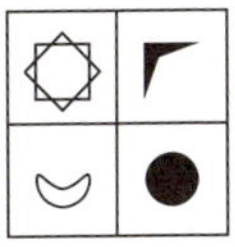

⑤
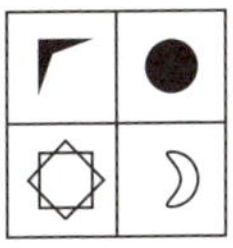

정답 해설

A : 색 반전
B : 시계 방향으로 도형 및 색상 한 칸 이동
C : 반시계 방향으로 도형 및 색상 한 칸 이동

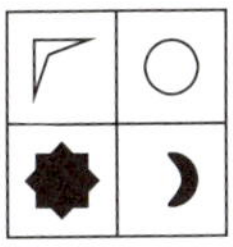

을 숫자로 표현하면

1	2
③	④

이므로

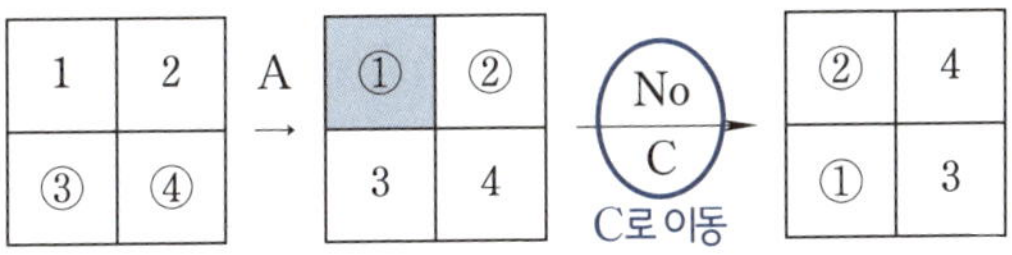

이다.

정답 ①

이거 알면 30초 컷!

제시된 문자나 그림을 조건에 따라 그리면서 문제를 해결할 수도 있으나, 도형을 숫자로 바꾸어 풀면 시간을 단축할 수 있다. 단, 도형에 색이 칠해져 있는 것은 동그라미도 함께 표시한다.

CHAPTER

04 도형 외·내부도형

유형분석

- 외부도형과 내부도형을 하나씩 비교하여 규칙을 찾는 것이 도형의 규칙을 발견하는 데 용이하다.
- 제시된 여러 규칙을 활용하여 문제를 풀이하여야 하므로 규칙을 찾는 데 시간을 할애하는 것은 결코 시간 낭비가 아니다. 규칙을 간략하게 써두는 것도 좋은 방법이다.

다음 도식의 기호들은 일정한 규칙에 따라 도형을 변화시킨다. 〈보기〉의 규칙을 찾고 ?에 들어갈 적절한 도형을 고르면?

보기

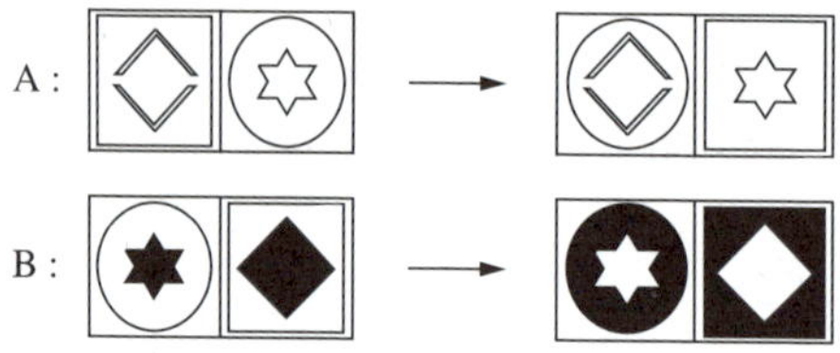

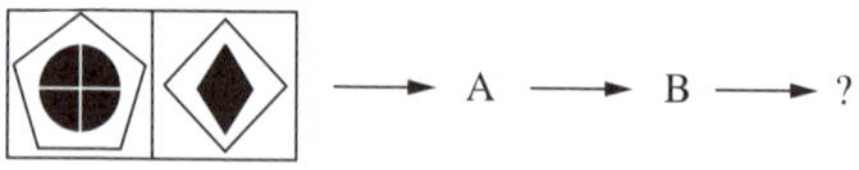

① 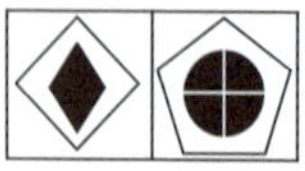

② 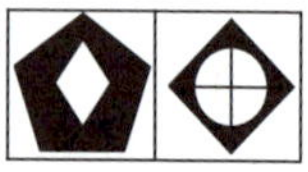

③ 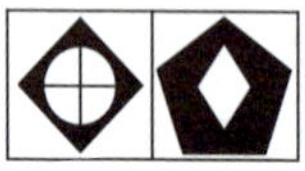

④ 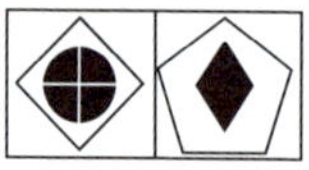

⑤ 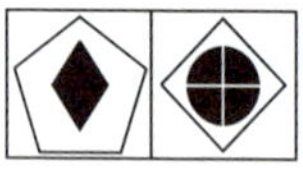

정답 해설

A :

외부도형	
내부도형	

1	2
3	4

→

2	1
3	4

외부와 내부 도형을 구분하여
도형을 숫자로 바꾸어 표시

B :

외부도형	
내부도형	

1	2
③	④

→

①	②
3	4

색이 있는 도형은 동그라미로 표시

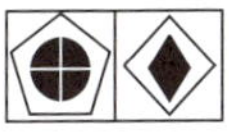

을 숫자로 표현하면

외부도형	
내부도형	

1	2
③	④

이므로

1	2
③	④

A →

2	1
③	④

B →

②	①
3	4

이다.

정답 ③

이거 알면 30초 컷!

제시된 문자나 그림을 조건에 따라 그리면서 문제를 해결할 수도 있으나, 도형을 숫자로 바꾸어 풀면 시간을 단축할 수 있다.
단, 도형에 색이 칠해져 있는 것은 동그라미도 함께 표시한다.

M E M O

PART 2

기출복원문제

CHAPTER

01 2025년 상반기 기출복원문제

정답 및 해설 p.002

| 01 | 언어

01 **다음 밑줄 친 부분의 띄어쓰기가 모두 옳은 것은?**

① 최선의 세계를 만들기 위해서 무엇 보다 이 세계에 있는 모든 대상이 지닌 성질을 정확하게 인식해야 만 한다.

② 일과 여가 두가지를 어떻게 조화시키느냐하는 문제는 항상 인류의 관심 대상이 되어 왔다.

③ 내로라하는 영화배우 중 내 고향 출신도 상당수 된다. 그래서 자연스럽게 영화배우를 꿈꿨고, 그러다 보니 영화는 내 생활의 일부가 되었다.

④ 실기시험은 까다롭게 심사하는만큼 준비를 철저히 해야 한다. 한 달 간 실전처럼 연습하면서 시험에 대비하자.

⑤ 우주의 삼라 만상은 우리에게 온갖 경험을 제공하지만 많은 경험의 결과들이 서로 모순 되는 때가 많다.

02 다음 글의 중심 내용으로 가장 적절한 것은?

최근에 사이버공동체를 중심으로 한 시민의 자발적 정치 참여 현상이 많은 관심을 끌고 있다. 이러한 현상과 관련하여 A의 연구가 주목받고 있다. A의 연구에 따르면 공동체의 구성원이 됨으로써 얻게 되는 '사회적 자본'은 시민사회의 성숙과 민주주의 발전을 가져오는 원동력이다. 공동체에 대한 자발적 참여를 통해 사회 구성원 간의 상호 의무감과 신뢰, 구성원들이 공유하는 규칙과 관행, 사회적 유대 관계와 같은 사회적 자본이 늘어나면, 사회 구성원 간의 협조적인 행위가 가능하게 된다고 보았다. 더 나아가 자원봉사와 같이 공동체 참여도가 높은 사람이 투표할 가능성이 높고 정부 정책에 대한 의견 개진도 활발해지는 등 정치 참여도가 높아진다고 주장하였다.

몇몇 학자들은 A의 이론을 적용하여 면대면 접촉에 따른 인간관계의 산물인 사회적 자본이 사이버공동체에서도 충분히 형성될 수 있다고 보았다. 그리고 사이버공동체에서 사회적 자본의 증가는 정치 참여 역시 활성화할 것으로 기대했다. 하지만 이러한 기대와 달리 정치 참여가 활성화되지 않았다. 요즘 젊은이들을 보면 각종 사이버공동체에 자발적으로 참여하는 수준은 높지만 투표나 다른 정치 활동에는 무관심하거나 심지어 정치를 혐오하기도 한다. 이런 측면에서 A의 주장은 사이버공동체가 활성화된 오늘날에는 잘 맞지 않는다.

이러한 이유 때문에 오늘날 사이버공동체를 중심으로 한 정치 참여를 더 잘 이해하기 위해서 '정치적 자본' 개념의 도입이 필요하다. 정치적 자본은 사회적 자본의 구성 요소와는 달리 정치 정보의 습득과 이용, 정치적 토론과 대화, 정치적 효능감 등으로 구성된다. 정치적 자본은 사회적 자본과 마찬가지로 공동체 참여를 통해서 획득되지만, 정치 과정에의 관여를 촉진한다는 점에서 사회적 자본과는 구분될 필요가 있다. 사회적 자본만으로 정치 참여를 기대하기 어렵고, 사회적 자본과 정치 참여 사이를 정치적 자본이 매개할 때 비로소 정치 참여가 활성화된다.

① 사이버공동체에의 자발적 참여 증가는 정치 참여를 활성화시킨다.
② 사이버공동체의 특수성으로 인해 시민들의 정치 참여가 어렵게 되었다.
③ 사회적 자본이 많은 사회는 정치 참여가 활발하기 때문에 민주주의가 실현된다.
④ 사회적 자본은 정치적 자본을 포함하기 때문에 그 자체로 정치 참여의 활성화를 가져온다.
⑤ 사이버공동체를 통해 축적된 사회적 자본에 정치적 자본이 더해질 때 정치 참여가 활성화된다.

03 다음 글을 논리적 순서대로 바르게 나열한 것은?

(가) 이 방식을 활용하면 공정의 흐름에 따라 제품이 생산되므로 자재의 운반 거리를 최소화할 수 있어 전체 공정 관리가 쉽다.
(나) 그러나 기계 고장과 같은 문제가 발생하면 전체 공정이 지연될 수 있고, 규격화된 제품 생산에 최적화된 설비 및 배치 방식을 사용하기 때문에 제품의 규격이나 디자인이 변경되면 설비 배치 방식을 재조정해야 한다는 문제가 있다.
(다) 제품을 효율적으로 생산하기 위해서는 생산 설비의 배치가 중요하다. 설비의 효율적인 배치란 자재의 불필요한 운반을 최소화하고, 공간을 최대한 활용하면서 적은 노력으로 빠른 시간에 제품을 생산할 수 있도록 설비를 배치하는 것이다.
(라) 그중에서도 제품별 배치(Product Layout) 방식은 생산하려는 제품의 종류는 적지만 생산량이 많은 경우에 주로 사용된다. 제품별로 완성품이 될 때까지의 공정 순서에 따라 설비를 배열해 부품 및 자재의 흐름을 단순화하는 것이 핵심이다.

① (가) – (다) – (나) – (라)
② (다) – (가) – (라) – (나)
③ (다) – (라) – (가) – (나)
④ (라) – (나) – (다) – (가)
⑤ (라) – (다) – (나) – (가)

Easy

04 다음 글의 내용으로 적절하지 않은 것은?

예술가는 작품에 하나의 의미만을 부여한다. 그러므로 예술 작품을 감상하는 사람이 한 작품을 두고 둘 이상의 의미로 해석하는 것은 모순이다. 어떤 특정한 시공간과 상황에서 예술 작품이 창작된다는 점을 전제한다면, 그 예술 작품의 해석은 창작의 과정과 맥락을 모두 종합할 때 가능해진다. 이럴 때 비로소 해석은 유의미해지는 것이다.
달리 말하면, 작품에 대한 해석은 작품의 내재적 요소만으로는 파악하기 어렵고, 그 작품을 창작한 작가의 경험과 사상, 시대 상황 등 외재적 요소까지 종합하여 살펴보아야 완전해진다. 차이코프스키의 '백조의 호수'와 피카소의 '게르니카'를 예로 들면, 이 작품들을 둘러싸고 있는 창작 맥락을 종합적으로 살펴야 유일한 의미를 찾아낼 수 있는 것이다.
위에서 말한 것처럼, 예술 작품의 해석은 작품의 단일한 의미를 찾아내는 데 목적이 있지만 실제로 그 목적이 꼭 실현되는 것은 아니다. 그것은 이론적으로 가능할 뿐 실제로 그것이 실현되기는 불가능해 보인다. 그렇더라도 우리는 모든 예술 작품의 단일한 의미를 찾으려고 노력해야 한다. 예술 작품의 해석이란 그러한 이상을 추구하는 부단한 여정이기 때문이다.

① 예술 작품에는 작가가 처한 상황이 반영된다.
② 예술 작품의 해석 목적은 작품의 단일한 의미를 찾는 데 있다.
③ 단지 작품만을 가지고는 예술가가 부여한 의미를 찾기 어렵다.
④ 예술 작품의 단일한 의미를 찾는 것이 항상 가능한 것은 아니다.
⑤ 작품의 내·외재적 요소를 통해 해석하면 반드시 작품의 단일한 의미를 찾을 수 있다.

05 다음 글을 읽고 추론한 내용으로 적절하지 않은 것은?

> 소비자가 어떤 상품을 구매하기 위하여 지불할 용의가 있는 금액보다 실제로 지불한 가격이 낮아 얻는 이득을 소비자 잉여라고 하고, 생산자가 어떤 상품을 판매하여 얻은 실제 수입이 그 상품을 판매하여 꼭 얻어야겠다고 생각한 금액보다 많아 얻는 이득을 생산자 잉여라고 한다. 그리고 소비자 잉여와 생산자 잉여의 합을 총잉여라고 한다. 시장 가격을 임의의 수준으로 결정할 수 있는 독점적 지위를 가진 생산자는 소비자 잉여를 생산자의 이윤으로 흡수하기 위해 이부가격을 설정하기도 한다.
> '이부가격설정'이란 어떤 상품에 대하여 두 차례 가격을 치르도록 하는 방식이다. 즉, 소비자로 하여금 특정한 상품을 이용할 수 있는 권리를 구입하게 한 다음, 상품을 이용하는 양에 비례하여 가격을 부담시키는 방식이다. 놀이공원 입장료와 놀이기구 이용료를 생각해 보자. 독점적 지위에 있는 생산자는 놀이기구 이용료와 별도로 놀이공원 입장료를 받아 두 차례 가격을 치르도록 할 수 있다. 이때 생산자는 놀이공원을 이용할 수 있는 권리인 입장료를 적절한 수준으로 결정해야 자신의 이익을 극대화할 수 있다. 입장료를 지나치게 높은 수준으로 매기면 다수의 소비자들이 이용을 포기할 것이고, 너무 낮은 수준으로 매기면 수입이 줄어들기 때문이다.
> 놀이공원 입장료를 결정하기 위해 먼저 생산자는 자신의 이익을 극대화하는 수준에서 놀이기구 이용료를 결정한다. 놀이기구를 이용할 소비자가 있다면 이들은 생산자가 정해 놓은 가격 이상을 지불할 용의를 가지고 있는 것이다. 놀이기구를 이용할 소비자의 소비자 잉여는 지불할 용의가 있는 금액에서 실제로 지불하는 가격을 뺀 차이만큼 발생하게 되는데, 생산자는 소비자 잉여의 일부를 놀이공원의 입장료로 결정하여 소비자 잉여를 자신의 이윤으로 흡수할 수 있게 된다.

① 놀이공원은 시장에서 독점적 지위를 형성하고 있다.
② 독점 시장의 생산자는 시장 가격을 마음대로 정할 수 있다.
③ 총잉여에서 소비자 잉여를 제외하면 생산자 잉여를 구할 수 있다.
④ 이부가격 설정 시 놀이공원 입장료를 높게 책정할수록 수입이 늘어난다.
⑤ 실제 금액보다 소비자의 지불 용의 금액이 크면 소비자 잉여가 발생한다.

| 02 | 언어 · 수추리

01 다음 명제가 항상 참이라고 할 때, 바르게 추론한 것은?

- 원숭이는 기린보다 키가 크다.
- 기린은 하마보다 몸무게가 더 나간다.
- 원숭이는 기린보다 몸무게가 더 나간다.

① 기린은 하마보다 키가 크다.
② 원숭이는 하마보다 키가 크다.
③ 하마는 기린보다 몸무게가 더 나간다.
④ 기린의 키는 원숭이와 하마의 중간이다.
⑤ 원숭이는 하마보다 몸무게가 더 나간다.

02 다음 〈조건〉에 따라 A～E 5명이 일렬로 나란히 자리에 앉는다고 할 때, 바르게 추론한 것은?(단, 자리의 순서는 왼쪽부터 첫 번째 자리로 한다)

조건

- D는 A의 바로 왼쪽에 앉는다.
- B와 D 사이에 C가 있다.
- A는 마지막 자리가 아니다.
- A와 B 사이에 C가 있다.
- B는 E의 바로 오른쪽에 앉는다.

① C는 A의 왼쪽에 앉을 수 있다.
② C는 E의 오른쪽에 앉을 수 있다.
③ C는 두 번째 자리에 앉을 수 있다.
④ E는 네 번째 자리에 앉을 수 있다.
⑤ D는 두 번째 자리에 앉을 수 있다.

03 A～D 네 명의 피의자가 경찰에게 다음과 같이 진술하였다. 한 사람의 진술만이 참일 경우의 범인과 한 사람의 진술만이 거짓일 경우의 범인을 순서대로 바르게 나열한 것은?(단, 범인은 한 명이며 범인의 말은 반드시 거짓이다)

- A : C가 범인이다.
- B : 나는 범인이 아니다.
- C : D가 범인이다.
- D : C는 거짓말을 했다.

① A, B
② A, C
③ A, D
④ B, C
⑤ B, D

※ 일정한 규칙으로 수를 나열할 때, 빈칸에 들어갈 알맞은 수를 고르시오. [4~5]

Hard

04

1	10	3	4	8	12	7	6	( )	10	4	192	

① 44
② 48
③ 16
④ 18
⑤ 8

05

$\frac{1}{2}$ $\frac{6}{8}$ $\frac{11}{32}$ $\frac{16}{128}$ ( )

① $\frac{20}{128}$
② $\frac{21}{256}$
③ $\frac{21}{512}$
④ $\frac{22}{1,024}$
⑤ $\frac{24}{1,024}$

| 03 | 수리

01 철수와 영희가 둘레의 길이가 1.5km인 공원 산책길을 걷고자 한다. 같은 출발점에서 동시에 출발하여 서로 반대 방향으로 걷기 시작하였다. 철수는 60m/min, 영희는 90m/min의 속력으로 걸을 때, 두 사람이 만나는 것은 출발한 지 몇 분 후인가?

① 4분 후
② 5분 후
③ 6분 후
④ 8분 후
⑤ 10분 후

02 농도 8%의 설탕물 500g이 들어있는 컵을 방에 둔 뒤 자고 일어나서 보니 물이 증발하여 농도가 10%가 되었다. 증발한 물의 양은 몇 g인가?(단, 물은 시간당 같은 양이 증발하였다)

① 100g
② 200g
③ 300g
④ 400g
⑤ 500g

03 내일은 축구 경기가 있는 날인데 비가 올 확률은 $\frac{2}{5}$이다. 비가 온다면 이길 확률이 $\frac{1}{3}$, 비가 오지 않는다면 이길 확률이 $\frac{1}{4}$일 때, 이길 확률은?

① $\frac{4}{15}$
② $\frac{17}{60}$
③ $\frac{3}{10}$
④ $\frac{19}{60}$
⑤ $\frac{9}{10}$

04 K회사의 2024년 하반기 신입사원 지원자 수는 7,750명이다. 채용절차는 서류전형 → 면접전형 → 최종 합격 순이며 합격자 조건이 다음과 같을 때 서류 합격자의 비율은?

〈신입사원 채용절차별 결과〉

서류 합격자 비율	면접 합격자 비율	최종 합격
	30%	93명

① 40%
② 30%
③ 15%
④ 4%
⑤ 3%

05 다음은 2016 ~ 2024년 공연예술의 연도별 행사 추이를 나타낸 자료이다. 이에 대한 설명으로 옳은 것은?

〈공연예술의 연도별 행사 추이〉

(단위 : 건)

구분	2016년	2017년	2018년	2019년	2020년	2021년	2022년	2023년	2024년
양악	2,658	2,658	2,696	3,047	3,193	3,832	3,934	4,168	4,628
국악	617	1,079	1,002	1,146	1,380	1,440	1,884	1,801	2,192
무용	660	626	778	1,080	1,492	1,323	미집계	1,480	1,521
연극	610	482	593	717	1,406	1,113	1,300	1,929	1,794

① 2016 ~ 2024년 동안 매년 국악 공연 건수가 연극 공연 건수보다 더 많았다.
② 2016 ~ 2024년 동안 매년 양악 공연 건수가 국악, 무용, 연극 공연 건수의 합보다 더 많았다.
③ 2016년에 비해 2024년 공연 건수의 증가율이 가장 높은 장르는 국악이다.
④ 연극 공연 건수가 무용 공연 건수보다 많아진 것은 2023년부터였다.
⑤ 2023년에 비해 2024년에 공연 건수가 가장 많이 증가한 장르는 국악이다.

| 04 | 도형

※ 다음 도식의 기호들은 일정한 규칙에 따라 도형을 변화시킨다. 〈보기〉의 규칙을 찾고 ?에 들어갈 알맞은 도형을 고르시오(단, 규칙은 A, B, C, D 각각 4개의 칸에 동일하게 적용된 것을 말하며, A, B, C, D 규칙은 서로 다르다). **[1~2]**

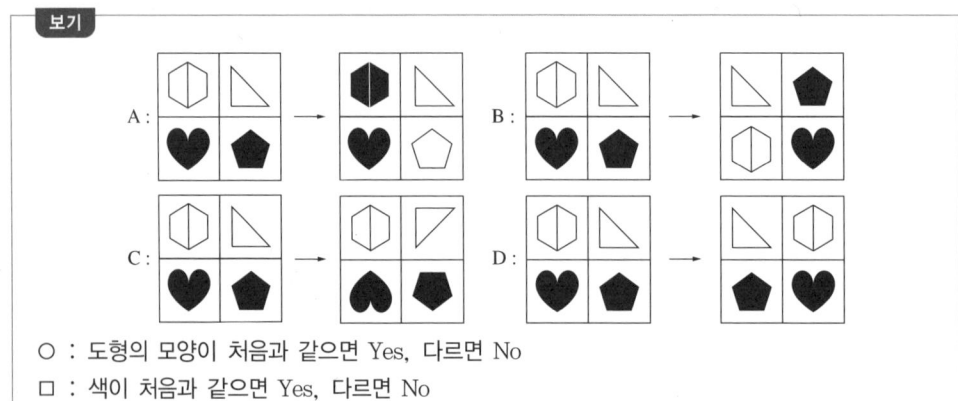

01

보기

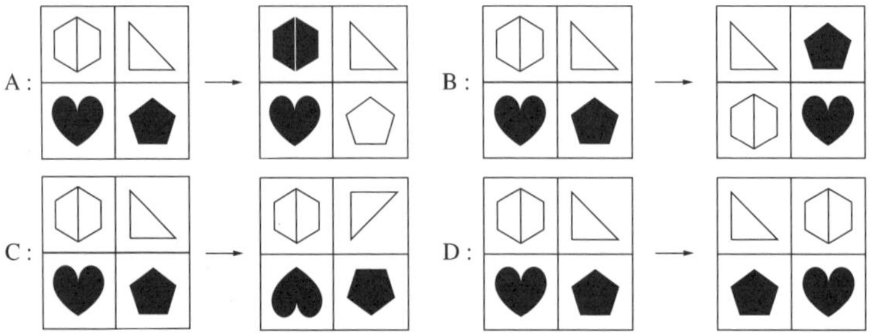

○ : 도형의 모양이 처음과 같으면 Yes, 다르면 No

□ : 색이 처음과 같으면 Yes, 다르면 No

△ : 도형의 모양과 색이 처음과 같으면 Yes, 다르면 No

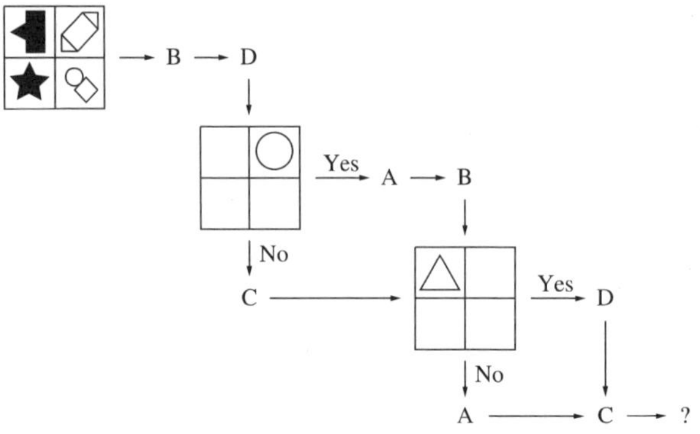

①

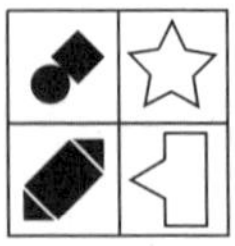

②

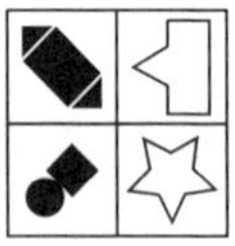

③

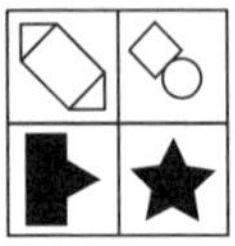

④

⑤

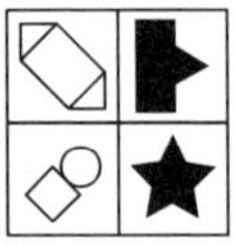

02

보기

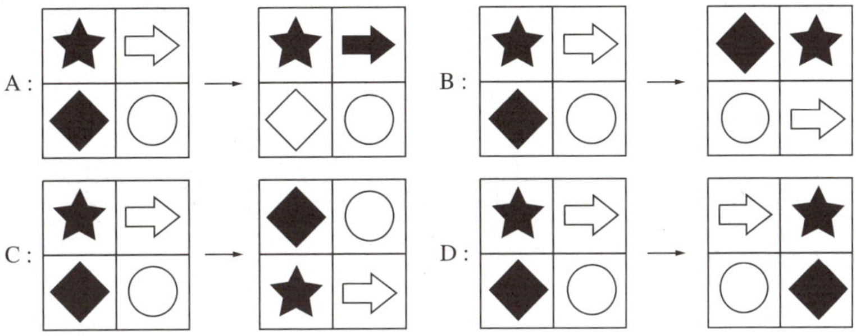

○ : 도형의 모양이 처음과 같으면 Yes, 다르면 No
□ : 색이 처음과 같으면 Yes, 다르면 No
△ : 도형의 모양과 색이 처음과 같으면 Yes, 다르면 No

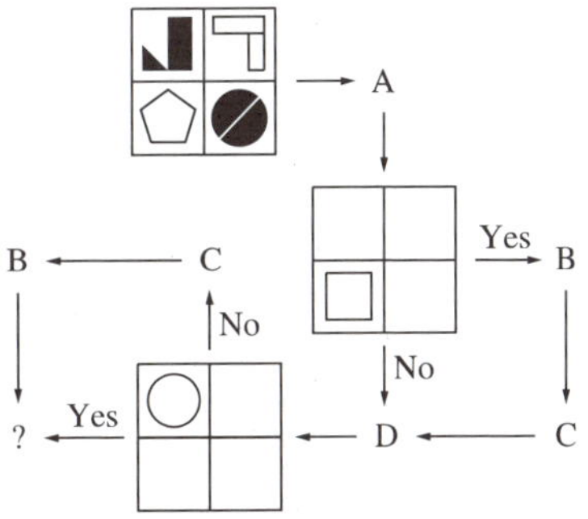

①
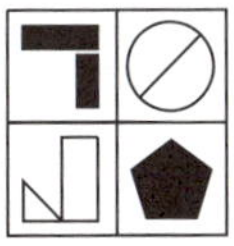

②
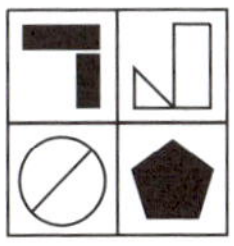

③
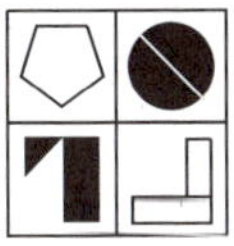

④
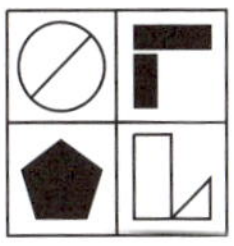

⑤
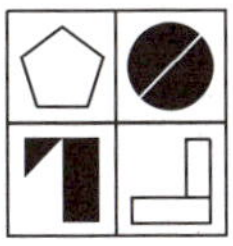

※ 다음 도식의 기호들은 일정한 규칙에 따라 도형을 변화시킨다. 〈보기〉의 규칙을 찾고 ?에 들어갈 알맞은 도형을 고르시오(단, 주어진 조건이 두 가지 이상일 때 모두 일치해야 Yes로 이동한다). **[3~4]**

보기

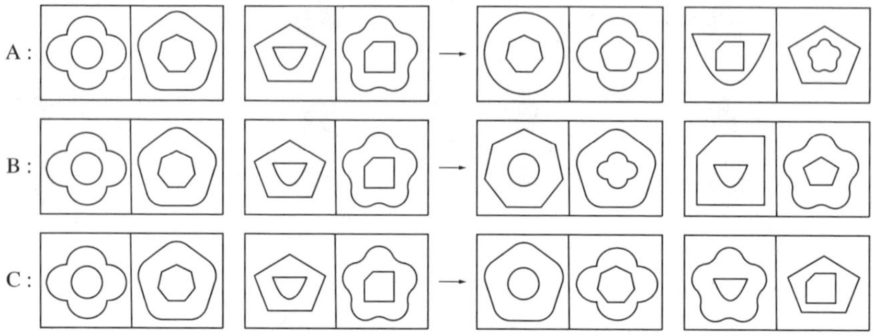

○ : 외부도형의 모양이 처음과 같으면 Yes, 다르면 No

□ : 내부도형의 모양이 처음과 같으면 Yes, 다르면 No

△ : 외부·내부도형의 모양이 처음과 같으면 Yes, 다르면 No

03

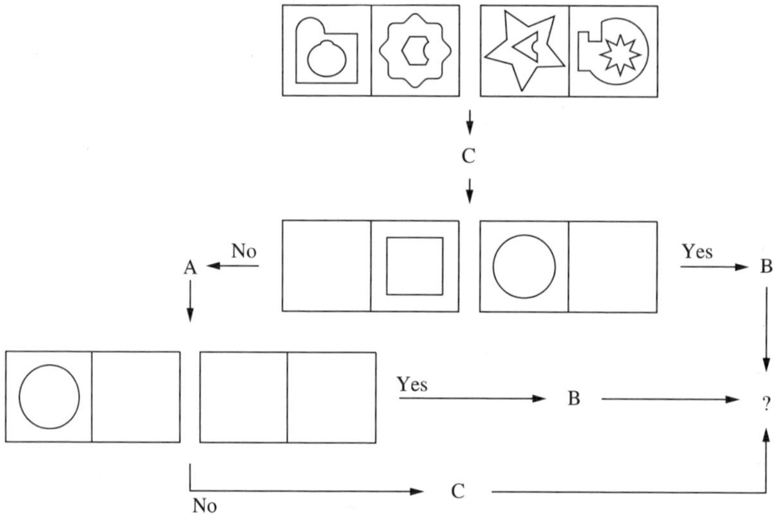

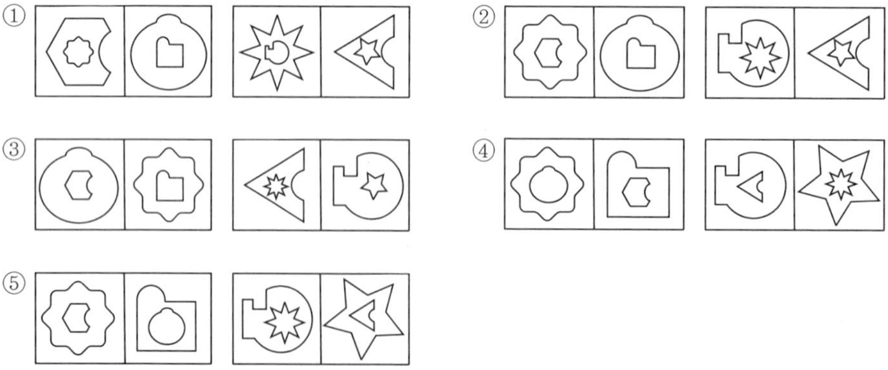

04

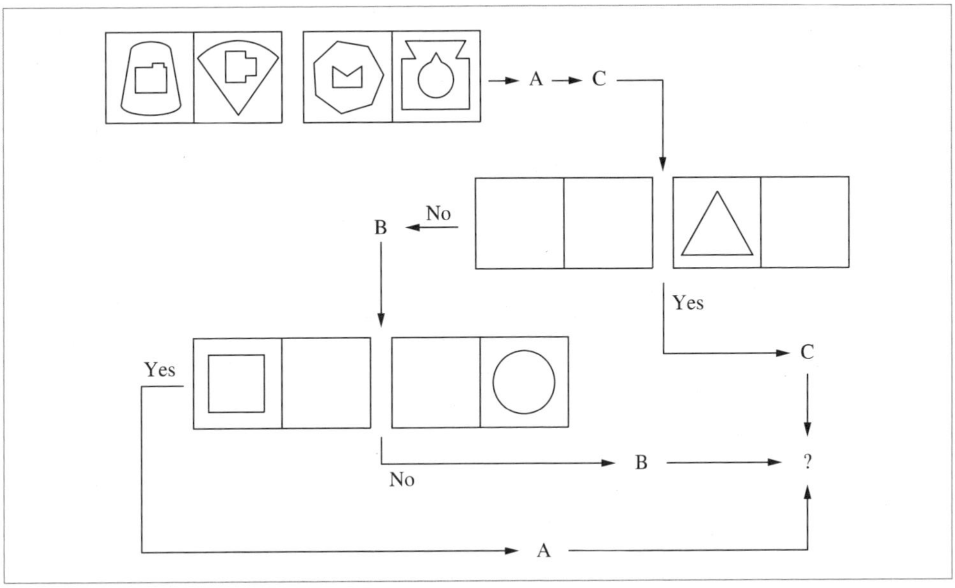

①
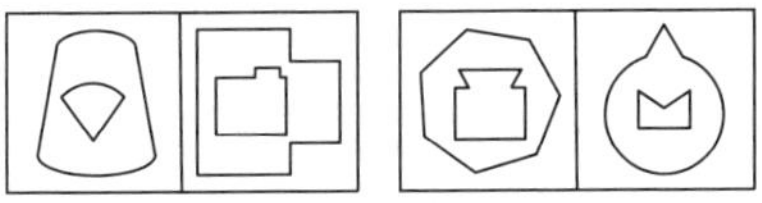

②
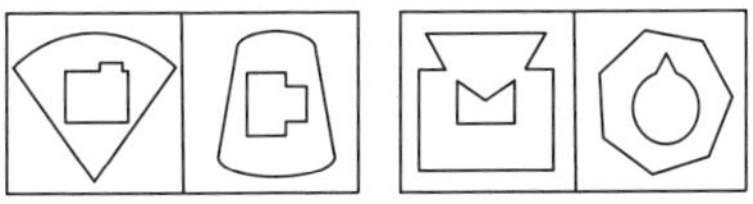

③
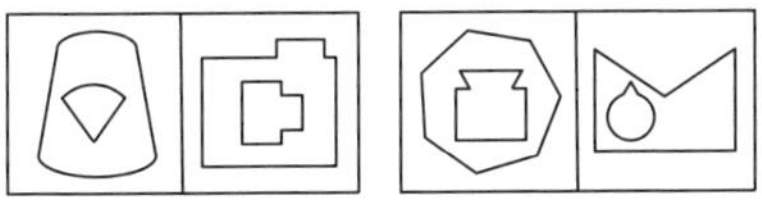

④
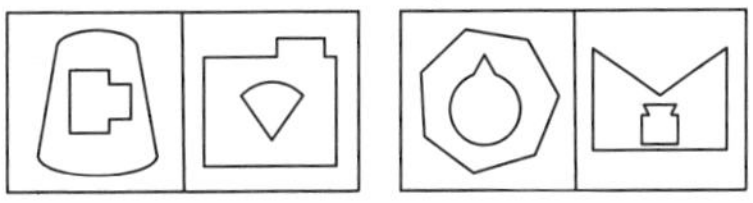

⑤
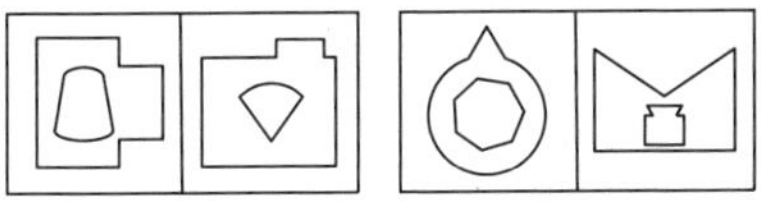

CHAPTER
02 2024년 하반기 기출복원문제

정답 및 해설 p.008

| 01 | 언어

01 다음 글의 내용으로 적절하지 않은 것은?

> 언어는 생성, 변천, 소멸과 같은 과정을 거치면서 발전해 간다. 또한 각 언어는 서로 영향을 미치고 영향을 받으면서 변천해 간다. 그런데 어떤 언어는 오랜 역사 동안 잘 변하지 않는가 하면, 어떤 언어는 쉽게 변한다. 한 나라의 여러 지역 방언들도 이와 같은 차이가 일어날 수 있다. 즉, 어떤 지역의 방언은 빨리 변천하여 옛말을 찾아보기 어려운 반면, 어떤 지역의 방언은 그 변천의 속도가 느려서 아직도 옛말의 흔적이 많이 남아 있는 것이다.
> 방언의 변천은 지리적 · 문화적 · 정치적인 면에서 그 원인을 찾을 수 있다. 지리적으로는 교통이 원활히 활용되는 곳이 그렇지 않은 곳보다 전파가 빨리 이루어진다. 문화적으로는 문화가 발달한 곳에서 발달하지 못한 곳으로 영향을 미치게 된다. 이는 대개의 표준말이 수도를 중심으로 결정되며 도시의 언어가 시골의 언어에 침투됨이 쉽다는 말과 같다. 또한 정치적으로는 정치의 중심지가 되는 곳에서 지배를 받는 지역으로 전파된다.
> 이러한 여러 요인으로 인한 방언의 전파에도 불구하고 자기 방언의 특성을 지키려는 노력을 하게 되는데 이것이 방언의 유지성이다. 각 지역의 방언은 그 유지성에도 불구하고 서로 영향을 끼쳐서 하나의 방언에서도 사실은 여러 방언의 요소가 쓰이고 있다. 따라서 각 방언을 엄밀히 분리한다는 것은 어려운 일이다.
> 한편으로 방언은 통일되려는 성질도 가지고 있다. 즉, 국가, 민족, 문화가 동일한 지역 내에 살고 있는 주민들은 원활한 의사소통을 위하여 방언의 공통성을 추구하려는 노력을 하는 것이다. 그 대표적인 결과가 표준어의 제정이다.

① 방언의 변화 양상은 언어의 변화 양상과 유사하다.
② 방언에는 다른 지역 방언의 요소들이 포함되어 있다.
③ 방언의 통일성은 표준어 제정에 영향을 주었을 것이다.
④ 방언이 유지되려는 힘이 클수록 방언의 통일성은 강화될 것이다.
⑤ 정치적 · 문화적 · 지리적 조건은 방언의 유지성과 통합성에 영향을 끼친다.

02 다음 글의 중심 내용으로 가장 적절한 것은?

서점에 들러 책을 꾸준히 사거나 도서관에서 지속적으로 빌리는 사람들이 있다. 그들이 지금까지 사들이거나 빌린 책의 양만 본다면 겉보기에는 더할 나위 없이 훌륭한 습관처럼 보인다. 그러나 과연 그 모든 사람들이 처음부터 끝까지 책을 다 읽었고, 그 내용을 온전히 이해하고 있는지를 묻는다면 이야기는 달라진다. 한 권의 책을 사거나 빌리기 위해 우리는 돈을 지불하고, 틈틈이 도서관을 들르는 수고로움을 감수하지만, 우리가 단순히 책을 손에 쥐고 있다는 사실만으로는 그 안에 담긴 지혜를 배우는 필요조건을 만족시키지 못하기 때문이다. 그러므로 책을 진정으로 소유하기 위해서는 책의 '소유방식'이 바뀌어야 하고, 더 정확히 말하자면 책을 대하는 방법이 바뀌어야 한다.

책을 읽는 데 가장 기본이 되는 것은 천천히, 그리고 집중해서 읽는 것이다. 보통의 사람들은 책의 내용이 쉽게 읽히지 않을수록 빠르게 책장을 넘겨 버리려고 하는 경향이 있다. 지겨움을 견디기 힘들기 때문이다. 그러나 속도가 빨라지면 이해하지 못하고 넘어가는 부분은 점점 더 많아지고, 급기야 중도에 포기하는 경우가 생기고 만다. 그러므로 지루하고 이해가 가지 않을수록 천천히 읽어야 한다. 천천히 읽으면 이해되지 않던 것들이 이해되기 시작하고, 비로소 없던 흥미도 생기는 법이다.

또한, 어떤 책을 읽더라도 그것을 자신의 이야기로 읽어야 한다. 책을 남의 이야기처럼 읽어서는 절대 자신의 것으로 만들 수 없다. 다른 사람이 쓴 남의 이야기라고 할지라도, 자신과 글쓴이의 입장을 일치시키며 읽어 나가야 한다. 그리하여 책을 다 읽은 후 그 내용을 자신만의 말로 설명할 수 있다면, 그것은 성공한 책 읽기라고 할 수 있을 것이다. 남의 이야기처럼 읽는 글은 어떤 흥미도, 그 글을 통해 얻어가는 지식도 있을 수 없다.

그러나 아무 책이나 이러한 방식으로 읽으라는 것은 아니다. 어떤 책을 선택하느냐 역시 책 읽는 이의 몫이기 때문이다. 좋은 책은 쉽게 읽히고, 누구나 이해할 수 있을 만큼 쉽게 설명되어 있다. 그런 책을 분별하기 어렵다면 주변으로부터 책을 추천받거나 온라인 검색을 해보는 것도 좋다. 하지만 책이 쉽게 읽히지 않는다고 해도 쉽게 좌절하거나 포기해서는 안 된다.

현대사회에서는 더 이상 독서의 양에 따라 지식의 양을 판단할 수 없다. 지금 이 시대에 중요한 것은 얼마나 많은 지식이 나의 눈과 귀를 거쳐 가느냐가 아니라, 우리에게 필요한 것들을 얼마나 잘 찾아내어 효율적으로 습득하며, 이를 통해 나의 지식을 확장할 수 있느냐인 것이다.

① 책은 쉽게 읽혀야 한다.
② 글쓴이의 입장을 생각하며 책을 읽어야 한다.
③ 독서의 목적은 책의 내용을 온전히 소유하는 것이다.
④ 독서 이외의 다양한 정보 습득 경로를 확보해야 한다.
⑤ 같은 책을 반복적으로 읽어 내용을 완전히 이해해야 한다.

Easy

03 다음 문단을 논리적 순서대로 바르게 나열한 것은?

(가) 하지만 영화를 볼 때 소리를 없앤다면 어떤 느낌이 들까? 아마 내용이나 분위기, 인물의 심리 등을 파악하기 힘들 것이다. 이런 점을 고려할 때 영화 속 소리는 영상과 분리해서 생각할 수 없는 필수 요소라고 할 수 있다. 소리는 영상 못지않게 다양한 기능이 있기 때문에 현대 영화감독들은 영화 속 소리를 적극적으로 활용하고 있다.

(나) 이와 같이 영화 속 소리는 다양한 기능을 수행하기 때문에 영화의 예술적 상상력을 빼앗는 것이 아니라 오히려 더 풍부하게 해 준다. 그래서 현대 영화에서 소리를 빼고 작품을 완성한다는 것은 생각하기 어려운 일이 되었다.

(다) 영화의 소리에는 대사, 음향 효과, 음악 등이 있으며, 이러한 소리들은 영화에서 다양한 기능을 수행한다. 우선, 영화 속 소리는 다른 예술 장르의 표현 수단보다 더 구체적이고 분명하게 내용을 전달하는 데 도움을 줄 수 있다. 그리고 줄거리 전개에 도움을 주거나 작품의 상징적 의미를 전달할 뿐만 아니라 주제 의식을 강조하는 역할을 하기도 한다. 또 영상에 현실감을 줄 수 있으며, 영상의 시공간적 배경을 확인시켜 주는 역할도 한다. 또한 영화 속 소리는 영화의 분위기를 조성하고 인물의 내면 심리도 표현할 수 있다.

(라) 유성영화가 등장했던 1920년대 후반에 유럽의 표현주의나 형식주의 감독들은 영화 속의 소리에 대한 부정적인 견해가 컸다. 그들은 가장 영화다운 장면은 소리 없이 움직이는 그림으로만 이루어진 장면이라고 믿었다. 그래서 그들은 영화 속 소리가 시각 매체인 영화의 예술적 효과와 영화적 상상력을 빼앗을 것이라고 내다보았다.

① (가) – (다) – (라) – (나)
② (나) – (라) – (가) – (다)
③ (라) – (가) – (다) – (나)
④ (라) – (다) – (가) – (나)
⑤ (라) – (다) – (나) – (가)

04 다음은 '전기 에너지 부족 문제'에 대한 글을 쓰기 위해 작성한 개요이다. 이 개요의 수정 · 보완 및 자료 제시 방안으로 적절하지 않은 것은?

> Ⅰ. 서론 : 우리나라 전기 에너지 부족 현황 ……………………… ㉠
> Ⅱ. 본론
> 1. 문제의 원인 분석
> 가. 전기 에너지 생산 시설의 부족과 노후화
> 나. 기업의 과도한 전기 에너지 사용 ……………………… ㉡
> 다. 가정의 무분별한 전기 에너지 사용
> 2. 문제의 해결 방안 …………………………………………………… ㉢
> 가. 기업의 과도한 전기 에너지 사용 규제
> 나. 홍보를 통한 가정의 절전 실천 유도 ……………… ㉣
> Ⅲ. 결론 : 전기 에너지 부족 문제의 심각성 강조 …………… ㉤

① ㉠ : 전기 에너지의 공급량과 사용량을 구체적으로 제시하여 수요 대비 공급이 부족한 현황을 나타낸다.
② ㉡ : 기업이 저렴한 가격의 산업용 전기를 사용함으로써 얻을 수 있는 연간 이익을 근거로 제시한다.
③ ㉢ : 'Ⅱ-1-가'를 고려하여 '전기 에너지 생산 시설의 확충과 노후 시설 개선'을 하위 항목으로 추가한다.
④ ㉣ : 전기 에너지 절약을 위한 캠페인 활동 등을 사례로 제시한다.
⑤ ㉤ : 전기 에너지 부족 문제의 심각성을 강조하기보다는 이를 해결하기 위해 정부, 기업, 가정이 함께 노력해야 함을 강조한다.

| 02 | 언어 · 수추리

01 **다음 명제를 통해 추론할 수 있는 내용으로 옳은 것은?**

> • 진달래를 좋아하는 사람은 감성적이다.
> • 백합을 좋아하는 사람은 보라색을 좋아하지 않는다.
> • 감성적인 사람은 보라색을 좋아한다.

① 감성적인 사람은 백합을 좋아한다.
② 백합을 좋아하는 사람은 감성적이다.
③ 보라색을 좋아하는 사람은 감성적이다.
④ 백합을 좋아하는 사람은 진달래를 좋아한다.
⑤ 진달래를 좋아하는 사람은 보라색을 좋아한다.

Easy

02 **제시된 내용을 바탕으로 내린 A, B의 결론에 대한 판단으로 항상 옳은 것은?**

> • 중국어를 잘하면 불어를 못한다.
> • 스페인어를 잘하면 중국어를 잘한다.
> • 일본어를 잘하면 스페인어를 잘한다.

> A : 일본어를 잘하면 불어를 못한다.
> B : 스페인어를 잘하면 불어를 잘한다.

① A만 옳다.
② B만 옳다.
③ A, B 모두 옳다.
④ A, B 모두 틀리다.
⑤ A, B 모두 옳은지 틀린지 판단할 수 없다.

03 준수, 민정, 영재, 세희, 성은 5명은 항상 진실만 말하거나 거짓만 말한다. 다음 진술을 바탕으로 추론할 때 거짓을 말하는 사람을 모두 고르면?

> • 준수 : 성은이는 거짓만 말한다.
> • 민정 : 영재는 거짓만 말한다.
> • 영재 : 세희는 거짓만 말한다.
> • 세희 : 준수는 거짓만 말한다.
> • 성은 : 민정이와 영재 중 1명만 진실만 말한다.

① 민정, 세희
② 영재, 준수
③ 영재, 성은
④ 영재, 세희
⑤ 민정, 영재, 성은

PART 2 기출복원문제

※ 일정한 규칙으로 수를 나열할 때, 빈칸에 들어갈 알맞은 수를 고르시오. **[4~5]**

04

51	58	42	49	( )	40	24

① 39
② 36
③ 35
④ 33
⑤ 31

Hard

05

4,567	22	4	371	11	2	8,521	16	( )

① 4
② 5
③ 6
④ 7
⑤ 8

| 03 | 수리

01 용민이와 효린이가 같은 방향으로 호수를 도는데 용민이는 7km/h, 효린이는 3km/h의 속력으로 걷는다고 한다. 두 사람이 처음으로 다시 만났을 때 7시간이 지나있었다면, 호수의 둘레는?

① 24km
② 26km
③ 28km
④ 30km
⑤ 32km

02 농도가 20%인 묽은 염산 300g이 있다. 농도가 5%인 묽은 염산을 섞어 실험에 쓸 수 있는 묽은 염산으로 희석하려고 한다. 농도가 10%보다 진하면 실험용 염산으로 사용할 수 없다고 할 때, 농도가 5%인 묽은 염산의 최소 필요량은?

① 600g
② 650g
③ 700g
④ 750g
⑤ 800g

03 올림픽 양궁 시합에서 우리나라 선수가 10점 만점 중 10점을 쏠 확률은 $\frac{1}{5}$이다. 4번의 화살을 쐈을 때 4번 중 2번은 10점, 나머지 2번은 10점을 쏘지 못할 확률은?

① $\frac{16}{125}$
② $\frac{24}{125}$
③ $\frac{16}{625}$
④ $\frac{96}{625}$
⑤ $\frac{124}{625}$

Hard

04 다음은 1월 2일 K사 주식에 100,000원을 투자한 후 매일 주가 등락률을 정리한 자료이다. 이를 참고하여 주식을 모두 매도했을 때의 설명으로 옳은 것은?

〈전일 대비 주가 등락률〉

구분	1월 3일	1월 4일	1월 5일	1월 6일	1월 9일
등락률	10% 상승	20% 상승	10% 하락	20% 하락	10% 상승

① 1월 5일에 매도할 경우 5,320원 이익이다.
② 1월 6일에 매도할 경우 이익률은 －6.9%이다.
③ 1월 4일에 매도할 경우 이익률은 30%이다.
④ 1월 6일에 매도할 경우 4,450원 손실이다.
⑤ 1월 9일에 매도할 경우 주식가격은 104,544원이다.

05 다음은 로봇산업현황 중 국내시장 규모를 나타낸 자료이다. 제조업용 로봇 생산액의 2021년 대비 2023년의 성장률은?(단, 소수점 둘째 자리에서 반올림한다)

〈국내시장(생산기준) 규모〉

(단위 : 억 원, %)

구분		2021년		2022년			2023년		
		생산액	구성비	생산액	구성비	전년 대비	생산액	구성비	전년 대비
제조업용 로봇		6,272	87.2	6,410	85.0	2.2	7,016	84.9	9.5
서비스용 로봇		447	6.2	441	5.9	－1.1	483	5.9	9.4
	전문 서비스용	124	1.7	88	1.2	－29.1	122	1.5	38.4
	개인 서비스용	323	4.5	353	4.7	9.7	361	4.4	2.2
로봇부품 및 부분품		478	6.6	691	9.1	44.5	769	9.2	11.4
계		7,197	100	7,542	100	4.8	8,268	100	9.6

① 7.3%
② 8.9%
③ 10.2%
④ 11.9%
⑤ 13.4%

| 04 | 도형

※ 다음 도식의 기호들은 일정한 규칙에 따라 도형을 변화시킨다. 〈보기〉의 규칙을 찾고 ?에 들어갈 알맞은 도형을 고르시오(단, 주어진 조건이 두 가지 이상일 때 모두 일치해야 Yes로 이동한다). **[1~2]**

보기

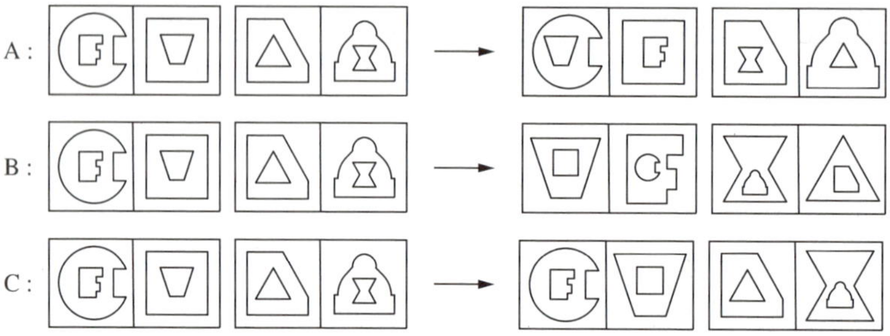

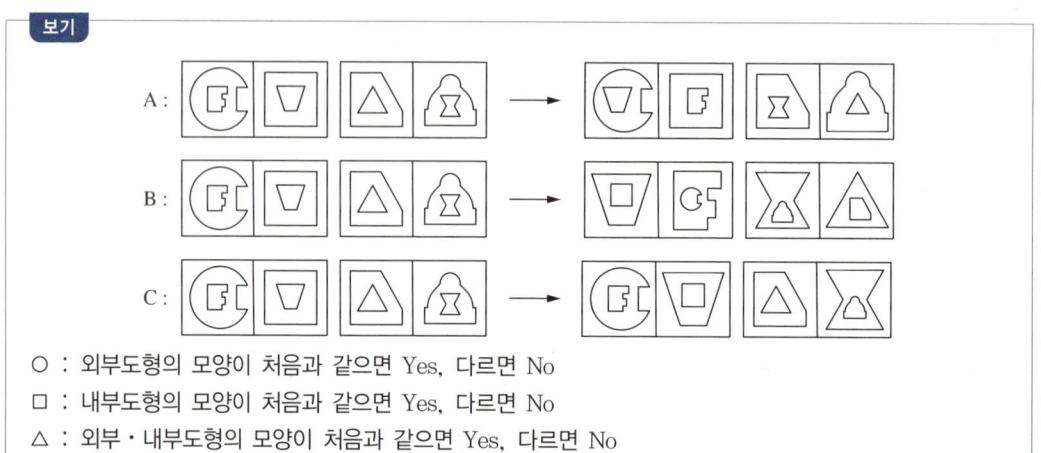

○ : 외부도형의 모양이 처음과 같으면 Yes, 다르면 No

□ : 내부도형의 모양이 처음과 같으면 Yes, 다르면 No

△ : 외부・내부도형의 모양이 처음과 같으면 Yes, 다르면 No

01

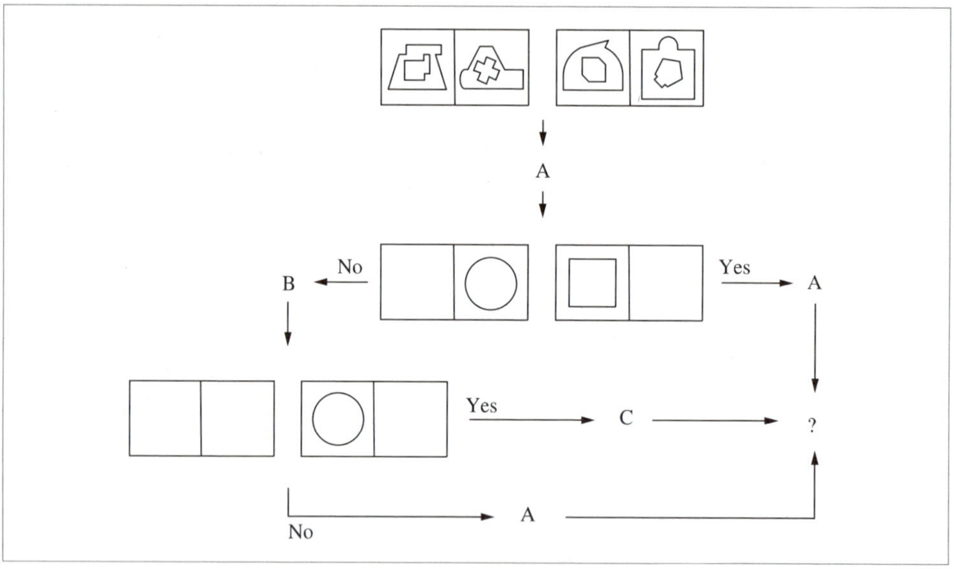

①

②
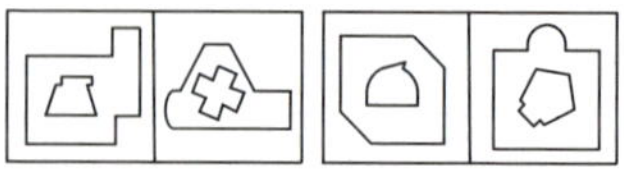

③
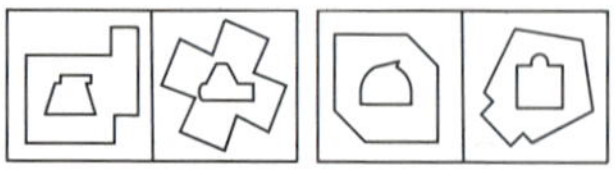

④
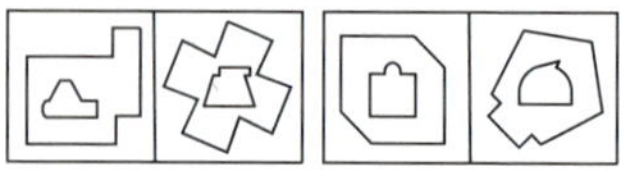

⑤
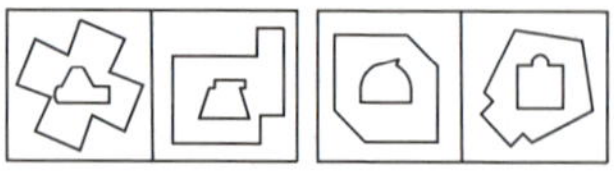

02

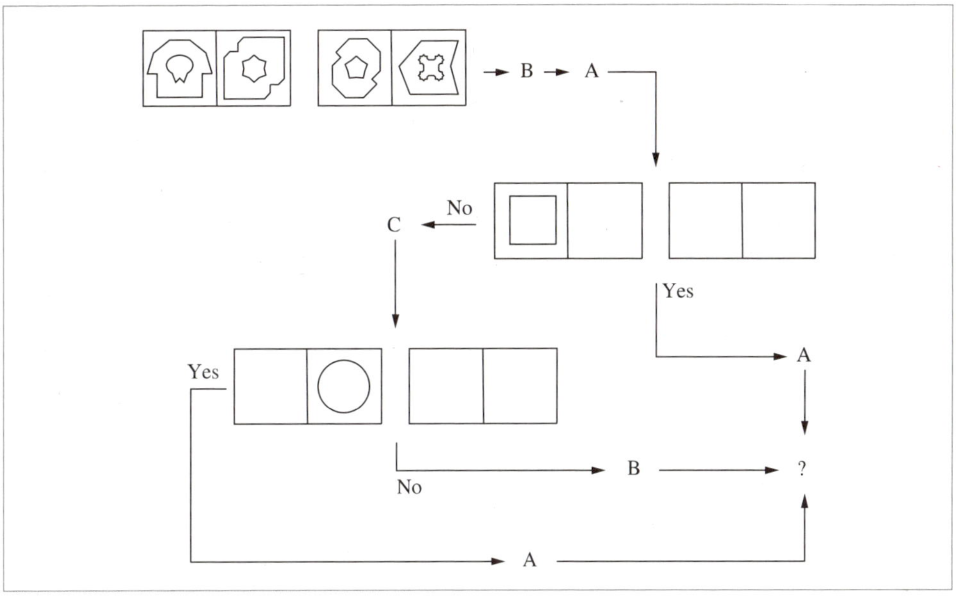

① 

② 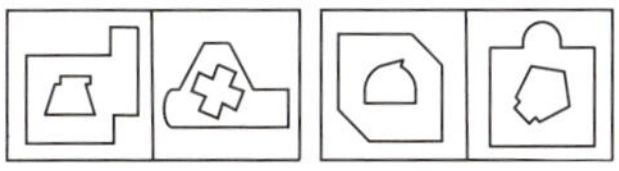

③ 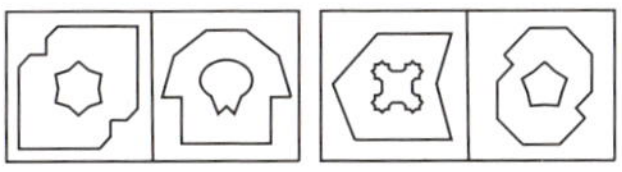

④ 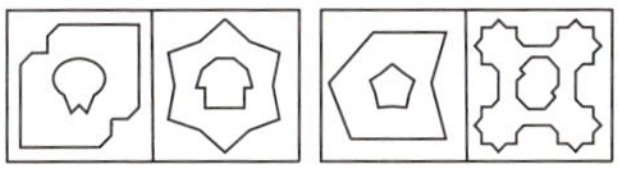

⑤ 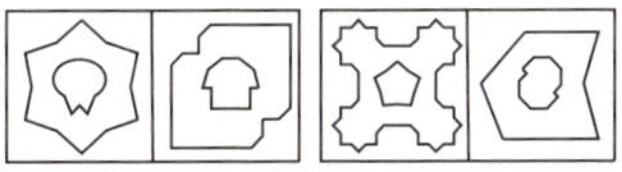

※ 다음 도식의 기호들은 일정한 규칙에 따라 도형을 변화시킨다. 〈보기〉의 규칙을 찾고 ?에 들어갈 알맞은 도형을 고르시오(단, 주어진 조건이 두 가지 이상일 때 모두 일치해야 Yes로 이동한다). **[3~4]**

보기

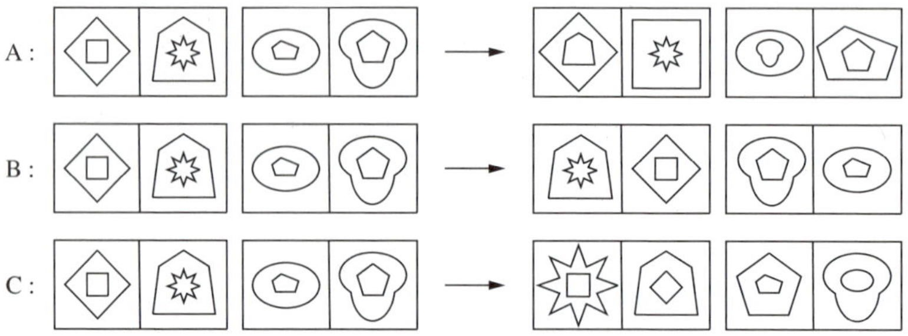

○ : 외부도형의 모양이 처음과 같으면 Yes, 다르면 No

□ : 내부도형의 모양이 처음과 같으면 Yes, 다르면 No

△ : 외부·내부도형의 모양이 처음과 같으면 Yes, 다르면 No

Hard

03

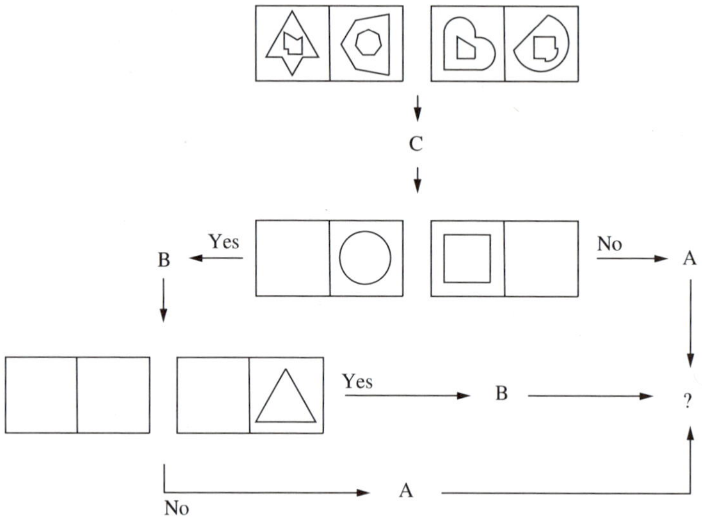

①
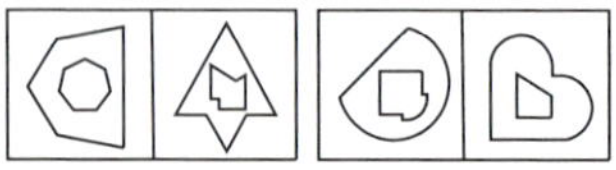

②
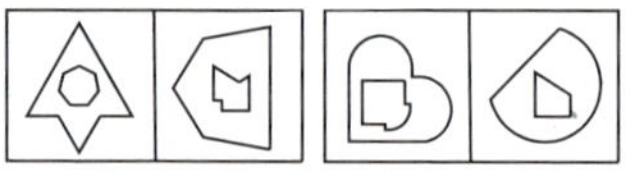

③
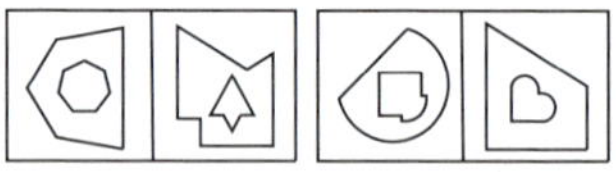

④
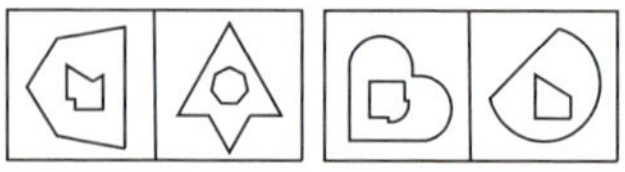

⑤
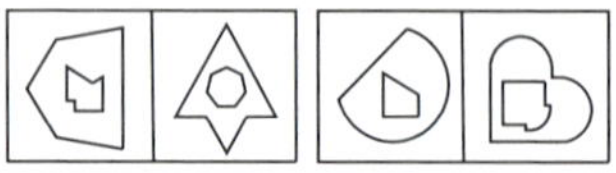

04

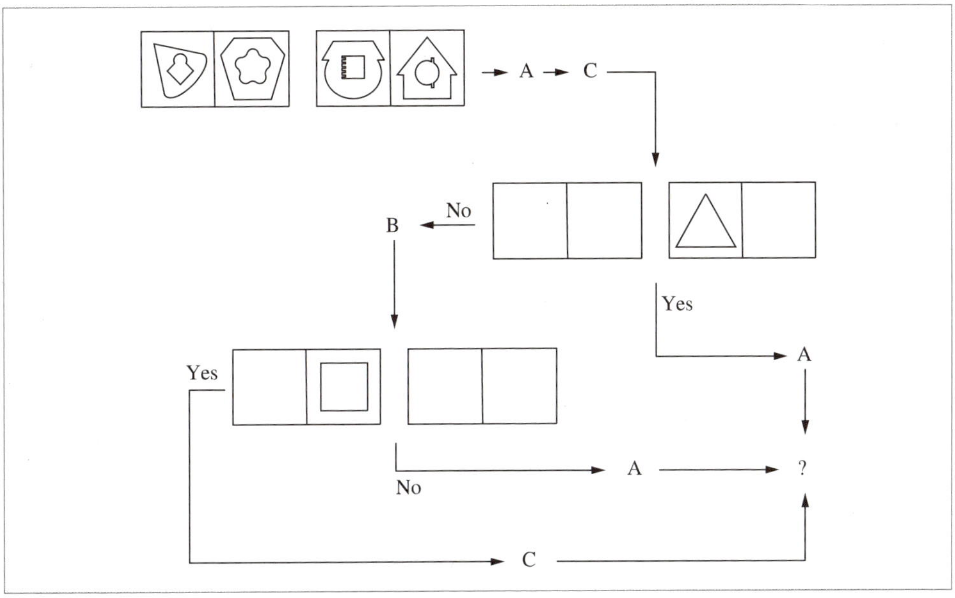

① 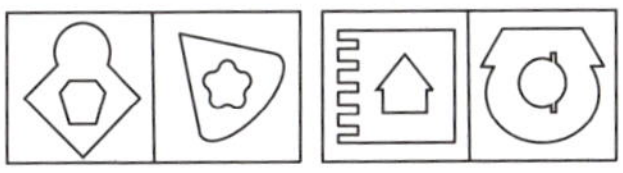

② 

③ 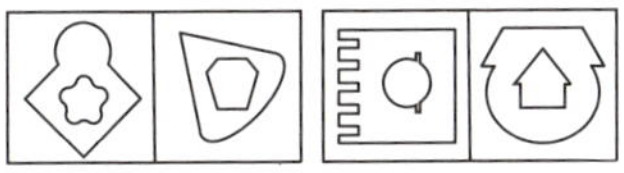

④ 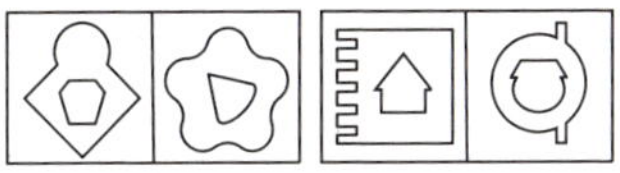

⑤ 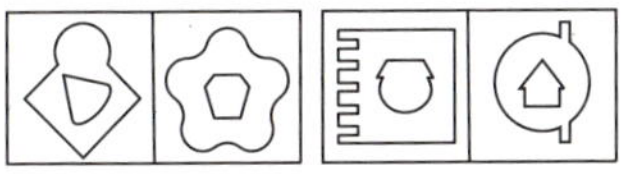

CHAPTER

03 2024년 상반기 기출복원문제

정답 및 해설 p.015

| 01 | 언어

01 다음 글의 내용으로 적절하지 않은 것은?

> 지난해 충청남도에서 청년농업인의 맞춤형 스마트팜인 '온프레시팜 1호'가 문을 열었다. 이는 청년농업인이 안정적으로 농업을 경영하여 자리 잡고 살아갈 수 있는 영농 터전을 마련하기 위한 맞춤형 사업이다. 이를 통해 이제 막 농업에 뛰어든 농작물 재배 능력이 낮고 영농 기반이 부족한 청년농업인들이 농촌 안에서 안정적으로 농작물을 생산하고, 경제적으로 정착할 수 있을 것으로 기대되고 있다.
>
> 온프레시팜은 에어로포닉스와 수열에너지를 접목시켜 토양 없이 식물 뿌리와 줄기에 영양분이 가득한 물을 분사해 농작물을 생산하는 방식이다. 이는 화석연료 대비 경제적으로 우수할 뿐만 아니라 병해충의 발생이 적고 시설적으로도 쾌적하다. 또한 토양이 없어 공간 활용에 유리하며, 재배 관리 자동화가 가능해 비교적 관리도 수월하다. 하지만 초기 시설비용이 많이 들고 재배 기술의 확보가 어려워 접근이 쉽지 않다.

① 온프레시팜 사업은 청년농업인들이 영농 활동을 지속할 수 있도록 지원하는 사업이다.

② 온프레시팜은 기존 농업인이 아닌 농촌에 새로 유입되고 있는 청년농업인을 위한 사업이다.

③ 온프레시팜 방식으로 농작물을 재배할 경우 흙 속에 살고 있는 병해충으로 인해 발생하는 피해를 예방할 수 있다.

④ 온프레시팜 방식은 같은 재배 면적에서 기존 농업방식보다 더 많은 농작물의 재배를 가능하게 한다.

⑤ 청년농업인들은 기존의 농업방식보다는 자동화 재배 관리가 가능한 온프레시팜 방식의 접근이 더 수월하다.

Easy

02 다음 글을 읽고 알 수 있는 내용이 아닌 것은?

> 전 세계적인 과제로 탄소중립이 대두되자 친환경적 운송수단인 철도가 주목받고 있다. 특히 국제에너지기구는 철도를 에너지 효율이 가장 높은 운송수단으로 꼽으며, 철도 수송을 확대하면 세계 수송 부문에서 온실가스 배출량이 그렇지 않을 때보다 약 6억 톤이 줄어든다고 하였다.
> 특히 철도의 에너지 소비량은 도로의 22분의 1이고, 온실가스 배출량은 9분의 1에 불과하기에 탄소 배출이 높은 도로 운행의 수요를 친환경 수단인 철도로 전환한다면 수송 부문 총배출량이 획기적으로 감소할 것으로 전망하고 있다.
> 이에 발맞추어 우리나라의 S철도공단 역시 '녹색교통'인 철도 중심 교통체계를 구축하기 위해 박차를 가하고 있다. 정부 또한 '2050 탄소중립 실현' 목표에 맞춰 저탄소 철도 인프라 건설·관리로 탄소를 지속적으로 감축하고자 노력하고 있다.
> S철도공단은 철도 인프라 생애주기 관점에서 탄소를 감축하기 위해 먼저 철도 건설 단계에서부터 친환경·저탄소 자재를 적용해 탄소 배출을 줄이고 있다. 실제로 중앙선 안동~영천 간 궤도 설계 당시 철근 대신에 저탄소 자재인 유리섬유 보강근을 콘크리트 궤도에 적용했으며, 이를 통한 탄소 감축효과는 약 6,000톤으로 추정된다. 이 밖에도 저탄소 철도 건축물 구축을 위해 2025년부터 모든 철도 건축물을 에너지 자립률 60% 이상(3등급)으로 설계하기로 결정했으며, 도심의 철도 용지는 지자체와의 협업을 통해 도심 속 철길 숲 등 탄소 흡수원이자 지역민의 휴식처로 철도부지 특성에 맞게 조성되고 있다.
> S철도공단은 이와 같은 철도로의 수송 전환으로 약 20%의 탄소 감축 목표를 내세웠으며, 이를 위해서는 정부의 노력도 필요하다고 강조하였다. 특히 수송 수단 간 공정한 가격 경쟁이 이루어질 수 있도록 도로 차량에 집중된 보조금 제도를 화물차의 탄소배출을 줄이기 위한 철도 전환교통 보조금으로 확대하는 등 실질적인 방안의 필요성을 제기하고 있다.

① 녹색교통으로 철도 수송이 대두된 배경
② 국내의 탄소 감축 방안이 적용된 설계 사례
③ 철도 수송 확대를 통해 기대할 수 있는 효과
④ S철도공단의 철도 중심 교통체계 구축을 위한 방안
⑤ 정부가 철도 중심 교통체계 구축을 위해 시행한 조치

03 다음 글을 논리적 순서대로 바르게 나열한 것은?

> (가) 이글루가 따뜻해지는 원리를 과정에 따라 살펴보면 먼저 눈 벽돌로 이글루를 만든 후에 이글루 안에서 불을 피워 온도를 높이는 것을 알 수 있다.
> (나) '에스키모'라고 하면 연상되는 것 중의 하나가 이글루이다.
> (다) 이 과정을 반복하여 눈 벽돌집은 얼음집으로 변하며, 눈 사이에 들어 있던 공기는 빠져나가지 못하고 얼음 속에 갇히면서 내부가 따뜻해진다.
> (라) 이글루는 눈을 벽돌 모양으로 잘라 만든 집임에도 불구하고 사람이 거주할 수 있을 정도로 따뜻하다.
> (마) 온도가 올라감에 따라 눈이 녹으면서 벽의 빈틈을 메워 주고, 어느 정도 눈이 녹으면 출입구를 열어 물이 얼도록 한다.

① (가) – (다) – (나) – (라) – (마)
② (나) – (라) – (가) – (마) – (다)
③ (나) – (라) – (다) – (마) – (가)
④ (라) – (나) – (다) – (마) – (가)
⑤ (라) – (다) – (나) – (가) – (마)

04 다음 글을 읽고 추론한 내용으로 가장 적절한 것은?

> 환경 결정론을 간단히 정의하면 모든 인간의 행동, 노동과 창조 등은 환경 내의 자연적 요소들에 의해 미리 결정되거나 통제된다는 것이다. 이에 대하여 환경 가능론은 자연 환경은 단지 인간이 반응할 수 있는 다양한 가능성의 기회를 제공할 뿐이며, 인간은 환경을 변화시킬 수 있는 능동적인 힘을 가지고 있다고 반박한다.
>
> 환경 결정론 사조 형성에 영향을 준 사상은 1859년에 발표된 다윈의 진화론이다. 다윈의 진화 사상과 생물체가 환경에 적응한다는 개념은 인간도 특정 환경에 적응해야 한다는 것으로 수용되었다. 이러한 철학적 배경하에 형성되기 시작한 환경 결정론의 발달에 공헌한 사람으로는 라첼, 드모랭, 샘플 등이 있다. 라첼은 인간도 자연 법칙 아래에서 살고 있다고 보았으며, 문화의 형태도 자연적 조건에 의해 결정되고 적응한 결과로 간주하였다. 드모랭은 보다 극단적으로 사회 유형은 환경적 힘의 산물로 보고 초원 지대의 유목 사회, 지중해 연안의 상업 사회를 환경 결정론적 사고에 입각하여 해석하였다.
>
> 환경 결정론이 인간의 의지와 선택의 자유를 인정하지 않는다는 점이 문제라면 환경 가능론은 환경이 제공한 많은 가능성 중 왜 어떤 가능성이 선택되어야 하는가를 설명하기 힘들다. 과학 기술의 발달에 의해 인간이 자연의 많은 장애물을 극복하게 된 것은 사실이지만, 실패로 인해 고통받는 사례도 많다. 사실 결정론이냐 가능론이냐 결론을 내리는 것은 그리 중요하지 않다. 인간과 환경의 관계는 매우 복잡하며, 지표상의 경관은 자연적인 힘과 문화적인 힘에 의해 이루어지기 때문에 어떤 한 가지 결정 인자를 과소평가하거나 과장하면 안 된다. 인간 활동의 결과로 인한 총체적인 환경 파괴 문제가 현대 문명 전반의 위기로까지 심화되는 오늘날, 인간과 자연의 진정한 상호 관계는 어떠해야 할지 생각해야 할 것이다. 이제 자연이 부여한 여러 가지 가능성 중에서 자연 환경과 조화를 이룰 수 있는 가능성을 선택해야 할 때이다.

① 인간과 자연은 항상 대립하고 있어. 자연의 위력 앞에서 우리는 맞서 싸워야 해.
② 자연의 힘은 대단해. 몇 해 전 동남아 대해일을 봤지? 인간이 얼마나 무력한지 알겠어.
③ 우리는 잘 살기 위해서 자연을 너무 훼손했어. 이제는 자연과 공존하는 삶을 생각해야 해.
④ 인간은 자연의 위대함 앞에 굴복해야 돼. 인간의 끝없는 욕망이 오늘의 재앙을 불러왔다고 봐야 해.
⑤ 인간의 능력은 초자연적이야. 이런 능력을 잘 살려 나간다면 에너지 부족 사태쯤이야 충분히 해결할 거야.

| 02 | 언어 · 수추리

01 다음 명제가 모두 참일 때, 반드시 참인 명제는?

- 창조적인 기업은 융통성이 있다.
- 오래 가는 기업은 건실하다.
- 오래 가는 기업이라고 해서 모두가 융통성이 있는 것은 아니다.

① 창조적인 기업은 오래 간다.
② 어떤 창조적인 기업은 건실하다.
③ 융통성이 있는 기업은 건실하다.
④ 융통성이 있는 기업은 오래 간다.
⑤ 창조적인 기업이 오래 갈지 안 갈지 알 수 없다.

02 제시된 내용을 바탕으로 내린 A, B의 결론에 대한 판단으로 항상 옳은 것은?

- 원숭이를 좋아하면 코끼리를 좋아한다.
- 낙타를 좋아하면 코끼리를 좋아하지 않는다.
- 토끼를 좋아하면 원숭이를 좋아하지 않는다.

A : 코끼리를 좋아하면 토끼를 좋아한다.
B : 낙타를 좋아하면 원숭이를 좋아하지 않는다.

① A만 옳다.
② B만 옳다.
③ A, B 모두 옳다.
④ A, B 모두 틀리다.
⑤ A, B 모두 옳은지 틀린지 판단할 수 없다.

Hard

03 회사원 K씨는 건강을 위해 평일에 다양한 영양제를 먹고 있다. 요일별로 비타민 B, 비타민 C, 비타민 D, 칼슘, 마그네슘을 하나씩 먹는다고 할 때, 다음에 근거하여 바르게 추론한 것은?

- 비타민 C는 월요일에 먹지 않으며, 수요일에도 먹지 않는다.
- 비타민 D는 월요일에 먹지 않으며, 화요일에도 먹지 않는다.
- 비타민 B는 수요일에 먹지 않으며, 목요일에도 먹지 않는다.
- 칼슘은 비타민 C와 비타민 D보다 먼저 먹는다.
- 마그네슘은 비타민 D보다 늦게 먹고, 비타민 B보다는 먼저 먹는다.

① 비타민 C는 금요일에 먹는다.
② 마그네슘은 수요일에 먹는다.
③ 마그네슘은 비타민 C보다 먼저 먹는다.
④ 월요일에는 칼슘, 금요일에는 비타민 B를 먹는다.
⑤ 칼슘은 비타민 C보다 먼저 먹지만, 마그네슘보다는 늦게 먹는다.

※ 일정한 규칙으로 수를 나열할 때, 빈칸에 들어갈 알맞은 수를 고르시오. [4~7]

Easy

04

77 35 42 −7 49 ( ) 105 −161

① −54
② −56
③ −58
④ −60
⑤ −64

05

$\frac{3}{35}$ $\frac{15}{63}$ $\frac{35}{99}$ ( ) $\frac{99}{195}$ $\frac{143}{255}$

① $\frac{63}{143}$
② $\frac{67}{143}$
③ $\frac{63}{147}$
④ $\frac{67}{147}$
⑤ $\frac{70}{149}$

06

6 24 60 120 ( ) 336 504 720

① 198
② 210
③ 256
④ 274
⑤ 292

07

<u>( ) 3 81</u> <u>2 4 16</u> <u>3 5 125</u>

① 1
② 3
③ 4
④ 5
⑤ 7

| 03 | 수리

01 민지네 과일가게에서는 토마토와 배를 1개당 90원, 210원에 판매를 하고, 1개의 무게는 각각 120g, 450g이다. 한 바구니에 토마토와 배를 몇 개씩 담아 무게를 재어보니 6.15kg이었고, 가격은 3,150원이었다. 바구니의 무게가 990g이며 가격은 300원이라고 할 때, 바구니 안에 들어있는 배의 개수는?

① 5개
② 6개
③ 7개
④ 8개
⑤ 9개

02 소연이는 집에서 마트까지 6km/h의 속력으로 걸어가서 40분 동안 물건을 구매한 후 같은 길을 4km/h의 속력으로 걸어 집으로 돌아왔더니 2시간 30분이 걸렸다. 이때 집에서 마트까지의 거리는?

① 4.1km
② 4.4km
③ 4.9km
④ 5.4km
⑤ 6.3km

Easy

03 A～E 5명은 여름휴가를 떠나기 전 원피스를 사러 백화점에 갔다. 모두 마음에 드는 원피스 하나를 발견해 각자 원하는 색깔을 고르기로 하였다. 노란색이 2벌, 파란색이 2벌, 초록색이 1벌 있을 때, 5명이 각자 1벌씩 고를 수 있는 경우의 수는?

① 28가지
② 30가지
③ 32가지
④ 34가지
⑤ 36가지

04 다음은 금연치료의약품과 금연보조제에 대한 자료이다. A는 금연을 위해 1월 4일부터 바레니 클린과 패치를 사용하고 있다. 1월 한 달 기준 A가 내야 할 본인부담금은?

〈금연치료의약품과 금연보조제 정보〉

구분	금연치료의약품		금연보조제		
	부프로피온	바레니클린	패치	껌	정제
용법	1일 2정	1일 2정	1일 1장	1일 4 ~ 12정	1일 4 ~ 12정
시장가격	680원/정	1,767원/정	1,353원/장	375원/정	417원/정
국가 지원액	500원/정	1,000원/정	1,500원/일		

※ 의료급여수급권자 및 최저생계비 150% 이하인 자는 상한액 이내 지원

※ 1월 투여기간 : 4 ~ 31일

① 40,068원
② 41,080원
③ 42,952원
④ 43,085원
⑤ 44,065원

Hard

05 다음은 제54회 전국기능경기대회 지역별 결과이다. 이에 대한 내용으로 옳은 것은?

〈제54회 전국기능경기대회 지역별 결과표〉

(단위 : 개)

지역 \ 상	금메달	은메달	동메달	최우수상	우수상	장려상
합계(점)	3,200	2,170	900	1,640	780	1,120
서울	2	5	–	10	–	–
부산	9	–	11	3	4	–
대구	2	–	–	–	–	16
인천	–	–	1	2	15	
울산	3	–	–	–	7	18
대전	7	–	3	8	–	–
제주	–	10	–	–	–	–
경기도	13	1	–	–	–	22
경상도	4	8	–	12	–	–
충청도	–	7	–	6	–	–

※ 합계는 전체 참가지역의 각 메달 및 상의 점수 합계임

① 메달 및 상을 가장 많이 획득한 지역은 경상도이다.
② 울산 지역에서 획득한 메달 및 상의 총점은 800점이다.
③ 전국기능경기대회 결과표에서 메달 및 상 중 동메달의 개수가 가장 많다.
④ 메달 1개당 점수는 금메달 80점, 은메달 70점, 동메달 60점이다.
⑤ 장려상을 획득한 지역 중 금·은·동메달의 총개수가 가장 적은 지역은 대전이다.

06 다음은 국민연금 운용수익률 추이에 대한 자료이다. 이에 대한 내용으로 옳은 것은?

〈국민연금 운용수익률 추이〉

(단위 : %)

구분	11년 연평균 (2013 ~ 2023년)	5년 연평균 (2019 ~ 2023년)	3년 연평균 (2021 ~ 2023년)	2023년 (2023년 1년간)
전체	5.24	3.97	3.48	−0.92
금융부문	5.11	3.98	3.49	−0.93
국내주식	4.72	1.30	3.07	−16.77
해외주식	5.15	4.75	3.79	−6.19
국내채권	4.84	3.60	2.45	4.85
해외채권	4.37	3.58	2.77	4.21
대체투자	8.75	9.87	8.75	11.80
단기자금	4.08	1.58	1.59	2.43
공공부문	8.26	−	−	−
복지부문	6.34	−1.65	−1.51	−1.52
기타부문	1.69	0.84	0.73	0.96

① 단기자금 운용수익률은 매년 증가하고 있다.
② 2023년 현재 운용수익률은 모든 부문에서 적자를 기록했다.
③ 공공부문은 조사기간 내내 운용수익률이 가장 높은 부문이다.
④ 금융부문 운용수익률은 연평균기간이 짧을수록 꾸준히 증가하고 있다.
⑤ 국민연금 전체 운용수익률은 연평균기간이 짧을수록 점차 감소하고 있다.

| 04 | 도형

※ 다음 도식의 기호들은 일정한 규칙에 따라 도형을 변화시킨다. 〈보기〉의 규칙을 찾고 ?에 들어갈 알맞은 도형을 고르시오(단, 규칙은 A, B, C 각각의 4개의 칸에 동일하게 적용된 것을 말하며, A, B, C 규칙은 서로 다르다). **[1~2]**

01

보기

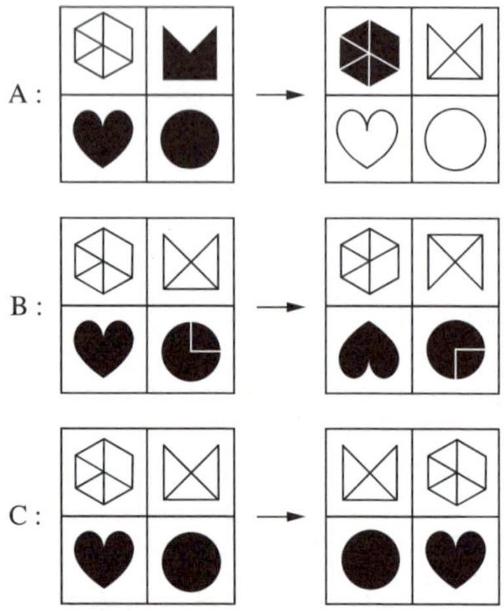

○ : 색이 처음과 같으면 Yes, 다르면 No

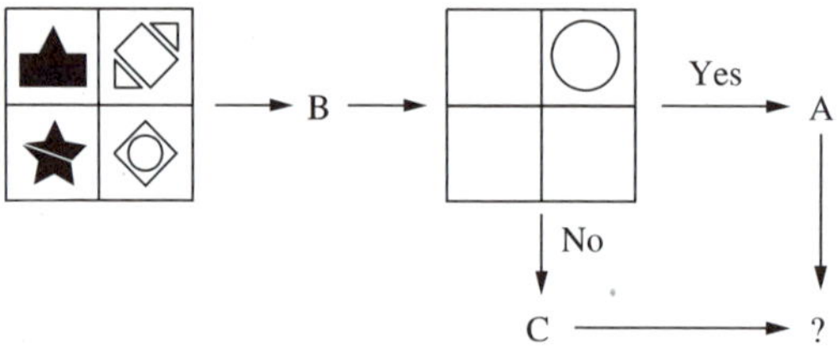

①
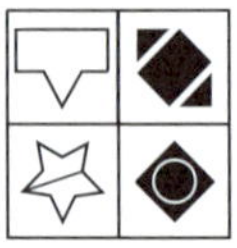

②
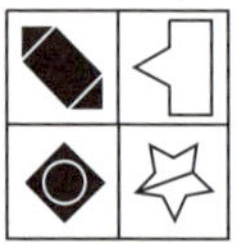

③
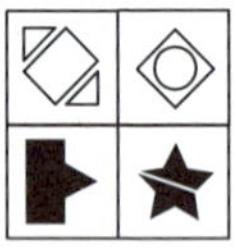

④
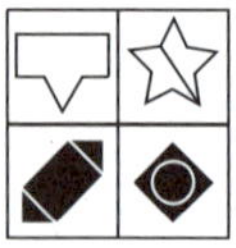

⑤
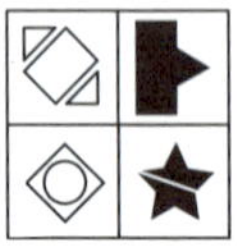

02

보기

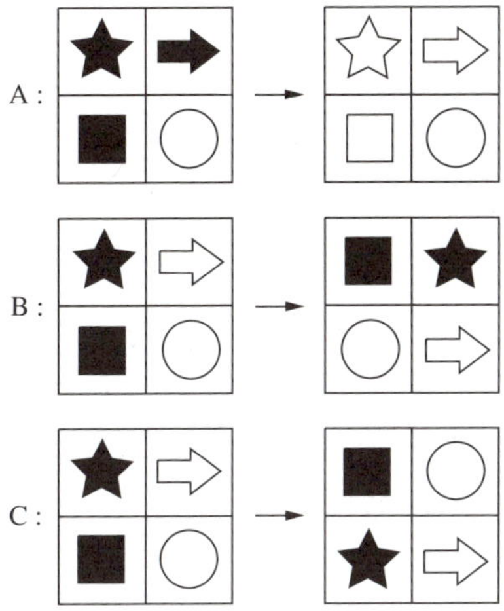

□ : 도형의 모양이 처음과 같으면 Yes, 다르면 No

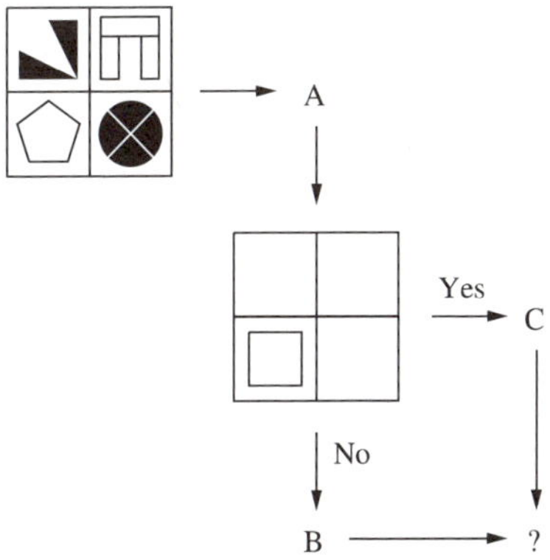

① 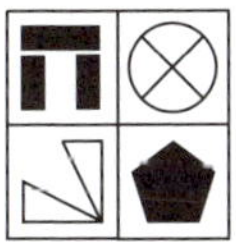

② 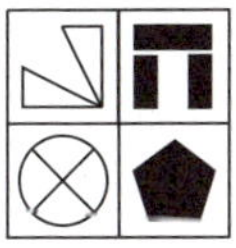

③ 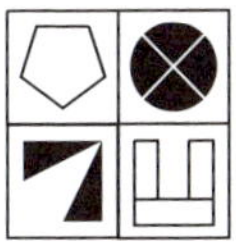

④ 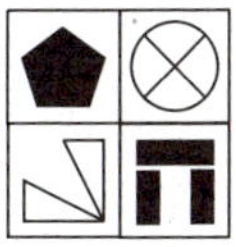

⑤ 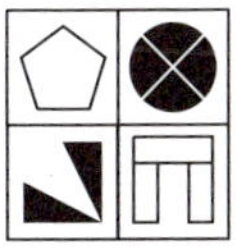

※ 다음 도식의 기호들은 일정한 규칙에 따라 도형을 변화시킨다. 〈보기〉의 규칙을 찾고 ?에 들어갈 알맞은 도형을 고르시오.(단, 주어진 조건이 두 가지 이상일 때 모두 일치해야 Yes로 이동한다). **[3~4]**

보기

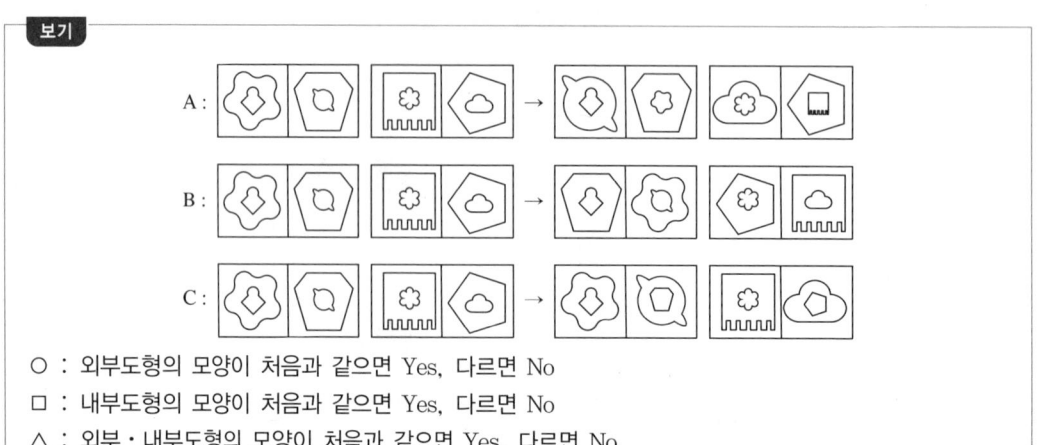

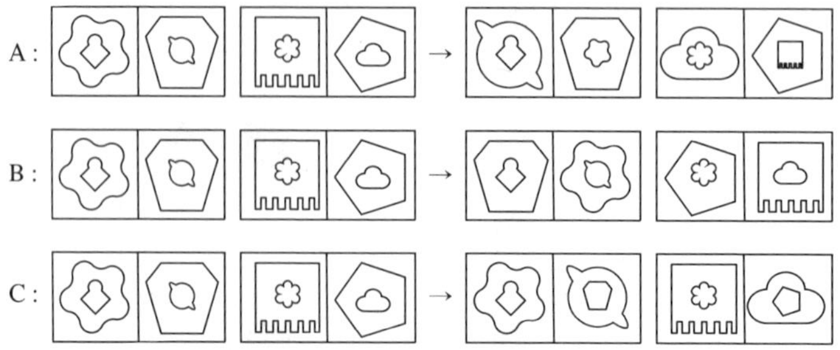

○ : 외부도형의 모양이 처음과 같으면 Yes, 다르면 No

□ : 내부도형의 모양이 처음과 같으면 Yes, 다르면 No

△ : 외부 · 내부도형의 모양이 처음과 같으면 Yes, 다르면 No

03

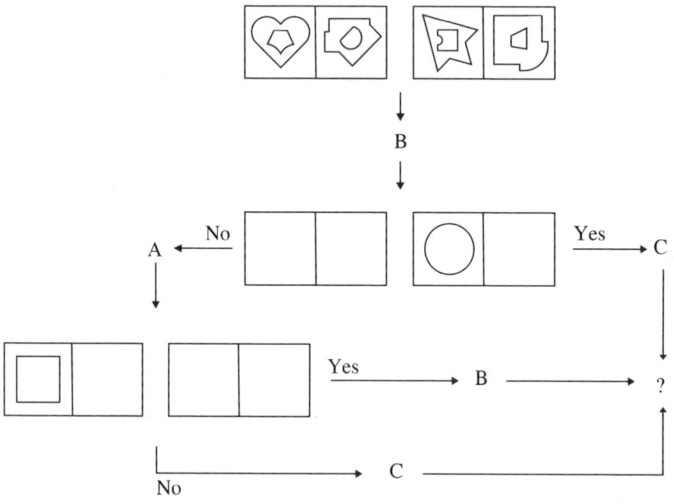

①

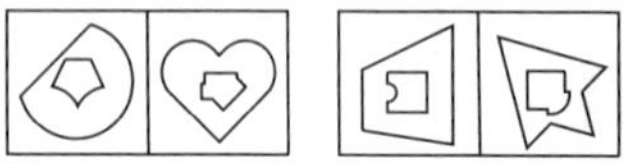

②

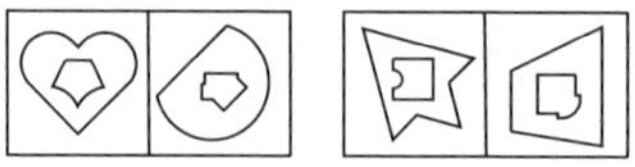

③

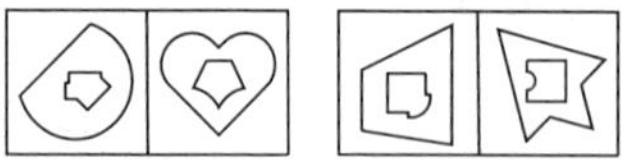

④

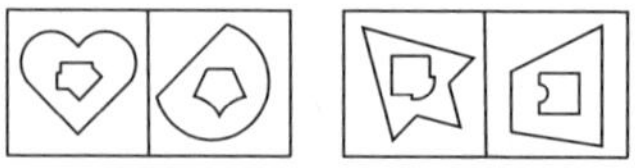

⑤

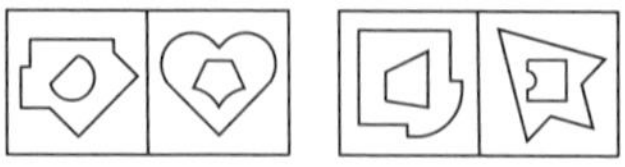

Hard

04

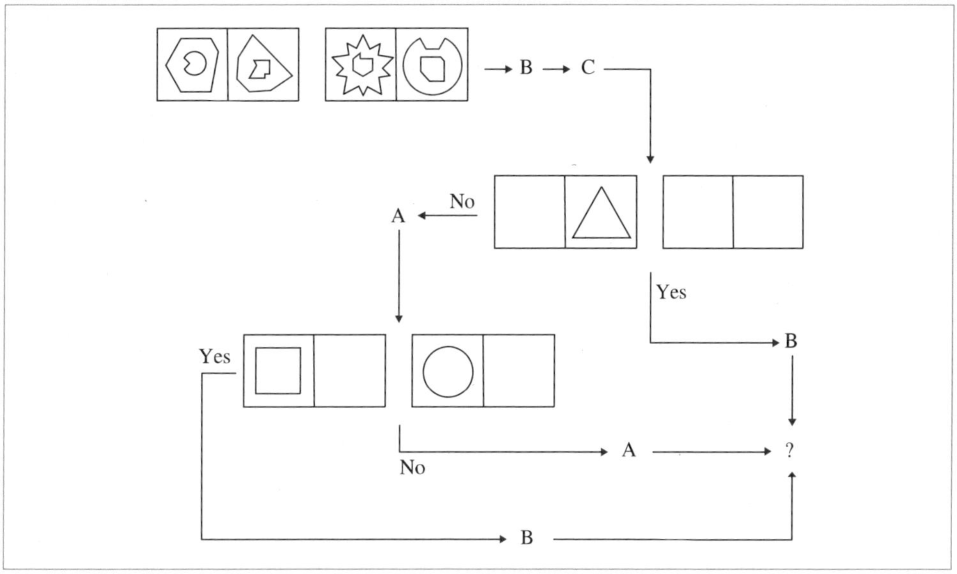

① 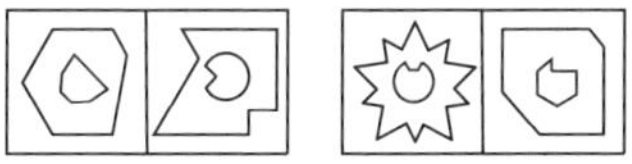

② 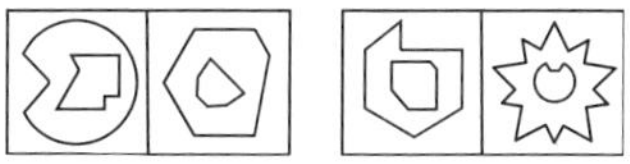

③ 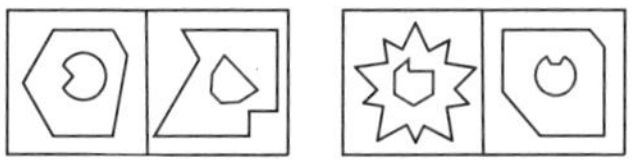

④ 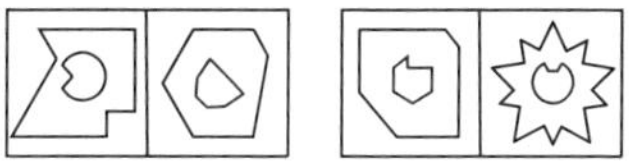

⑤ 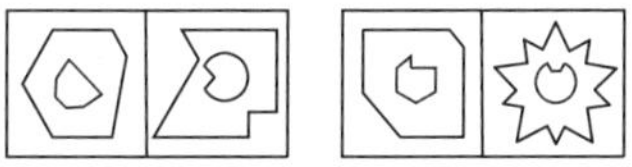

PART 2 기출복원문제

CHAPTER 04

2023년 하반기 기출복원문제

정답 및 해설 p.021

| 01 | 언어

01 다음 글의 내용으로 적절하지 않은 것은?

> 최근 국내 건설업계에서는 3D 프린팅 기술을 건설 분야와 접목하고자 노력하고 있다. 해외 건설사에서도 3D 프린팅 기술을 이용한 건축 시장을 선점하기 위해 경쟁을 활발히 하고 있으며, 이미 미국 텍사스 지역에서 3D 프린팅 기술을 이용하여 주택 4채를 일주일 만에 완공한 바 있다. 또한 우리나라에서도 인공 조경 벽 등 건설 현장에서 3D 프린팅 건축물을 차차 도입해 가고 있다.
> 왜 건설업계에서는 3D 프린팅 기술을 주목하게 되었을까? 3D 프린팅 건축 방식은 전통 건축 방식과 비교하여 비용을 절감할 수 있고 공사 기간이 단축되는 점을 장점으로 꼽을 수 있다. 특히 공사 기간이 짧은 점은 천재지변으로 인한 이재민 등을 위한 주거시설을 빠르게 준비할 수 있다는 점에서 호평받고 있다. 또한 전통 건축 방식으로는 구현하기 힘든 다양한 디자인을 선보일 수 있는 점과 건축 폐기물 감소 및 CO_2 배출량 감소 등 환경보호 면에서도 긍정적인 평가를 받고 있으며, 국가 간 이해관계 충돌로 인한 직·간접적 자재 수급난을 해결할 수 있는 점도 긍정적 평가를 받고 있다.
> 어떻게 3D 프린터로 건축물을 세우는 것일까? 먼저 일반적인 3D 프린팅의 과정을 알아야 한다. 일반적인 3D 프린팅은 컴퓨터로 물체를 3D 형태로 모델링 한 후 용융성 플라스틱이나 금속 등을 3D 프린터 노즐을 통해 분사하여 아래부터 층별로 겹겹이 쌓는 과정을 거친다.
> 3D 프린팅 건축 방식도 마찬가지이다. 컴퓨터를 통해 건축물을 모델링 한 후 모델링 정보에 따라 콘크리트, 금속, 폴리머 등의 건축자재를 노즐을 통해 분사시켜 층층이 쌓아 올리면서 컴퓨터가 설계한 대로 건축물을 만든다. 기계가 대신 건축물을 만든다는 점에서 사람의 힘으로 한계가 있는 기존 건축방식의 보완은 물론 코로나19 사태로 인한 인건비 상승 및 전문인력 수급난을 해결할 수 있다는 점 또한 호평받고 있다.
> 하지만 아쉽게도 우리나라에서의 3D 프린팅 건설 사업은 관련 인증 및 안전 규정 미비 등의 제도적 한계와 기술적 한계가 있어 상용화 단계로 나아가기는 힘들다. 특히 3D 프린터로 구조물을 적층하여 구조물을 쌓아 올리는 데에는 로봇 팔이 필요한데, 아직은 5층 이하의 저층 주택 준공이 한계이다. 현 대한민국 주택시장은 고층 아파트 등 고층 건물이 주력이므로 3D 프린터 고층 건축물 제작 기술을 개발해야 한다는 주장도 더러 나오고 있다.

① 이미 해외에서는 3D 프린터를 이용하여 주택을 시공한 바 있다.
② 3D 프린터 건축 기술은 전통 건축 기술과는 달리 환경에 영향을 덜 끼친다.
③ 3D 프린터 건축 기술은 인력난을 해소할 수 있는 새로운 기술이다.
④ 3D 프린터 건축 기술로 인해 대량의 실업자가 발생할 것이다.
⑤ 현재 우리나라는 3D 프린터 건축 기술의 제도적 및 기술적 한계를 해결해야만 하는 과제가 있다.

02 다음은 윤리적 소비에 대한 글이다. (가) ~ (다)와 관련된 사례를 〈보기〉에서 골라 바르게 연결한 것은?

> 윤리적 소비란 무의식적으로 하는 단순한 소비 활동이 아닌 자신의 소비 활동의 결과가 사람과 동물, 사회와 환경에 어떠한 영향을 끼칠지 고려하여 행동하는 것을 말한다. 이와 같은 소비 행위는 그 이념에 따라 다음과 같이 나눌 수 있다.
>
> (가) 녹색소비 : 환경보호에 도움이 되거나, 환경을 고려하여 제품을 생산 및 개발하거나 서비스를 제공하는 기업의 제품을 구매하는 친환경적인 소비행위를 말한다.
>
> (나) 로컬소비 : 자신이 거주하는 지역의 경제 활성화를 돕고, 운반 시 소비되는 연료나 배출되는 환경오염 물질을 줄이기 위해 자신이 거주하는 지역에서 만들어진 상품과 서비스를 소비하는 지속 가능한 소비 행위를 말한다.
>
> (다) 공정무역 : 불공정 무역구조로 인하여 선진국에 비해 경제적 개발이 늦은 저개발국가에서 발생하는 노동력 착취, 환경파괴, 부의 편중 등의 문제를 해소하기 위한 사회적 소비 운동이다. 이를 위해 소비자는 저개발국가의 생산자가 경제적 자립을 이루고 지속 가능한 발전을 할 수 있도록 '가장 저렴한 가격'이 아닌 '공정한 가격'을 지불한다.
>
> 이와 같이 소비자는 자신의 소비행위를 통해 사회적 정의와 평등을 촉진하고, 환경 보호에 기여하는 등 사회적 영향력을 행사할 수 있다.

보기

ㄱ. A사는 비건 트렌드에 맞춰 기존에 사용해왔던 동물성 원료 대신 친환경 성분의 원료를 구입하여 화장품을 출시했다.

ㄴ. B레스토랑은 고객들에게 신선한 샐러드를 제공하고 지역 내 농가와의 상생을 위하여 인접 농가에서 갓 생산한 채소들을 구매한다.

ㄷ. C사는 해안가에 버려진 폐어망 및 폐페트병을 수집해 이를 원사로 한 가방 및 액세서리를 구매해 유통한다.

ㄹ. D카페는 제3세계에서 생산하는 우수한 품질의 원두를 직수입하여 고객들에게 합리적인 가격에 제공한다.

ㅁ. E사는 아시아 국가의 빈곤한 여성 생산자들의 경제적 자립을 돕기 위해 이들이 생산한 의류, 생활용품, 향신료 등을 국내에 수입 판매하고 있다.

	(가)	(나)	(다)
①	ㄱ, ㄷ	ㄴ	ㄹ, ㅁ
②	ㄱ, ㄹ	ㄴ	ㄷ, ㅁ
③	ㄱ, ㄴ, ㄷ	ㅁ	ㄹ
④	ㄱ, ㄷ, ㅁ	ㄴ	ㄹ
⑤	ㄹ, ㅁ	ㄴ	ㄱ, ㄷ

Hard

03 다음 글을 논리적 순서대로 바르게 나열한 것은?

(가) 칸트의 '무관심성'에 대한 논의에서 이에 대한 단서를 얻을 수 있다. 칸트는 미적 경험의 주체가 '객체가 존재한다.'는 사실성 자체로부터 거리를 둔다고 주장한다. 이에 따르면, 영화관에서 관객은 영상의 존재 자체에 대해 '무관심한' 상태에 있다. 영상의 흐름을 냉정하고 분석적인 태도로 받아들이는 것이 아니라, 영상의 흐름이 자신에게 말을 걸어오는 듯이, 자신이 미적 경험의 유희에 초대된 듯이 공감하며 체험하고 있다. 미적 거리 두기와 공감적 참여의 상태를 경험하는 것이다. 주체와 객체가 엄격하게 분리되거나 완전히 겹쳐지는 것으로 이해하는 통상적인 동일시 이론과 달리, 칸트는 미적 지각을 지각 주체와 지각 대상 사이의 분리와 융합의 긴장감 넘치는 '중간 상태'로 본 것이다.

(나) 관객은 영화를 보면서 영상의 흐름을 어떻게 지각하는 것일까? 그토록 빠르게 변화하는 앵글, 인물, 공간, 시간 등을 어떻게 별 어려움 없이 흥미진진하게 따라가는 것일까? 흔히 영화의 수용에 대해 설명할 때 관객의 눈과 카메라의 시선 사이에 일어나는 동일시 과정을 내세운다. 그러나 동일시 이론은 어떠한 조건을 기반으로, 어떠한 과정을 거쳐서 동일시가 일어나는지 영상의 흐름을 지각할 때 일어나는 동일시의 고유한 방식이 어떤 것인지에 대해 의미 있는 설명을 제시하지 못하고 있다.

(다) 이렇게 볼 때 영화 관객은 자신의 눈을 단순히 카메라의 시선과 직접적으로 동일시하는 것이 아니다. 관객은 영화를 보면서 영화 속 공간, 운동의 양상 등을 유희적으로 동일시하며, 장소 공간이나 방향 공간 등 다양한 공간의 층들을 동시에 인지할 뿐만 아니라 감정 공간에서 나오는 독특한 분위기의 힘을 감지하고, 이를 통해 영화 속의 공간과 공감하며 소통하고 있는 것이다.

(라) 관객이 영상의 흐름을 생동감 있게 체험할 수 있는 이유는 영화 속의 공간이 단순한 장소로서의 공간이라기보다는 '방향 공간'이기 때문이다. 카메라의 다양한 앵글 선택과 움직임, 자유로운 시점 선택이 방향 공간적 표현을 용이하게 해 준다.
두 사람의 대화 장면을 보여 주는 장면을 생각해 보자. 관객은 단지 대화에 참여한 두 사람의 존재와 위치만 확인하는 것이 아니라, 두 사람의 시선 자체가 지닌 방향성의 암시, 즉 두 사람의 얼굴과 상반신이 서로를 향하고 있는 방향 공간적 상황을 함께 지각하고 있는 것이다.

(마) 영화의 매체적 강점은 방향 공간적 표현이라는 데에만 그치지 않는다. 영상의 흐름에 대한 지각은 언제나 생생한 느낌을 동반한다. 관객은 영화 속 공간과 인물의 독특한 감정에서 비롯된 분위기의 힘을 늘 느끼고 있다. 따라서 영화 속 공간은 근본적으로 이러한 분위기의 힘을 느끼도록 해 주는 '감정 공간'이라 할 수 있다.

① (가) – (라) – (나) – (마) – (다)
② (나) – (가) – (라) – (마) – (다)
③ (나) – (다) – (가) – (라) – (마)
④ (나) – (라) – (마) – (다) – (가)
⑤ (라) – (가) – (다) – (나) – (마)

04 다음 글을 읽고 추론한 내용으로 적절하지 않은 것은?

> 커피 찌꺼기를 일컫는 커피박이라는 단어는 우리에게 생소한 편이다. 하지만 외국에서는 커피 웨이스트(Coffee Waste), 커피 그라운드(Coffee Ground) 등 다양한 이름으로 불린다. 커피박은 커피원두로부터 액을 추출한 후 남은 찌꺼기를 말하는데 이는 유기물뿐만 아니라 섬유소, 리그닌, 카페인 등 다양한 물질을 풍부하게 함유하고 있어 재활용 가치가 높은 유기물 자원으로 평가받고 있다. 특히 우리나라는 높은 커피 소비국으로 2007년부터 2010년까지의 관세청 자료에 의하면 매년 지속적으로 커피원두 및 생두 수입이 증가한 것으로 나타났다. 1인당 연간 커피 소비량은 2019년 기준 평균 328잔 정도에 달하며 커피 한잔에 사용되는 커피콩은 0.2%, 나머지는 99.8%로 커피박이 되어 생활폐기물 혹은 매립지에서 소각처리된다.
>
> 이렇게 커피 소비량이 증가하고 있는 가운데 커피를 마시고 난 후 생기는 부산물인 커피박도 연평균 12만 톤 이상 발생하고 있는 것으로 알려져 있다. 이렇듯 막대한 양의 커피박은 폐기물로 분류되며 폐기처리만 해도 큰 비용이 발생된다.
>
> 따라서 우리나라와 같이 농업분야의 유기성 자원이 절대적으로 부족한 곳에서는 비료 원자재 대부분을 수입산에 의존하고 있는데, 원재료 매입비용이 적은 반면 부가가치를 창출할 수 있는 수익성이 매우 높은 재료로 고가로 수입된 커피박 자원을 재활용할 수 있다면 자원절감과 비용절감 두 마리 토끼를 잡을 수 있을 것으로 기대된다.
>
> 또한 커피박은 부재료 선택에 신경을 쓴다면 분명 더 나은 품질의 퇴비가 가능하다고 전문가들은 지적한다. 그 가운데 톱밥, 볏짚, 버섯폐배지, 한약재찌꺼기, 쌀겨, 스테비아분말, 채종유박, 깻묵 등의 부재료 화학성 pH는 4.9 ~ 6.4, 총탄소 4 ~ 54%, 총질소 0.08 ~ 10.4%, 탈질률 7.8 ~ 680으로 매우 다양했다. 그중에서 한약재찌꺼기의 질소함량이 가장 높았고, 유기물 함량은 톱밥이 가장 높았다.
>
> 유기물 퇴비를 만들기 위한 조건은 수분함량, 공기, 탄질비, 온도 등이 중요하다. 흔히 유기퇴비의 원료로는 농가에서 쉽게 찾아볼 수 있는 볏짚, 나무껍질, 깻묵, 쌀겨 등이 있다. 그밖에 낙엽이나 산야초를 베어 퇴비를 만들어도 되지만 일손과 노동력이 다소 소모된다는 단점이 있다. 무엇보다 양질의 퇴비를 만들기 위해서는 재료로 사용되는 자재가 지닌 기본적인 탄소와 질소의 비율이 중요한데 탄질률은 20 ~ 30:1 인 것이 가장 이상적이다. 농촌진흥청 관계자는 이에 대해 "탄질률은 퇴비의 분해 속도와 관련이 있어 지나치게 질소가 많거나 탄소성분이 많을 경우 양질의 퇴비를 얻을 수 없다. 또한 퇴비재료에 미생물이 첨가되면서 자연 분해되면 열이 발생하는데 이는 유해 미생물을 죽일 수 있어 양질의 퇴비를 얻기 위해서는 퇴비 더미의 온도를 50°C 이상으로 유지하는 것이 바람직하다."라고 밝혔다.

① 퇴비 재료에 있는 유해 미생물을 50℃ 이상의 고온을 통해 없앨 수 있다.

② 비료에서 중요한 성분인 질소가 많이 함유되어 있을수록 좋은 비료라고 할 수 있다.

③ 커피박을 이용하여 유기농 비료를 만드는 것은 환경 보호뿐만 아니라 경제적으로도 이득이다.

④ 커피박과 함께 비료에 들어갈 부재료를 고를 때에는 질소나 유기물이 얼마나 들어있는지가 중요한 기준이다.

⑤ 커피박을 이용하여 유기 비료를 만들 때 질소 보충이 필요한 사람이라면 한약재찌꺼기를 첨가하는 것이 좋다.

| 02 | 언어 · 수추리

01 **다음 명제가 모두 참일 때, 반드시 참인 명제는?**

- 사과를 좋아하면 배를 좋아하지 않는다.
- 귤을 좋아하면 배를 좋아한다.
- 귤을 좋아하지 않으면 오이를 좋아한다.

① 귤을 좋아하면 사과를 좋아한다.
② 배를 좋아하면 오이를 좋아한다.
③ 사과를 좋아하면 오이를 좋아한다.
④ 배를 좋아하지 않으면 사과를 좋아한다.
⑤ 사과를 좋아하면 오이를 좋아하지 않는다.

02 **제시된 내용을 바탕으로 내린 A, B의 결론에 대한 판단으로 항상 옳은 것은?**

- 휴가는 2박 3일이다.
- 혜진이는 수연이보다 하루 일찍 휴가를 간다.
- 지연이는 수연이보다 이틀 늦게 휴가를 간다.
- 태현이는 지연이보다 하루 일찍 휴가를 간다.
- 수연이는 화요일에 휴가를 간다.

A : 수요일에 휴가 중인 사람의 수와 목요일의 휴가 중인 사람의 수는 같다.
B : 태현이는 금요일까지 휴가이다.

① A만 옳다.
② B만 옳다.
③ A, B 모두 옳다.
④ A, B 모두 틀리다.
⑤ A, B 모두 옳은지 틀린지 판단할 수 없다.

Hard

03

다음 5명 중 2명은 진실만을 말하고, 3명은 거짓만을 말하고 있다. 지훈이 거짓을 말할 때, 진실만을 말하는 사람을 바르게 짝지은 것은?

- 동현 : 정은이는 지훈이와 영석이를 싫어해.
- 정은 : 아니야. 난 둘 중 1명은 좋아해.
- 선영 : 동현이는 정은이를 좋아해.
- 지훈 : 선영이는 거짓말만 해.
- 영석 : 선영이는 동현이를 싫어해.
- 선영 : 맞아. 그런데 정은이는 지훈이와 영석이 둘 다 좋아해.

① 동현, 선영
② 정은, 영석
③ 동현, 영석
④ 정은, 선영
⑤ 선영, 영석

PART 2 기출복원문제

※ 일정한 규칙으로 수를 나열할 때, 빈칸에 들어갈 알맞은 수를 고르시오. [4~7]

04

3　4　0　16　−5　36　−12　(　)

① −36
② 64
③ 72
④ 121
⑤ 144

05

$\frac{27}{358}$　$\frac{30}{351}$　$\frac{32}{345}$　$\frac{33}{340}$　(　)　$\frac{32}{333}$

① $\frac{35}{338}$
② $\frac{34}{338}$
③ $\frac{33}{338}$
④ $\frac{34}{336}$
⑤ $\frac{33}{336}$

06

0.2　(　)　2.8　20.6　146.2　1,026.4

① 0.4
② 1.4
③ 1.5
④ 1.6
⑤ 2.4

07

<u>1　2　2</u>　<u>2　4　2</u>　<u>3　12　(　)</u>

① 4
② 5
③ 6
④ 7
⑤ 8

| 03 | 수리

01 길이가 390m인 터널을 완전히 통과하는 데 9초가 걸리는 A열차와 길이가 365m인 터널을 완전히 통과하는 데 10초가 걸리는 B열차가 있다. 두 열차가 서로 마주보는 방향으로 달려 완전히 지나가는 데 걸리는 시간은 4.5초이다. B열차의 길이가 335m라면, A열차의 길이는?

① 365m
② 360m
③ 355m
④ 350m
⑤ 345m

Easy

02 세빈이는 이번 주말에 등산을 하였다. 올라갈 때에는 4km/h의 속력으로 걷고 내려올 때에는 올라갈 때보다 2km 더 먼 거리를 6km/h의 속력으로 걸어 내려왔다. 올라갈 때와 내려올 때 걸린 시간이 같았다면 내려올 때 걸린 시간은?

① 1시간
② 1.5시간
③ 2시간
④ 2.5시간
⑤ 3시간

03 직원 A～P 16명이 야유회에 가서 4명씩 4개의 조로 나뉘어 행사를 진행한다. 첫 번째 이벤트에서 같은 조였던 사람은 두 번째 이벤트에서 같은 조가 될 수 없다. 두 번째 이벤트에서 1, 4조가 〈보기〉처럼 주어졌을 때, 두 번째 이벤트에서 나머지 2개의 조로 가능한 경우의 수는?

보기

- 1조 : I, J, K, L
- 4조 : M, N, O, P

① 8가지
② 10가지
③ 12가지
④ 14가지
⑤ 16가지

04 다음은 중성세제 브랜드별 용량 및 가격을 정리한 표이다. 브랜드마다 용량에 대한 가격을 조정했을 때, 브랜드별 판매 가격 및 용량의 변경 전과 변경 후에 대한 판매 금액 차이가 바르게 짝지어진 것은?

〈브랜드별 중성세제 판매 가격 및 용량〉

(단위 : 원, L)

구분		1L당 가격	용량		1L당 가격	용량
A브랜드	변경 전	8,000	1.3	변경 후	8,200	1.2
B브랜드		7,000	1.4		6,900	1.6
C브랜드		3,960	2.5		4,000	2.0
D브랜드		4,300	2.4		4,500	2.5

	A브랜드	B브랜드	C브랜드	D브랜드
①	550원 증가	1,220원 감소	2,000원 증가	930원 증가
②	550원 감소	1,240원 증가	1,900원 증가	930원 증가
③	560원 감소	1,240원 증가	1,900원 감소	930원 증가
④	560원 증가	1,240원 감소	2,000원 감소	900원 감소
⑤	560원 감소	1,220원 증가	1,900원 감소	900원 감소

05 다음은 주요 온실가스의 연평균 농도 변화 추이를 나타낸 표이다. 이에 대한 설명으로 옳지 않은 것은?

〈주요 온실가스의 연평균 농도 변화 추이〉

구분	2016년	2017년	2018년	2019년	2020년	2021년	2022년
이산화탄소(CO_2, ppm)	387.2	388.7	389.9	391.4	392.5	394.5	395.7
오존전량(O_3, DU)	331	330	328	325	329	343	335

① 오존전량은 계속해서 증가하고 있다.

② 오존전량이 가장 크게 감소한 해는 2022년이다.

③ 이산화탄소의 농도는 계속해서 증가하고 있다.

④ 2022년 이산화탄소의 농도는 2017년보다 7ppm 증가했다.

⑤ 2022년 오존전량은 2016년의 오존전량보다 4DU 증가했다.

06 다음은 우리나라 부패인식지수(CPI) 연도별 변동 추이를 나타낸 표이다. 이에 대한 설명으로 옳지 않은 것은?

〈우리나라 부패인식지수(CPI) 연도별 변동 추이〉

구분		2016년	2017년	2018년	2019년	2020년	2021년	2022년
CPI	점수	4.5	5.0	5.1	5.1	5.6	5.5	5.4
	조사대상국	146	159	163	180	180	180	178
	순위	47	40	42	43	40	39	39
	백분율	32.2	25.2	25.8	23.9	22.2	21.6	21.9
OECD	회원국	30	30	30	30	30	30	30
	순위	24	22	23	25	22	22	22

※ CPI 0 ~ 10점 : 점수가 높을수록 청렴함

① CPI 순위는 2021년에 처음으로 30위권에 진입했다.

② 청렴도가 가장 낮은 해와 2022년의 청렴도 점수의 차이는 0.9점이다.

③ CPI 조사대상국은 2019년까지 증가하고 이후 2021년까지 유지되었다.

④ 우리나라의 OECD 순위는 2016년부터 현재까지 상위권이라 볼 수 있다.

⑤ CPI를 확인해 볼 때, 우리나라는 다른 해에 비해 2020년에 가장 청렴했다고 볼 수 있다.

| 04 | 도형

※ 다음 도식의 기호들은 일정한 규칙에 따라 도형을 변화시킨다. 〈보기〉의 규칙을 찾고 ?에 들어갈 알맞은 도형을 고르시오(단, 규칙은 A, B, C 각각의 4개의 칸에 동일하게 적용된 것을 말하며 A, B, C 규칙은 서로 다르다). **[1~2]**

보기

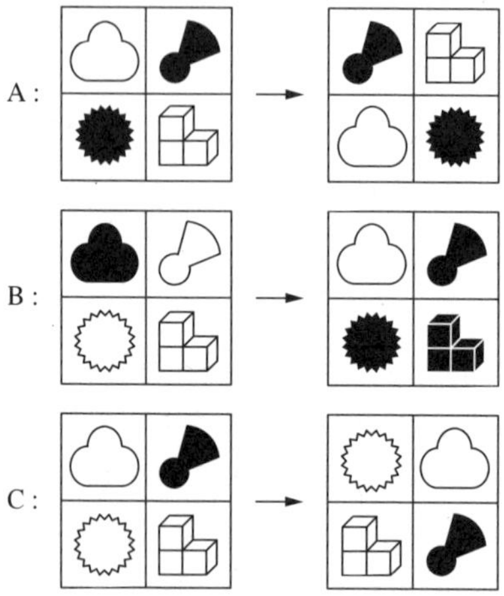

△ : 색이 처음과 같으면 Yes, 다르면 No

01

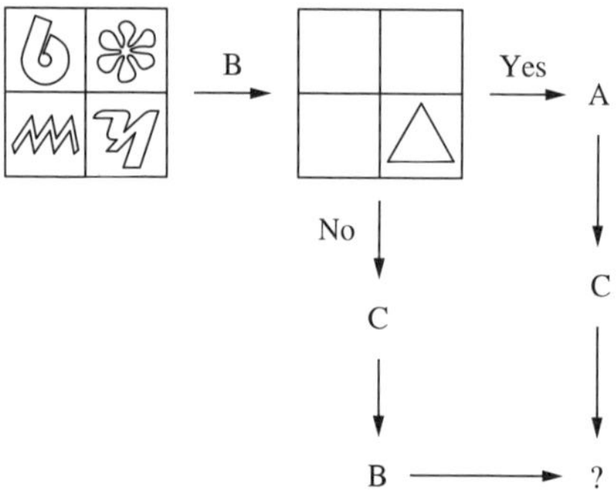

① 

② 

③ 

④ 

⑤ 

02

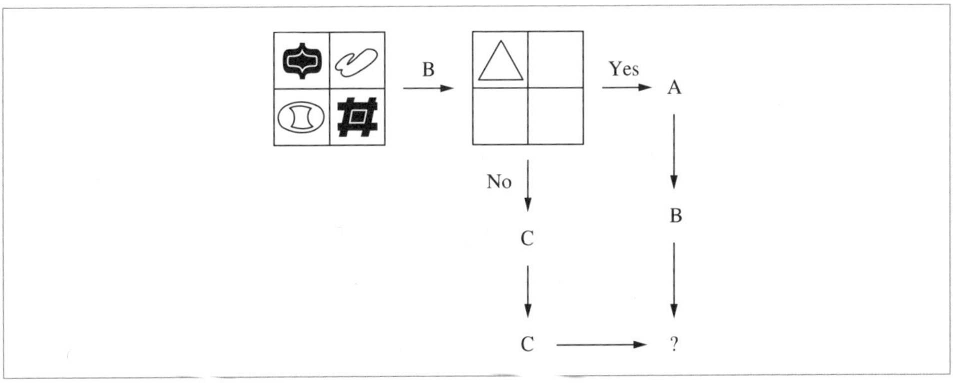

① 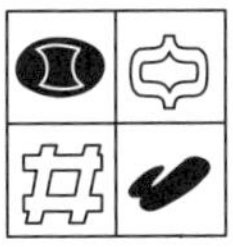

② 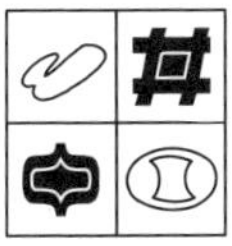

③ 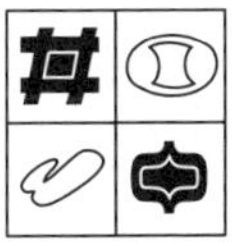

④ 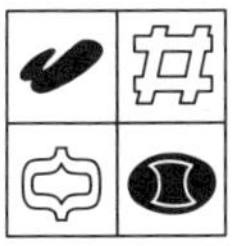

⑤ 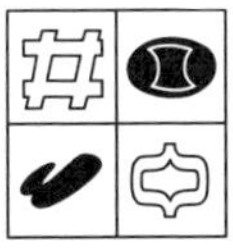

※ 다음 도식의 기호들은 일정한 규칙에 따라 도형을 변화시킨다. 〈보기〉의 규칙을 찾고 ?에 들어갈 알맞은 도형을 고르시오(단, 주어진 조건이 두 가지 이상일 때 모두 일치해야 Yes로 이동한다). **[3~4]**

보기

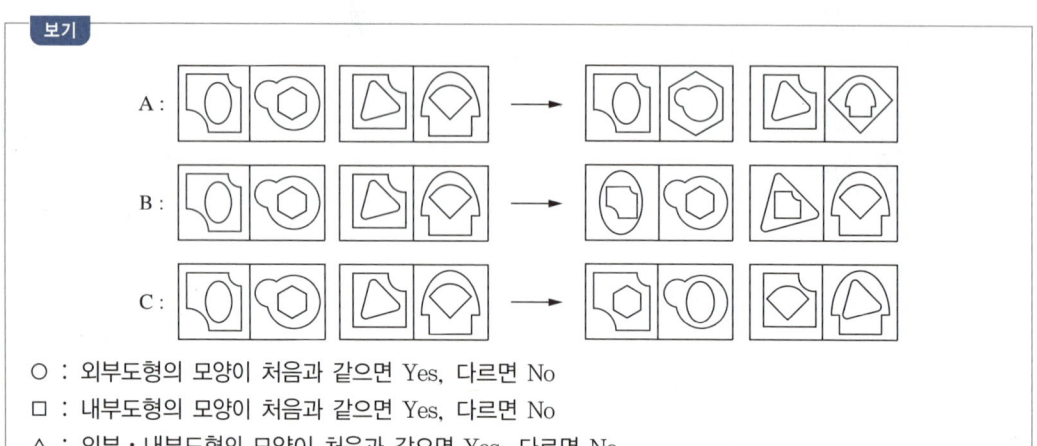

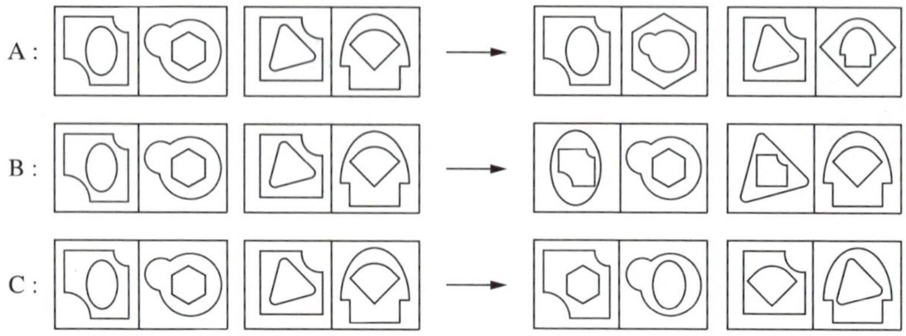

○ : 외부도형의 모양이 처음과 같으면 Yes, 다르면 No

□ : 내부도형의 모양이 처음과 같으면 Yes, 다르면 No

△ : 외부・내부도형의 모양이 처음과 같으면 Yes, 다르면 No

03

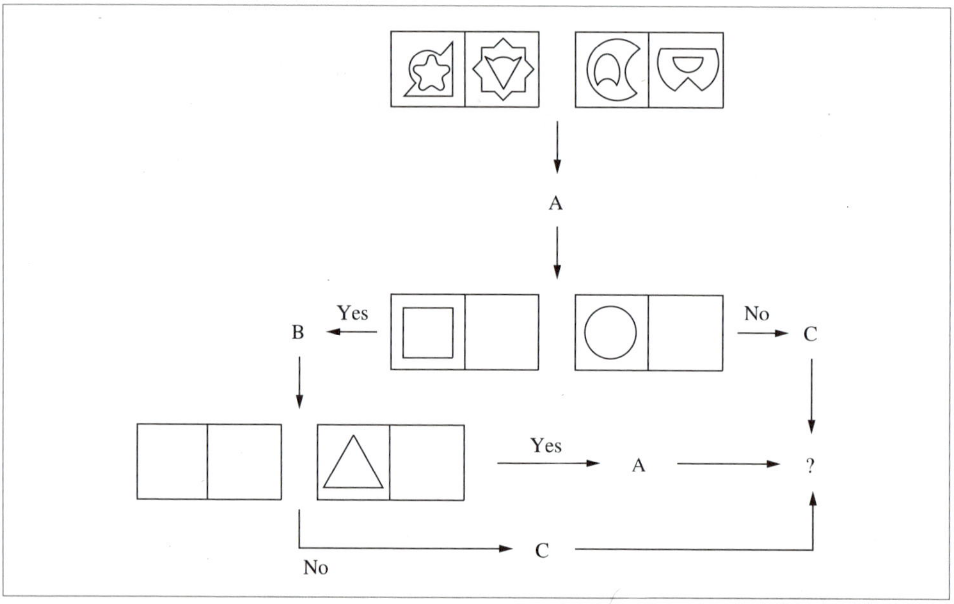

① 

② 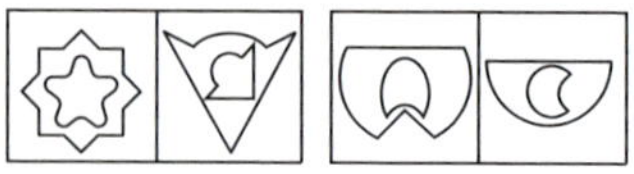

③ 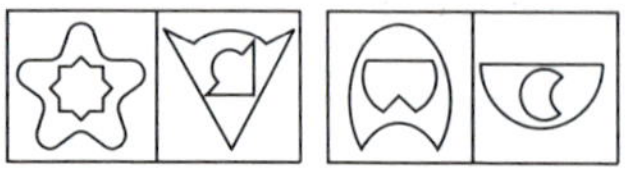

④ 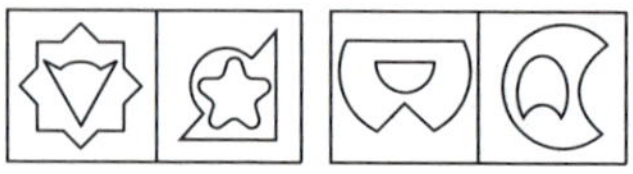

⑤ 

04

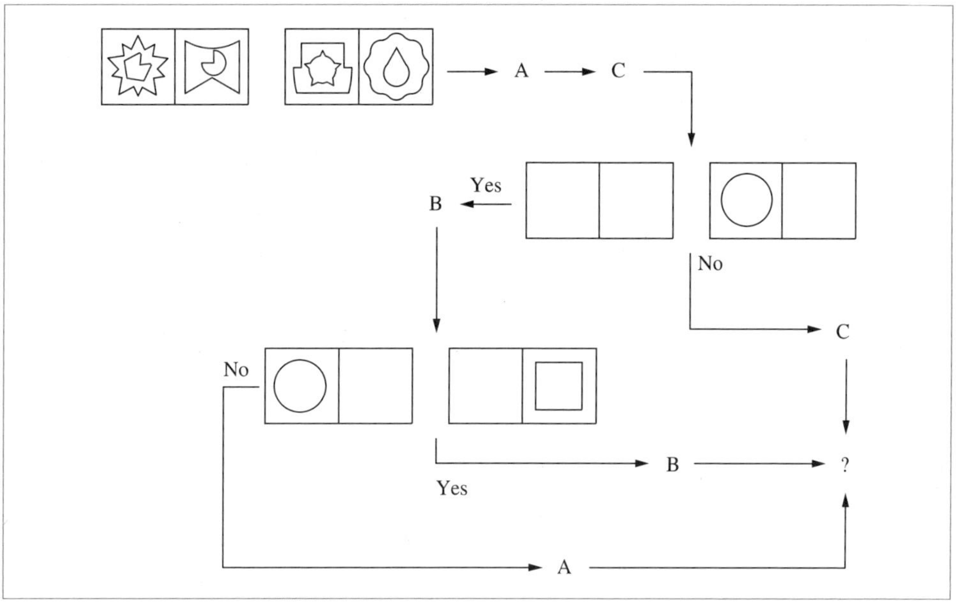

① 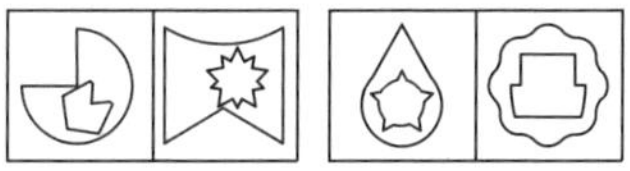

② 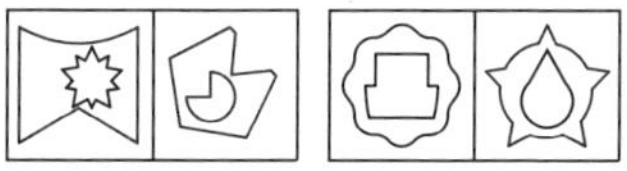

③ 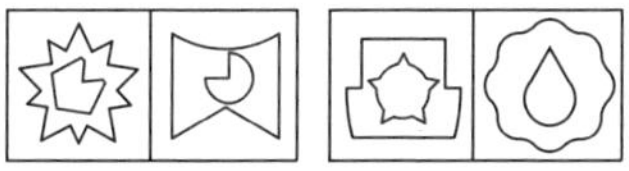

④ 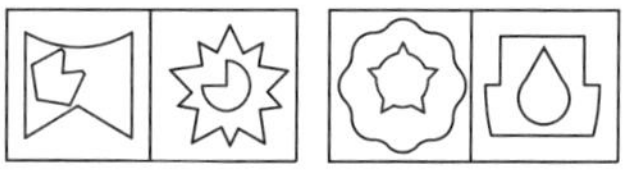

⑤ 

CHAPTER

05 2023년 상반기 기출복원문제

정답 및 해설 p.027

| 01 | 언어

※ 다음 글의 내용으로 가장 적절한 것을 고르시오. [1~2]

01

> 우리 속담에 '울다가도 웃을 일이다.'라는 말이 있듯이 슬픔의 아름다움과 해학의 아름다움이 함께 존재한다면 이것은 우리네의 곡절 많은 역사 속에 밴 미덕의 하나라고 할 만하다. 울다가도 웃을 일이라는 말은 물론 어처구니가 없을 때 하는 말이기도 하지만 애수가 아름다울 수 있고 또 익살이 세련되어 아름다울 수 있다면 그 사회의 서정과 조형미에 나타나는 표현에도 의당 이러한 것이 반영되어 있어야 한다.
> 이러한 고요의 아름다움과 슬픔의 아름다움이 조형 작품 위에 옮겨질 수 있다면 이것은 바로 예술에서 말하는 적조미의 세계이며, 익살의 아름다움이 조형 위에 구현된다면 물론 이것은 해학미의 세계일 것이다.

① 익살은 우리 민족만이 지닌 특성이다.
② 익살은 풍속화에서 가장 잘 표현된다.
③ 익살이 조형 위에 구현된다면 적조미이다.
④ 익살은 우리 민족의 삶의 정서를 반영한다.
⑤ 익살은 예술 작품을 통해서만 표현될 수 있다.

02

1899년 베이징의 한 금석학자는 만병통치약으로 알려진 '용골'을 살펴보다가 소스라치게 놀랐다. 용골의 표면에 암호처럼 알 듯 모를 듯한 글자들이 빼곡히 들어차 있었던 것이다. 흥분이 가신 후에 알아보니, 용골은 은 왕조의 옛 도읍지였던 허난성 안양현 샤오툰(小屯)촌 부근에서 나온 것이었다. 바로 갑골문자가 발견되는 순간이었다. 현재 갑골문자는 4천여 자가 확인되었고, 그중 약 절반 정도가 해독되었다. 사마천의 『사기』에는 은 왕조에 대해서 자세히 기록되어 있었으나, 사마천이 살던 시대보다 1천 수백 년 전의 사실이 너무도 생생하게 표현되어 있어 마치 '소설'처럼 생각되었다. 그런데 갑골문자를 연구한 결과, 거기에는 반경(般庚) 때부터 은 말까지 약 2백여 년에 걸친 내용이 적혀 있었는데, 이를 통하여 『사기』에 나오는 은나라의 왕위 계보도 확인할 수 있었다.

① 베이징은 은 왕조의 도읍지였다.
② 현재 갑골문자는 2천여 자가 해독되었다.
③ 용골에는 당대의 소설이 생생하게 표현되었다.
④ 사마천의 『사기』는 1천 수백 년 전의 사람이 만들었다.
⑤ 사마천의 『사기』에 갑골문자에 관한 기록이 나타난다.

Easy

03 다음 글의 내용으로 적절하지 않은 것은?

혐기성 미생물은 산소에 비해 에너지 대사 효율이 낮은 질소산화물로 에너지를 만든다. 혐기성 미생물이 에너지 대사 효율이 높은 산소를 사용하지 않는 이유는 무엇일까? 생물체가 체내에 들어온 영양분을 흡수하기 위해서는 산소를 매개로 한 여러 가지 화학 반응을 수행해야 한다. 영양분이 산화 반응을 통해 세포 안으로 흡수되면 전자가 나오는데, 이 전자가 체내에서 퍼지는 과정에서 ATP가 생긴다. 그리고 에너지를 생산하기 위해 산소를 이용하는 호흡 과정에서 독성 물질인 과산화물과 과산화수소와 같은 활성산소가 생긴다.

이 두 물질은 DNA나 단백질 같은 세포 속 물질을 산화시켜 손상시킨다. 일반 미생물은 활성산소로부터 자신을 보호하는 메커니즘이 발달했다. 사람도 몸속에 독성 산소화합물을 해독하는 메커니즘이 있어 활성산소로 인해 죽지는 않는다. 단지 주름살이 늘거나 신체기관이 서서히 노화될 뿐이다. 인체 내에서 '슈퍼 옥사이드 분해효소(SOD)'가 과산화물 분자를 과산화수소와 산소로 바꾸고, 카탈리아제가 과산화수소를 물과 산소로 분해하기 때문이다. 그러나 혐기성 미생물에는 활성산소를 해독할 기관이 없다. 그렇기 때문에 혐기성 미생물은 활성산소를 피하는 방향으로 진화해 왔다고 할 수 있다.

① 산소는 일반 생물체에 이로움과 함께 해로움을 주기도 한다.
② 체내 활성산소의 농도가 증가되면 생물체의 생명이 연장된다.
③ 혐기성 미생물은 활성산소를 분해하는 메커니즘을 갖지 못했다.
④ 활성산소가 생물체의 죽음을 유발하는 직접적인 원인은 아니다.
⑤ 혐기성 미생물은 활성산소를 피하는 방향으로 진화해 왔다.

04 다음은 '기부 문화의 문제점과 활성화 방안'에 대한 글을 쓰기 위해 작성한 개요이다. 이 개요의 수정·보완 및 자료 제시 방안으로 적절하지 않은 것은?

Ⅰ. 서론
- 현황 및 실태 : 기부 참여 저조와 기부 시기의 편중 …… ㉠
Ⅱ. 본론
1. 기부 문화의 문제점 분석
가. 기부에 대한 대중의 인식 부족 …… ㉡
나. 금액 기부 위주의 기부 제도
다. 기부 단체에 대한 대중의 낮은 신뢰도
2. 기부 문화의 활성화 방안 …… ㉢
가. 기부에 대한 대중의 인식 전환
나. 기부 단체의 원활한 운영을 위한 정부의 지원 …… ㉣
Ⅲ. 결론 : ______________ …… ㉤

① ㉠ : 일반인의 기부 참여율과 기부 시기를 조사한 설문조사 자료를 제시한다.
② ㉡ : 상위 항목과의 연관성을 고려하여 'Ⅱ-2-가'와 위치를 바꾼다.
③ ㉢ : 상위 항목을 고려하여 '기부 유형과 방식의 다양화'를 하위 항목으로 추가한다.
④ ㉣ : 'Ⅱ-1-다'의 내용을 고려하여 '투명성을 강화하기 위한 기부 단체의 운영 개선'으로 고친다.
⑤ ㉤ : 글의 주제를 고려하여 '기부 문화의 활성화를 위한 일반인의 인식 전환과 기부 단체의 제도 및 운영 방향 개선'을 결론으로 작성한다.

05 다음 글을 읽고 추론할 수 있는 내용으로 적절하지 않은 것은?

김치는 넓은 의미에서 소금, 초, 장 등에 '절인 채소'를 말한다. 김치의 어원인 '딤채(沈菜)'도 '담근 채소'라는 뜻이다. 그러므로 깍두기, 오이지, 오이소박이, 단무지는 물론 장아찌까지도 김치류에 속한다고 볼 수 있다. 우리나라의 김치는 '지'라고 불렸다. 그래서 짠지, 싱건지, 오이지 등의 김치에는 지금도 '지'가 붙는다. 초기의 김치는 단무지나 장아찌에 가까웠을 것이다.

처음에는 서양의 피클이나 일본의 쓰케모노와 비슷했던 김치가 이들과 전혀 다른 음식이 된 것은 젓갈과 고춧가루를 쓰기 시작하면서부터이다. 하지만 이때에도 김치의 주재료는 무나 오이였다. 우리가 지금 흔히 먹는 배추김치는 18세기 말 중국으로부터 크고 맛이 좋은 배추 품종을 들여온 뒤로 사람들이 널리 담그기 시작하였고, 20세기에 들어와서야 무김치를 능가하게 되었다.

김치와 관련하여 우리나라 향신료의 대명사로 쓰이는 고추는 생각만큼 오랜 역사를 갖고 있지 못하다. 중미 멕시코가 원산지인 고추는 '남만초'나 '왜겨자'라는 이름으로 16세기 말 조선에 전래되어 17세기부터 서서히 보급되다가 17세기 말부터 가루로 만들어 비로소 김치에 쓰이게 되었다. 조선 전기까지 주요 향신료는 후추, 천초 등이었고, 이 가운데 후추는 값이 비싸 쉽게 얻을 수 없었다. 19세기 무렵에 와서 고추는 향신료로서 압도적인 우위를 차지하게 되었다. 그 결과 후추는 더 이상 고가품이 아니게 되었으며, '산초'라고도 불리는 천초의 경우 지금에 와서는 간혹 추어탕에나 쓰일 정도가 되었다.

우리나라의 고추는 다른 나라의 고추 품종과 달리 매운맛에 비해 단맛 성분이 많고, 색소는 강렬하면서 비타민C 함유량이 매우 많다. 더구나 고추는 소금이나 젓갈과 어우러져 몸에 좋은 효소를 만들어 내고 몸의 지방 성분을 산화시켜 열이 나게 함으로써 겨울의 추위를 이기게 하는 기능이 있다. 고추가 김장김치에 사용되기 시작한 것도 이 때문이라고 한다.

① 19세기 이후 후추와 천초는 향신료로서의 우위를 고추에 빼앗겼다.
② 배추김치가 김치의 대명사가 된 것은 불과 100여 년밖에 되지 않았다.
③ 초기의 김치는 서양의 피클이나 일본의 쓰케모노와 크게 다르지 않았다.
④ 김장김치에 고추가 사용되기 시작한 것은 몸에 열을 발생시키는 효능 때문이다.
⑤ 고추가 들어오기 전까지는 김치에 고추 대신 후추, 천초와 같은 향신료를 사용하였다.

| 02 | 언어 · 수추리

※ 제시된 명제가 모두 참일 때, 반드시 참인 명제를 고르시오. [1~2]

01

- 속도에 관심 없는 사람은 디자인에도 관심이 없다.
- 연비를 중시하는 사람은 내구성도 따진다.
- 내구성을 따지지 않는 사람은 속도에도 관심이 없다.

① 연비를 중시하지 않는 사람도 내구성은 따진다.
② 디자인에 관심 없는 사람도 내구성은 따진다.
③ 연비를 중시하는 사람은 디자인에는 관심이 없다.
④ 내구성을 따지지 않는 사람은 디자인에도 관심이 없다.
⑤ 속도에 관심이 있는 사람은 연비를 중시하지 않는다.

02

- 연차를 쓸 수 있으면 제주도 여행을 한다.
- 배낚시를 하면 회를 좋아한다.
- 다른 계획이 있으면 배낚시를 하지 않는다.
- 다른 계획이 없으면 연차를 쓸 수 있다.

① 제주도 여행을 하면 다른 계획이 없다.
② 연차를 쓸 수 있으면 배낚시를 한다.
③ 다른 계획이 있으면 연차를 쓸 수 없다.
④ 배낚시를 하지 않으면 제주도 여행을 하지 않는다.
⑤ 제주도 여행을 하지 않으면 배낚시를 하지 않는다.

Hard

03 K사의 기획팀에서 근무하고 있는 직원 A~D 4명은 서로의 프로젝트 참여 여부에 대하여 다음과 같이 진술하였고, 이들 중 단 1명만이 진실을 말하였다. 반드시 프로젝트에 참여하는 사람은?

- A : 나는 프로젝트에 참여하고, B는 프로젝트에 참여하지 않는다.
- B : A와 C 중 적어도 1명은 프로젝트에 참여한다.
- C : 나와 B 중 적어도 1명은 프로젝트에 참여하지 않는다.
- D : B와 C 중 1명이라도 프로젝트에 참여한다면, 나도 프로젝트에 참여한다.

① A
② B
③ C
④ D
⑤ 없음

※ 일정한 규칙으로 수를 나열할 때, 빈칸에 들어갈 알맞은 수를 고르시오. **[4~7]**

04

1 2 5 12 27 58 121 ( )

① 209
② 213
③ 225
④ 248
⑤ 279

05

5 1 2   3 9 4   8 ( ) 6

① 2
② 7
③ 10
④ 11
⑤ 12

06

0.4 0.5 0.65 0.85 1.1 ( )

① 1.35
② 1.4
③ 1.45
④ 1.5
⑤ 1.55

Hard

07

$\frac{7}{11}$ $\frac{2}{22}$ $-\frac{4}{44}$ $-\frac{11}{77}$ $-\frac{19}{121}$ ( )

① $-\frac{26}{150}$
② $-\frac{28}{176}$
③ $-\frac{22}{154}$
④ $-\frac{38}{242}$
⑤ $-\frac{45}{242}$

| 03 | 수리

01 무게가 1개당 15g인 사과와 20g인 자두를 합하여 14개를 사는데 총무게가 235g 이상 250g 이하가 되도록 하려고 한다. 사과를 최대 몇 개까지 살 수 있는가?

① 7개
② 8개
③ 9개
④ 10개
⑤ 11개

02 어느 학생이 2문제 A, B를 푸는데 문제 A를 맞히지 못할 확률은 60%, 2문제를 모두 맞힐 확률은 24%이다. 이 학생이 문제 A는 맞히고, 문제 B는 맞히지 못할 확률은?

① 36%
② 30%
③ 28%
④ 24%
⑤ 16%

03 현준이는 집에서 도서관으로 가는데 $\frac{1}{2}$ 지점까지는 2km/h의 속력으로 걸어가고, 나머지 반은 6km/h의 속력으로 뛰어갔더니 20분이 걸렸다. 집에서 도서관까지의 거리는?

① 0.5km
② 1km
③ 1.5km
④ 2km
⑤ 2.5km

Easy

04 다음은 A신도시 쓰레기 처리 관련 통계에 대한 표이다. 이에 대한 설명으로 옳지 않은 것은?

〈A신도시 쓰레기 처리 관련 통계〉

구분	2019년	2020년	2021년	2022년
1kg 쓰레기 종량제 봉투 가격	100원	200원	300원	400원
쓰레기 1kg당 처리비용	400원	400원	400원	400원
A신도시 쓰레기 발생량	5,013톤	4,521톤	4,209톤	4,007톤
A신도시 쓰레기 관련 적자 예산	15억 원	9억 원	4억 원	0원

① 쓰레기 종량제 봉투 가격이 100원이었던 2019년에 비해 400원이 된 2022년에는 쓰레기 발생량이 약 20%나 감소하였고 쓰레기 관련 적자 예산은 0원이 되었다.

② 연간 쓰레기 발생량 감소 곡선보다 쓰레기 종량제 봉투 가격의 인상 곡선이 더 가파르다.

③ 쓰레기 1kg당 처리비용이 인상될수록 A신도시의 쓰레기 발생량과 쓰레기 관련 적자가 급격히 감소하는 것을 볼 수 있다.

④ 봉투 가격이 인상됨으로써 주민들은 비용에 부담을 느끼고 쓰레기 배출량을 줄였다고 추측할 수 있다.

⑤ 쓰레기 종량제 봉투 가격 상승과 A신도시의 쓰레기 발생량은 반비례한다.

05 다음은 봉사 장소별 봉사자 수를 연령대별로 조사한 표이다. 이에 대한 설명으로 옳은 것을 〈보기〉에서 모두 고르면?

〈봉사 장소의 연령대별 봉사자 수〉

(단위 : 명)

구분	10대	20대	30대	40대	50대	합계
보육원	148	197	405	674	576	2,000
요양원	65	42	33	298	296	734
무료급식소	121	201	138	274	381	1,115
노숙자쉼터	0	93	118	242	347	800
유기견보호소	166	117	56	12	0	351
합계	500	650	750	1,500	1,600	5,000

보기

ㄱ. 전체 보육원 봉사자 중 30대 이하가 차지하는 비율은 36%이다.
ㄴ. 전체 무료급식소 봉사자 중 40·50대는 절반 이상이다.
ㄷ. 전체 봉사자 중 50대의 비율은 20대의 3배이다.
ㄹ. 노숙자쉼터 봉사자 중 30대는 15% 미만이다.

① ㄱ, ㄷ
② ㄱ, ㄹ
③ ㄴ, ㄷ
④ ㄴ, ㄹ
⑤ ㄷ, ㄹ

Hard

06 다음은 카페 판매음료에 대한 연령대별 선호도를 조사한 표이다. 이에 대한 설명으로 옳은 것을 〈보기〉에서 모두 고르면?

〈연령대별 카페 판매음료 선호도〉

구분	20대	30대	40대	50대
아메리카노	42%	47%	35%	31%
카페라테	8%	18%	28%	42%
카페모카	13%	16%	2%	1%
바닐라라테	9%	8%	11%	3%
핫초코	6%	2%	3%	1%
에이드	3%	1%	1%	1%
아이스티	2%	3%	4%	7%
허브티	17%	5%	16%	14%

보기

ㄱ. 연령대가 높아질수록 아메리카노에 대한 선호율은 낮아진다.
ㄴ. 아메리카노와 카페라테의 선호율 차이가 가장 적은 연령대는 40대이다.
ㄷ. 20대와 30대의 선호율 하위 3개 메뉴는 동일하다.
ㄹ. 40대와 50대의 선호율 상위 2개 메뉴가 전체 선호율의 70% 이상이다.

① ㄱ, ㄴ
② ㄱ, ㄹ
③ ㄴ, ㄷ
④ ㄴ, ㄹ
⑤ ㄷ, ㄹ

| 04 | 도형

※ 다음 도식의 기호들은 일정한 규칙에 따라 도형을 변화시킨다. 〈보기〉의 규칙을 찾고 ?에 들어갈 알맞은 도형을 고르시오(단, 주어진 조건이 두 가지 이상일 때 모두 일치해야 Yes로 이동한다). **[1~2]**

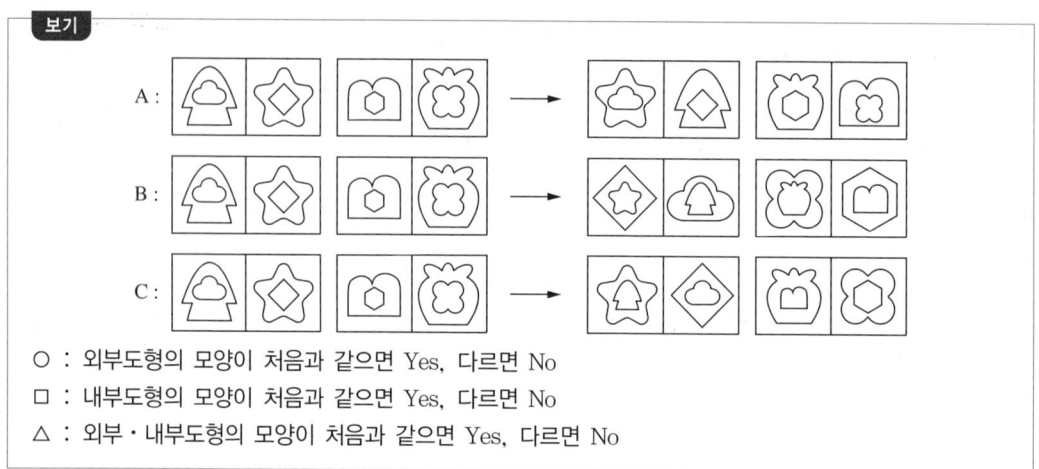

보기

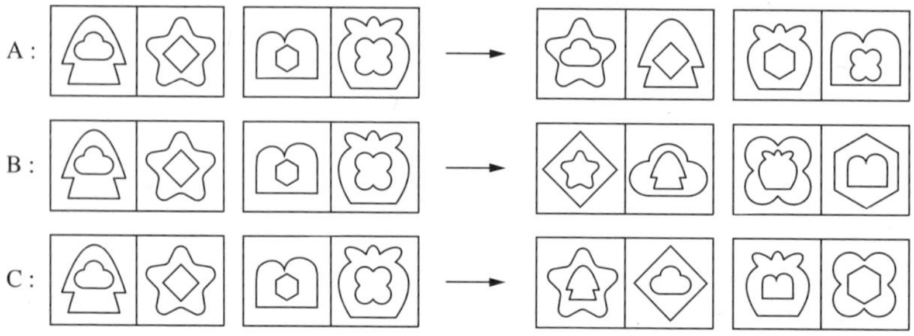

○ : 외부도형의 모양이 처음과 같으면 Yes, 다르면 No

□ : 내부도형의 모양이 처음과 같으면 Yes, 다르면 No

△ : 외부 · 내부도형의 모양이 처음과 같으면 Yes, 다르면 No

01

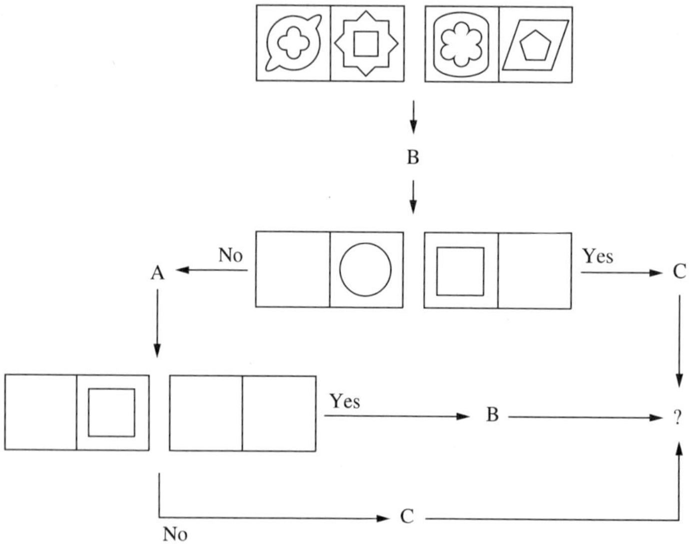

①

②

③

④

⑤
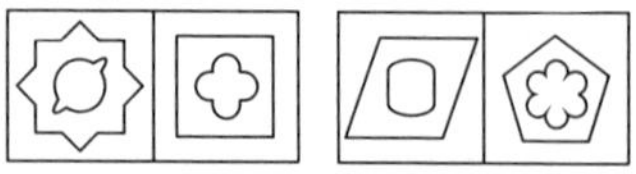

02

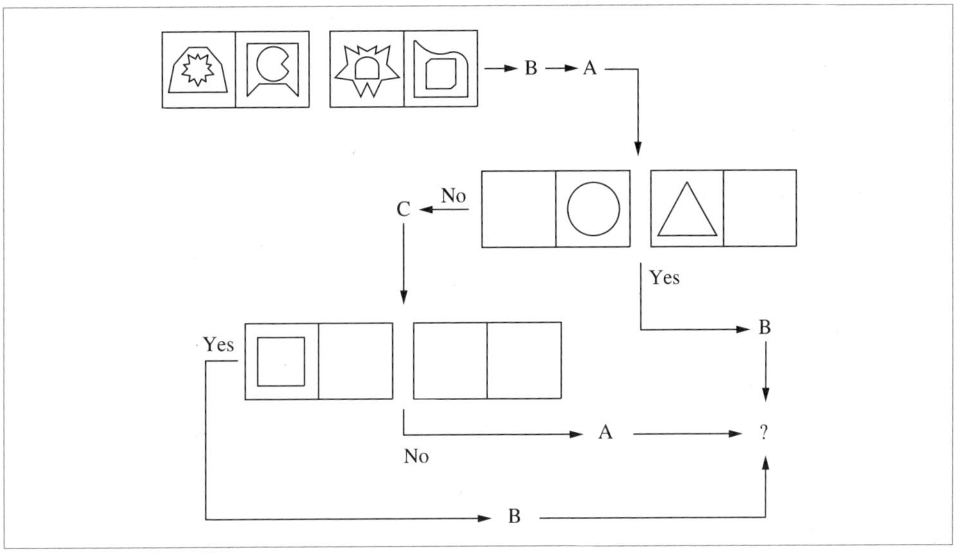

①
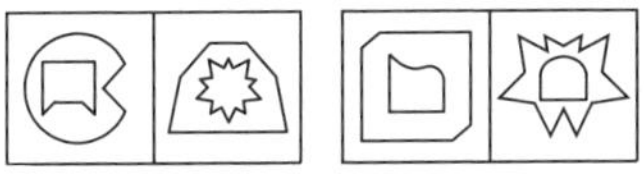

②

③
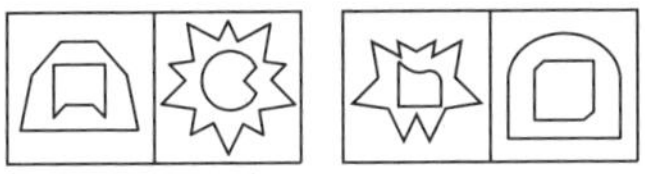

④
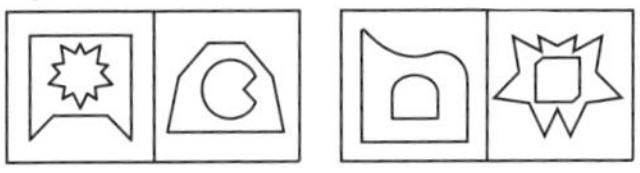

⑤

※ 다음 도식의 기호들은 일정한 규칙에 따라 도형을 변화시킨다. 〈보기〉의 규칙을 찾고 ?에 들어갈 알맞은 도형을 고르시오(단, 주어진 조건이 두 가지 이상일 때 모두 일치해야 Yes로 이동한다). **[3~4]**

보기

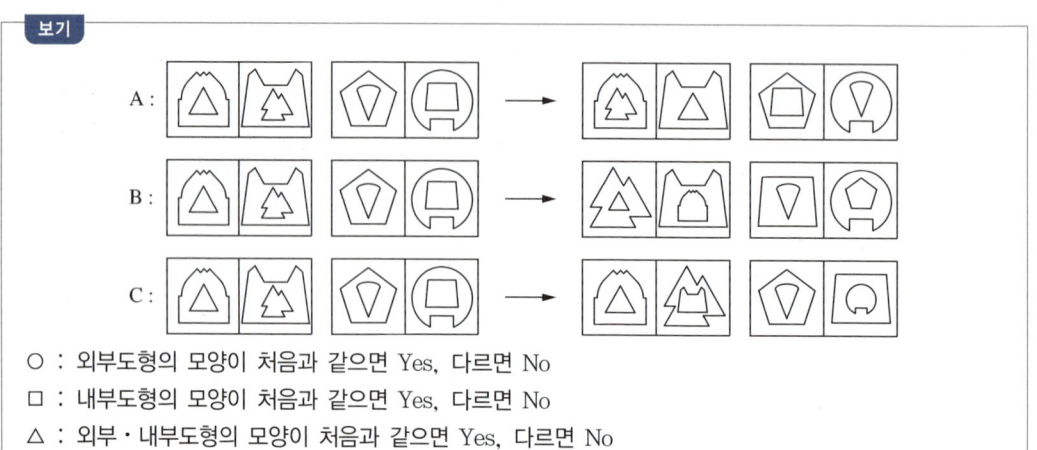

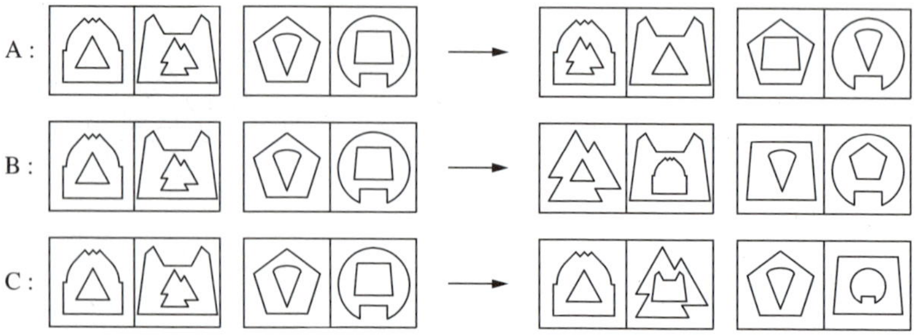

○ : 외부도형의 모양이 처음과 같으면 Yes, 다르면 No

□ : 내부도형의 모양이 처음과 같으면 Yes, 다르면 No

△ : 외부・내부도형의 모양이 처음과 같으면 Yes, 다르면 No

03

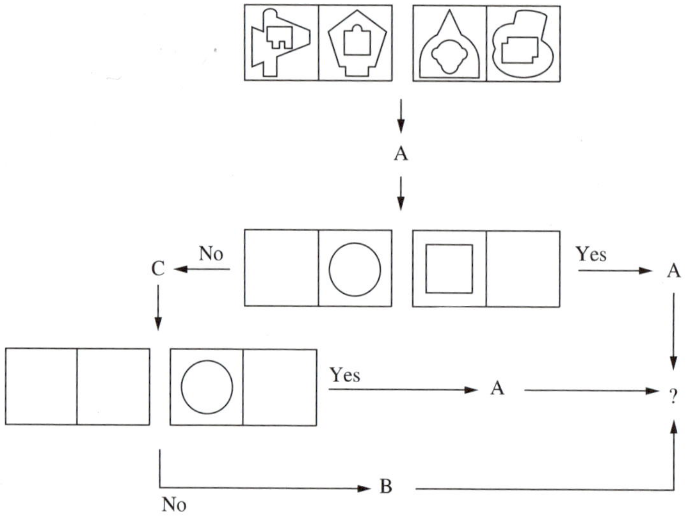

① 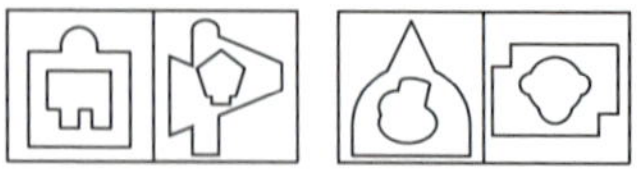

② 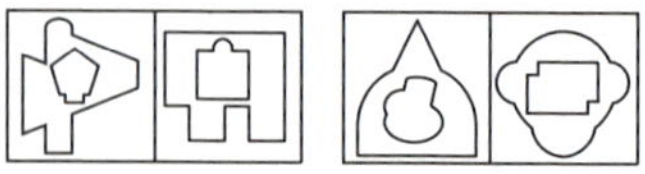

③ 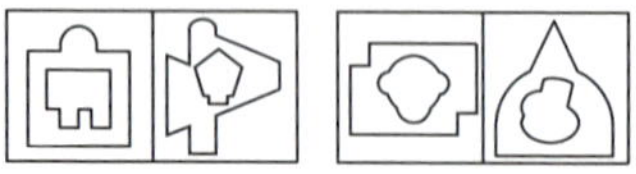

④ 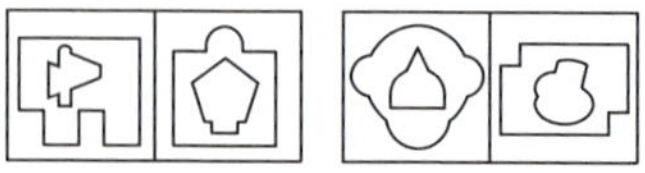

⑤ 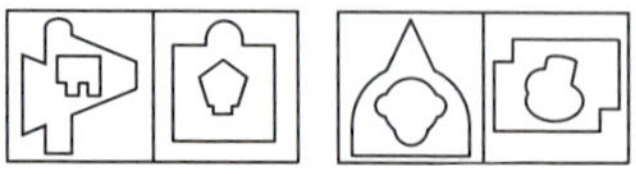

Hard

04

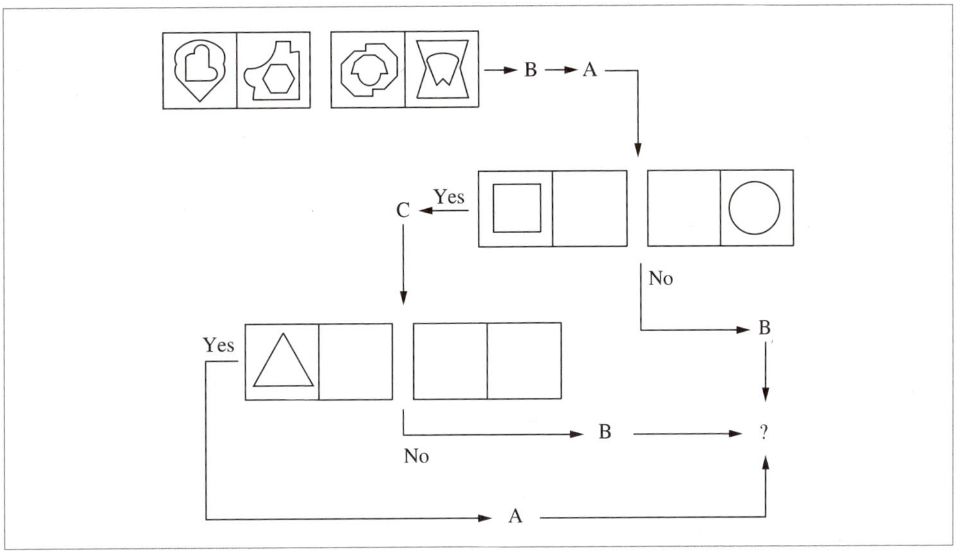

① 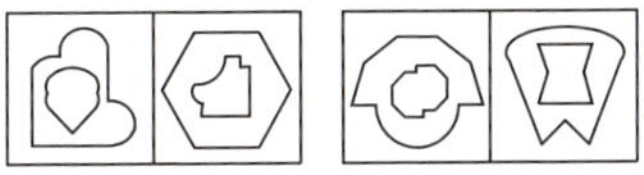

② 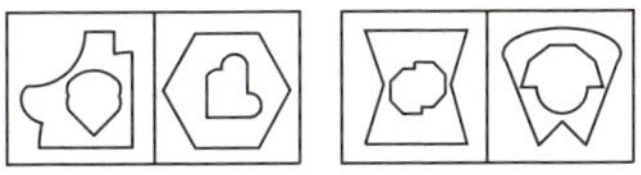

③ 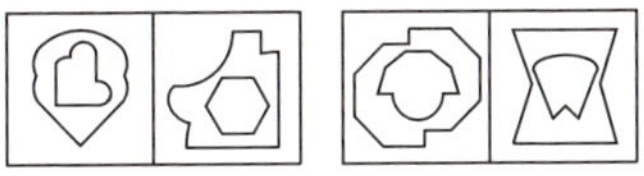

④ 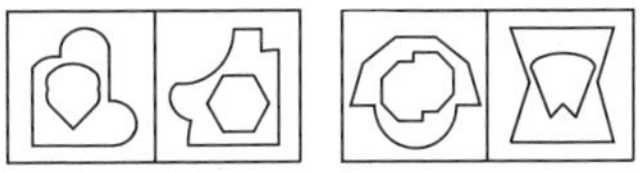

⑤ 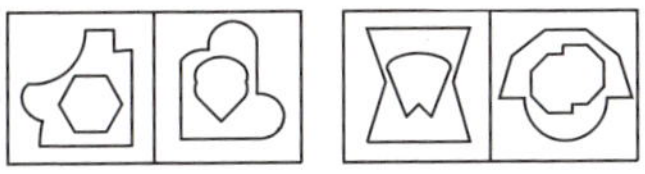

CHAPTER

06 2022년 하반기 기출복원문제

정답 및 해설 p.034

| 01 | 언어

01 다음 (가) ~ (마) 문단의 중심 내용으로 적절하지 않은 것은?

(가) 한 아이가 길을 가다가 골목에서 갑자기 튀어나온 큰 개에게 발목을 물렸다. 아이는 이 일을 겪은 뒤 개에 대한 극심한 불안에 시달렸다. 멀리 있는 강아지만 봐도 몸이 경직되고 호흡 곤란을 느꼈으며 심할 경우 응급실을 찾기도 하였다. 이것은 한 번의 부정적인 경험이 공포증으로 이어진 경우라고 할 수 있다.

(나) '공포증'이란 위의 경우에서 보듯이 특정 대상에 대한 과도한 두려움으로 그 대상을 계속해서 피하게 되는 증세를 말한다. 특정한 동물, 높은 곳, 비행기나 엘리베이터 등이 공포증을 유발하는 대상이 될 수 있다. 물론 일반적인 사람들도 이런 대상을 접하여 부정적인 경험을 할 수 있지만 공포증으로까지 이어지는 경우는 드물다.

(다) 심리학자 와이너는 부정적인 경험을 한 상황을 어떻게 해석하느냐에 따라 이러한 공포증이 생길 수도 있고 그렇지 않을 수도 있으며, 공포증이 지속될 수도 있고 극복될 수도 있다고 했다. 그는 상황을 해석하는 방식을 설명하기 위해 상황의 원인을 어디에서 찾느냐, 상황의 변화 가능성에 대해 어떻게 인식하느냐의 두 가지 기준을 제시했다. 상황의 원인을 자신에게서 찾으면 '내부적'으로 해석한 것이고, 자신이 아닌 다른 것에서 찾으면 '외부적'으로 해석한 것이다. 또 상황이 바뀔 가능성이 전혀 없다고 생각하면 '고정적'으로 인식한 것이고, 상황이 충분히 바뀔 수 있다고 생각하면 '가변적'으로 인식한 것이다.

(라) 와이너에 의하면, 큰 개에게 물렸지만 공포증에 시달리지 않는 사람들은 개에게 물린 상황에 대해 '내 대처 방식이 잘못되었어.'라며 내부적이고 가변적으로 해석한다. 이것은 나의 대처 방식에 따라 상황이 충분히 바뀔 수 있다고 생각하는 것이므로 이들은 개와 마주치는 상황을 굳이 피하지 않는다. 그 후 개에게 물리지 않는 상황이 반복되면 '나도 어떤 경우라도 개를 감당할 수 있어.'라며 내부적이고 고정적으로 해석하는 단계로 나아가게 된다.

(마) 반면에 공포증을 겪는 사람들은 개에 물린 상황에 대해 '나는 약해서 개를 감당하지 못해.'라며 내부적이고 고정적으로 해석하거나 '개는 위험한 동물이야.'라며 외부적이고 고정적으로 해석한다. 자신의 힘이 개보다 약하다고 생각하거나 개를 맹수로 여기는 것이므로 이들은 자신이 개에게 물린 것을 당연한 일로 받아들인다. 하지만 공포증에 시달리지 않는 사람들처럼 상황을 해석하고 개를 피하지 않는 노력을 기울이면 공포증에서 벗어날 수 있다.

① (가) : 공포증이 생긴 구체적 상황
② (나) : 공포증의 개념과 공포증을 유발하는 대상
③ (다) : 와이너가 제시한 상황 해석의 기준
④ (라) : 공포증을 겪지 않는 사람들의 상황 해석 방식
⑤ (마) : 공포증을 겪는 사람들의 행동 유형

Hard

02 다음 글의 내용으로 가장 적절한 것은?

연료전지는 전해질의 종류에 따라 구분한다. 먼저 알칼리형 연료전지가 있다. 대표적인 강염기인 수산화칼륨을 전해질로 이용하는데, 85% 이상의 진한 농도는 고온용에, 35 ~ 50%의 묽은 농도는 저온용에 사용한다. 촉매로는 은, 금속 화합물, 귀금속 등 다양한 고가의 물질을 쓰지만, 가장 많이 사용하는 것은 니켈이다. 전지는 연료나 촉매에서 발생하는 이산화탄소를 잘 버티지 못한다는 단점이 있는데, 이 때문에 1960년대부터 우주선에 주로 사용해 왔다.
인산형 연료전지는 진한 인산을 전해질로, 백금을 촉매로 사용한다. 인산은 안정도가 높아 연료전지를 장기간 사용할 수 있게 하는데, 원래 효율은 40% 정도이나 열병합발전 시 최대 85%까지 상승하고, 출력 조정이 가능하다. 천연가스 외에도 다양한 에너지를 대체 연료로 사용하는 것도 가능하며 현재 분산형 발전 컨테이너 패키지나 교통수단 부품으로 세계 곳곳에 많이 보급되어 있다.
세 번째 용융 탄산염형 연료전지는 수소와 일산화탄소를 연료로 쓰고, 리튬·나트륨·칼륨으로 이루어진 전해질을 사용하며 고온에서 작동한다. 일반적으로 연료전지는 백금이나 귀금속 등의 촉매제가 필요한데, 고온에서는 이런 고가의 촉매제가 필요치 않고, 열병합에도 용이한 덕분에 발전 사업용으로 활용할 수 있다.
다음은 용융 탄산염형과 공통점이 많은 고체 산화물형 연료전지이다. 일단 수소와 함께 일산화탄소를 연료로 이용한다는 점이 같고, 전해질은 용융 탄산염형과 다르게 고체 세라믹을 주로 이용하는데, 대체로 산소에 의한 이온 전도가 일어나는 800 ~ 1,000°C에서 작동한다. 이렇게 고온에서 작동하다 보니, 발전 사업용으로 활용할 수 있다는 공통점도 있다. 원래부터 기존의 발전 시설보다 장점이 있는 연료전지인데, 연료전지의 특징이자 한계인, 전해질 투입과 전지 부식 문제를 보완해서 한 단계 더 나아간 형태라고 볼 수 있다. 이러한 장점들 때문에 소형기기부터 대용량 시설까지 다방면으로 개발하고 있다.
다섯 번째로 고분자 전해질형 연료전지이다. 주로 탄소를 운반체로 사용한 백금을 촉매로 사용하지만, 연료인 수소에 일산화탄소가 조금이라도 들어갈 경우 백금과 루테늄의 합금을 사용한다. 고체 산화물형과 더불어 가정용으로 주로 개발되고 있고, 자동차, 소형 분산 발전 등 휴대성과 이동성이 필요한 장치에 유용하다.

① 알칼리형 연료전지는 이산화탄소를 잘 버텨내기 때문에 우주선에 주로 사용해 왔다.
② 안정도가 높은 인산형 연료전지는 진한 인산을 촉매로, 백금을 전해질로 사용한다.
③ 발전용으로 적절한 연료전지는 용융 탄산염형 연료전지와 고체 산화물형 연료전지이다.
④ 고체 산화물형 연료전지는 전해질을 투입하지 않아 전지 부식 문제를 보완한 형태이다.
⑤ 고분자 전해질형 연료전지는 수소에 일산화탄소가 조금이라도 들어갈 경우 백금을 촉매로 사용한다.

03 **다음 문단을 논리적 순서대로 바르게 나열한 것은?**

(가) 이러한 수평적 연결은 사물인터넷 서비스로 새로운 성장 동력을 모색할 수 있다. 예를 들어, 스마트 컵인 프라임베실(개인에 필요한 수분 섭취량을 알려줌), 스마트 접시인 탑뷰(음식의 양을 측정함), 스마트 포크인 해피포크(식사 습관개선을 돕는 스마트 포크. 식사 속도와 시간, 1분간 떠먹는 횟수 등을 계산해 식사 습관을 분석함)를 연결하면 식생활 습관을 관리할 수 있을 것이다. 이를 식당, 병원, 헬스케어 센터에서 이용하면 고객의 식생활을 부가 서비스로 관리할 수 있다.

(나) 마치 100m 달리기를 하듯 각자의 트랙에서 목표를 향해 전력 질주하던 시대가 있었다. 선택과 집중의 논리로 수직 계열화를 통해 효율을 확보하고, 성능을 개선하고자 했었다. 그런데 세상이 변하고 있다. 고객 혹은 사용자를 중심으로 기존의 제품과 서비스가 재정의되고 있는 것이다. 이러한 산업의 패러다임적 전환을 신성장 동력이라 말한다.

(다) 기존의 가스 경보기를 만들려면 미세한 가스도 놓치지 않는 센서의 성능, 오래 지속되는 배터리, 크게 알릴 수 있는 알람 소리, 인테리어에 잘 어울리는 멋진 제품 디자인이 필요하다. 그런데 아무리 좋은 가스 경보기를 만들어도 사람의 안전을 담보하지는 못한다. 만약 집에서 가스 경보기가 울리면 아마 창문을 열어 환기시키고, 가스 밸브를 잠그고, 119에 신고를 해야 할 것이다. 사람의 안전을 담보하는, 즉 연결 지배성이 높은 가스 경보기는 이런 일을 모두 해내야 한다. 이런 가스 경보기를 만들려면 전기, 전자, 통신, 기계, 인테리어, 디자인 등의 도메인들이 사용자 경험을 중심으로 연결돼야 한다. 이를 수평적 연결이라 부른다.

(라) 똑똑한 사물인터넷은 점점 더 다양해진다. A통신사의 스마트 스피커는 사용자가 언제 어디든, 일상에서 인공 비서로 사용하는 시대가 되었다. 그리고 B보일러의 사물인터넷 서비스는 보일러 쪽으로 직접 가지 않아도 스마트폰 전용 앱으로 보일러를 관리할 수 있다. 이제 보일러가 언제, 얼마나, 어떻게 쓰이는지, 그리고 보일러의 상태는 어떠한지, 사용하는 방식과 에너지 소모 등의 정보도 얻을 수 있다. 4차 산업혁명의 전진기지 역할을 하는 사물인터넷 서비스는 이제 거스를 수 없는 대세이다.

① (나) – (가) – (다) – (라)
② (나) – (다) – (가) – (라)
③ (다) – (가) – (라) – (나)
④ (다) – (나) – (가) – (라)
⑤ (라) – (나) – (가) – (다)

Easy

04 A는 자료 (나)를 참고하여 개요 (가)를 수정하였다. 새로 작성한 개요의 내용으로 적절하지 않은 것은?

(가)

제목 : 4차 산업혁명에 대응하는 미래형 도시계획
Ⅰ. 살고 싶은 도시 만들기
Ⅱ. 도시정책 패러다임의 변화
  1. 시민들이 선호하는 새로운 도시
  2. 새로운 도시계획 세우기
Ⅲ. 4차 산업형 도시의 기대효과

(나)

최근 기후변화에 따른 불확실성 증가로 인해 폭우, 지진, 산사태 등의 재해 피해가 증가하고 있으며, 특히 도시 지역을 중심으로 재해 피해가 급격히 증가하는 추세이다. 우리나라 도시는 급격한 도시화에 따른 저지대 개발, 불투수율 증가로 재해 취약성이 높고, 자연 및 인공사면으로 재해 위험성이 증가하고 있다. 결국, 인구, 기반시설 등이 집적된 도시에서의 예방대책이 충분히 수립되지 못한 채 재해로 인한 피해가 커지는 형태로 도시가 개발되고 있다.

제목 : 재해 예방을 고려한 4차 산업형 도시계획 ……… ①
Ⅰ. 살고 싶은 도시 만들기
Ⅱ. 도시정책 패러다임의 변화
  1. 최첨단 스마트 미래형 도시 ……… ②
  2. 기후변화에 따른 재해 예방형 도시 ……… ③
  3. 저성장 시대에 재해 예방을 고려한 도시계획 세우기 ……… ④
Ⅲ. 안전한 미래형 도시의 기대 효과 ……… ⑤

| 02 | 언어 · 수추리

※ 제시된 명제가 모두 참일 때, 반드시 참인 명제를 고르시오. [1~2]

Easy

01

- A카페에 가면 타르트를 주문한다.
- 빙수를 주문하면 타르트를 주문하지 않는다.
- 타르트를 주문하면 아메리카노를 주문한다.

① 아메리카노를 주문하면 빙수를 주문하지 않는다.
② 빙수를 주문하지 않으면 A카페를 가지 않았다는 것이다.
③ 아메리카노를 주문하지 않으면 A카페를 가지 않았다는 것이다.
④ 타르트를 주문하지 않으면 빙수를 주문한다.
⑤ 빙수를 주문하는 사람은 아메리카노를 싫어한다.

02

- 아침에 시리얼을 먹는 사람은 두뇌 회전이 빠르다.
- 아침에 토스트를 먹는 사람은 피곤하다.
- 에너지가 많은 사람은 아침에 밥을 먹는다.
- 피곤하면 회사에 지각한다.
- 두뇌 회전이 빠르면 일 처리가 빠르다.

① 회사에 가장 일찍 오는 사람은 피곤하지 않다.
② 두뇌 회전이 느리면 아침에 시리얼을 먹는다.
③ 아침에 밥을 먹는 사람은 에너지가 많다.
④ 회사에 지각하지 않으면 아침에 토스트를 먹지 않는다.
⑤ 일 처리가 느리면 아침에 시리얼을 먹는다.

Hard

03 A ~ D국의 각 기상청은 최근 태평양에서 발생한 태풍의 이동 경로를 다음과 같이 예측하였고, 이들 중 단 두 국가의 예측만이 실제 태풍의 이동 경로와 일치했다. 다음 중 실제 태풍의 이동 경로를 바르게 예측한 나라는?(단, 예측이 틀린 국가는 모든 예측에 실패했다)

- A국 : 8호 태풍 바비는 일본에 상륙하고, 9호 태풍 마이삭은 한국에 상륙할 것입니다.
- B국 : 9호 태풍 마이삭이 한국에 상륙한다면, 10호 태풍 하이선은 중국에 상륙할 것입니다.
- C국 : 8호 태풍 바비의 이동 경로와 관계없이 10호 태풍 하이선은 중국에 상륙하지 않을 것입니다.
- D국 : 10호 태풍 하이선은 중국에 상륙하지 않고, 8호 태풍 바비는 일본에 상륙하지 않을 것입니다.

① A국, B국
② A국, C국
③ B국, C국
④ B국, D국
⑤ C국, D국

※ 일정한 규칙으로 수나 문자를 나열할 때, 빈칸에 들어갈 알맞은 수나 문자를 고르시오. [4~7]

04

14 15 13 22 18 43 37 86 ( )

① 22
② 70
③ 78
④ 94
⑤ 150

05

$\frac{41}{391}$ $\frac{47}{385}$ $\frac{53}{379}$ $\frac{59}{373}$ ( ) $\frac{71}{361}$

① $\frac{61}{367}$
② $\frac{65}{367}$
③ $\frac{61}{369}$
④ $\frac{65}{369}$
⑤ $\frac{68}{369}$

06

N ㅅ R ㅈ T ㅊ ( )

① ㅁ
② U
③ K
④ ㅎ
⑤ M

07

a 2 c 5 h 13 ( ) 34

① k
② n
③ q
④ u
⑤ r

| 03 | 수리

01 비가 온 다음 날 비가 올 확률은 $\frac{1}{3}$, 비가 안 온 다음 날 비가 올 확률은 $\frac{1}{8}$이다. 내일 비가 올 확률이 $\frac{1}{5}$일 때, 모레 비가 안 올 확률은?

① $\frac{1}{4}$
② $\frac{5}{6}$
③ $\frac{5}{7}$
④ $\frac{6}{11}$
⑤ $\frac{7}{11}$

02 K사원이 처리해야 할 업무는 발송업무, 비용정산업무 외에 5가지가 있다. 이 중에서 발송업무, 비용정산업무를 포함한 5가지의 업무를 오늘 처리하려고 하는데 상사의 지시로 발송업무를 비용정산업무보다 먼저 처리해야 한다. 오늘 처리할 업무를 택하고, 택한 업무의 처리 순서를 정하는 경우의 수는?

① 600가지
② 720가지
③ 840가지
④ 960가지
⑤ 1,080가지

03 다정이네 집에는 화분 2개가 있다. 두 화분에 있는 식물 나이의 합은 8세이고, 각 나이 제곱의 합은 34세가 된다. 이때 두 식물의 나이 차는?(단, 식물의 나이는 자연수이다)

① 2세
② 3세
③ 4세
④ 5세
⑤ 6세

Easy

04 다음은 2021년 우리나라의 LPCD(Liter Per Capital Day)에 대한 자료이다. 1인 1일 사용량에서 영업용 사용량이 차지하는 비중과 1인 1일 가정용 사용량의 하위 두 항목이 차지하는 비중을 순서대로 나열한 것은?(단, 소수점 셋째 자리에서 반올림한다)

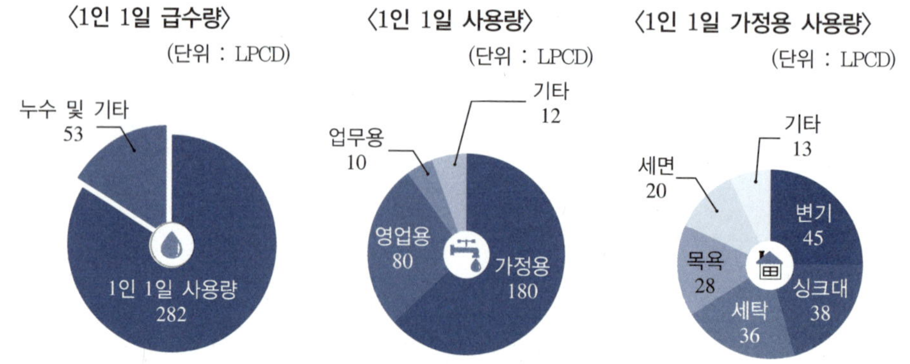

※ LPCD(Liter Per Capita Day) : 1인 1일 물사용량으로 지역·국가 간 물 사용량을 비교할 수 있게 하고, 수자원을 효율적으로 활용할 수 있게 하는 지표

① 27.57%, 16.25%
② 27.57%, 19.24%
③ 28.37%, 18.33%
④ 28.37%, 19.24%
⑤ 30.56%, 20.78%

05 다음은 2021년 연령별 인구수 현황을 나타낸 그래프이다. 다음 그래프를 볼 때, 각 연령대를 기준으로 남성 인구가 40% 이하인 연령대 ㉠과 여성 인구가 50% 초과 60% 이하인 연령대 ㉡이 바르게 연결된 것은?

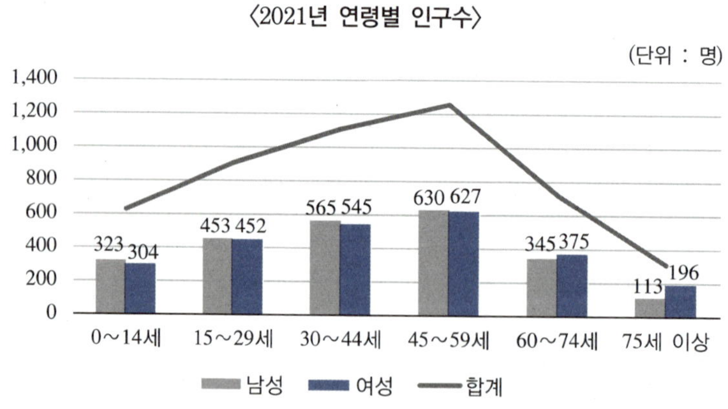

	㉠	㉡
①	0~14세	15~29세
②	30~44세	15~29세
③	45~59세	60~74세
④	75세 이상	60~74세
⑤	75세 이상	45~59세

Easy

06 다음은 실업자 및 실업률 추이에 대한 그래프이다. 2021년 11월의 실업률은 2021년 2월 대비 얼마나 증감했는가?(단, 소수점 첫째 자리에서 반올림한다)

〈실업자 및 실업률 추이〉

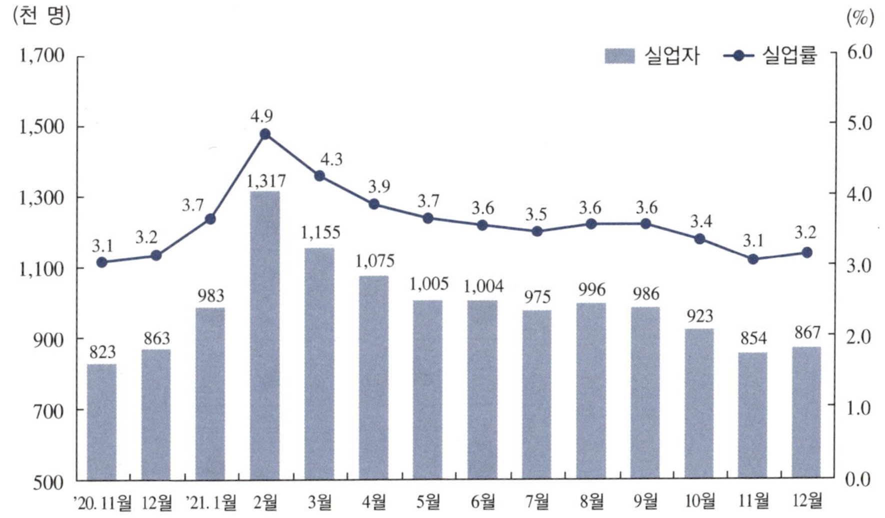

① −37%
② −36%
③ −35%
④ +37%
⑤ +38%

| 04 | 도형

※ 다음 도식의 기호들은 일정한 규칙에 따라 도형을 변화시킨다. 〈보기〉의 규칙을 찾고 ?에 들어갈 알맞은 도형을 고르시오(단, 규칙은 A, B, C 각각의 칸에 동일하게 적용된 것을 말하며 A, B, C 규칙은 서로 다르다). [1~2]

01

보기

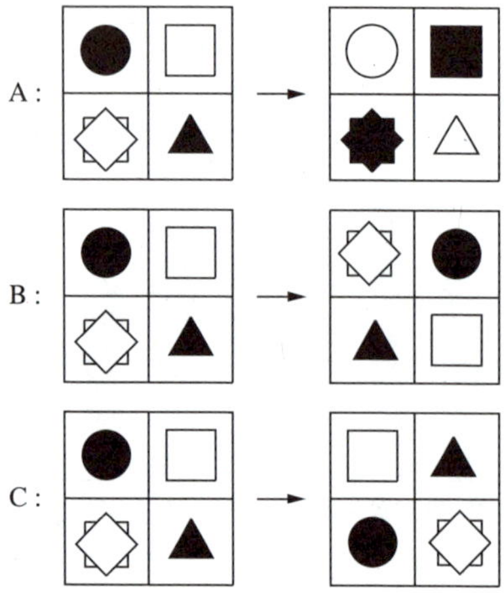

○ : 색이 처음과 같으면 Yes, 다르면 No

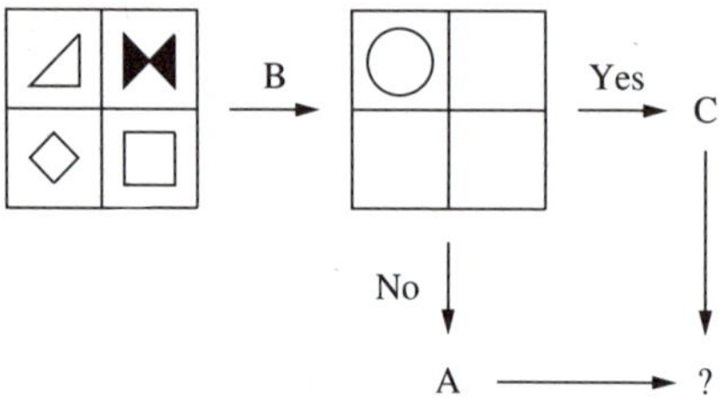

①
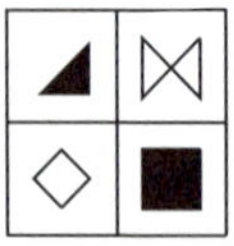

②
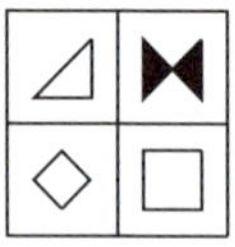

③
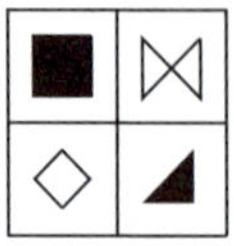

④
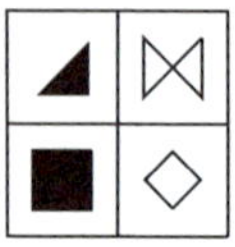

⑤
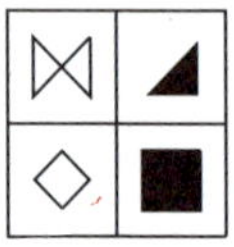

02

보기

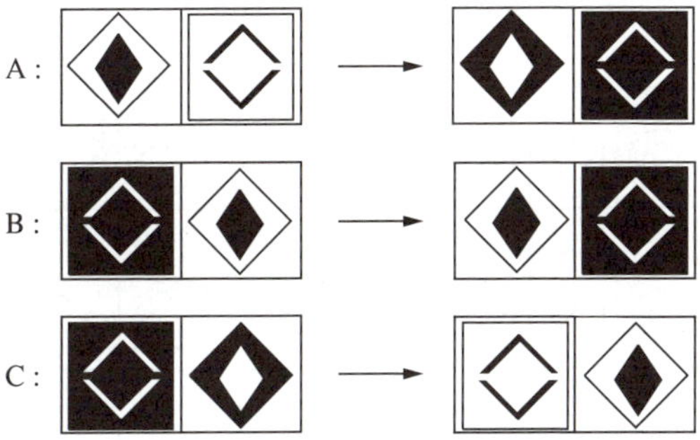

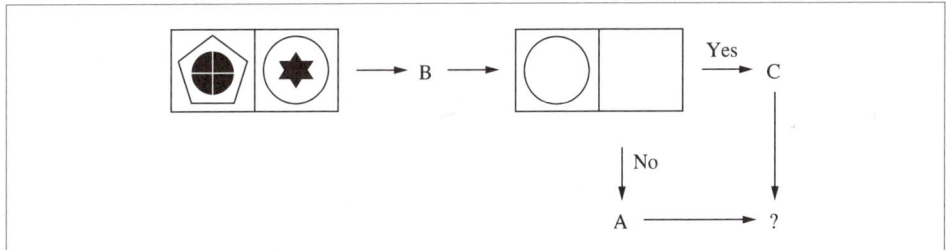

○ : 내부도형의 색깔이 처음과 같으면 Yes, 다르면 No

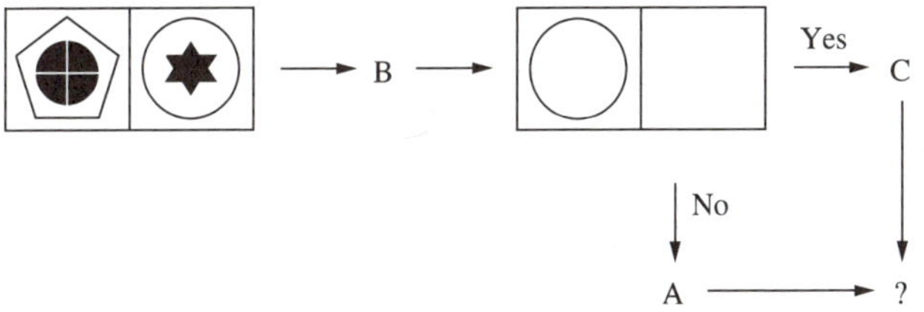

① 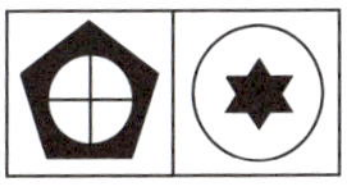

② 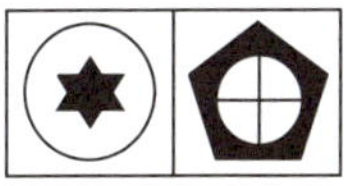

③ 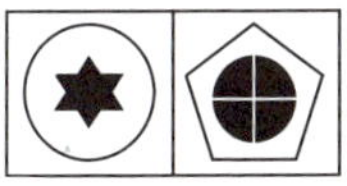

④ 

⑤ 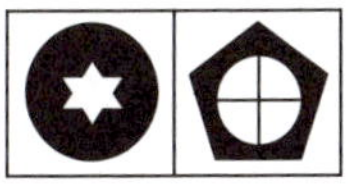

※ 다음 도식의 기호들은 일정한 규칙에 따라 도형을 변화시킨다. 〈보기〉의 규칙을 찾고 ?에 들어갈 알맞은 도형을 고르시오(단, 주어진 조건이 두 가지 이상일 때 모두 일치해야 Yes로 이동한다). **[3~4]**

보기

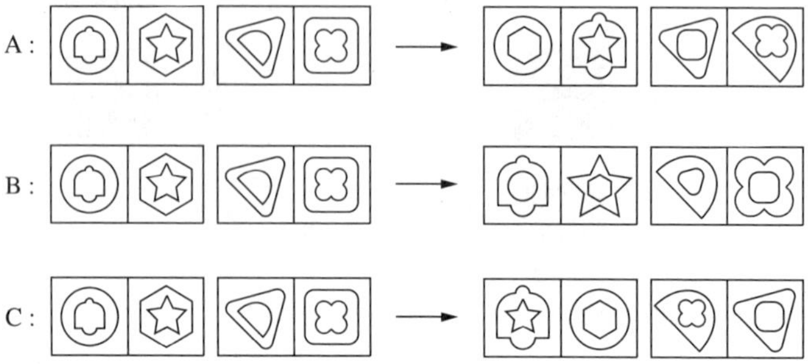

○ : 외부도형의 모양이 처음과 같으면 Yes, 다르면 No

□ : 내부도형의 모양이 처음과 같으면 Yes, 다르면 No

△ : 외부·내부도형의 모양이 처음과 같으면 Yes, 다르면 No

Hard

03

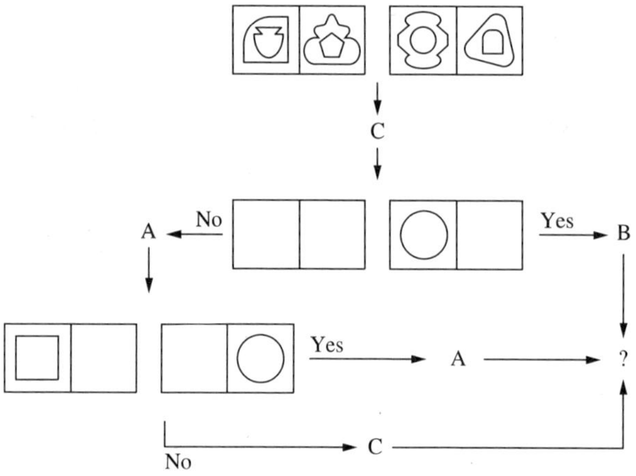

① 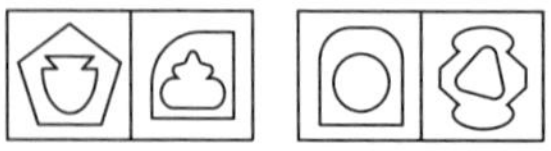

② 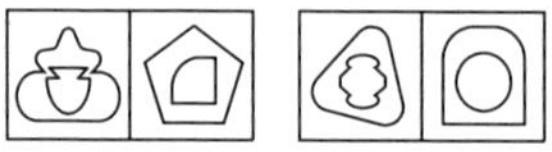

③ 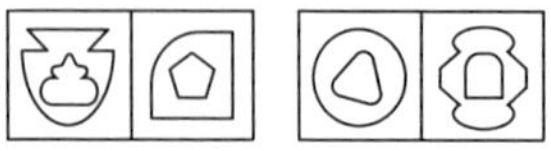

④ 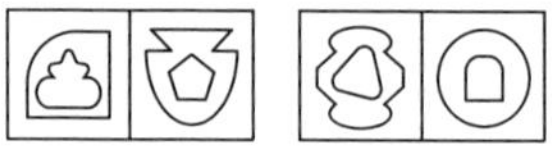

⑤ 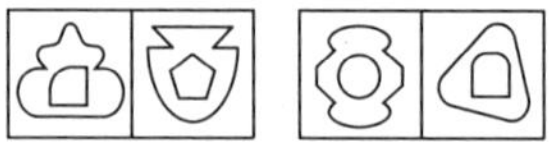

04

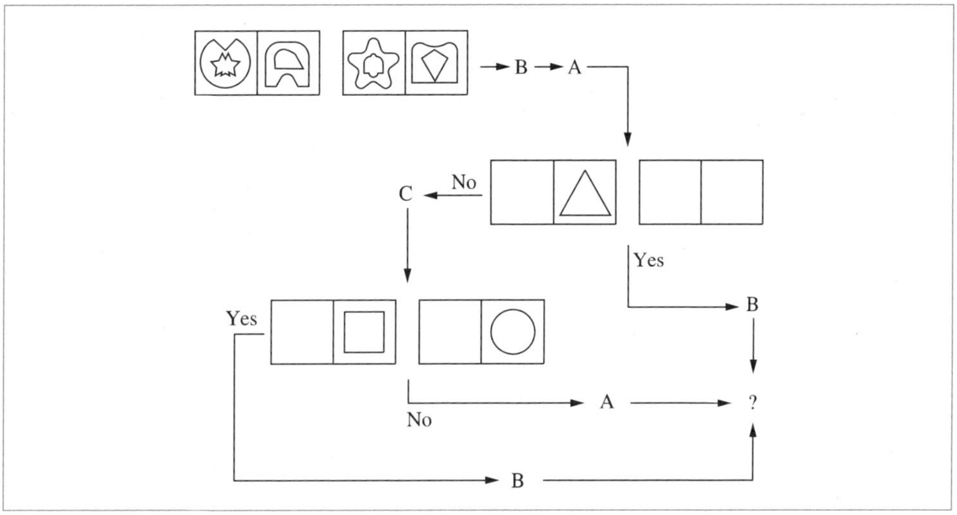

①
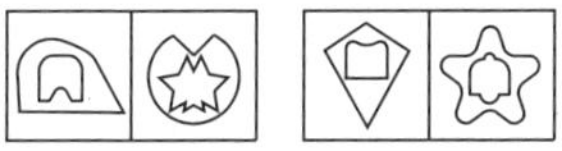

②
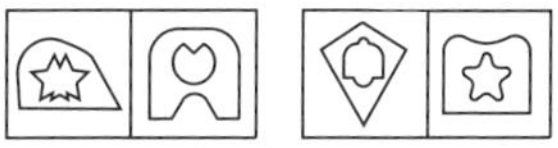

③
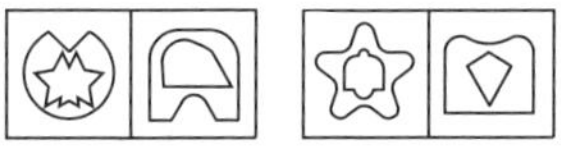

④

⑤
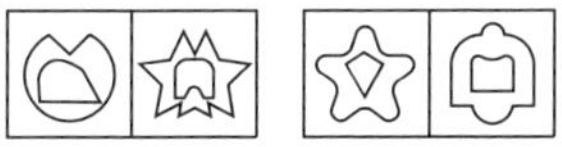

CHAPTER

07 2022년 상반기 기출복원문제

정답 및 해설 p.041

| 01 | 언어

01 다음 글의 제목으로 가장 적절한 것은?

> 구비문학에서는 기록문학과 같은 의미의 단일한 작품 또는 원본이라는 개념이 성립하기 어렵다. 윤선도의 「어부사시사」와 채만식의 「태평천하」는 엄밀하게 검증된 텍스트를 놓고 이것이 바로 그 작품이라 할 수 있지만, '오누이 장사 힘내기' 전설이라든가 「진주 낭군」 같은 민요는 서로 조금씩 다른 구연물이 다 그 나름의 개별적 작품이면서 동일 작품의 변이형으로 인정되기도 하는 것이다. 이야기꾼은 그의 개인적 취향이나 형편에 따라 설화의 어떤 내용을 좀 더 실감나게 손질하여 구연할 수 있으며, 때로는 그 일부를 생략하거나 변경할 수 있다. 모내기할 때 부르는 「모노래」는 전승적 가사를 많이 이용하지만, 선창자의 재간과 그때그때의 분위기에 따라 새로운 노래 토막을 끼워 넣거나 일부를 즉흥적으로 개작 또는 창작하는 일도 흔하다.

① 구비문학의 현장성
② 구비문학의 유동성
③ 구비문학의 전승성
④ 구비문학의 구연성
⑤ 구비문학의 사실성

02 다음 글의 주장에 대한 반박으로 가장 적절한 것은?

> 고대 중국인들은 인간이 행하지 못하는 불가능한 일은 그들이 신성하다고 생각한 하늘에 의해서 해결 가능하다고 보았다. 그리하여 하늘은 인간에게 자신의 의지를 심어 두려움을 갖고 복종하게 하는 의미뿐만 아니라 인간의 모든 일을 책임지고 맡아서 처리하는 의미로까지 인식되었다. 그 당시에 하늘은 인간에게 행운과 불운을 가져다줄 수 있는 힘이고, 인간의 개별적 또는 공통적 운명을 지배하는 신비하고 절대적인 존재라는 믿음이 형성되었다. 이러한 하늘에 대한 인식은 결과적으로 하늘을 권선징악의 주재자로 보고, 모든 새로운 왕조의 탄생과 정치적 변천까지도 그것에 의해 결정된다는 믿음의 근거로 작용하였다.

① 하늘은 인륜의 근원이며, 인륜은 하늘의 덕성이 발현된 것이다.
② 사람이 받게 되는 재앙과 복의 원인은 모두 자신에게 있다.
③ 뱃사공들은 하늘에 제사를 지냄으로써 자신들의 항해가 무사하길 기원한다.
④ 인간의 길흉화복은 우주적 질서의 일부이다.
⑤ 천체의 움직임이 인간의 생활과 자연을 지배한다.

03 다음 문단을 논리적 순서대로 바르게 나열한 것은?

> (가) 그런데 자연의 일양성은 선험적으로 알 수 있는 것이 아니라 경험에 기대어야 알 수 있는 것이다. 즉, '귀납이 정당한 추론이다.'라는 주장은 '자연은 일양적이다.'라는 다른 지식을 전제로 하는데, 그 지식은 다시 귀납에 의해 정당화되어야 하는 경험 지식이므로 귀납의 정당화는 순환 논리에 빠져 버린다는 것이다. 이것이 귀납의 정당화 문제이다.
>
> (나) 귀납은 논리학에서 연역이 아닌 모든 추론, 즉 전제가 결론을 개연적으로 뒷받침하는 모든 추론을 가리킨다. 귀납은 기존의 정보나 관찰 증거 등을 근거로 새로운 사실을 추가하는 지식 확장적 특성을 지닌다.
>
> (다) 이와 관련하여 흄은 과거의 경험을 근거로 미래를 예측하는 귀납이 정당한 추론이 되려면 미래의 세계가 과거에 우리가 경험해 온 세계와 동일하다는 자연의 일양성, 곧 한결같음이 가정되어야 한다고 보았다.
>
> (라) 이 특성으로 인해 귀납은 근대 과학 발전의 방법적 토대가 되었지만, 한편으로 귀납 자체의 논리 한계를 지적하는 문제들에 부딪히기도 한다.

① (가) – (나) – (다) – (라)
② (가) – (다) – (나) – (라)
③ (가) – (라) – (나) – (다)
④ (나) – (다) – (라) – (가)
⑤ (나) – (라) – (다) – (가)

Easy

04 K씨는 성장기인 아들의 수면 습관을 바로 잡기 위해 수면 패턴에 관련된 글을 찾아보았다. 다음 글을 읽고 K씨가 이해한 내용으로 적절하지 않은 것은?

> 수면은 비렘(Non-REM)수면과 렘수면으로 이루어진 사이클이 반복되면서 진행되는 복잡한 신경계의 상호작용이며 좋은 수면이란 이 사이클이 끊어지지 않고 충분한 시간 동안 유지되도록 하는 것이다. 수면 패턴은 일정한 것이 좋으며 깨는 시간을 지키는 것이 중요하다. 그리고 수면 패턴은 휴일과 평일 모두 일정하게 지키는 것이 성장하는 아이들의 수면 리듬을 유지하는 데 좋다. 수면 상태에서 깨어날 때 영향을 주는 자극들은 '빛, 식사 시간, 운동, 사회 활동' 등이 있으며 이 중 가장 강한 자극은 '빛'이다. 침실을 밝게 하는 것은 적절한 수면 자극을 방해하는 것이다. 반대로 깨어날 때는 강한 빛 자극을 주면 빠르게 수면 상태에서 벗어날 수 있다. 이는 뇌의 신경 전달 물질인 멜라토닌의 농도와 연관되어 나타나는 현상으로, 수면 중 최대치로 올라간 멜라토닌은 시신경이 강한 빛에 노출되면 빠르게 줄어들게 되는데 이때 수면 상태에서 벗어나게 된다. 아침 일찍 일어나 커튼을 걷고 밝은 빛이 침실 안으로 들어오게 하는 것은 매우 효과적인 각성 방법인 것이다.

① 잠에서 깨는 데 가장 강력한 자극을 주는 것은 빛이었구나.
② 멜라토닌의 농도에 따라 수면과 각성이 영향을 받는군.
③ 평일에 잠이 모자란 우리 아들은 잠을 보충해줘야 하니까 휴일에 늦게까지 자도록 둬야겠다.
④ 좋은 수면은 비렘수면과 렘수면의 사이클이 충분한 시간 동안 유지되도록 하는 것이구나.
⑤ 우리 아들 침실이 좀 밝은 편이니 충분한 수면을 위해 암막커튼을 달아 줘야겠어.

Hard

05 다음 글의 내용으로 가장 적절한 것은?

> 뉴턴은 빛이 눈에 보이지 않는 작은 입자라고 주장하였고, 이것은 그의 권위에 의지하여 오랫동안 정설로 여겨졌다. 그러나 19세기 초에 토머스 영의 겹실틈 실험은 빛의 파동성을 증명하였다. 이 실험의 방법은 먼저 한 개의 실틈을 거쳐 생긴 빛이 다음에 설치된 두 개의 겹실틈을 지나가게 하여 스크린에 나타나는 무늬를 관찰하는 것이다.
>
> 이때 빛이 파동이냐 입자이냐에 따라 결과 값이 달라진다. 즉, 빛이 입자라면 일자 형태의 띠가 두 개 나타나야 하는데, 실험 결과 스크린에는 예상과 다른 무늬가 나타났다. 마치 두 개의 파도가 만나면 골과 마루가 상쇄와 간섭을 일으키듯이, 보강 간섭이 일어난 곳은 밝아지고 상쇄 간섭이 일어난 곳은 어두워지는 간섭무늬가 연속적으로 나타난 것이다. 그러나 19세기 말부터 빛의 파동성으로는 설명할 수 없는 몇 가지 실험적 사실이 나타났다. 1905년에 아인슈타인은 빛은 광량자라고 하는 작은 입자로 이루어졌다는 광량자설을 주장하였다. 빛의 파동성은 명백한 사실이었으므로 이것은 빛이 파동이면서 동시에 입자인 이중적인 본질을 가지고 있다는 것을 의미하는 것이었다.

① 뉴턴의 가설은 그의 권위에 의해 현재까지도 정설로 여겨진다.

② 겹실틈 실험은 한 개의 실틈을 거쳐 생긴 빛이 다음 설치된 두 개의 겹실틈을 지나가게 해서 그 틈을 관찰하는 것이다.

③ 겹실틈 실험 결과, 일자 형태의 띠가 두 개 나타났으므로, 빛은 입자이다.

④ 토머스 영의 겹실틈 실험은 빛의 파동성을 증명하였지만, 이는 아인슈타인에 의해서 거짓으로 판명 났다.

⑤ 아인슈타인의 광량자설은 뉴턴과 토머스 영의 가설을 모두 포함한다.

| 02 | 언어 · 수추리

01 수영, 슬기, 경애, 정서, 민경의 머리 길이가 서로 다르다고 할 때, 다음을 읽고 바르게 추론한 것은?

> • 수영이는 단발머리로 슬기와 경애의 머리보다 짧다.
> • 정서의 머리는 수영보다 길지만, 슬기보다는 짧다.
> • 경애의 머리는 정서보다 길지만, 슬기보다는 짧다.
> • 민경의 머리는 경애보다 길지만, 다섯 명 중에 가장 길지는 않다.

① 경애는 단발머리이다.
② 슬기의 머리가 가장 길다.
③ 민경의 머리는 슬기보다 길다.
④ 수영의 머리가 다섯 명 중 가장 짧지는 않다.
⑤ 머리가 긴 순서대로 나열하면 '슬기 – 정서 – 민경 – 경애 – 수영'이다.

※ 제시된 명제가 모두 참일 때, 반드시 참인 명제를 고르시오. [2~3]

02

> • A고등학교 학생은 봉사활동을 해야 졸업한다.
> • 이번 학기에 봉사활동을 하지 않은 A고등학교 학생이 있다.

① A고등학교 졸업생은 봉사활동을 했다.
② 봉사활동을 안 한 A고등학교 졸업생이 있다.
③ 다음 학기에 봉사활동을 해야 하는 A고등학교 학생이 있다.
④ 이번 학기에 봉사활동을 하지 않은 A고등학교 학생은 이미 봉사활동을 했다.
⑤ 다음 학기에 봉사활동을 하지 않는 학생은 졸업을 할 수 없다.

03

> • 바나나의 열량은 방울토마토의 열량보다 높다.
> • 딸기의 열량은 사과의 열량보다 낮다.
> • 사과의 열량은 바나나의 열량보다 낮다.

① 딸기의 열량이 가장 낮다.
② 방울토마토의 열량이 가장 낮다.
③ 사과의 열량이 가장 높다.
④ 바나나의 열량이 가장 높다.
⑤ 방울토마토는 딸기보다 열량이 높다.

※ 일정한 규칙으로 수를 나열할 때, 빈칸에 들어갈 알맞은 수를 고르시오. **[4~7]**

04

111 79 63 55 ( ) 49 48

① 54
② 53
③ 52
④ 51
⑤ 50

Hard

05

0 6 3 3 8 −1 15 ( )

① −3
② −6
③ 30
④ 72
⑤ 100

06

−5 5 9 −9 −1 ( ) 13

① −1
② −2
③ 1
④ 2
⑤ 3

07

92 103 107 115 ( ) 127

① 110
② 112
③ 118
④ 121
⑤ 122

| 03 | 수리

01 아버지는 45세, 아들은 13세이다. 몇 년 후에 아버지의 나이가 아들의 나이의 3배가 되는가?

① 1년 후
② 2년 후
③ 3년 후
④ 4년 후
⑤ 5년 후

Easy

02 K사 구내식당에서는 파란색과 초록색의 2가지 색깔의 식권을 판매한다. 파란색 식권은 1장에 1명이 식사가 가능하고, 초록색 식권은 1장에 2명까지 식사가 가능할 때, 파란색 식권 3장과 초록색 식권 2장이면 최대 몇 명까지 식사가 가능한가?

① 5명
② 6명
③ 7명
④ 8명
⑤ 9명

03 평균점수가 80점 이상이면 우수상을, 85점 이상이면 최우수상을 받는 시험이 있다. 현재 갑돌이는 70점, 85점, 90점을 받았고 나머지 1과목의 시험만을 남겨 놓은 상태이다. 갑돌이가 최우수상을 받기 위해 남은 1과목의 시험에서 몇 점 이상을 받아야 하는가?

① 85점
② 90점
③ 95점
④ 100점
⑤ 80점

04 다음은 1,000명을 대상으로 주요 젖병회사 브랜드인 A ~ C사의 연도별 판매율을 조사한 표이다. 이에 대한 설명으로 옳지 않은 것은?

〈2017 ~ 2021년 젖병회사별 판매율〉

(단위 : %)

구분	2017년	2018년	2019년	2020년	2021년
A사	52	55	61	58	69
B사	14	19	21	18	20
C사	34	26	18	24	11

① A사와 B사의 판매율 증감은 동일하다.
② A사와 B사의 판매율이 가장 높은 연도는 동일하다.
③ A사의 판매율이 가장 높은 연도는 C사의 판매율이 가장 낮은 연도와 동일하다.
④ B사의 판매율이 가장 낮은 연도는 C사의 판매율이 가장 높은 연도와 동일하다.
⑤ C사의 판매율의 가장 높은 연도와 가장 낮은 연도의 차이는 20%p 이상이다.

05 다음은 A ~ C 3명의 신장과 체중을 비교한 표이다. 이에 대한 설명으로 옳은 것은?

〈A ~ C의 신장 · 체중 비교표〉

(단위 : cm, kg)

구분	2013년		2018년		2021년	
	신장	체중	신장	체중	신장	체중
A	136	41	152	47	158	52
B	142	45	155	51	163	49
C	138	42	153	48	166	55

① 세 사람 모두 신장과 체중은 계속 증가하였다.
② 세 사람의 신장 순위는 2013년과 2021년이 동일하다.
③ 2021년에 B는 세 사람 중 가장 키가 크다.
④ 2013년 대비 2021년에 신장이 가장 많이 증가한 사람은 C이다.
⑤ 2013년 대비 2018년에 체중이 가장 많이 증가한 사람은 B이다.

06 다음은 전통사찰 지정등록 현황에 관한 표이다. 이에 대한 설명으로 옳은 것은?

〈연도별 전통사찰 지정등록 현황〉

(단위 : 개소)

구분	2013년	2014년	2015년	2016년	2017년	2018년	2019년	2020년	2021년
지정등록	17	15	12	7	4	4	2	1	2

① 전통사찰로 지정등록되는 수는 계속 감소하고 있다.
② 2013년부터 2017년까지 전통사찰로 지정등록된 수의 평균은 11개소이다.
③ 2015년과 2019년에 지정등록된 전통사찰 수의 전년 대비 감소폭은 같다.
④ 위의 자료를 통해 2021년 전통사찰 총등록현황을 파악할 수 있다.
⑤ 2015년에 전통사찰로 지정등록된 수는 전년도의 2배이다.

| 04 | 도형

※ 다음 도식의 기호들은 일정한 규칙에 따라 도형을 변화시킨다. 〈보기〉의 규칙을 찾고 ?에 들어갈 알맞은 도형을 고르시오(단, 규칙은 A, B, C 각각의 4개의 칸에 동일하게 적용된 것을 말하며 A, B, C 규칙은 서로 다르다). **[1~2]**

보기

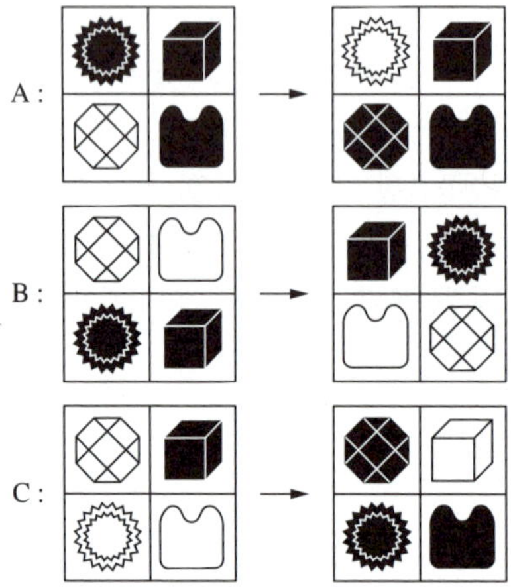

△ : 색이 처음과 같으면 Yes, 다르면 No

Easy

01

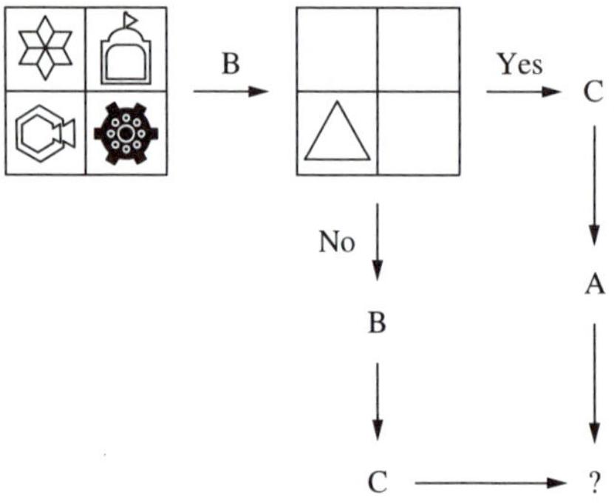

① 

② 

③ 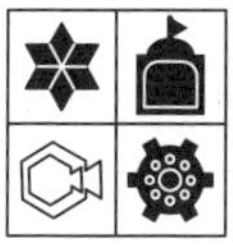

④ 

⑤ 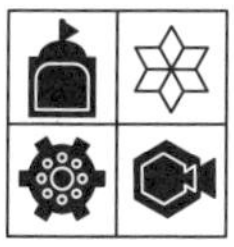

02

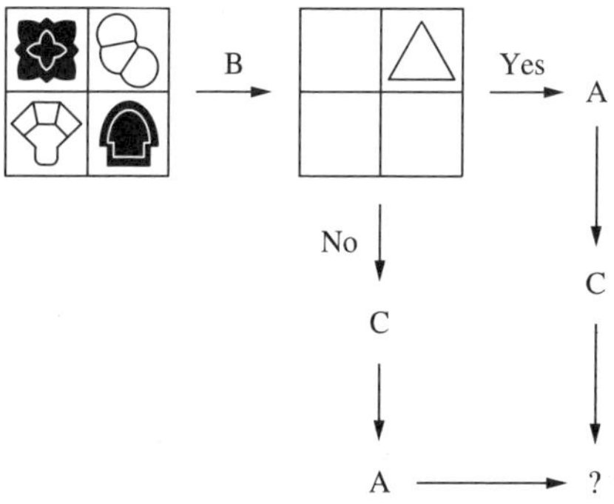

① 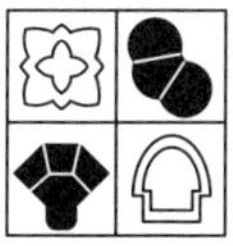

② 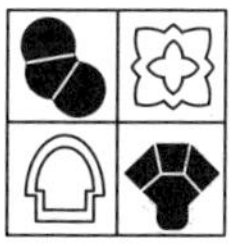

③ 

④ 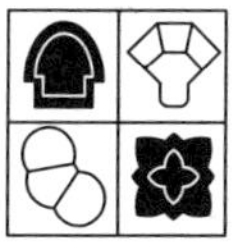

⑤ 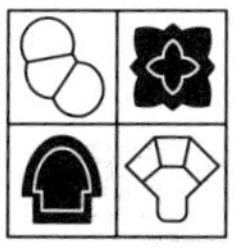

※ 다음 도식의 기호들은 일정한 규칙에 따라 도형을 변화시킨다. 〈보기〉의 규칙을 찾고 ?에 들어갈 알맞은 도형을 고르시오(단, 주어진 조건이 두 가지 이상일 때 모두 일치해야 Yes로 이동한다). **[3~4]**

보기

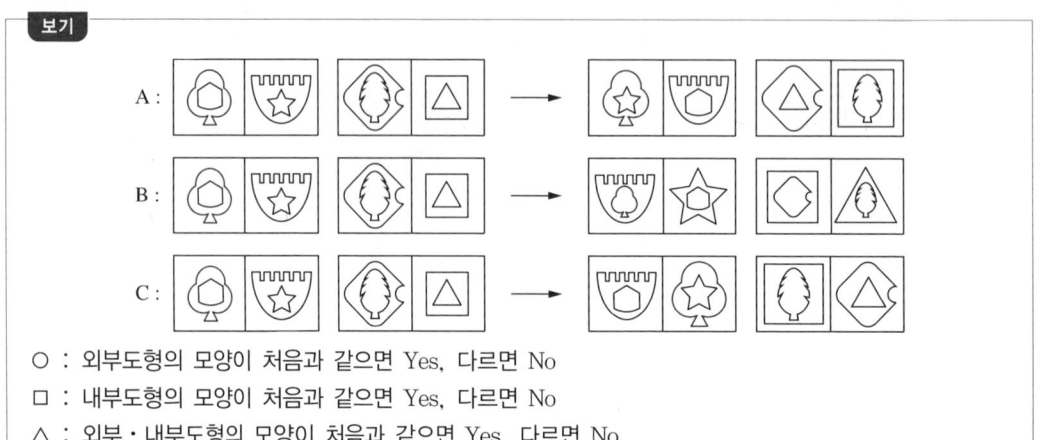

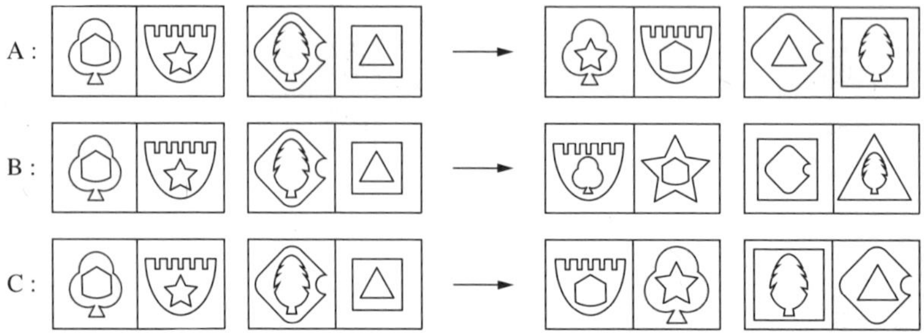

○ : 외부도형의 모양이 처음과 같으면 Yes, 다르면 No

□ : 내부도형의 모양이 처음과 같으면 Yes, 다르면 No

△ : 외부·내부도형의 모양이 처음과 같으면 Yes, 다르면 No

03

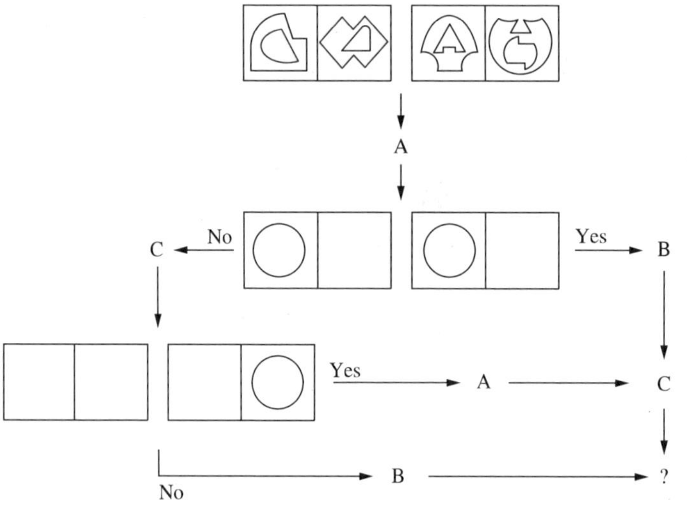

①
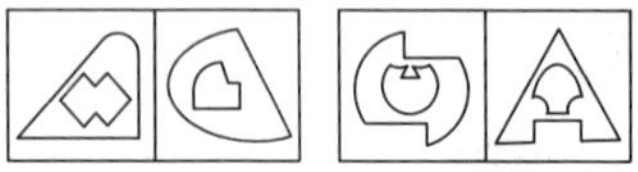

②
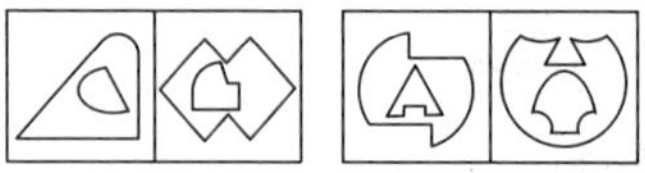

③
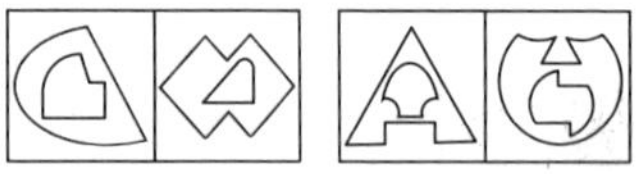

④
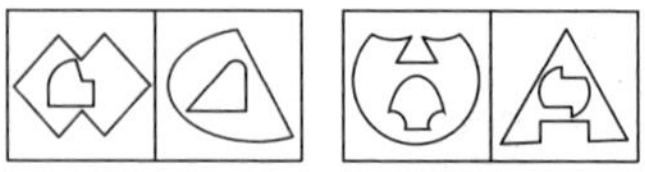

⑤
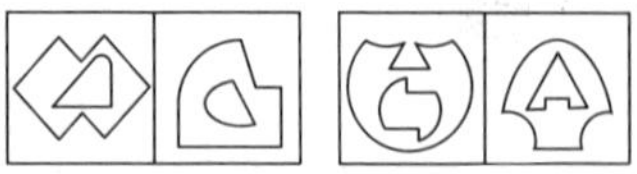

Hard

04

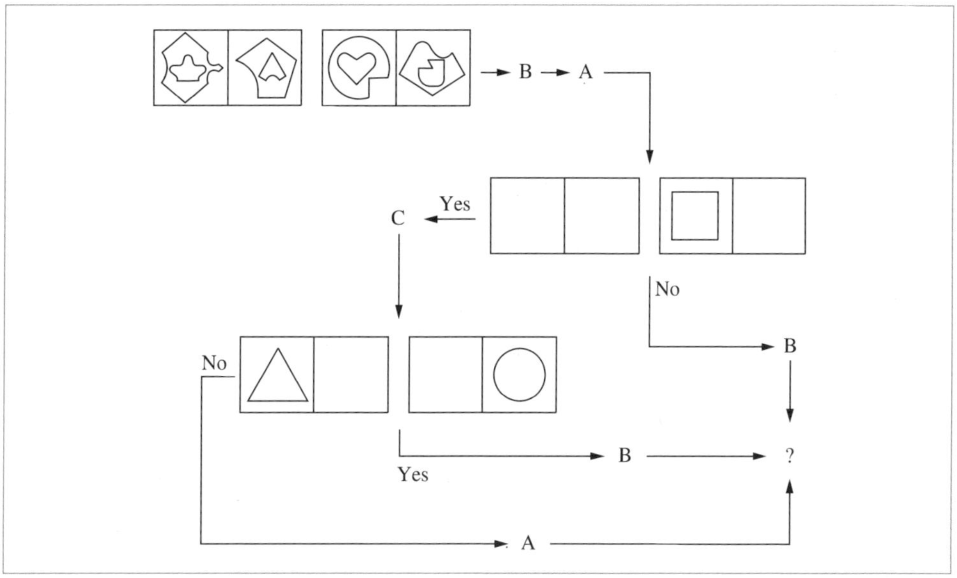

①
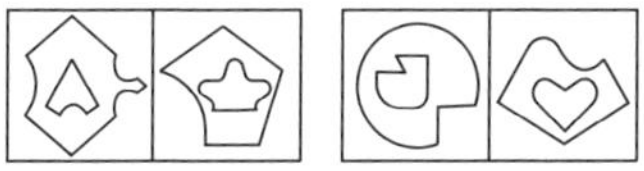

②
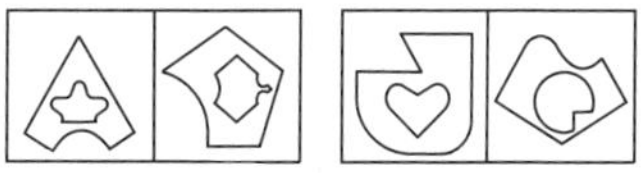

③
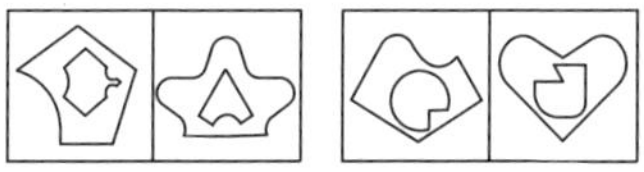

④
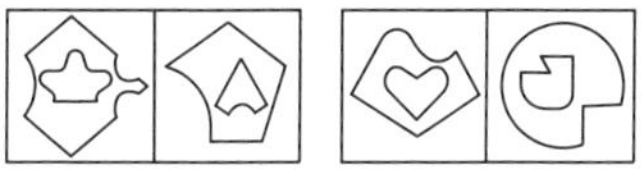

⑤
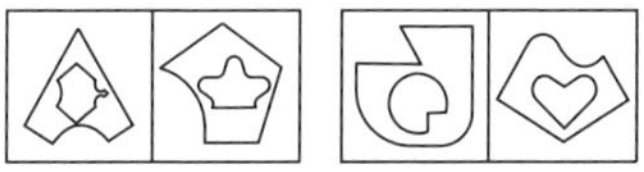

CHAPTER

08 2021년 하반기 기출복원문제

정답 및 해설 p.047

| 01 | 언어

01 다음 글의 제목으로 가장 적절한 것은?

> 물은 너무 넘쳐도 문제고, 부족해도 문제다. 무엇보다 충분한 양을 안전하게 저장하면서 효율적으로 관리하는 것이 중요하다. 하지만 예기치 못한 자연재해가 불러오는 또 다른 물의 재해도 우리를 위협한다. 지진의 여파로 쓰나미(지진해일)가 몰려오고 댐이 붕괴되면서 상상도 못 한 피해를 불러올 수 있다. 이는 역사 속에서 실제로 반복되어 온 일이다.
> 1755년 11월 1일 아침 15·16세기 대항해 시대를 거치며 해양 강국으로 자리매김한 포르투갈의 수도 리스본에 대지진이 발생했다. 도시 건물 중 85%가 파괴될 정도로 강력한 지진이었다. 하지만 지진은 재해의 전주곡에 불과했다.
> 지진이 덮치고 약 40분 후 쓰나미가 항구와 도심지로 쇄도했다. 해일은 리스본뿐 아니라 인근 알가르브 지역의 해안 요새 중 일부를 박살냈고, 숱한 가옥을 무너뜨렸다. 6～9만 명이 귀한 목숨을 잃었다. 이 대지진과 쓰나미는 포르투갈 문명의 역사를 바꿔버렸다. 포르투갈은 이후 강대국 대열에서 밀려나 옛 영화를 찾지 못한 채 지금에 이르고 있다.
> 또한 1985년 7월 19일 지진에 의해 이탈리아의 스타바댐이 붕괴하면서 그 여파로 발생한 약 20만 톤의 진흙과 모래, 물이 테세로 마을을 덮쳐 268명이 사망하고 63개의 건물과 8개의 다리가 파괴되는 사고가 일어났다.

① 자연의 경고 ‘댐 붕괴’
② 도를 지나치는 ‘물 부족’
③ 강력한 물의 재해 ‘지진’
④ 우리나라는 ‘물 스트레스 국가’
⑤ 누구도 피해갈 수 없는 ‘자연 재해’

Hard

02 다음 문장을 논리적 순서대로 바르게 나열한 것은?

(가) 따라서 사진관은 영구적인 초상을 금속판에 남기는 일로 많은 돈을 벌어들였다.
(나) 특허에 묶여 있었던 칼로 타입이 그나마 퍼질 수 있었던 곳은 프랑스였다.
(다) 프랑스의 화가와 판화가들은 칼로 타입이 흑백의 대조가 두드러진다는 점에서 판화와 유사함을 발견하고 이 기법을 활용하여 작품을 만들었다.
(라) 정밀한 세부 묘사를 장점으로 하는 다게레오 타입은 초상 사진 분야에서 큰 인기를 누렸다.
(마) 반면에 명암의 차이가 심하고 중간색이 거의 없었던 칼로 타입은 초상 사진보다는 풍경·정물 사진에 제한적으로 이용되었다.
(바) 사진이 산업으로서의 가능성을 최초로 보여 준 분야는 초상 사진이었다.

① (라) – (가) – (나) – (마) – (바) – (다)
② (라) – (마) – (바) – (다) – (나) – (가)
③ (바) – (나) – (라) – (가) – (마) – (다)
④ (바) – (다) – (나) – (라) – (마) – (가)
⑤ (바) – (라) – (가) – (마) – (나) – (다)

03 다음 글의 주장에 대한 반박으로 가장 적절한 것은?

최근 불안감을 느끼는 현대인들이 점점 많아져 사회 문제가 되고 있다. 경쟁이 심화된 성과 중심의 사회에서 사람들은 다른 사람과 자신을 비교하면서 혹시 자신이 뒤처지고 있는 것은 아닌지 불안해 한다. 심지어 사람들은 일어나지도 않을 일에 대해 불안감을 느끼기도 한다. 청소년도 예외는 아니다. 성장기에 있는 청소년들은 다양한 고민을 하게 되는데, 이것이 심해져 불안감을 느끼는 원인이 되곤 한다. 특히 학업에 대한 지나친 고민으로 생긴 과도한 불안은 학업에 집중하는 것을 방해하여 학업 수행에 부정적으로 작용한다.

① 청소년기의 지나친 고민은 건강을 해칠 수 있다.
② 친구나 부모와의 상담을 통해 고민을 해결해야 한다.
③ 상대적 평가 방식은 청소년이 불안감을 느끼는 원인이 된다.
④ 현대인의 불안을 제때 해소하지 못한다면 더 큰 사회 문제를 초래할 수 있다.
⑤ 시험 기간에 느끼는 약간의 불안감은 성적이 향상되는 결과를 내는 경우도 있다.

04 다음 글을 읽고 추론할 수 있는 내용으로 적절하지 않은 것은?

> 국어학자로서 주시경은 근대 국어학의 기틀을 세운 선구적인 인물이었다. 과학적 연구 방법이 전무하다시피 했던 국어학 연구에서, 그는 단어의 원형을 밝혀 적는 형태주의적 입장을 가지고 독자적으로 문법 현상을 분석하고 이론으로 체계화하는 데 힘을 쏟았다. 특히 '늣씨'와 '속뜻'의 개념을 도입한 것은 주목할 만하다. 그는 단어를 뜻하는 '씨'를 좀 더 작은 단위로 분석하면서 여기에 '늣씨'라는 이름을 붙였다. 예컨대 '해바라기'를 '해^바라^기', '이더라'를 '이^더라'처럼 늣씨 단위로 분석했다. 이는 그가 오늘날 '형태소'라 부르는 것과 유사한 개념을 인식하고 있었음을 보여 준다. 이것은 1930년대에 언어학자 블룸필드가 이 개념을 처음 사용하기 훨씬 이전이었다. 또한 그는 숨어 있는 구조인 '속뜻'을 통해 겉으로는 구조를 파악하기 어려운 문장을 분석했고, 말로 설명하기 어려운 문장의 계층적 구조는 그림을 그려 풀이하는 방식으로 분석했다. 이러한 방법은 현대 언어학의 분석적인 연구 방법과 유사하다는 점에서 연구사적 의의가 크다.
>
> 주시경은 국어학사에서 길이 기억될 연구 업적을 남겼을 뿐 아니라, 국어 교육자로서도 큰 공헌을 하였다. 그는 언어를 민족의 정체성을 나타내는 징표로 보았으며, 국가와 민족의 발전이 말과 글에 달려 있다고 생각하여 국어 교육에 온 힘을 다하였다. 여러 학교에서 우리말을 가르쳤을 뿐만 아니라, 국어 강습소를 만들어 장차 교사가 될 사람들에게 국어문법을 체계적으로 교육하였다.
>
> 그는 맞춤법을 확립하는 정책에도 자신의 학문적 성과를 반영하고자 했다. 이를 위해 연구 모임을 만들어 맞춤법의 이론적 근거를 확보하기 위한 논의를 지속해 나갔다. 그리고 1907년에 설치된 '국문 연구소'의 위원으로 국어 정책을 수립하는 일에도 적극 참여하였다. 그의 이러한 노력은 오늘날 우리에게 지대한 영향을 미치고 있다.

① 주시경은 맞춤법을 확립하는 정책에도 관심이 많았을 것이다.

② 주시경이 1907년에 설치한 '국문 연구소'는 국어 정책을 수립하는 일을 하였을 것이다.

③ 주시경은 국어학 연구에서 독자적인 과학적 방법으로 국어학을 연구하려 노력했을 것이다.

④ 주시경이 국어 교육에 온 힘을 다한 이유는 언어를 민족의 정체성을 나타내는 징표로 보았기 때문이다.

⑤ 주시경이 '늣씨'의 개념을 도입한 것은 언어학자 블룸필드의 개념을 연구한 데서 도움을 받았을 것이다.

Easy

05 다음 글의 밑줄 친 부분에서 말하고자 하는 바로 가장 적절한 것은?

> 아무리 남을 도와주려는 의도를 갖고 한 일일지라도 결과적으로는 남에게 도움이 되기는커녕 오히려 큰 고통이나 해를 더 가져오는 경우가 얼마든지 있다. 거꾸로 남을 해롭게 하려는 의도로 한 일이 오히려 남에게 도움이 되는 결과를 낳을 수도 있다. 태도로서의 '선'은 행동이나 결정의 결과를 고려하지 않고 그 행동의 의도, 즉 동기에서만 본 '선'을 의미한다. 내 행동의 결과가 예상 밖으로 남에게 고통을 가져오는 한이 있었다 해도, 내 행동의 동기가 남의 고통을 덜어주고, 남을 도와주는 데 있었다면 나를 선한 사람으로 볼 수 있지 않느냐는 말이다.

① 일과 그 의도는 무관하다.

② 의도와 결과는 동일하지 않다.

③ 의도만 놓고 결과를 판단할 수 있다.

④ 우리가 의도한 대로 일이 이루어지는 경우가 있다.

⑤ 세상에는 의도와 일치하는 일이 빈번하게 일어난다.

| 02 | 언어 · 수추리

Easy

01 **제시된 명제가 모두 참일 때, 숨은 그림을 많이 찾은 사람을 순서대로 바르게 나열한 것은?**

- 숨은 그림 찾기에서 민수가 철수보다 더 많이 찾았다.
- 숨은 그림 찾기에서 철수가 영희보다 더 적게 찾았다.
- 숨은 그림 찾기에서 민수가 영희보다 더 적게 찾았다.

① 영희 – 철수 – 민수
② 철수 – 영희 – 민수
③ 영희 – 민수 – 철수
④ 민수 – 철수 – 영희
⑤ 민수 – 영희 – 철수

Hard

02 **사과 12개를 A ~ E 5명의 사람들이 나누어 먹고 다음과 같은 대화를 나눴다. 이 중에서 단 1명만이 진실을 말하고 있다고 할 때, 사과를 가장 많이 먹은 사람과 적게 먹은 사람을 바르게 짝지은 것은?(단, 모든 사람은 적어도 1개 이상의 사과를 먹었다)**

- A : 나보다 사과를 적게 먹은 사람은 없어.
- B : 나는 사과를 2개 이하로 먹었어.
- C : D는 나보다 사과를 많이 먹었고, 나는 B보다 사과를 많이 먹었어.
- D : 우리 중에서 사과를 가장 많이 먹은 사람은 A야.
- E : 나는 사과를 4개 먹었고, 우리 중에 먹은 사과의 개수가 같은 사람이 있어.

① B, D
② B, A
③ E, A
④ E, D
⑤ E, C

03 **매주 화요일에 진행되는 취업스터디에 A ~ E 5명의 친구가 함께 참여하고 있다. 스터디 불참 시 벌금이 부과되는 스터디 규칙에 따라 지난주 불참한 2명은 벌금을 내야 한다. 이들 중 2명이 거짓말을 하고 있다고 할 때, 다음 중 참인 것은?**

- A : 내가 다음 주에는 사정상 참석할 수 없지만 지난주에는 참석했어.
- B : 지난주 불참한 C가 반드시 벌금을 내야 해.
- C : 지난주 스터디에 A가 불참한 건 확실해.
- D : 사실 나는 지난주 스터디에 불참했어.
- E : 지난주 스터디에 나는 참석했지만, B는 불참했어.

① A와 B가 벌금을 내야 한다.
② A와 C가 벌금을 내야 한다.
③ A와 E가 벌금을 내야 한다.
④ B와 D가 벌금을 내야 한다.
⑤ D와 E가 벌금을 내야 한다.

※ 일정한 규칙으로 수를 나열할 때, 빈칸에 들어갈 알맞은 수를 고르시오. [4~7]

04

68　71　(　)　70　73　68　82　65

① 6　② 7
③ 69　④ 72
⑤ 75

05

3　(　)　1　2　−1　0

① 2　② 3
③ 4　④ 5
⑤ 6

06

4　$\frac{1}{2}$　$\frac{1}{2}$　$\frac{8}{6}$　$\frac{3}{8}$　2　$\frac{7}{9}$　3　(　)

① $\frac{3}{7}$　② $\frac{4}{7}$
③ $\frac{5}{7}$　④ $\frac{2}{9}$
⑤ $\frac{5}{9}$

07

84　80　42　20　21　(　)　10.5　1.25

① 7　② 6
③ 5　④ 4
⑤ 3

| 03 | 수리

01 5명으로 이루어진 남성 신인 아이돌 그룹의 나이의 합은 105살이다. 5명 중 3명이 5명의 평균 나이와 같고, 가장 큰 형의 나이는 24살이다. 이 경우 막내의 나이는 몇 살인가?

① 18살
② 19살
③ 20살
④ 21살
⑤ 22살

02 다음과 같은 〈조건〉을 만족하는 100 이하의 자연수를 7로 나눴을 때 나머지로 옳은 것은?

조건
- 3으로 나누면 1이 남는다.
- 4로 나누면 2가 남는다.
- 5로 나누면 3이 남는다.
- 6으로 나누면 4가 남는다.

① 1
② 2
③ 3
④ 4
⑤ 5

Easy

03 어떤 콘텐츠에 대한 네티즌 평가를 진행하였다. 1,000명이 참여한 A사이트에서는 평균 평점이 5.0이었으며, 500명이 참여한 B사이트에서는 평균 평점이 8.0이었다. 이 콘텐츠에 대한 두 사이트 전체 참여자의 평균 평점은?

① 4.0점
② 5.5점
③ 6.0점
④ 7.5점
⑤ 8.0점

04 다음은 과일의 종류별 무게에 따른 가격표이다. 종류별 무게를 가중치로 적용하여 가격에 대한 가중평균을 구하면 42만 원이다. 이때 빈칸에 들어갈 가격으로 옳은 것은?

〈과일 종류별 가격 및 무게〉

(단위 : 만 원, kg)

구분	가	나	다	라
가격	25	40	60	
무게	40	15	25	20

① 40만 원
② 45만 원
③ 50만 원
④ 55만 원
⑤ 60만 원

05 다음은 보건복지부에서 발표한 연도별 의료기기 생산실적 통계자료이다. 이에 대한 설명으로 옳지 않은 것은?

〈연도별 의료기기 생산실적 총괄 현황〉

(단위 : 개, %, 명, 백만 원)

구분	업체 수	증감률	품목 수	증감률	운영인원	증감률	생산금액	증감률
2014년	1,500	–	5,862	–	25,287	–	1,478,165	–
2015년	1,596	6.4	6,392	9.04	25,610	1.28	1,704,161	15.29
2016년	1,624	1.75	6,639	3.86	26,399	3.08	1,949,159	14.38
2017년	1,662	2.34	6,899	3.92	26,936	2.03	2,216,965	13.74
2018년	1,726	3.85	7,367	6.78	27,527	2.19	2,525,203	13.9
2019년	1,754	1.62	8,003	8.63	28,167	2.32	2,764,261	9.47
2020년	1,857	5.87	8,704	8.76	30,190	7.18	2,964,445	7.24
2021년	1,958	5.44	9,086	4.39	32,255	6.84	3,366,462	13.56

① 2015 ~ 2021년까지 의료기기 생산업체 수는 꾸준히 증가하고 있으며, 품목 또한 해마다 다양해지고 있다.

② 업체 수의 2015 ~ 2021년까지의 평균 증감률은 5% 이하이다.

③ 전년 대비 업체 수가 가장 많이 늘어난 해는 2015년이며, 전년 대비 생산금액이 가장 많이 늘어난 해는 2018년이다.

④ 2018 ~ 2021년 사이 운영인원의 증감률 추이와 품목 수의 증감률 추이는 같다.

⑤ 품목 수의 평균 증감률은 업체 수의 평균 증감률을 넘어선다.

Hard

06 다음은 2017 ~ 2021년 K사의 경제 분야 투자에 관한 표이다. 이에 대한 설명으로 옳지 않은 것은?

〈K사의 경제 분야 투자규모〉

(단위 : 억 원, %)

구분 \ 연도	2017년	2018년	2019년	2020년	2021년
경제 분야 투자규모	20	24	23	22	21
총지출 대비 경제 분야 투자규모 비중	6.5	7.5	8	7	6

① 2021년 총지출은 320억 원 이상이다.

② 2018년 경제 분야 투자규모의 전년 대비 증가율은 25% 이하이다.

③ 2019년이 2020년보다 경제 분야 투자규모가 전년에 비해 큰 비율로 감소하였다.

④ 2017 ~ 2021년 동안 경제 분야에 투자한 금액은 110억 원이다.

⑤ 2018 ~ 2021년 동안 경제 분야 투자규모와 총지출 대비 경제 분야 투자규모 비중의 전년 대비 증감추이는 동일하지 않다.

| 04 | 도형

※ 다음 도식의 기호들은 일정한 규칙에 따라 도형을 변화시킨다. 〈보기〉의 규칙을 찾고 ?에 들어갈 알맞은 도형을 고르시오(단, 규칙은 A, B, C 각각의 4개의 칸에 동일하게 적용된 것을 말하며 A, B, C 규칙은 서로 다르다). **[1~2]**

보기

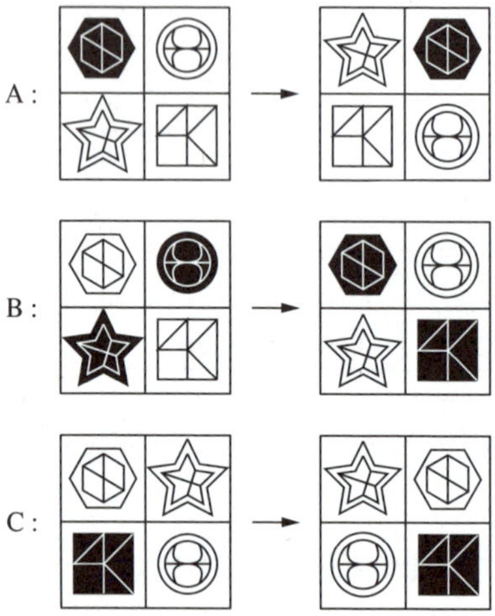

△ : 색이 처음과 같으면 Yes, 다르면 No

Easy

01

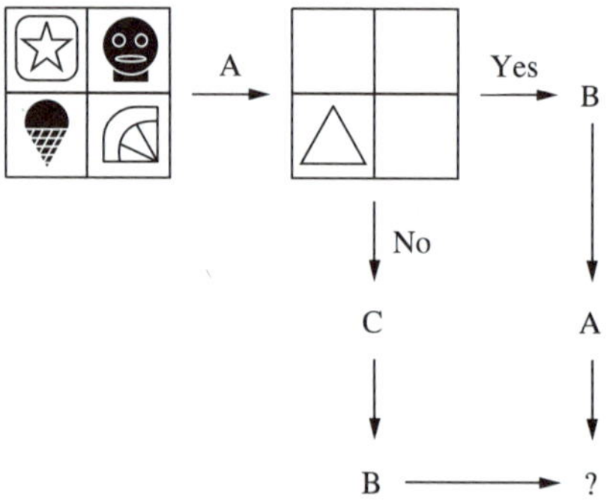

① 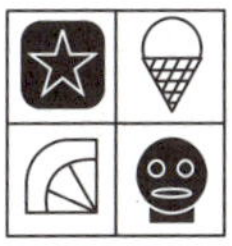

② 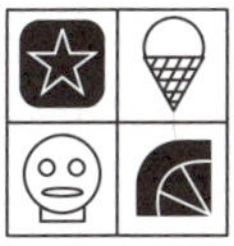

③ 

④ 

⑤ 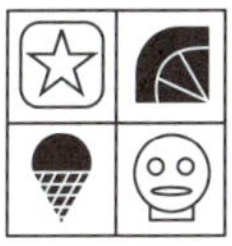

02

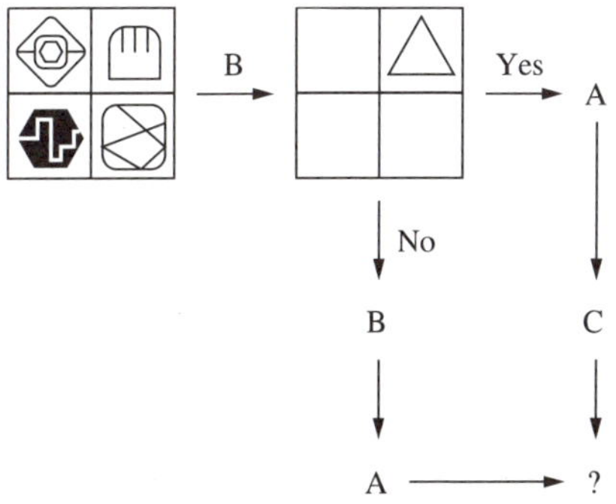

① 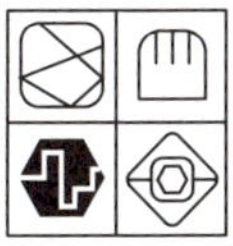

② 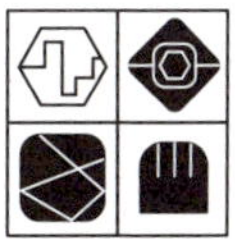

③ 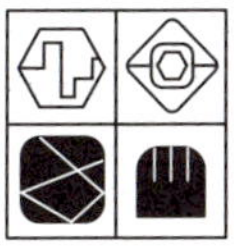

④ 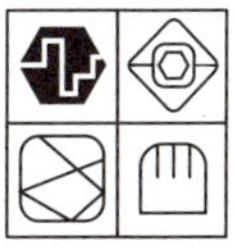

⑤ 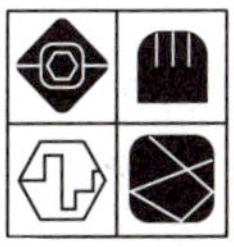

※ 다음 도식의 기호들은 일정한 규칙에 따라 도형을 변화시킨다. 〈보기〉의 규칙을 찾고 ?에 들어갈 알맞은 도형을 고르시오(단, 주어진 조건이 두 가지 이상일 때 모두 일치해야 Yes로 이동한다). **[3~4]**

보기

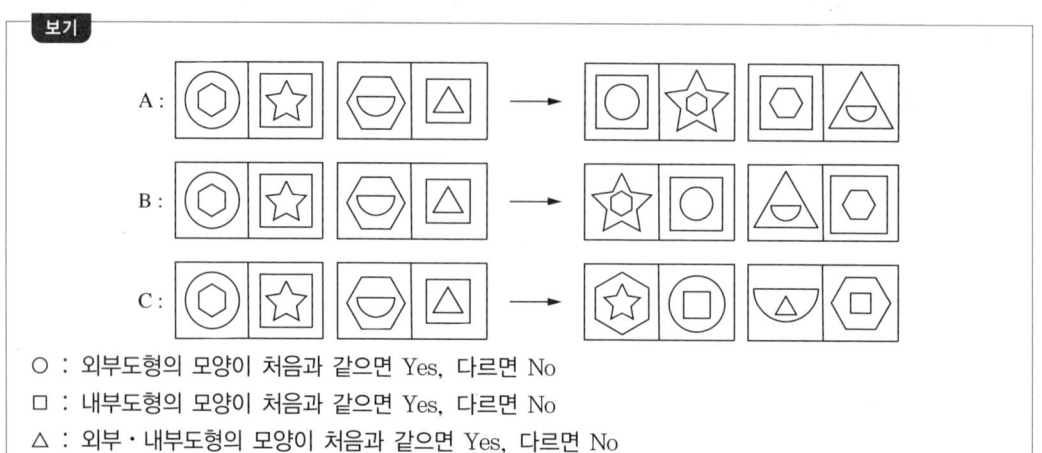

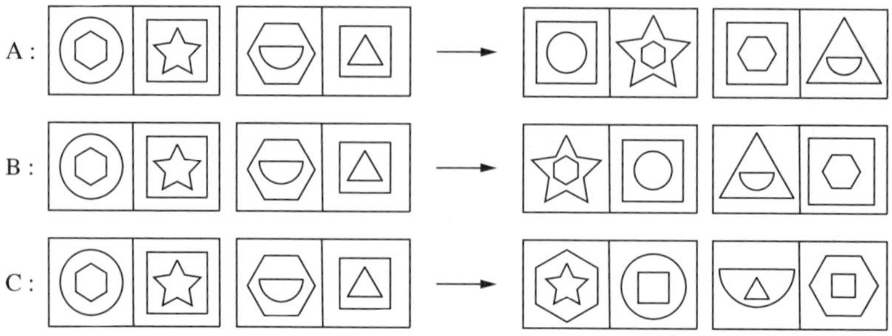

○ : 외부도형의 모양이 처음과 같으면 Yes, 다르면 No

□ : 내부도형의 모양이 처음과 같으면 Yes, 다르면 No

△ : 외부 · 내부도형의 모양이 처음과 같으면 Yes, 다르면 No

03

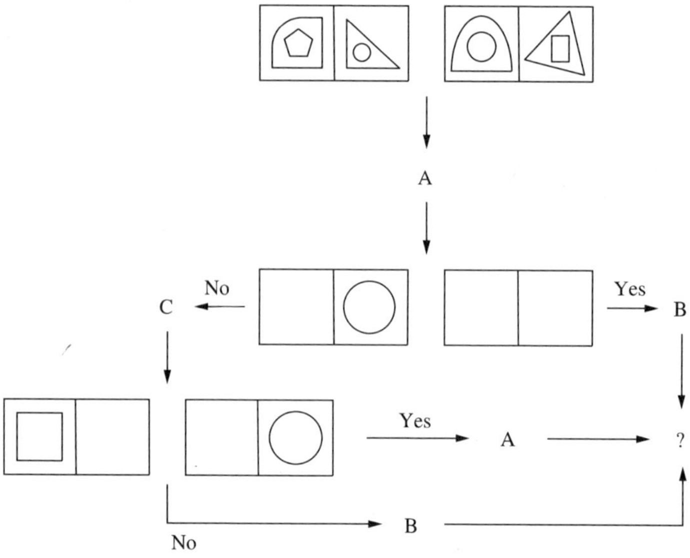

① 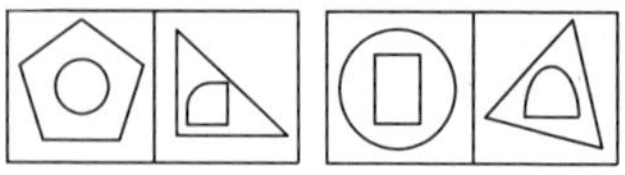

② 

③ 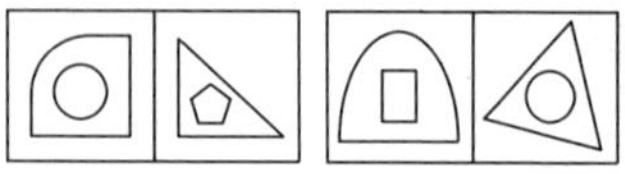

④ 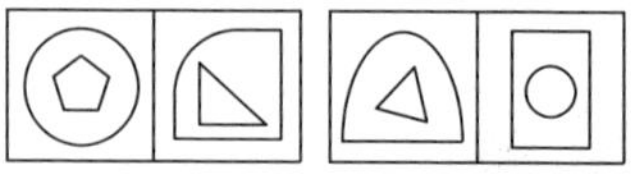

⑤ 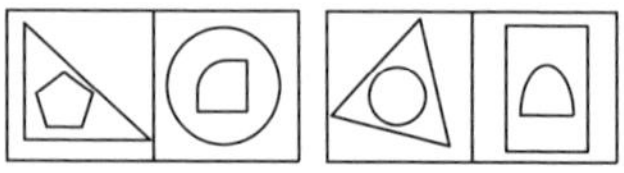

Hard

04

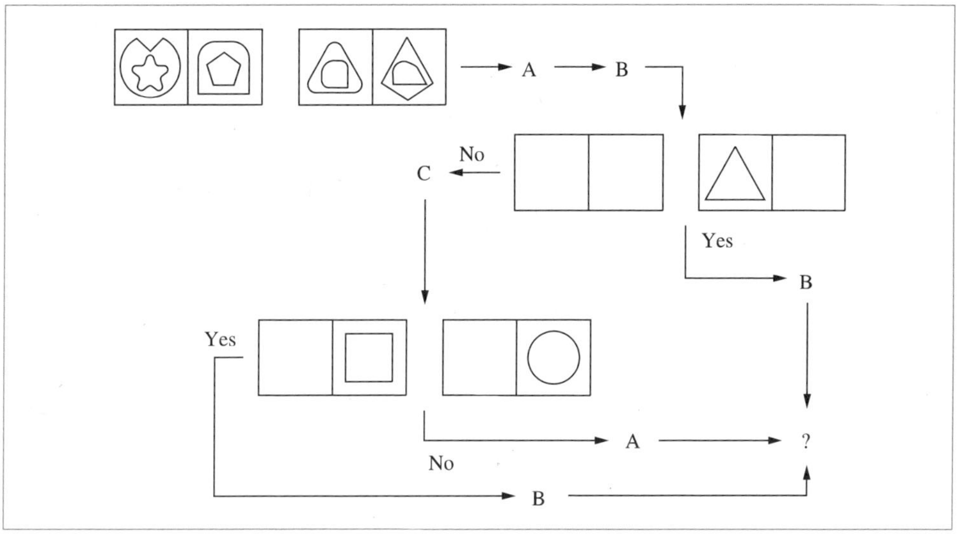

①

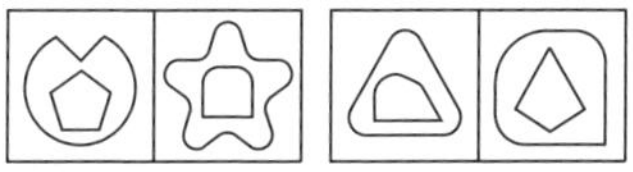

②

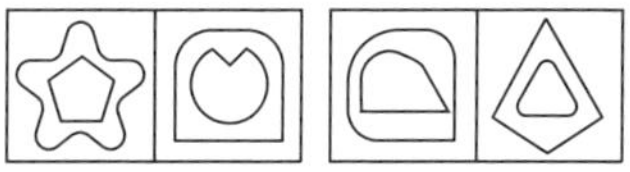

③

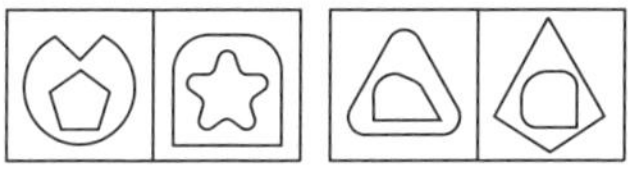

④

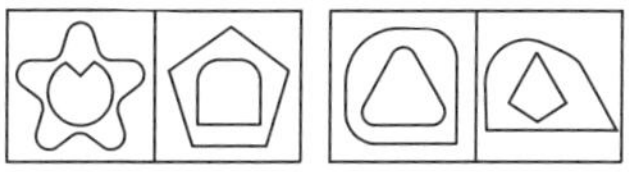

⑤

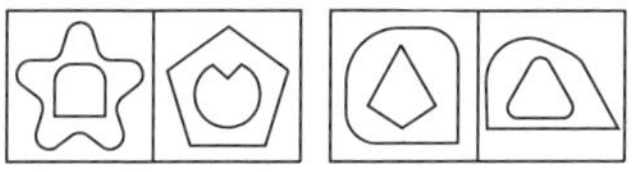

CHAPTER

09 2021년 상반기 기출복원문제

정답 및 해설 p.053

| 01 | 언어

01 다음 글의 내용으로 적절하지 않은 것은?

> VOD(Video On Demand)서비스는 기존의 공중파 방송과 무엇이 다른가? 그것은 바로 방송국이 아닌 시청자 본인의 시간을 중심으로 방송매체를 볼 수 있다는 점이다. 기존 공중파 방송의 정규 편성 프로그램을 시청하기 위해서 시청자는 특정한 시간에 텔레비전 앞에서 기다려야만 했다. 하지만 VOD서비스의 등장으로 시청자는 아침 일찍 혹은 야근이 끝난 늦은 저녁에도 방송매체를 스트리밍 혹은 다운로드 방식으로 전송하여 시청할 수 있게 되었다.
> VOD서비스의 등장은 기존에 방송국이 편성권을 지니던 시대와는 다른 양상을 초래하고 있다. 과거에는 시청률이 가장 높은 오후 7시에서 9시까지의 황금시간대에 편성된 프로그램이 큰 인기를 차지했으며 광고비 또한 가장 높았던 반면, VOD서비스는 순수하게 방송매체의 인기가 높을수록 시청률이 증가하기 때문에 방송국에서 프로그램의 재미와 완성도에 보다 집중하게 되는 것이다.

① VOD서비스는 방송매체의 편성권을 시청자에게 쥐어주었다.
② VOD서비스 때문에 시청자는 방송 편성 시간의 제약에서 자유로워졌다.
③ VOD서비스의 등장으로 방송국은 과도한 광고 유치 경쟁에 뛰어들게 되었다.
④ VOD서비스는 방송매체의 수준 향상에 기여하게 될 것이다.
⑤ VOD서비스는 방송매체를 다운로드 혹은 스트리밍하여 시청할 수 있도록 한다.

Easy

02 다음 문장을 논리적 순서대로 바르게 나열한 것은?

(가) 인간의 도덕적 자각과 사회적 실천을 강조한 개인 윤리로 '충서(忠恕)'가 있다. 충서란 공자의 모든 사상을 꿰뚫고 있는 도리로서, 인간 개인의 자아 확립과 이를 통한 만물일체의 실현을 위한 것이다.

(나) 또한 '서(恕)'란 '여심'이다. '내 마음과 같이 한다.'는 말이다. 공자는 "내가 하고자 하지 않는 것을 남에게 베풀지 말라. 내가 서고자 하면 남도 서게 하고 내가 이루고자 하면 남도 이루게 하라."라고 하였다.

(다) 이때, '충(忠)'이란 '중심'이다. 주희는 충을 '자기의 마음을 다하는 것'이라고 설명하였다. 이것은 자신의 내면에 대한 충실을 의미한다. 이는 자아의 확립이며 본성에 대한 깨달음이다.

(라) 즉, 역지사지(易地思之)의 마음을 지닌 상태가 '서'의 상태인 것이며 인간의 자연스러운 마음이라는 것이다.

① (가) – (다) – (나) – (라)
② (가) – (라) – (나) – (다)
③ (나) – (가) – (다) – (라)
④ (나) – (가) – (라) – (다)
⑤ (다) – (가) – (나) – (라)

03 다음 글의 주장에 대한 반박으로 가장 적절한 것은?

인간 배아의 유전자를 편집하는 기술을 허용해서는 안 된다. 첫째, 인간 배아의 유전자를 편집하는 기술은 아직까지 안전성이 확인되지 않았다. 따라서 예상치 못한 유전자 변형의 문제가 발생할 수 있을 뿐만 아니라, 그 문제가 미래 세대에게까지 영향을 미칠 위험성이 있다. 둘째, 사회적 불평등이 심화될 수 있다. 왜냐하면 이 기술을 사용하는 데는 많은 비용이 들 것으로 예상되기 때문에 소수의 사람들만이 기술의 혜택을 받게 될 것이다. 셋째, 인간은 그 자체로 존엄한 가치를 인정받고 소중한 생명으로 여겨져야 한다. 그런데 유전자 편집 기술은 유전자 중 결함이 있는 유전자가 있다는 것을 전제하고, 인간을 있는 그대로 인정하지 않는다는 윤리적 문제에서 자유로울 수 없다.

① 인간 배아에 대한 유전자 편집 기술을 사용하기 위해서는 의료계의 동의가 필요하다.
② 유전자 편집 기술을 개발하는 데 필요한 비용은 국가적 차원에서 해결해야 한다.
③ 의료계에 대한 경제적 지원을 늘린다면 유전자 편집 기술의 획기적 발전이 이루어질 수 있다.
④ 기술이 발전하여 비용을 낮출 수 있다면 유전자 편집 기술에 대한 혜택이 많은 사람에게 돌아갈 수 있다.
⑤ 우리 사회에 유전자 편집 기술이 도입되려면 먼저 사회적 인식 변화와 함께 관련된 구체적 제도가 만들어져야 한다.

04 다음 글의 내용으로 가장 적절한 것은?

사람의 키는 주로 다리뼈의 길이에 의해서 결정된다. 다리뼈는 뼈대와 뼈끝판 그리고 뼈끝으로 구성되어 있다. 막대기 모양의 뼈대는 뼈 형성세포인 조골세포를 가지고 있다. 그리고 뼈끝은 다리뼈의 양쪽 끝 부분이며 뼈끝과 뼈대의 사이에는 여러 개의 연골세포층으로 구성된 뼈끝판이 있다. 뼈끝판의 세포층 중 뼈끝과 경계면에 있는 세포층에서만 세포분열이 일어난다.
연골세포의 세포분열이 일어날 때 뼈대 쪽에 가장 가깝게 있는 연골세포의 크기가 커지면서 뼈끝판이 두꺼워진다. 크기가 커진 연골세포는 결국 죽으면서 빈 공간을 남기고 이렇게 생긴 공간이 뼈대에 있는 조골세포로 채워지면서 뼈가 형성된다. 이 과정을 되풀이하면서 뼈끝판이 두꺼워지는 만큼 뼈대의 길이 성장이 일어나는데, 이는 연골세포의 분열이 계속되는 한 지속된다.
사춘기 동안 뼈의 길이 성장에는 여러 호르몬이 관여하는데, 이 중 뇌에서 분비하는 성장호르몬은 직접 뼈에 작용하여 뼈를 성장시킨다. 또한 성장호르몬은 간세포에 작용하여 뼈의 길이 성장 과정 전체를 촉진하는 성장인자를 분비하도록 한다. 이외에도 갑상샘 호르몬과 남성호르몬인 안드로겐도 뼈의 길이 성장에 영향을 미친다. 성장호르몬이 뼈에 작용하기 위해서는 갑상샘 호르몬의 작용이 있어야 하기 때문에 갑상샘 호르몬은 뼈의 성장에 중요한 요인이다. 안드로겐은 뼈의 성장을 촉진함으로써 사춘기 남자의 급격한 성장에 일조한다. 부신에서 분비되는 안드로겐은 이 시기에 나타나는 뼈의 길이 성장에 관여한다. 하지만 사춘기가 끝날 때 안드로겐은 뼈끝판 전체에서 뼈가 형성되도록 하여 뼈의 길이 성장을 정지시킨다. 결국 사춘기 이후에는 호르몬에 의한 뼈의 길이 성장이 일어나지 않는다.

① 사람의 키를 결정짓는 다리뼈는 연골세포의 분열로 인해 성장하게 된다.
② 뼈끝판의 세포층 중 뼈대와 경계면에 있는 세포층에서만 세포분열이 일어난다.
③ 사춘기 이후에 뼈의 길이가 성장하였다면, 호르몬이 그 원인이다.
④ 뼈의 성장을 촉진시키는 호르몬인 안드로겐은 남성호르몬으로서, 여자에게서는 생성되지 않는다.
⑤ 성장호르몬은 간세포에 작용하여 뼈 성장을 촉진하는 성장인자를 분비하는 등 뼈 성장에 간접적으로 도움을 준다.

Hard

05 다음 글의 제목으로 가장 적절한 것은?

'5060세대'. 몇 년 전까지만 해도 그들은 사회로부터 '지는 해' 취급을 받았다. '오륙도'라는 꼬리표를 달아 일터에서 밀어내고, 기업은 젊은 고객만 왕처럼 대우했다. 젊은 층의 지갑을 노려야 돈을 벌 수 있다는 것이 기업의 마케팅 전략이었기 때문이다.

그러나 최근 들어 상황이 달라졌다. 5060세대가 새로운 소비 군단으로 주목받기 시작한 가장 큰 이유는 고령화 사회로 접어들면서 시니어(Senior) 마켓 시장이 급속도로 커지고 있는 데다 이들이 돈과 시간을 가장 넉넉하게 가진 세대이기 때문이다. 한 경제연구원에 따르면 50대 이상 인구 비중이 30%에 이르면서 50대 이상을 겨냥한 시장 규모가 100조 원대까지 성장할 예정이다.

통계청이 집계한 가구주 나이별 가계수지 자료를 보면, 한국 사회에서는 50대 가구주의 소득이 가장 높다. 월평균 361만 500원으로 40대의 소득보다도 높은 것으로 집계됐다. 가구주 나이가 40대인 가구의 가계수지를 보면, 소득은 50대보다 적으면서도 교육 관련 지출(45만 6,400원)이 압도적으로 높아 소비 여력이 낮은 편이다. 그러나 50대 가구주의 경우 소득이 높으면서 소비 여력 또한 충분하다. 50대 가구주의 처분가능소득은 288만 7,500원으로 전 연령층에서 가장 높다.

이들이 신흥 소비군단으로 떠오르면서 '애플(APPLE)족'이라는 마케팅 용어까지 등장했다. 활동적이고(Active) 자부심이 강하며(Pride) 안정적으로(Peace) 고급문화(Luxury)를 즐기는 경제력(Economy) 있는 50대 이후 세대를 뜻하는 말이다. 통계청은 여행과 레저를 즐기는 5060세대를 '주목해야 할 블루슈머* 7' 가운데 하나로 선정했다. 과거 5060세대는 자식을 보험으로 여기며 자식에게 의존하면서 살아가는 전통적인 노인이었다. 그러나 애플족은 자녀로부터 독립해 자기만의 새로운 인생을 추구하며 '통크(TONK; Two Only, No Kids)족'이라는 별칭이 붙기도 한다. 통크족이나 애플족은 젊은 층의 전유물로 여겨졌던 자기중심적이고 감각 지향적인 소비도 주저하지 않는다. 후반전 인생만은 자기가 원하는 일을 하며 멋지게 살아야 한다고 생각하기 때문이다.

애플족은 한국 국민 가운데 해외여행을 가장 많이 하는 세대이기도 하다. 통계청의 사회통계조사에 따르면 50대의 17.5%가 해외여행을 다녀왔다. 20대, 30대보다 높은 수치다. 그리고 그들은 어떤 지출보다 교양 · 오락비를 아낌없이 쓰는 것이 특징이다. 전문가들은 애플족의 교양 · 오락 및 문화에 대한 지출비용은 앞으로도 증가할 것으로 내다보고 있다. 한 사회학과 교수는 "고령사회로 접어들면서 성공적 노화 개념이 중요해짐에 따라 텔레비전 시청, 수면, 휴식 등 소극적 유형의 여가에서 게임 등 재미와 젊음을 찾을 수 있는 진정한 여가로 전환되고 있다."라고 말했다. 이 교수는 젊은이 못지않은 의식과 행동반경을 보이는 5060세대를 겨냥한 다양한 상품과 서비스에 대한 수요가 앞으로도 크게 늘 것이라고 내다보았다.

*블루슈머(Bluesumer) : 경쟁자가 없는 시장을 의미하는 블루오션(Blue Ocean)과 소비자(Consumer)의 합성어로, 새로운 제품에 적응력이 높고 소비성향을 선도하는 소비자를 의미함

① 애플족의 소비 성향은 어떠한가?
② 5060세대의 사회 · 경제적 위상 변화
③ 다양한 여가 활동을 즐기는 5060세대
④ 애플족을 '주목해야 할 블루슈머 7'로 선정
⑤ 점점 커지는 시니어 마켓 시장의 선점 방법

| 02 | 언어 · 수추리

01 20대 남녀, 30대 남녀, 40대 남녀 각 2명씩 총 6명이 뮤지컬 관람을 위해 공연장을 찾았다. 다음 〈조건〉을 참고할 때, 항상 참인 것은?

> **조건**
> - 양 끝자리에는 다른 성별이 앉는다.
> - 40대 남성은 왼쪽에서 두 번째 자리에 앉는다.
> - 30대 남녀는 서로 인접하여 앉지 않는다.
> - 30대와 40대는 인접하여 앉지 않는다.
> - 30대 남성은 맨 오른쪽 끝자리에 앉는다.

〈뮤지컬 관람석〉

① 20대 남녀는 왼쪽에서 첫 번째 자리에 앉을 수 없다.
② 20대 남녀는 서로 인접하여 앉는다.
③ 40대 남녀는 서로 인접하여 앉지 않는다.
④ 20대 남성은 40대 여성과 인접하여 앉는다.
⑤ 30대 남성은 20대 여성과 인접하여 앉지 않는다.

Hard

02 경영학과에 재학 중인 A ~ E 5명은 계절학기 시간표에 따라 요일별로 하나의 강의만 수강한다. 전공 수업을 신청한 C는 D보다 앞선 요일에 수강하고, E는 교양 수업을 신청한 A보다 나중에 수강한다고 할 때, 다음 중 항상 참인 것은?

〈계절학기 시간표〉

월	화	수	목	금
전공1	전공2	교양1	교양2	교양3

① A가 수요일에 강의를 듣는다면 E는 교양2 강의를 듣는다.
② B가 전공 수업을 듣는다면 C는 화요일에 강의를 듣는다.
③ C가 화요일에 강의를 듣는다면 E는 교양3 강의를 듣는다.
④ D는 반드시 전공 수업을 듣는다.
⑤ E는 반드시 교양 수업을 듣는다.

03 매주 금요일은 마케팅팀 동아리 활동이 있는 날이다. 동아리 회비를 담당하고 있는 F팀장은 점심시간 후 회비가 감쪽같이 사라진 것을 발견했다. 점심시간 동안 사무실에 있었던 사람은 A ~ E 5명이고, 이들 중 2명은 범인, 3명은 범인이 아니다. 범인은 거짓말을 하고, 범인이 아닌 사람은 진실을 말한다고 할 때, 〈보기〉를 토대로 다음 중 옳은 것을 고르면?

보기

- A는 B, D 중 1명이 범인이라고 주장한다.
- B는 C가 범인이라고 주장한다.
- C는 B가 범인이라고 주장한다.
- D는 A가 범인이라고 주장한다.
- E는 A와 B가 범인이 아니라고 주장한다.

① A와 D 중 범인이 있다.
② B가 범인이다.
③ C와 E가 범인이다.
④ D는 범인이 아니다.
⑤ 범인이 누구인지 주어진 조건만으로는 알 수 없다.

※ 일정한 규칙으로 수를 나열할 때, 빈칸에 들어갈 알맞은 수를 고르시오. [4~7]

Hard

04

$\underline{\frac{1}{2}\quad 2\quad \frac{3}{2}\quad 2}\qquad \underline{4\quad 5\quad \frac{7}{2}\quad (\quad)}\qquad \underline{6\quad 7\quad 2\quad 9}\qquad \underline{4\quad \frac{1}{2}\quad \frac{1}{4}\quad 8}$

① 10
② $\frac{11}{2}$
③ 12
④ $\frac{13}{2}$
⑤ 13

05

3　8　15　12　75　28　375　(　)

① 89
② 92
③ 93
④ 95
⑤ 98

06

$\frac{3}{2}\quad \frac{5}{6}\quad \frac{7}{12}\quad \frac{9}{20}\quad \frac{11}{30}\quad (\quad)$

① $\frac{12}{42}$
② $\frac{13}{36}$
③ $\frac{12}{36}$
④ $\frac{13}{42}$
⑤ $\frac{14}{35}$

07

5　9　17　33　65　129　(　)

① 223
② 239
③ 248
④ 257
⑤ 265

| 03 | 수리

01 동혁이는 매주 일요일에 집에서 10km 떨어진 산으로 등산을 간다. 어제 동혁이는 오전 11시에 집에서 출발해 평지를 지나 산 정상까지 갔다가 같은 길을 되돌아와 저녁 8시에 집에 도착했다. 평지에서는 5km/h의 속력으로, 산을 올라갈 때는 4km/h의 속력으로 걸었고 등산로의 총길이는 12km라고 할 때, 동혁이가 산을 내려올 때의 속력은?(단, 동혁이는 쉬지 않고 걸었고, 등산로는 산 입구에서 산 정상까지이다)

① 4km/h
② 5km/h
③ 6km/h
④ 7km/h
⑤ 8km/h

Hard

02 농도가 14%인 A설탕물 300g, 농도가 18%인 B설탕물 200g, 농도가 12%인 C설탕물 150g이 있다. A와 B설탕물을 합친 후 100g의 물을 더 담고, 여기에 C설탕물을 합친 후 200g만 남기고 버렸다. 이때, 마지막 설탕물 200g에 녹아있는 설탕의 양은?

① 25.6g
② 28.7g
③ 30.8g
④ 32.6g
⑤ 34.8g

03 다음은 종이책 및 전자책 성인 독서율에 대한 표이다. (가)에 들어갈 수치로 옳은 것은?(단, 각 항목의 2020년 수치는 2018년 수치 대비 일정한 규칙으로 변화한다)

〈종이책 및 전자책 성인 독서율〉

(단위 : %)

항목 \ 연도		2018년			2020년		
		사례 수(건)	1권 이상 읽음	읽지 않음	사례 수(건)	1권 이상 읽음	읽지 않음
성별	남자	2,000	60	40	3,000	90	10
	여자	3,000	65	35	3,000	65	35
연령별	20대	1,000	87	13	1,000	87	13
	30대	1,000	80.5	19.5	1,100	88.6	11.4
	40대	1,000	75	25	1,200	90	10
	50대	1,000	60	40	1,200	(가)	
	60대 이상	1,000	37	63	1,400	51.8	48.2
학력별	중졸 이하	900	30	70	1,000	33.3	66.7
	고졸	1,900	63	37	2,100	69.6	30.4
	대졸 이상	2,200	70	30	2,800	89.1	10.9

① 44
② 52
③ 72
④ 77
⑤ 82

Easy

04 경현이는 취업준비를 위해 6번의 영어 시험을 치렀다. 경현이의 영어 성적 분포가 다음과 같을 때, 6번의 시험 전체의 평균점수보다 높았던 적은 몇 번인가?

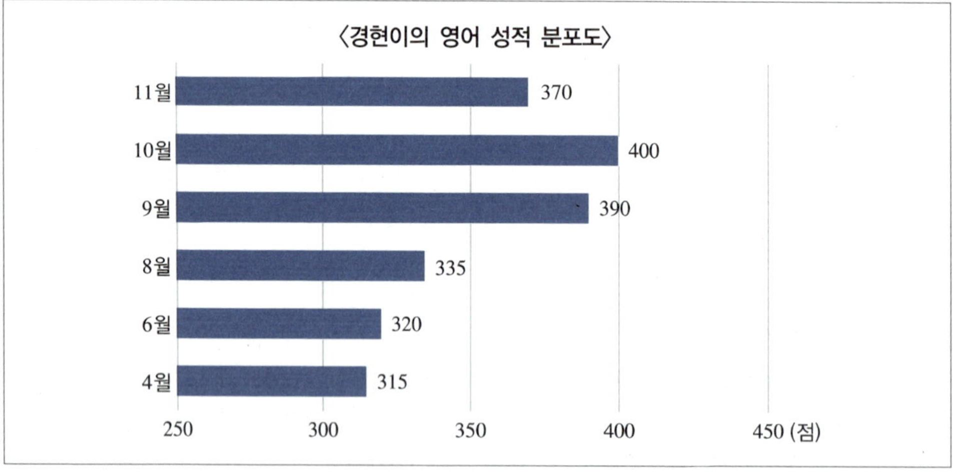

① 2번
② 3번
③ 4번
④ 5번
⑤ 6번

05 다음은 신생아 사망률에 관한 표이다. 이에 대한 설명으로 옳은 것은?

〈생후 1주일 이내 성별·생존기간별 신생아 사망률〉

(단위 : 명, %)

구분	남		여	
1시간 이내	31	2.7	35	3.8
1 ~ 12시간	308	26.5	249	27.4
13 ~ 24시간	97	8.3	78	8.6
25 ~ 48시간	135	11.6	102	11.2
49 ~ 72시간	166	14.3	114	12.5
73 ~ 168시간	272	23.4	219	24.1
미상	153	13.2	113	12.4
합계	1,162	100	910	100

〈생후 1주일 이내 산모 연령별 신생아 사망률〉

(단위 : 명, %)

구분	출생아 수	신생아 사망률
19세 미만	6,356	8.8
20 ~ 24세	124,956	6.3
25 ~ 29세	379,209	6.8
30 ~ 34세	149,760	9.4
35 ~ 39세	32,560	13.5
40세 이상	3,977	21.9
합계	696,818	66.7

① 생후 첫날 여자 신생아 사망률은 남자 신생아 사망률보다 낮다.
② 생후 1주일 내 신생아 사망자 수가 가장 많은 산모 연령대는 40세 이상이다.
③ 생후 1주일 내에서 첫날의 신생아 사망률은 약 50%이다.
④ 생후 1주일 내 신생아 사망률 중 셋째 날 신생아 사망률은 약 13.5%이다.
⑤ 산모 연령 25 ~ 29세의 출생아 수가 가장 많고, 신생아 사망률은 가장 낮다.

| 04 | 도형

※ 다음 도식의 기호들은 일정한 규칙에 따라 도형을 변화시킨다. 〈보기〉의 규칙을 찾고 ?에 들어갈 알맞은 도형을 고르시오(단, 규칙은 A, B, C 각각의 칸에 동일하게 적용된 것을 말하며 A, B, C 규칙은 서로 다르다). **[1~2]**

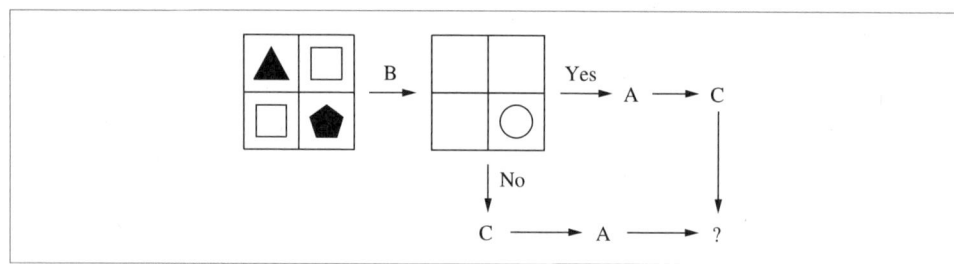

01

보기

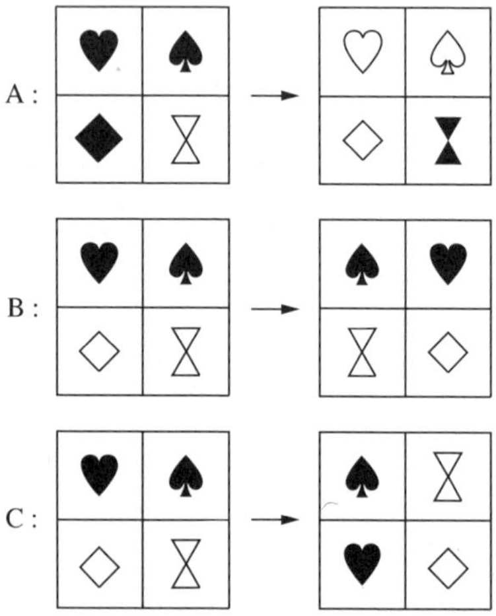

○ : 색이 처음과 같으면 Yes, 다르면 No

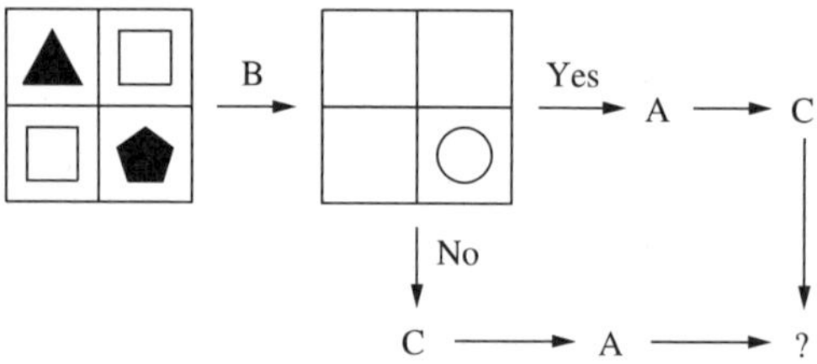

①
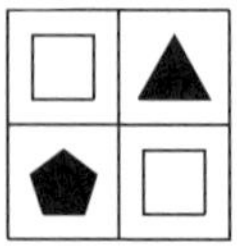

②
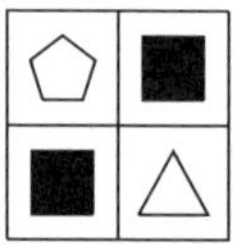

③
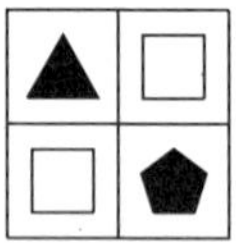

④
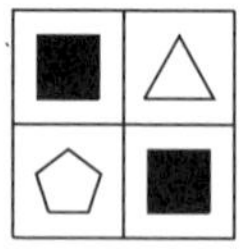

⑤
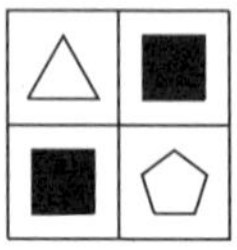

02

보기

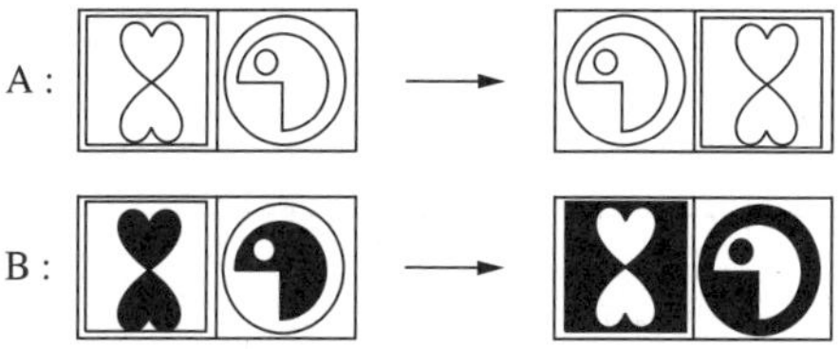

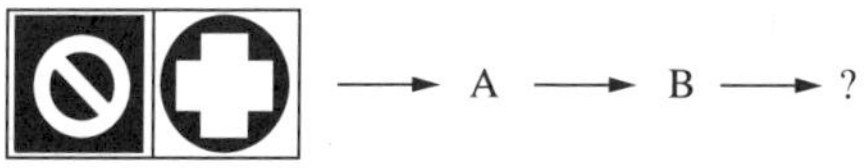

① 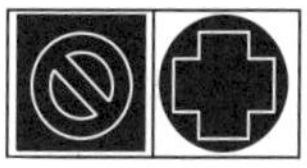

② 

③ 

④ 

⑤ 

CHAPTER 10

2020년 하반기 기출복원문제

정답 및 해설 p.058

| 01 | 언어

01 다음 문단을 논리적 순서대로 바르게 나열한 것은?

(가) 점차 우리의 생활에서 집단이 차지하는 비중이 커지고, 사회가 조직화되어 가는 현대 사회에서는 개인의 윤리 못지않게 집단의 윤리, 즉 사회 윤리의 중요성도 커지고 있다.
(나) 따라서 우리는 현대 사회의 특성에 맞는 사회 윤리의 정립을 통해 올바른 사회를 지향하는 노력을 계속해야 할 것이다.
(다) 그러나 이러한 사회 윤리가 단순히 개개인의 도덕성이나 윤리 의식의 강화에 의해서만 이루어지는 것은 아니다.
(라) 물론 그것은 인격을 지니고 있는 개인과는 달리 전체의 이익을 합리적으로 추구하는 사회의 본질적 특성에서 연유하는 것이기도 하다.
(마) 그것은 개개인이 도덕적이라는 것과 그들로 이루어진 사회가 도덕적이라는 것은 별개의 문제이기 때문이다.

① (가) – (다) – (마) – (라) – (나)
② (가) – (다) – (나) – (라) – (마)
③ (가) – (나) – (마) – (라) – (다)
④ (가) – (나) – (라) – (다) – (마)
⑤ (가) – (나) – (다) – (라) – (마)

02 다음 글의 주장에 대한 반박으로 가장 적절한 것은?

> 인공 지능 면접은 더 많이 활용되어야 한다. 인공 지능을 활용한 면접은 인터넷에 접속하여 인공 지능과 문답하는 방식으로 진행되는데, 지원자는 시간과 공간에 구애받지 않고 면접에 참여할 수 있는 편리성이 있어 면접 기회가 확대된다. 또한 회사는 면접에 소요되는 인력을 줄여, 비용 절감 측면에서 경제성이 크다. 실제로 인공 지능을 면접에 활용한 ○○회사는 전년 대비 2억 원 정도의 비용을 절감했다. 그리고 기존 방식의 면접에서는 면접관의 주관이 개입될 가능성이 큰 데 반해, 인공 지능을 활용한 면접에서는 빅데이터를 바탕으로 한 일관된 평가 기준을 적용할 수 있다. 이러한 평가의 객관성 때문에 많은 회사들이 인공 지능 면접을 도입하는 추세이다.

① 빅데이터는 사회에서 형성된 정보가 축적된 결과물이므로 왜곡될 가능성이 적다.

② 인공 지능을 활용한 면접은 기술적으로 완벽하기 때문에 인간적 공감을 떨어뜨린다.

③ 회사 관리자 대상의 설문 조사에서 인공 지능을 활용한 면접을 신뢰한다는 비율이 높게 나온 것으로 보아 기존의 면접 방식보다 지원자의 잠재력을 판단하는 데 더 적합하다.

④ 회사의 특수성을 고려해 적합한 인재를 선발하려면 오히려 해당 분야의 경험이 축적된 면접관의 생각이나 견해가 면접 상황에서 중요한 판단 기준이 되어야 한다.

⑤ 면접관의 주관적인 생각이나 견해로는 지원자의 잠재력을 판단하기 어렵다.

Hard

03 다음 글을 읽고 추론할 수 있는 내용으로 적절하지 않은 것은?

> 소크라테스와 플라톤은 파르메니데스를 존경스럽고 비상한 능력을 지닌 인물로 높이 평가했으며, 그들의 사상도 영향을 받았다. 그러나 그의 사상에는 난해한 점도 존재한다고 했다. 유럽 철학사에서 파르메니데스의 중요성은 그가 최초로 '존재'의 개념을 정립했다는 데 있다. 파르메니데스는 아르케, 즉 근원적인 원리에 대한 근본적인 질문을 이오니아의 자연철학자들과는 다른 방식으로 다룬다. 그는 원천의 개념에서 일체의 시간적·물리적 성질을 제거하고 오로지 존재론적인 문제만을 남겨놓는다. 이 위대한 엘레아 사람은 지성을 기준으로 내세웠고, 예리한 인식에는 감각적 지각이 필요 없다고 주장했다. 경험적 인식과는 무관한 논리학이 사물의 본질을 파악할 수 있는 능력이라고 전제함으로써 그는 감각적으로 지각할 수 있는 세계 전체를 기만적인 것으로 치부하고 유일하게 실재하는 것은 존재라고 생각했다.
> 그리고 이 존재는 로고스에 의해 인식되며, 로고스와 같은 것이라고 했다. 파악함과 존재는 같은 것이므로 존재하는 것은 파악될 수 있다. 그리고 파악될 수 있는 것만이 존재한다. 파르메니데스는 '존재자'라는 근본적인 존재론적 개념을 유럽 철학에 최초로 도입한 인물일 뿐만 아니라, 경험세계와는 전적으로 무관하게 오로지 논리적 근거만을 사용하여 순수한 이론적 체계를 성립시킨 최초의 인물이기도 했다.

① 파르메니데스 사상의 업적은 존재란 개념을 이성적 파악의 대상으로 본 것이다.

② 플라톤의 철학사상은 파르메니데스의 이론에 영향을 받았을 것이다.

③ 파르메니데스는 감성보다 지성에 높은 지위를 부여했을 것이다.

④ 파르메니데스에게 예리한 인식이란 로고스로 파악하는 존재일 것이다.

⑤ 경험론자들의 주장과 파르메니데스의 주장은 일맥상통할 것이다.

04 다음 글을 읽은 독자의 반응으로 적절하지 않은 것은?

> 우주로 쏘아진 인공위성들은 지구 주위를 돌며 저마다의 임무를 충실히 수행한다. 이들의 수명은 얼마나 될까? 인공위성들은 태양 전지판으로 햇빛을 받아 전기를 발생시키는 태양전지와 재충전용 배터리를 장착하여 지구와의 통신은 물론 인공위성의 온도를 유지하고 자세와 궤도를 조정하는데, 이러한 태양전지와 재충전용 배터리의 수명은 평균 15년 정도이다.
> 방송 통신 위성은 원활한 통신을 위해 안테나가 늘 지구의 특정 위치를 향해 있어야 하는데, 안테나 자세 조정을 위해 추력기라는 작은 로켓에서 추진제를 소모한다. 자세 제어용 추진제가 모두 소진되면 인공위성은 자세를 유지할 수 없기 때문에 더 이상의 임무 수행이 불가능해지고 자연스럽게 수명을 다하게 된다.
> 첩보 위성의 경우는 임무의 특성상 아주 낮은 궤도를 비행한다. 하지만 낮은 궤도로 비행하게 될 경우 인공위성은 공기의 저항 때문에 마모가 훨씬 빨라지므로 수명이 몇 개월에서 몇 주일까지 짧아진다. 게다가 운석과의 충돌 등 예기치 못한 사고로 인하여 부품이 훼손되어 수명이 다하는 경우도 있다.

① 수명이 다 된 인공위성들은 어떻게 되는 걸까?
② 첩보 위성을 높은 궤도로 비행시키면 더욱 오래 임무를 수행할 수 있을 거야.
③ 안테나가 특정 위치를 향하지 않더라도 통신이 가능하도록 만든다면 방송 통신 위성의 수명을 늘릴 수 있을지도 모르겠군.
④ 별도의 충전 없이 오래가는 배터리를 사용한다면 인공위성의 수명을 더 늘릴 수 있지 않을까?
⑤ 아무런 사고 없이 임무를 수행한 인공위성이라도 15년 정도만 사용할 수 있겠구나.

05 다음 글의 내용으로 적절하지 않은 것은?

> 최근 민간 부문에 이어 공공 부문의 인사관리 분야에 '역량(Competency)'의 개념이 핵심 주제로 등장하고 있다. '역량'이라는 개념은 1973년 사회심리학자인 맥클레랜드에 의하여 '전통적 학업 적성 검사 혹은 성취도 검사의 문제점 지적'이라는 연구에서 본격적으로 논의된 이후 다양하게 정의되어 왔으나, 여기서의 역량의 개념은 직무에서 탁월한 성과를 나타내는 고성과자(High Performer)에게서 일관되게 관찰되는 행동적 특성을 의미한다. 즉, 지식·기술·태도 등 내적 특성들이 상호작용하여 높은 성과로 이어지는 행동적 특성을 말한다. 따라서 역량은 관찰과 측정할 수 있는 구체적인 행위의 관점에서 설명된다. 조직이 필요로 하는 역량 모델이 개발된다면 이는 채용이나 선발, 경력 관리, 평가와 보상, 교육과 훈련 등 다양한 인사관리 분야에 적용될 수 있다.

① 역량의 개념은 역사적으로 다양하였다.
② 역량은 개인의 내재적 특성을 포함하는 개념이다.
③ 역량은 직무에서 높은 성과로 이어지는 행동적 특성을 말한다.
④ 역량 모델은 공공 부문보다 민간 부문에서 더욱 효과적으로 작용한다.
⑤ 역량 모델의 개발은 조직의 관리를 용이하게 한다.

| 02 | 언어 · 수추리

01 어느 호텔 라운지에 둔 화분이 투숙자 중 1명에 의하여 깨졌다. 이 호텔에는 갑 ~ 무 5명의 투숙자가 있었으며, 각 투숙자는 다음과 같이 진술하였다. 5명의 투숙자 중 4명은 진실을 말하고 1명이 거짓말을 하고 있다면, 거짓말을 하고 있는 사람은?

> • 갑 : 을은 화분을 깨뜨리지 않았다.
> • 을 : 화분을 깨뜨린 사람은 정이다.
> • 병 : 내가 깨뜨렸다.
> • 정 : 을의 말은 거짓말이다.
> • 무 : 나는 깨뜨리지 않았다.

① 갑
② 을
③ 병
④ 정
⑤ 무

Hard

02 A ~ E 5명은 인적성 시험에 함께 응시하였다. 시험 도중 부정행위가 일어났다고 할 때, 다음 〈조건〉에 따라 부정행위를 한 사람을 모두 고르면?

> 조건
> • 2명이 부정행위를 저질렀다.
> • B와 C는 같이 부정행위를 하거나 같이 부정행위를 하지 않았다.
> • B나 E가 부정행위를 했다면, A도 부정행위를 했다.
> • C가 부정행위를 했다면, D도 부정행위를 했다.
> • E가 부정행위를 하지 않았으면, D도 부정행위를 하지 않았다.

① A, B
② A, E
③ B, C
④ C, D
⑤ D, E

Easy

03 다음 〈조건〉에 따라 금요일에 도서관에 가는 사람을 모두 고르면?

조건

- 근희는 금요일에 도서관에 간다.
- 영경이는 화요일과 목요일에 도서관에 간다.
- 경지가 도서관에 가지 않으면 정민이가 도서관에 간다.
- 정민이가 도서관에 가면 보현이도 도서관에 간다.
- 영경이가 도서관에 가지 않으면 근희는 도서관에 간다.
- 근희가 도서관에 가면 경지는 도서관에 가지 않는다.

① 근희, 정민, 보현
② 근희, 경지, 영경
③ 근희, 경지, 보현
④ 근희, 정민, 영경
⑤ 근희, 영경, 보현

※ 일정한 규칙으로 수를 나열할 때, 빈칸에 들어갈 알맞은 수를 고르시오. **[4~7]**

04

1　2　3　5　8　(　)

① 12　② 13
③ 14　④ 15
⑤ 16

05

−1　2　(　)　−24　−120　720

① 6　② −24
③ −6　④ 24
⑤ −12

Hard

06

−5　1　(　)　$\frac{3}{2}$　−3　$\frac{7}{4}$　−0.5　$\frac{23}{12}$

① −4.5　② −3.5
③ −2.5　④ −1.5
⑤ −0.5

07

−7　−4.5　−1　(　)　9　15.5

① 1.5　② 3.5
③ 4　④ 6.5
⑤ 7

| 03 | 수리

01 100 이하의 자연수 중 12와 32로 나누어떨어지는 자연수의 개수는?

① 0개
② 1개
③ 2개
④ 3개
⑤ 4개

02 십의 자리 숫자와 일의 자리 숫자의 합은 10이고, 십의 자리 숫자와 일의 자리 숫자의 자리를 바꾼 수를 2로 나눈 값은 원래 숫자보다 14만큼 작다. 처음 숫자는?

① 43
② 44
③ 45
④ 46
⑤ 47

Hard

03 회사 직원 중 1,000명에게 사내 복지제도에 대한 설문조사를 하였다. 조사 결과 30%는 만족, 30%는 보통, 40%는 불만족을 선택했고, 불만족을 선택한 인원의 70%가 여직원이었다. 불만족을 선택한 여직원의 수는 회사 전체 여직원 수의 20%이고, 남직원의 수는 회사 전체 남직원의 10%라고 할 때, 회사 전체 직원 수는?

① 2,440명
② 2,480명
③ 2,530명
④ 2,570명
⑤ 2,600명

04 A호텔은 매일 분수쇼와 퍼레이드를 보여주고 있으며, 시간은 오전 10시부터 시작한다. 분수쇼는 10분 동안 진행 후 35분 쉬고, 퍼레이드는 20분의 공연 후 40분의 휴식을 한다. 사람들이 오후 12시부터 오후 6시까지 분수쇼와 퍼레이드의 시작을 함께 볼 수 있는 기회는?

① 1번
② 2번
③ 3번
④ 4번
⑤ 5번

05 숫자 0, 1, 2, 3, 4가 적힌 5장의 카드에서 2장을 뽑아 두 자리 정수를 만들 때 그 수가 짝수일 확률은?

① $\frac{3}{8}$
② $\frac{1}{2}$
③ $\frac{5}{8}$
④ $\frac{3}{4}$
⑤ $\frac{7}{8}$

Easy

06 다음은 20대 이상 성인에게 종이책 독서에 관해 설문조사를 한 표이다. 여성과 남성의 사례 수가 각각 3,000명이라면 '읽음'을 선택한 여성과 남성의 인원은 총 몇 명인가?

〈종이책 독서 현황〉

구분		사례 수(명)	읽음(%)	읽지 않음(%)
성별	남성	3,000	58.2	41.8
	여성	3,000	61.5	38.5
연령별	20대	1,070	73.5	26.5
	30대	1,071	68.9	31.1
	40대	1,218	61.9	38.1
	50대	1,190	52.2	47.8
	60대 이상	1,451	47.8	52.2

※ '읽음'과 '읽지 않음'의 비율은 소수점 둘째 자리에서 반올림한 값임

① 3,150명
② 3,377명
③ 3,591명
④ 3,782명
⑤ 3,843명

07 다음은 A국의 출생, 사망 추이를 나타낸 표이다. 이에 대한 설명으로 옳지 않은 것은?

〈A국의 출생, 사망 추이〉

구분		2014년	2015년	2016년	2017년	2018년	2019년	2020년
출생아 수(명)		490,543	472,761	435,031	448,153	493,189	465,892	444,849
사망자 수(명)		244,506	244,217	243,883	242,266	244,874	246,113	246,942
기대수명(연)		77.44	78.04	78.63	79.18	79.56	80.08	80.55
수명(연)	남자	73.86	74.51	75.14	75.74	76.13	76.54	76.99
	여자	80.81	81.35	81.89	82.36	82.73	83.29	83.77

① 매년 기대수명은 증가하고 있다.
② 남자와 여자의 수명은 매년 5년 이상의 차이를 보이고 있다.
③ 여자의 수명과 기대수명의 차이는 2018년이 가장 적다.
④ 매년 출생아 수는 사망자 수보다 20만 명 이상 더 많으므로 매년 총인구는 20만 명 이상씩 증가한다고 볼 수 있다.
⑤ 출생아 수는 2014년 이후 감소하다가 2017년, 2018년에 증가 이후 다시 감소하고 있다.

Easy

08 다음은 어느 나라의 2019년과 2020년의 노동 가능 인구 구성의 변화를 나타낸 표이다. 2019년과 비교한 2020년의 상황을 바르게 설명한 것은?

〈노동 가능 인구 구성의 변화〉

구분	취업자	실업자	비경제활동인구
2019년	55%	25%	20%
2020년	43%	27%	30%

① 이 자료에서 실업자의 수는 알 수 없다.
② 실업자의 비율은 감소하였다.
③ 경제활동인구는 증가하였다.
④ 취업자 비율의 증감 폭이 실업자 비율의 증감 폭보다 작다.
⑤ 비경제활동인구의 비율은 감소하였다.

| 04 | 도형

※ 다음 도식의 기호들은 일정한 규칙에 따라 도형을 변화시킨다. 〈보기〉의 규칙을 찾고 ?에 들어갈 알맞은 도형을 고르시오(단, 규칙은 A, B, C 각각의 칸에 동일하게 적용된 것을 말하며 A, B, C 규칙은 서로 다르다). **[1~2]**

01

보기

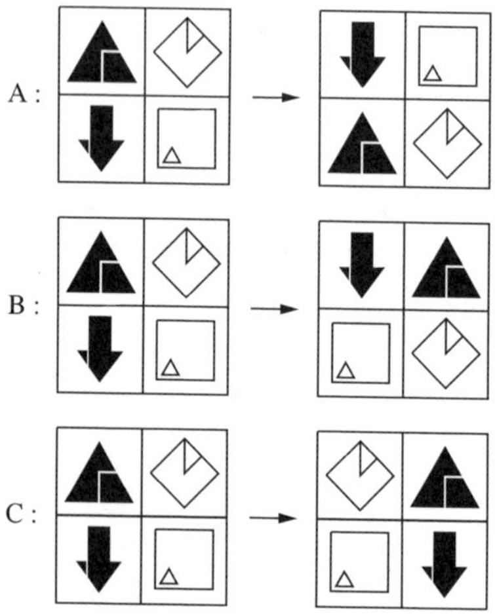

□ : 색이 처음과 같으면 Yes, 다르면 No

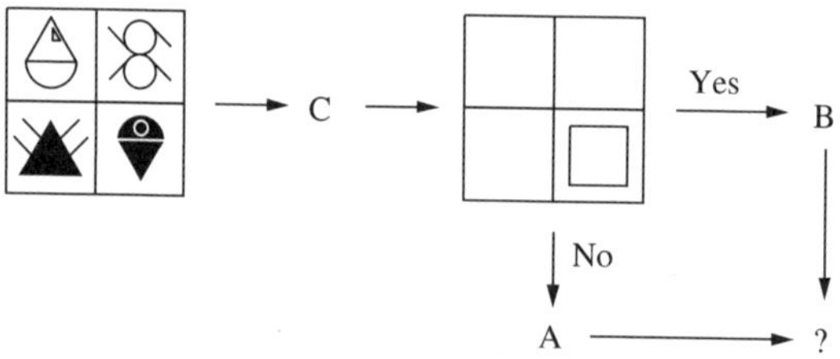

① 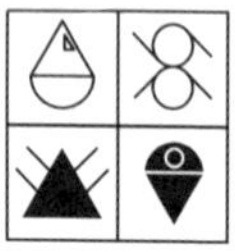

② 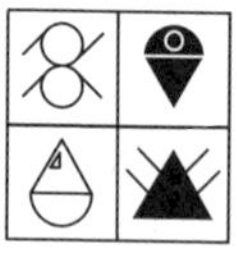

③ 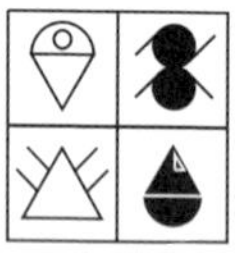

④ 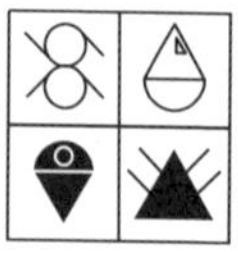

⑤ 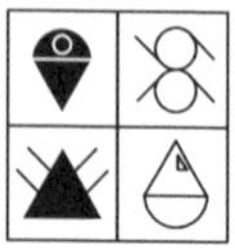

Easy

02

보기

A : 

B : 

C : 

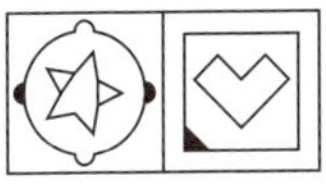 → C → B → A → ?

① 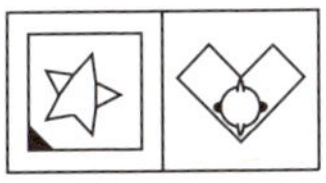

② 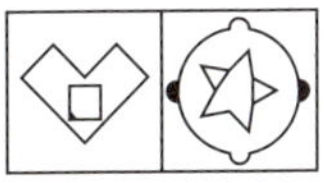

③ 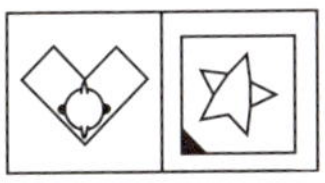

④ 

⑤ 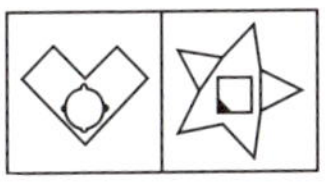

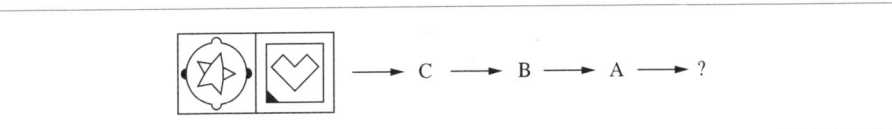

CHAPTER 11

2019년 하반기 기출복원문제

정답 및 해설 p.063

| 01 | 언어

01 다음 빈칸에 공통으로 들어갈 단어를 고르면?

> • 옛날 사람들은 사람도 하늘을 날 수 있다는 ______을 가졌다. 그리고 이러한 ______을 가진 사람 중에는 라이트형제도 있었다. 이들은 결국 비행기를 발명했다.
> • 그에게는 더 이상 살아갈 ______이 남아 있지 않았다.
> • ______이 부족하다.

① 꿈
② 희망
③ 환상
④ 야망
⑤ 염원

02 다음 글의 중심 내용으로 적절한 것은?

> 인지부조화는 한 개인이 가지는 둘 이상의 사고, 태도, 신념, 의견 등이 서로 일치하지 않거나 상반될 때 생겨나는 심리적인 긴장상태를 의미한다. 인지부조화는 불편함을 유발하기 때문에 사람들은 이것을 감소시키려고 한다. 인지부조화를 감소시키는 방법은 서로 모순관계에 있어서 양립할 수 없는 인지들 가운데 하나 이상의 인지가 갖는 내용을 바꾸어 양립할 수 있게 만들거나, 서로 모순되는 인지들 간의 차이를 좁힐 수 있는 새로운 인지를 추가하여 부조화된 인지상태를 조화된 상태로 전환하는 것이다.
> 그런데 실제로 부조화를 감소시키는 행동은 비합리적인 면이 있다. 그 이유는 그러한 행동들이 사람들로 하여금 중요한 사실을 배우지 못하게 하고 자신들의 문제에 대하여 실제적인 해결책을 찾지 못하도록 할 수 있기 때문이다. 부조화를 감소시키려는 행동은 자기방어적인 행동이고, 부조화를 감소시킴으로써 우리는 자신의 긍정적인 이미지, 즉 자신이 선하고 현명하며 상당히 가치 있는 인물이라는 긍정적인 측면의 이미지를 유지하게 된다. 비록 자기방어적인 행동이 유용한 것으로 생각될 수 있지만, 이러한 행동은 부정적 결과를 초래할 수 있다.

① 인지부조화를 극복하기 위해 합리적인 사고가 필요하다.
② 인지부조화는 자기방어적 행동을 유발하여 정신건강을 해친다.
③ 인지부조화는 합리적인 사고에 도움을 준다는 점에서 긍정적이다.
④ 인지부조화를 감소시키는 과정은 긍정적인 자기 이미지 만들기에 효과적이다.
⑤ 인지부조화를 감소시키는 방법의 비합리성으로 인해 부정적 결과가 초래될 수 있다.

03 다음 글의 주장에 대한 반박으로 적절하지 않은 것은?

> 문화재 관리에서 중요한 개념이 복원과 보존이다. 복원은 훼손된 문화재를 원래대로 다시 만드는 것을, 보존은 더 이상 훼손되지 않도록 잘 간수하는 것을 의미한다. 이와 관련하여 훼손된 탑의 관리에 대한 논의가 한창이다.
>
> 나는 복원보다는 보존이 다음과 같은 근거에서 더 적절하다고 생각한다. 우선, 탑을 보존하면 탑에 담긴 역사적 의미를 온전하게 전달할 수 있어 진정한 역사 교육이 가능하다. 탑은 백성들의 평화로운 삶을 기원하기 위해 만들어졌고, 이후 역사의 흐름 속에서 전란을 겪으며 훼손된 흔적들이 더해져 지금 모습으로 남아 있다. 그런데 탑을 복원하면 이런 역사적 의미들이 사라져 그 의미를 온전하게 전달할 수 없다.
>
> 다음으로, 정확한 자료가 없이 탑을 복원하면 이는 결국 탑을 훼손하는 것이 될 수밖에 없다. 따라서 원래의 재료를 활용하지 못하고 과거의 건축 과정에 충실하게 탑을 복원하지 못하면 탑의 옛 모습을 온전하게 되살리는 것은 불가능하므로 탑을 보존하는 것이 더 바람직하다.
>
> 마지막으로, 탑을 보존하면 탑과 주변 공간의 조화가 유지된다. 전문가에 따르면 탑은 주변 산수는 물론, 절 내부 건축물들과의 조화를 고려하여 세워졌다고 한다. 이런 점을 무시하고 탑을 복원한다면 탑과 기존 공간의 조화가 사라지기 때문에 보존하는 것이 적절하다.
>
> 따라서 탑은 보존하는 것이 복원하는 것보다 더 적절하다고 생각한다. 건축 문화재의 경우 복원보다는 보존을 중시하는 국제적인 흐름을 고려했을 때도, 탑이 더 훼손되지 않도록 지금의 모습을 유지하고 관리하는 것이 문화재로서의 가치를 지키고 계승할 수 있는 바람직한 방법이라고 생각한다.

① 탑을 복원하는 비용보다 보존하는 비용이 더 많이 든다.
② 주변 공간과의 조화를 유지하는 방법으로 탑을 복원할 수 있다.
③ 탑을 복원하더라도 탑에 담긴 역사적 의미는 사라지지 않는다.
④ 탑 복원에 필요한 자료를 충분히 수집하여 탑을 복원하면 탑의 옛 모습을 되살릴 수 있다.
⑤ 탑을 복원하면 형태가 훼손된 탑에서는 느낄 수 없었던 탑의 형태적 아름다움을 느낄 수 있다.

04 다음 문단을 논리적 순서대로 바르게 나열한 것은?

(가) 이러한 특징은 구엘 공원에 잘 나타나 있는데, 산의 원래 모양을 최대한 유지하기 위해 지면을 받치는 돌기둥을 만드는가 하면, 건축물에 식물을 심어 그 뿌리로 하여금 무너지지 않게 했다.

(나) 스페인을 대표하는 천재 건축가 가우디가 만든 건축물의 대표적인 특징을 꼽자면, 먼저 곡선을 들 수 있다. 그의 여러 건축물 중 곡선미가 가장 잘 나타나는 것은 바로 1984년 유네스코 세계 문화유산으로 지정된 카사 밀라이다.

(다) 또 다른 특징으로는 자연과의 조화로, 그는 건축 역시 사람들이 살아가는 공간이자 자연의 일부라고 생각하여 가능한 자연을 훼손하지 않고 건축하는 것을 원칙으로 삼았다.

(라) 이 건축물의 표면에는 일렁이는 파도를 연상시키는 곡선이 보이는데, 이는 당시 기존 건축양식과는 거리가 매우 멀어 처음엔 조롱거리가 되었다. 하지만 훗날 비평가들은 그의 창의성을 인정하게 됐고 현대 건축의 출발점으로 지금까지 평가되고 있다.

① (가) – (나) – (라) – (다)
② (가) – (다) – (나) – (라)
③ (나) – (라) – (가) – (다)
④ (나) – (라) – (다) – (가)
⑤ (다) – (나) – (가) – (라)

| 02 | 언어 · 수추리

※ 다음 제시문을 읽고 각 문제의 명제가 항상 참이면 ①, 거짓이면 ②, 알 수 없으면 ③을 고르시오. [1~3]

- 올해 한국의 GDP 순위는 세계 12위이다.
- 프랑스의 GDP 순위는 한국보다 여섯 순위가 더 높다.
- 한국 바로 앞 순위는 러시아이다.
- 브라질의 GDP 순위는 프랑스보다 낮지만, 러시아보다는 높다.
- 한국, 프랑스, 러시아, 브라질, 영국 다섯 국가 중 영국의 GDP 순위가 가장 높다.

Easy

01 주어진 다섯 국가 중 순위가 가장 낮은 나라는 한국이다.

① 참 ② 거짓 ③ 알 수 없음

02 브라질의 GDP 순위는 10위 이내이다.

① 참 ② 거짓 ③ 알 수 없음

03 영국의 GDP 순위는 세계 1위이다.

① 참 ② 거짓 ③ 알 수 없음

※ 다음 제시문을 읽고 각 문제의 명제가 항상 참이면 ①, 거짓이면 ②, 알 수 없으면 ③을 고르시오. [4~6]

- 등산을 좋아하는 사람은 스케이팅을 좋아하지 않는다.
- 영화 관람을 좋아하지 않는 사람은 독서를 좋아한다.
- 영화 관람을 좋아하지 않는 사람은 조깅 또한 좋아하지 않는다.
- 낮잠 자기를 좋아하는 사람은 스케이팅을 좋아한다.
- 스케이팅을 좋아하는 사람은 독서를 좋아한다.

04 낮잠 자기를 좋아하는 사람은 독서를 좋아한다.

① 참　　② 거짓　　③ 알 수 없음

05 영화 관람을 좋아하는 사람은 독서를 좋아하지 않는다.

① 참　　② 거짓　　③ 알 수 없음

06 등산을 좋아하는 사람은 낮잠 자기 또한 좋아한다.

① 참　　② 거짓　　③ 알 수 없음

※ 다음 제시문을 읽고 각 문제의 명제가 항상 참이면 ①, 거짓이면 ②, 알 수 없으면 ③을 고르시오. [7~8]

- A～F 여섯 명이 일렬로 된 6개의 좌석에 앉아 있다.
- 좌석은 왼쪽부터 1번으로 시작하는 번호가 매겨져 있다.
- D와 E는 사이에 세 명을 두고 있다.
- A와 F는 인접할 수 없다.
- D는 F보다 왼쪽에 있다.
- F는 C보다 왼쪽에 있다.

Hard

07 C가 4번에 앉아있다면, E는 C보다 오른쪽에 앉아 있다.

① 참　　② 거짓　　③ 알 수 없음

08 A는 가장자리에 앉아 있다.

① 참　　② 거짓　　③ 알 수 없음

※ 일정한 규칙으로 수를 나열할 때, 빈칸에 들어갈 알맞은 수를 고르시오. **[9~12]**

09

45 40 80 75 150 ( ) 290

① 200
② 170
③ 165
④ 155
⑤ 145

10

3 10 24 ( ) 73 108

① 45
② 50
③ 55
④ 60
⑤ 65

11

1 −1 2 −6 24 −120 ( ) −5,040

① 700
② 720
③ 740
④ 760
⑤ 780

Hard

12

5 2 6 15 4 6 18 12 15 5 ( ) 75

① 5
② 10
③ 15
④ 20
⑤ 25

| 03 | 수리

01 농도가 5%인 소금물 400g이 있다. 이때, 농도 10%의 소금물을 얻기 위해 증발시켜야 하는 물의 양은?

① 100g
② 200g
③ 300g
④ 400g
⑤ 500g

02 전체 길이가 2.5m인 나무토막을 3등분하려고 한다. 가장 긴 막대의 길이는 중간 길이의 막대보다 32cm 더 길고, 가장 짧은 막대는 중간 막대보다 16cm 짧다고 할 때, 가장 긴 막대의 길이는?

① 106cm
② 107cm
③ 108cm
④ 109cm
⑤ 110cm

Easy

03 A고등학교의 음악 동아리는 남학생과 여학생으로 구성되어 있다. 1명의 신입회원이 들어왔을 때 그 회원이 남자라면 남학생 수는 여학생 수의 2배가 되고, 여자라면 남녀의 수가 같아진다. 이때 신입회원이 들어오기 전 동아리 회원 수는 총 몇 명인가?

① 5명
② 6명
③ 7명
④ 8명
⑤ 9명

04 A중학교 1, 2, 3학년 학생들의 수학 점수 평균을 구했더니 각각 38점, 64점, 44점이었다. 각 학년의 학생 수가 50명, 20명, 30명이라고 할 때, 학생들의 전체 수학 점수 평균은?

① 43점
② 44점
③ 45점
④ 46점
⑤ 47점

05 어른과 청소년을 합하여 30명이 영화 관람을 하기로 했다. 어른의 영화 티켓 가격은 11,000원이고, 청소년의 영화 티켓 가격은 어른의 60%이다. 총금액이 264,000원이 나왔다면, 영화를 본 어른의 수는?

① 13명
② 14명
③ 15명
④ 16명
⑤ 17명

Easy

06 A와 B의 집 사이의 거리는 24km이다. A는 시속 3km, B는 시속 5km로 각자의 집에서 서로에게 동시에 출발하였을 때, 두 사람은 출발한 지 몇 시간 후에 만나게 되는가?

① 1시간
② 2시간
③ 3시간
④ 5시간
⑤ 6시간

Hard

07 다음은 행정구역별 화재현황을 나타낸 표이다. 이에 대한 설명으로 옳은 것은?

〈행정구역별 화재현황〉

(단위 : 건)

구분	2014년	2015년	2016년	2017년	2018년
합계	42,135	44,435	43,413	44,178	42,338
서울특별시	5,815	5,921	6,443	5,978	6,368
부산광역시	2,026	1,973	2,199	2,609	2,471
대구광역시	1,767	1,817	1,739	1,612	1,440
인천광역시	1,818	1,875	1,790	1,608	1,620
광주광역시	1,010	1,006	956	923	860
대전광역시	1,291	1,254	974	1,059	1,094
울산광역시	890	874	928	959	887
세종특별자치시	223	252	300	316	236
경기도	9,675	10,333	10,147	9,799	9,632
강원도	2,182	2,485	2,315	2,364	2,228
충청북도	1,316	1,373	1,379	1,554	1,414
충청남도	2,838	3,031	2,825	2,775	2,605
전라북도	1,652	1,962	1,983	1,974	2,044
전라남도	2,620	2,647	2,454	2,963	2,635
경상북도	2,803	3,068	2,651	2,817	2,686
경상남도	3,622	3,960	3,756	4,117	3,482
제주특별자치도	587	604	574	751	636

① 매년 화재 건수가 3번째로 많은 지역은 경상북도이다.

② 충청북도는 매년 화재 건수가 증가하는 추이를 보인다.

③ 2018년 서울특별시의 화재 건수는 전체의 20% 이상이다.

④ 강원도의 2018년 화재 건수는 전년 대비 7% 이상 감소했다.

⑤ 전국의 화재 건수와 동일한 증감 추이를 보이는 지역은 총 5곳이다.

CHAPTER 12

2019년 상반기 기출복원문제

정답 및 해설 p.068

| 01 | 언어

01 다음 문단을 논리적 순서대로 바르게 나열한 것은?

(가) 정해진 극본대로 연기를 하는 연극의 서사는 논리적이고 합리적이다. 그러나 연극 밖의 현실은 비합리적이고, 그 비합리성을 개인의 합리에 맞게 해석한다. 연극 밖에서도 각자의 합리성에 맞춰 연극을 하고 있는 것이다.

(나) 사전적 의미로 불합리한 것, 이치에 맞지 않는 것을 의미하는 부조리는 실존주의 철학에서는 현실에서는 전혀 삶의 의미를 발견할 가능성이 없는 절망적인 한계상황을 나타내는 용어이다.

(다) 이것이 비합리적인 세계에 대한 자신의 합목적적인 희망이라는 사실을 깨달았을 때, 삶은 허망해지고 인간은 부조리를 느끼게 된다.

(라) 부조리라는 개념을 처음 도입한 대표적인 철학자인 알베르 카뮈는 연극에 비유하여 부조리에 대해 설명한다.

① (가) – (다) – (나) – (라)
② (가) – (라) – (나) – (다)
③ (나) – (가) – (다) – (라)
④ (나) – (다) – (가) – (라)
⑤ (나) – (라) – (가) – (다)

02 다음 글에 이어질 내용으로 가장 적절한 것은?

지금처럼 정보통신기술이 발달하지 않았던 시절에 비둘기는 '전서구'라고 불리며 먼 곳까지 소식을 전해 주었다. 비둘기는 다리에 편지를 묶어 날려 보내면 아무리 멀리 있어도 자기의 집을 찾아오는 습성이 있는 것으로 알려져 있다.
이러한 비둘기의 습성에 관해 많은 과학자들이 연구한 결과, 비둘기가 자기장을 이용해 집을 찾는다는 것을 밝혀냈다. 비둘기에게 불투명한 콘텍트렌즈를 끼워 시야를 가리고 먼 곳에서 날려 집을 찾아오는지에 대한 실험을 했을 때, 비둘기는 정확하게 집을 찾아왔다. 또한, 비둘기의 머리에 코일을 감아 전기를 통하게 한 후, 지구 자기의 N극 위치와 같이 N극이 비둘기 아래쪽에 형성되도록 한 비둘기는 집을 잘 찾아 갔지만, 머리 위쪽에 형성되도록 한 비둘기는 엉뚱한 방향으로 날아가 집을 찾지 못했다.

① 비둘기의 서식 환경
② 비둘기가 철새가 아닌 이유
③ 비둘기와 태양 사이의 관계
④ 비둘기가 자기장을 느끼는 원인
⑤ 비둘기가 자기장을 느끼지 못하게 하는 방법

Easy

03 다음 글의 내용으로 적절하지 않은 것은?

'저장강박증'은 물건의 사용 여부와 관계없이 버리지 못하고 저장해 두는 강박장애의 일종이다. 미래에 필요할 것이라고 생각해서 물건이나 음식을 버리지 못하고 쌓아 두거나, 어떤 사람은 동물을 지나치게 많이 기르기도 한다. 저장강박증이 있는 사람들은 물건을 버리지 않고 모으지만 애정이 없기 때문에 관리는 하지 않는다. 다만 물건이 모아져 있는 상태에서 일시적인 편안함을 느낄 뿐이다. 그러나 결과적으로는 불안증과 강박증, 폭력성을 더욱 가중하는 결과를 낳게 된다.
저장강박증은 치료가 쉽지 않다. 아직까지 정확하게 밝혀진 원인이 없고, 무엇보다 이 사람들의 대부분은 자가 병식이 없다. 때문에 대부분 치료를 원하지 않거나 가족들의 강요에 의해 병원을 찾는다. 그러나 자연적으로 좋아지기 어려우므로 반드시 초기에 치료를 진행해야 한다.

① 저장강박증의 정확한 원인은 아직 밝혀지지 않았다.
② 저장강박증은 물건을 버리지 못하는 강박장애이다.
③ 저장강박증이 있는 사람은 물건에 애착을 느껴서 버리지 못한다.
④ 저장강박증이 있는 사람은 동물을 지나치게 많이 기르기도 한다.
⑤ 저장강박증이 있는 사람들은 스스로 병에 대한 문제를 느끼지 못한다.

| 02 | 언어 · 수추리

※ 다음 제시문을 읽고 각 문제의 명제가 항상 참이면 ①, 거짓이면 ②, 알 수 없으면 ③을 고르시오. [1~3]

- 비 오는 날을 좋아하면 물놀이를 좋아한다.
- 장화를 좋아하면 비 오는 날을 좋아한다.
- 여름을 좋아하지 않으면 물놀이를 좋아하지 않는다.
- 어떤 고양이는 장화를 좋아한다.

01 어떤 고양이는 여름을 좋아한다.

① 참 ② 거짓 ③ 알 수 없음

02 비오는 날을 좋아하지 않는 고양이도 있다.

① 참 ② 거짓 ③ 알 수 없음

Easy

03 장화를 좋아하지 않으면 물놀이를 좋아하지 않는다.

① 참 ② 거짓 ③ 알 수 없음

※ 다음 제시문을 읽고 각 문제의 명제가 항상 참이면 ①, 거짓이면 ②, 알 수 없으면 ③을 고르시오. **[4~6]**

- K사 인사팀은 총 15명으로 구성되어 있고, 모두 아침 회의에 참석했다.
- 회의에 참석한 남직원과 여직원의 성비는 3 : 2이다.
- 회의 시간에 커피를 마신 사람은 9명이다.
- 인사팀 직원의 $\frac{2}{5}$는 커피를 전혀 마시지 않는다.

04 회의 중 여직원 2명이 커피를 마셨다면, 남은 커피는 모두 남직원이 마셨다.

① 참 ② 거짓 ③ 알 수 없음

05 커피를 마시지 않는 사람이 모두 여직원이라면, 여직원 중에는 커피를 마시는 사람이 없다.

① 참 ② 거짓 ③ 알 수 없음

Hard

06 여직원 중 3명은 커피를 마셨고, 2명은 전혀 마시지 않는다면 남직원은 최소 6명 이상이 커피를 마신다.

① 참 ② 거짓 ③ 알 수 없음

※ 다음 제시문을 읽고 각 문제의 명제가 항상 참이면 ①, 거짓이면 ②, 알 수 없으면 ③을 고르시오. **[7~8]**

- 7층 아파트에 각 층마다 1명씩 거주하며, 현재 A ~ D가 살고 있다.
- 주민 간 합의를 통해 반려동물을 키우는 사람도 1 ~ 2층에 입주를 허용하였다.
- A는 강아지를 키우고 있다.
- B는 A보다 높은 곳에 살고 있고 홀수 층에 산다.
- C는 B의 바로 아래층에 살고 반려동물이 없다.
- D는 5층에 산다.

07 A가 1층에 산다면 C는 6층에 거주한다.

① 참 ② 거짓 ③ 알 수 없음

08 강아지를 키우고 있는 E가 아파트에 입주한다면 B는 7층에 거주한다.

① 참 ② 거짓 ③ 알 수 없음

※ 일정한 규칙으로 수를 나열할 때, 빈칸에 들어갈 알맞은 수를 고르시오. **[9~12]**

09

4　2　6　-2　14　-18　(　)

① 46　② -46
③ 52　④ -52
⑤ 74

10

0　(　)　-6　-18　-24　-72　-78

① -6　② -2
③ 0　④ 2
⑤ 6

11

-2　$\frac{7}{2}$　-2　$\frac{21}{2}$　-2　(　)

① -2　② $-\frac{1}{2}$
③ $\frac{54}{2}$　④ $\frac{63}{2}$
⑤ $\frac{74}{3}$

Hard
12

2　4　4　2　3　(　)　9　3　5　10　25　5

① 2　② 3
③ 4　④ 5
⑤ 6

| 03 | 수리

01 미주는 집에서 백화점에 가기 위해 8km/h의 속력으로 집에서 출발했다. 미주가 집에서 출발한 지 12분 후에 지갑을 두고 간 것을 발견한 동생이 20km/h의 속력으로 미주를 만나러 출발했다면, 미주와 동생은 몇 분 후에 만나게 되는가?(단, 미주와 동생은 쉬지 않고 일정한 속력으로 움직인다)

① 11분 ② 14분
③ 17분 ④ 20분
⑤ 23분

Hard

02 한 학교의 올해 남학생과 여학생 수는 작년에 비해 남학생은 8% 증가, 여학생은 10% 감소했다. 작년의 전체 학생 수는 820명이고, 올해는 작년에 비해 10명이 감소했다고 할 때, 작년의 여학생 수는?

① 400명 ② 410명
③ 420명 ④ 430명
⑤ 440명

03 현재 시간이 7시 20분일 때, 시계의 시침과 분침이 움직인 작은 각의 각도는?

① 100° ② 105°
③ 110° ④ 115°
⑤ 120°

Easy

04 가로의 길이가 15cm, 세로의 길이가 6cm인 직사각형이 있다. 이 직사각형의 가로길이는 1초에 2cm씩 짧아지고, 세로길이는 1초에 1cm씩 길어진다고 할 때, 이 직사각형이 정사각형이 될 때의 넓이는?

① $25cm^2$
② $36cm^2$
③ $49cm^2$
④ $64cm^2$
⑤ $81cm^2$

05 경서와 민준이는 각각 1 : 2의 비율로 용돈을 받았고, 4 : 7의 비율로 지출을 했다. 각각 남은 금액이 2,000원, 5,500원이라고 할 때, 민준이가 받은 용돈은?(단, 용돈 외에 추가수입은 없었다)

① 15,000원
② 15,500원
③ 16,000원
④ 16,500원
⑤ 17,000원

06 K사는 전 직원을 대상으로 유연근무제에 대한 찬반투표를 진행하였다. 그 결과 전체 직원의 80%가 찬성하였고, 20%는 반대하였다. 전 직원의 40%는 여직원이고, 유연근무제에 찬성한 직원의 70%는 남직원이었다. 여직원 한 명을 뽑았을 때, 이 직원이 유연근무제에 찬성했을 확률은?(단, 모든 직원은 찬성이나 반대의 의사표시를 하였다)

① $\frac{1}{5}$
② $\frac{2}{5}$
③ $\frac{3}{5}$
④ $\frac{4}{6}$
⑤ $\frac{5}{6}$

Hard

07 다음은 분야별 국내 수출물가지수에 대한 표이다. 이에 대한 설명으로 옳은 것은?

〈국내 수출물가지수〉

구분	2018년 11월	2018년 12월	2019년 1월	2019년 2월
총지수	85.82	83.80	82.78	82.97
농산물	153.48	179.14	178.17	178.24
수산물	92.40	91.37	92.29	90.02
공산품	85.71	83.67	82.64	82.84
식료품	103.76	103.30	103.89	103.78
담배	96.92	97.39	97.31	97.35
섬유 및 가죽제품	108.18	108.94	111.91	112.18
의약품	100.79	100.56	101.55	101.11
기타최종화학제품	106.53	105.31	103.88	103.57
플라스틱제품	90.50	90.13	90.63	91.40
전기기계 및 장치	93.11	92.64	92.35	92.32
반도체 및 전자표시장치	55.05	54.18	51.09	49.60
컴퓨터 및 주변기기	60.91	59.78	59.47	59.58
가정용 전기기기	92.53	92.08	91.94	91.94
정밀기기	76.03	75.72	74.10	74.12
자동차	99.97	99.66	99.54	99.48
기타 제조업제품	108.13	107.59	107.54	107.98

※ 2017년 동월 같은 분야의 물가지수를 기준(=100)으로 나타낸 지수임

① 2018년 11월 정밀기기 분야의 전년 동월 대비 감소율은 30% 이상이다.

② 2019년 2월 농산물 분야의 물가지수는 수산물 분야 물가지수의 2배 미만이다.

③ 물가지수의 2019년 1월 전월 대비 감소율은 담배 분야가 전기기계 및 장치 분야보다 높다.

④ 2018년 11월과 2018년 12월에 전년 동월 대비 물가지수가 증가한 분야의 수는 다르다.

⑤ 공산품 분야의 2017년 11월 물가지수를 250이라고 한다면, 2018년 11월 물가는 190 이상이다.

08 다음은 우리나라 건강보험 재정현황에 대한 표이다. 이에 대한 설명으로 옳지 않은 것은?

〈우리나라 건강보험 재정현황〉

(단위 : 조 원)

구분		2011년	2012년	2013년	2014년	2015년	2016년	2017년	2018년
수입		33.6	37.9	41.9	45.2	48.5	52.4	55.7	58
	보험료 등	28.7	32.9	36.5	39.4	42.2	45.3	48.6	51.2
	정부지원	4.9	5	5.4	5.8	6.3	7.1	7.1	6.8
지출		34.9	37.4	38.8	41.6	43.9	48.2	52.7	57.3
	보험급여비	33.7	36.2	37.6	40.3	42.5	46.5	51.1	55.5
	관리운영비 등	1.2	1.2	1.2	1.3	1.4	1.7	1.6	1.8
수지율(%)		104	98	93	92	91	92	95	99

※ $[\text{수지율}(\%)]=\frac{(\text{지출})}{(\text{수입})}\times 100$

① 2016년 보험료 등이 건강보험 수입에서 차지하는 비율은 75% 이상이다.

② 건강보험 수입과 지출의 전년 대비 증감 추이는 2012년부터 2017년까지 동일하다.

③ 2011년 대비 2018년 건강보험 수입의 증가율과 건강보험 지출의 증가율의 차이는 15%p 이상이다.

④ 2012년부터 건강보험 수지율이 전년 대비 감소하는 해에는 정부지원 수입이 전년 대비 증가했다.

⑤ 2012년부터 2014년까지 건강보험 지출 중 보험급여비가 차지하는 비중은 매년 90%를 초과한다.

시대에듀

M E M O

PART 3

3개년 주요기업 기출복원문제

PART

3 3개년 주요기업 기출복원문제

정답 및 해설 p.074

| 01 | 언어

※ 다음 글의 내용으로 적절하지 않은 것을 고르시오. [1~5]

| 2025년 상반기 SK그룹

01

일상에서 전지는 없어서는 안 될 중요한 역할을 한다. 스마트폰, 리모컨, 시계 등 다양한 기기들이 전지를 통해 작동하며, 덕분에 우리는 언제 어디서나 편리하게 전자기기를 사용할 수 있다. 전지는 화학에너지를 전기에너지로 변환하는 장치로, 크게 1차 전지와 2차 전지로 나눌 수 있다.
1차 전지는 한 번 사용하면 더 이상 충전하거나 재사용할 수 없는 전지로, 알카라인 전지, 망간 전지, 리튬 1차 전지 등이 대표적인 예시이다. 주로 저전력으로 오랜 시간 작동해야 하는 리모컨, 벽시계, 손전등 등에 많이 사용된다. 1차 전지는 에너지 밀도가 높고 장기간 보관해도 성능이 잘 유지된다는 장점이 있지만, 한 번 사용 후 폐기해야 하므로 재사용이 불가능하고, 대량 폐기로 인한 환경오염 문제도 발생할 수 있다.
반면 2차 전지는 충전과 방전을 반복할 수 있는 전지다. 리튬 이온 전지, 납축전지, 니켈 – 수소 전지 등이 대표적이며 주로 스마트폰, 노트북, 전기차 등 반복해서 충전이 필요한 기기에 주로 사용된다. 2차 전지는 여러 번 사용할 수 있어 장기적으로 경제적이고, 자원 낭비를 줄일 수 있다는 장점이 있지만 초기 구입비용이 높고, 일부 소재는 독성이나 폭발 위험 등 안전성 문제가 제기되기도 한다.
1차 전지와 2차 전지의 가장 큰 차이는 재사용 여부다. 1차 전지는 한 번 쓰고 버려야 하지만, 2차 전지는 여러 번 충전해 쓸 수 있다. 화학 반응 면에서도 1차 전지는 비가역적이지만, 2차 전지는 가역적인 반응을 이용한다. 그러므로 용도와 예시, 장단점도 서로 다르다. 하지만 두 전지 모두 화학에너지를 전기에너지로 바꾸는 기본 원리는 같으며 모두 양극, 음극, 전해질로 구성되어 있고, 내부에서 일어나는 화학 반응을 통해 전류가 흐른다.
최근에는 2차 전지 기술이 빠르게 발전하고 있다. 특히 전기차와 재생에너지 저장장치 등 다양한 첨단 산업에서 2차 전지의 중요성이 크게 부각되고 있으며, 친환경 소재 개발과 효율 향상도 활발히 이루어지고 있다. 이러한 흐름에 맞춰 전 세계적으로 2차 전지 기술을 선점하기 위한 경쟁이 치열하게 전개되고 있으며, 각국은 미래 시장을 주도하기 위해 연구개발과 투자를 아끼지 않고 있다.

① 일반적으로 1차 전지보다 2차 전지의 구입비용이 높다.
② 1차 전지와 2차 전지의 가장 큰 차이점은 재사용의 가능 여부이다.
③ 미래 산업에서는 1차 전지보다 2차 전지의 가치가 더욱 높을 것이다.
④ 1차 전지는 주로 간단한 장비에 쓰이며, 2차 전지는 주로 첨단 장비에 쓰인다.
⑤ 1차 전지는 전지 내부의 물리적 반응으로 전류가 흐르고, 2차 전지는 화학적 반응을 통해 전류가 흐른다.

'갑'이라는 사람이 있다고 하자. 이때 사회가 갑에게 강제적 힘을 행사하는 것이 정당화되는 근거는 무엇일까? 그것은 갑이 다른 사람에게 미치는 해악을 방지하려는 데 있다. 특정 행위가 갑에게 도움이 될 것이라든가, 이 행위가 갑을 더욱 행복하게 할 것이라든가 또는 이 행위가 현명하다든가 혹은 옳은 것이라든가 하는 이유를 들면서 갑에게 이 행위를 강제하는 것은 정당하지 않다. 이러한 이유는 갑에게 권고하거나 이치를 이해시키거나 무엇인가를 간청하거나 할 때는 충분한 이유가 된다. 그러나 갑에게 강제를 가하는 이유 혹은 어떤 처벌을 가할 이유는 되지 않는다. 이와 같은 사회적 간섭이 정당화되기 위해서는 갑이 행하려는 행위가 다른 어떤 이에게 해악을 끼칠 것이라는 점이 충분히 예측되어야 한다. 한 사람이 행하고자 하는 행위 중에서 그가 사회에 대해서 책임을 져야 할 유일한 부분은 다른 사람에게 관계되는 부분이다.

① 타인과 관계되는 행위에는 사회적 책임이 따른다.
② 개인에 대한 사회의 간섭은 어떤 조건이 필요하다.
③ 행위 수행 혹은 행위 금지의 도덕적 이유와 법적 이유는 구분된다.
④ 한 사람의 행위는 타인에 대한 행위와 자신에 대한 행위로 구분된다.
⑤ 사회는 개인의 해악에 관심이 있지만, 그 해악을 방지할 강제성의 근거는 가지고 있지 않다.

03

모든 차의 운전자는 도로교통법 제48조 제1항에 의해 차의 조향장치와 제동장치, 그 밖의 장치를 정확하게 조작해야 하고, 도로의 교통상황과 차의 구조 및 성능에 따라 다른 사람에게 위험과 장해를 주는 속도나 방법으로 운전을 해서는 안 된다. 즉, 운전 속도나 방법이 도로교통법상 위배됨 없이 운전을 하더라도, 그 운전행위가 객관적으로 교통상황과 차의 구조, 성능 등을 모두 고려해 볼 때 다른 사람에게 위험과 장해를 초래할 개연성이 높다면 안전운전의무를 지키지 않은 것으로 본다는 것이다. 여기서 더 나아가 실제로 다른 사람들에게 자동차를 통해 위협 또는 위해를 가하거나 교통상의 위험을 발생시킨다면 난폭운전 또는 보복운전으로 처벌을 받을 수 있다.

흔히들 난폭운전과 보복운전을 비슷한 개념으로 혼동을 한다. 하지만 그 기준이나 처벌 수위에 엄연한 차이가 있다. 난폭운전이란 도로교통법에 따르면 특정 위반행위를 둘 이상 연달아서 하거나, 하나의 행위를 지속 또는 반복하여 다른 사람에게 위협 또는 위해를 가하는 경우 또는 교통상의 위험을 발생시킨 경우를 말한다. 여기서 말하는 특정 위반행위란 신호위반, 중앙선침범, 속도위반, 안전거리 미확보, 진로변경금지위반, 급제동, 앞지르기방법 또는 방해금지 위반, 정당한 사유 없는 소음발생 등을 말하며 이런 행위들이 연달아 발생하거나 반복된다면 난폭운전으로 처벌을 받을 수 있는 것이다.

다음으로 보복운전은 운전면허를 받은 사람이 자동차 등을 이용하여 형법상 특수상해, 특수폭행, 특수협박, 특수손괴의 '특수'범죄를 행한 경우를 말하며, 도로교통법에 따라 운전면허가 취소 또는 정지될 뿐만 아니라 형법에 의거, 난폭운전보다 훨씬 무거운 처벌을 받을 수 있다. 보복운전이 형법에 의해 특수범죄로 취급되는 이유는 자동차를 법률에 명시된 '위험한 물건'으로 보기 때문이다. 위험한 물건은 그 자체로 흉기에 속하지는 않으나, 특수한 상황하에서의 성질과 사용 방법에 따라서는 사람을 살상할 수 있는 물건을 말한다. 운전자가 운전대를 잡고 있는 자동차는 그 자체로 위험한 물건이 될 수 있음에는 이견이 없을 것이다. 앞서가다가 고의로 급정지를 하거나 급감속, 급제동을 반복하며 특정인을 고의로 위협하는 행위, 중앙선이나 갓길로 밀어붙이는 행위 등은 모두 자동차라는 흉기가 될 수 있는 물건을 이용해 발생하는 특수범죄로 보복운전에 해당할 수 있다.

① 보복운전의 상황에서 자동차는 흉기로 취급된다.
② 보복운전과 난폭운전 모두 특수범죄에 해당한다.
③ 속도위반만 했을 경우에도 난폭운전이 될 수 있다.
④ 대부분의 사람들이 난폭운전과 보복운전 간의 차이를 느끼지 못한다.
⑤ 안전운전의무를 지키기 위해서는 다른 사람에게 위험이 되지 않도록 운전을 해야 한다.

| 2023년 상반기 포스코그룹

04

위기지학(爲己之學)이란 15세기의 사림파 선비들이 『소학(小學)』을 강조하면서 내세운 공부 태도를 가리킨다. 원래 이 말은 위인지학(爲人之學)과 함께 『논어(論語)』에 나오는 말이다. '옛날에 공부하던 사람들은 자기를 위해 공부했는데, 요즘 사람들은 남을 위해 공부한다.' 즉, 공자는 공부하는 사람의 관심이 어디에 있느냐를 가지고 학자를 두 부류로 구분했다. 어떤 학자는 '위기(爲己)란 자아가 성숙하는 것을 추구하며, 위인(爲人)이란 남들에게서 인정받기를 바라는 태도'라고 했다.
조선 시대를 대표하는 지식인 퇴계 이황(李滉)은 이렇게 말했다. '위기지학이란, 우리가 마땅히 알아야 할 바가 도리이며, 우리가 마땅히 행해야 할 바가 덕행이라는 것을 믿고, 가까운 데서부터 착수해 나가되 자신의 이해를 통해서 몸소 실천하는 것을 목표로 삼는 공부이다. 반면 위인지학이란, 내면의 공허함을 감추고 관심을 바깥으로 돌려 지위와 명성을 취하는 공부이다.' 위기지학과 위인지학의 차이는 공부의 대상이 무엇이냐에 있다기보다 공부를 하는 사람의 일차적 관심과 태도가 자신을 내면적으로 성숙시키는 데 있느냐 아니면 다른 사람으로부터 인정을 받는 데 있느냐에 있다는 것이다.
이것은 학문의 목적이 외재적 가치에 의해서가 아니라 내재적 가치에 의해서 정당화된다는 사고방식이 나타났음을 뜻한다. 이로써 당시 사대부들은 출사(出仕)를 통해 정치에 참여하는 것 외에 학문과 교육에 종사하면서도 자신의 사회적 존재 의의를 주장할 수 있다고 믿었다. 더 나아가 학자 또는 교육자로서 사는 것이 관료 또는 정치가로서 사는 것보다 훌륭한 것이라고 주장할 수 있게 되었다. 또한 위기지학의 출현은 종래 과거제에 종속되어 있던 교육에 독자적 가치를 부여했다는 점에서 역사적 사건으로 평가받아 마땅하다.

① 국가가 위기지학을 권장함으로써 그 위상이 높아졌다.
② 위인지학을 추구하는 사람들은 체면과 인정을 중시했다.
③ 위기적 태도를 견지한 사람들은 자아의 성숙을 추구했다.
④ 공자는 학문을 대하는 태도를 기준으로 삼아 학자들을 나누었다.

Hard

| 2023년 상반기 LG그룹

05

수소와 산소는 H_2와 O_2의 분자 상태로 존재한다. 수소와 산소가 화합해서 물 분자가 되려면 이 두 분자가 충돌해야 하는데, 충돌하는 횟수가 많으면 많을수록 물 분자가 생기는 확률은 높아진다. 또한 반응하기 위해서는 분자가 원자로 분해되어야 한다. 좀 더 정확히 말한다면, 각각의 분자에서 산소 원자끼리 그리고 수소 원자끼리의 결합력이 약해져야 한다. 높은 온도는 분자 간의 충돌 횟수를 증가시킬 뿐 아니라 분자를 강하게 진동시켜 분자의 결합력을 약하게 한다. 그리하여 수소와 산소는 이전까지 결합하고 있던 자신과 동일한 원자와 떨어져, 산소 원자 하나에 수소 원자 두 개가 결합한 물(H_2O)이라는 새로운 화합물이 되는 것이다.

① 수소 분자와 산소 분자가 충돌해야 물 분자가 생긴다.
② 높은 온도는 분자를 강하게 진동시켜 결합력을 약하게 한다.
③ 수소 분자와 산소 분자가 원자로 분해되어야 반응을 할 수 있다.
④ 산소 분자와 수소 분자가 각각 물(H_2O)이라는 새로운 화합물이 된다.
⑤ 산소 분자와 수소 분자의 충돌 횟수가 많아지면 물 분자가 될 확률이 높다.

※ 다음 글의 내용으로 가장 적절한 것을 고르시오. [6~9]

Hard

06

| 2025년 상반기 삼성그룹

2차 전지는 충전과 방전을 반복해 사용할 수 있는 배터리로, 최근 전기차, 스마트폰, 태블릿, 에너지저장장치(ESS) 등 다양한 분야에서 필수적인 역할을 하고 있다. 2차 전지는 양극, 음극, 분리막, 전해질이라는 네 가지 핵심 소재로 구성된다. 대표적인 2차 전지인 리튬이온 배터리의 경우 양극에 있는 리튬이 충전 시 리튬이온이 전해질을 통해 분리막을 지나 음극으로 이동하며, 방전 시는 반대로 리튬이온이 음극에서 양극으로 이동하여 충전과 방전을 반복하게 된다. 따라서 2차 전지를 포함한 배터리의 용량은 주로 양극의 소재(양극재)에 따라 결정되지만, 충전이 가능한 2차 전지의 경우 충전 시 리튬이온을 받아 저장할 수 있는 음극의 소재(음극재)에 따라 배터리의 수명과 충전 효율이 결정되므로 최근 음극재가 2차 전지의 핵심 요소로 더욱 주목받고 있다.

2차 전지에서 음극재는 양극의 리튬이온을 받아 저장하고 방출하는 역할을 담당한다. 음극재를 구조적으로 살펴보면, 집전판 위에 음극활물질, 도전재, 바인더가 함께 쌓여 있는 형태이다. 집전판은 외부 회로와 활물질 사이에서 전자를 전달하는 역할을 하며, 음극활물질은 리튬이온을 저장하는 주체로 작용한다. 도전재는 전기가 잘 흐르도록 돕고, 바인더는 각 재료를 단단하게 고정하는 역할을 한다.

현재 가장 널리 사용되는 음극활물질은 흑연으로, 층상 구조 덕분에 리튬이온이 쉽게 출입할 수 있다. 게다가 가격이 저렴하고 안정적이며, 장기간 사용해도 성능 저하가 크지 않다는 장점이 있다. 반면, 에너지 밀도가 높지 않아 충전 속도를 높이는 데에는 한계가 존재한다.

이러한 한계를 극복하기 위해 최근에는 실리콘 음극재가 주목받고 있다. 흑연은 원자 6개에 1개의 리튬이온을 저장할 수 있지만, 실리콘은 리튬이온과 결합해 원자 5개로 22개의 리튬이온을 저장할 수 있어 흑연에 비해 실질적으로 저장할 수 있는 에너지 밀도가 약 10배가량 높다. 따라서 실리콘 음극재를 사용할수록 더 빠른 충전 속도를 가질 수 있다. 그러나 실리콘은 충전과 방전을 반복할 때 최대 300%까지 부피 팽창이 일어나므로 소재 및 배터리가 쉽게 손상되는 단점이 있어 실리콘 음극재의 상용화에는 아직 기술적 한계가 남아 있다. 이러한 단점을 극복하기 위하여 최근에는 흑연과 실리콘을 혼합해 사용하는 등 다양한 연구가 활발히 이루어지고 있다.

미래 산업의 주요 동력원으로서 2차 전지의 중요성은 더욱 커지고 있으며, 2차 전지의 성능을 좌우하는 핵심 소재인 음극재 기술의 중요성 또한 더욱 부각되고 있다. 배터리의 충전 속도, 수명 등 다양한 성능을 한 단계 끌어올릴 수 있는 음극재 기술의 발전은 앞으로 실리콘 등 신소재의 상용화가 가속화될 것으로 전망된다.

① 2차 전지의 음극에서 리튬이온은 집전판에 저장된다.

② 2차 전지의 용량은 주로 음극재의 종류에 따라 달라진다.

③ 같은 면적이라면 흑연이 실리콘보다 더 많은 리튬이온을 저장한다.

④ 음극재로 실리콘을 주로 사용할 경우 배터리의 변형이 일어날 수 있다.

⑤ 충전과 방전을 빠르게 하기 위해서는 리튬 외에 다른 소재를 사용해야 한다.

07

초고속 네트워크와 스마트기기의 발달은 콘텐츠 소비문화에 많은 변화를 가져왔다. 이제 우리는 시간과 장소의 제약 없이 음악이나 사진, 동영상 등 다채로운 문화 콘텐츠들을 만날 수 있다. 특히 1인 방송의 보편화로 동영상 콘텐츠의 생산과 공유는 더욱 자유로워져 1인 크리에이터라는 새로운 직업이 탄생하고 사회적인 이슈로 떠오르고 있다.
틱톡은 현재 전 세계에서 가장 주목받고 있는 영상 플랫폼 중 하나이다. 2017년 정식으로 출시된 이래 2년이 채 되지 않은 짧은 기간 동안 수억 명의 유저들을 끌어 모아 유튜브, 인스타그램, 스냅챗 등 글로벌 서비스들과 경쟁하는 인기 플랫폼으로 성장했다. 특히 작년에는 왓츠앱, 페이스북 메신저, 페이스북에 이어 전 세계에서 4번째로 많이 다운로드된 비게임 어플로 기록되어 많은 콘텐츠 크리에이터들을 놀라게 했다. 틱톡이 이토록 빠른 성장세를 보인 비결은 무엇일까? 그 답은 15초로 영상의 러닝타임을 제한한 독특한 아이디어에 있다.
최근 현대인들의 여가시간이 줄어들면서 짧은 시간 동안 간편하게 문화 콘텐츠를 즐기는 스낵컬처가 각광받고 있다. 틱톡이 보여주는 '15초 영상'이라는 극단적인 형태는 이러한 트렌드를 반영한 것이다. 하지만 틱톡의 폭발적인 인기의 근본은 스낵컬처 콘텐츠의 수요를 공략했다는 데 국한되지 않는다. 틱톡은 1인 미디어 시대가 도래하면서 보다 많은 이들이 자신을 표현하고 싶어 한다는 점에 주목해 누구나 부담 없이 영상을 제작할 수 있는 형태의 솔루션을 개발해냈다. 정형화된 동영상 플랫폼의 틀을 깨고 새로운 장르를 개척했다고도 할 수 있다. 누구나 크리에이터가 될 수 있는 동영상 플랫폼, 틱톡이 탄생함으로써 앞으로의 콘텐츠 시장은 더욱 다채로워질 것이라는 것이 필자의 소견이다.

① 1인 미디어의 등장으로 새로운 플랫폼이 생겨나고 있다.
② 1인 미디어는 문제가 많기 때문에 적절한 규제가 필요하다.
③ 틱톡은 올해 전 세계에서 4번째로 많이 다운로드된 비게임 어플이다.
④ 1인 미디어가 인기를 끄는 이유는 양질의 정보를 전달하기 때문이다.
⑤ 많은 1인 크리에이터들이 동영상 플랫폼을 통해 돈을 벌어들이고 있다.

Hard

08

> 지진해일은 지진, 해저 화산폭발 등으로 바다에서 발생하는 파장이 긴 파도이다. 지진에 의해 바다 밑바닥이 솟아오르거나 가라앉으면 바로 위의 바닷물이 갑자기 상승 또는 하강하게 된다. 이 영향으로 지진해일파가 빠른 속도로 퍼져나가 해안가에 엄청난 위험과 피해를 일으킬 수 있다.
> 전 세계의 모든 해안 지역이 지진해일의 피해를 받을 수 있지만, 우리에게 피해를 주는 지진해일의 대부분은 태평양과 주변해역에서 발생한다. 이는 태평양의 규모가 거대하고 이 지역에서 대규모 지진이 많이 발생하기 때문이다. 태평양에서 발생한 지진해일은 발생 하루 만에 발생지점에서 지구의 반대편까지 이동할 수 있으며, 수심이 깊을 경우 파고가 낮고 주기가 길기 때문에 선박이나 비행기에서도 관측할 수 없다.
> 먼 바다에서 지진해일 파고는 해수면으로부터 수십 cm 이하이지만 얕은 바다에서는 급격하게 높아진다. 수심이 6,000m 이상인 곳에서 지진해일은 비행기의 속도와 비슷한 시속 800km로 이동할 수 있다. 지진해일은 얕은 바다에서 파고가 급격히 높아짐에 따라 그 속도가 느려지며 지진해일이 해안가의 수심이 얕은 지역에 도달할 때 그 속도는 시속 45 ~ 60km까지 느려지면서 파도가 강해진다. 이것이 해안을 강타함에 따라 파도의 에너지는 더 짧고 더 얕은 곳으로 모여 무시무시한 파괴력을 가져 우리의 생명을 위협하는 파도로 발달하게 된다. 최악의 경우, 파고가 15m 이상으로 높아지고 지진의 진앙 근처에서 발생한 지진해일의 경우 파고가 30m를 넘을 수도 있다. 파고가 3 ~ 6m 높이가 되면 많은 사상자와 피해를 일으키는 아주 파괴적인 지진해일이 될 수 있다.
> 지진해일의 파도 높이와 피해 정도는 에너지의 양, 지진해일의 전파 경로, 앞바다와 해안선의 모양 등으로 결정될 수 있다. 또한 암초, 항만, 하구나 해저의 모양, 해안의 경사 등 모든 것이 지진해일을 변형시키는 요인이 된다.

① 바다가 얕을수록 지진해일의 파고가 높아진다.

② 해안의 경사는 지진해일에 아무런 영향을 주지 않는다.

③ 지진해일은 파장이 짧으며, 화산폭발 등으로 인해 발생한다.

④ 지진해일이 해안가에 도달할수록 파도가 강해지며 속도는 800km에 달한다.

⑤ 태평양 인근에서 발생한 지진해일은 대부분 한 달에 걸쳐 지구 반대편으로 이동하게 된다.

Hard

09

난자는 두 개의 반구로 구분할 수 있다. 하나는 영양소가 다량 함유된 난황이 있어 주로 저장의 역할을 하는 식물 반구, 다른 하나는 세포의 소기관들이 많이 분포해 주로 대사활동을 하는 부분인 동물 반구이다. 이 난자가 정자와 만나면 수정란이 되며 생명체는 이 하나의 단순한 수정란에서 세포의 증식, 분화, 형태형성의 단계를 거치면서 점차 복잡한 상태로 발전한다. 이런 과정을 '발생'이라 한다.
정자가 동물 반구로 진입해 난자와 만나면 색소들이 정자 진입지점 주변으로 모여 검은 점을 이룬다. 이때, 동물 반구의 피질이 진입지점 방향으로 약간 회전하지만, 수정란 안쪽의 세포질은 피질과 함께 회전하지 않기 때문에 정자 진입지점 반대쪽에 있는 동물 반구 경계 부위의 세포질 부위가 회색 초승달처럼 보이게 된다. 이 회색 초승달을 '회색신월환'이라고 한다.
개구리와 같은 양서류의 경우, 다른 생명체와 비교할 수 있는 독특한 특징을 가지고 있다. 식물 반구의 피질에는 색소가 없고, 동물 반구의 피질에는 색소가 많으며 내부 세포질에는 색소가 적게 분포되어 있다는 점이다. 이런 특징으로 양서류의 수정란과 발생과정을 쉽게 관찰할 수 있었으며 많은 학자는 이러한 관찰을 통해 다양한 생물학적 이론을 발표할 수 있었다.
1920년대 독일의 생물학자 한스 슈페만은 도롱뇽을 통해 양서류의 발생을 연구하였다. 슈페만은 도롱뇽의 수정란을 하나는 회색신월환이 양쪽으로 나뉘도록 한 것과 다른 하나는 이것이 한쪽에만 있도록 한 것 두 가지로 분류하여 관찰하였다. 관찰 결과 회색신월환이 둘로 나뉘어 포함된 수정란은 나뉜 두 세포 모두가 정상적인 발생과정을 보여주었으나 회색신월환이 없이 묶인 다른 하나는 정상적인 발생과정을 보이지 않았다.
이 실험을 통해 회색신월환은 정상적인 발생에 결정적인 역할을 하는 요소가 있다는 것을 알 수 있었으며, 1928년에 슈페만은 생명체 발달에 핵이 결정적인 역할을 한다는 사실을 발표하여 1935년 노벨 생리의학상을 받았다.

① 한스 슈페만은 노벨 생리의학상 수상자이다.
② 한스 슈페만은 개구리의 수정란을 통해 회색신월환의 중요성을 밝혀냈다.
③ 생명체는 복잡한 수정란으로부터 시작되어 세포의 증식, 분화, 형성을 통해 발전한다.
④ 정자가 동물 반구로 진입해 난자와 융합되면 색소들이 정자 진입지점 주변으로 모여 회색 점을 이룬다.

PART 3 주요기업 기출복원문제

※ 다음 문단을 논리적 순서대로 바르게 나열한 것을 고르시오. [10~15]

| 2024년 하반기 LG그룹

10

(가) 물체의 회전 상태에 변화를 일으키는 힘의 효과를 돌림힘이라고 한다. 물체에 회전 운동을 일으키거나 물체의 회전 속도를 변화시키려면 물체에 힘을 가해야 한다. 같은 힘이라도 회전축으로부터 얼마나 멀리 떨어진 곳에 가해 주느냐에 따라 회전 상태의 변화 양상이 달라진다. 물체에 속한 점 X와 회전축을 최단 거리로 잇는 직선과 직각을 이루는 동시에 회전축과 직각을 이루도록 힘을 X에 가한다고 하자. 이때 물체에 작용하는 돌림힘의 크기는 회전축에서 X까지의 거리와 가해준 힘의 크기의 곱으로 표현되고 그 단위는 뉴턴미터(Nm)이다.

(나) 회전 속도의 변화는 물체에 알짜 돌림힘이 일을 해 주었을 때만 일어난다. 돌고 있는 팽이에 마찰력이 일으키는 돌림힘을 포함하여 어떤 돌림힘도 작용하지 않으면 팽이는 영원히 돈다. 일정한 형태의 물체에 일정한 크기와 방향의 알짜 돌림힘을 가하여 물체를 회전시키면, 알짜 돌림힘이 한 일은 알짜 돌림힘의 크기와 회전 각도의 곱이고 그 단위는 줄(J)이다. 알짜 돌림힘이 물체를 돌리려는 방향과 물체의 회전 방향이 일치하면 알짜 돌림힘이 양(+)의 일을 하고 그 방향이 서로 반대이면 음(−)의 일을 한다.

(다) 동일한 물체에 작용하는 두 돌림힘의 합을 알짜 돌림힘이라 한다. 두 돌림힘의 방향이 같으면 알짜 돌림힘의 크기는 두 돌림힘의 크기의 합이 되고 그 방향은 두 돌림힘의 방향과 같다. 두 돌림힘의 방향이 서로 반대이면 알짜 돌림힘의 크기는 두 돌림힘의 크기의 차가 되고 그 방향은 더 큰 돌림힘의 방향과 같다. 지레에 힘을 주지만 물체가 지레의 회전을 방해하는 힘을 작용점에 주어 지레가 움직이지 않는 상황처럼, 두 돌림힘의 크기가 같고 방향이 반대이면 알짜 돌림힘은 0이 되고 이때를 돌림힘의 평형이라고 한다.

(라) 지레는 받침과 지렛대를 이용하여 물체를 쉽게 움직일 수 있는 도구이다. 지레에서 힘을 주는 곳을 힘점, 지렛대를 받치는 곳을 받침점, 물체에 힘이 작용하는 곳을 작용점이라고 한다. 받침점에서 힘점까지의 거리가 받침점에서 작용점까지의 거리에 비해 멀수록 힘점에서 작은 힘을 주어 작용점에서 물체에 큰 힘을 가할 수 있다. 이러한 지레의 원리에는 돌림힘의 개념이 숨어 있다.

① (가) – (나) – (다) – (라)
② (가) – (다) – (라) – (나)
③ (가) – (라) – (다) – (나)
④ (라) – (가) – (나) – (다)
⑤ (라) – (가) – (다) – (나)

Hard

11

(가) 동아시아의 문명 형성에 가장 큰 영향력을 끼친 책을 꼽을 때, 그중에 『논어』가 빠질 수 없다. 『논어』는 공자(B.C 551 ~ 479)가 제자와 정치인 등을 만나서 나눈 이야기를 담고 있다. 공자의 활동기간으로 따져보면 『논어』는 지금으로부터 대략 2500년 전에 쓰인 것이다. 지금의 우리는 한나절에 지구 반대편으로 날아다니고, 여름에 겨울 과일을 먹는 그야말로 공자는 상상할 수도 없는 세상에 살고 있다.

(나) 2500년 전의 공자와 그가 대화한 사람 역시 우리와 마찬가지로 '호모 사피엔스'이기 때문이다. 2500년 전의 사람도 배고프면 먹고, 졸리면 자고, 좋은 일이 있으면 기뻐하고, 나쁜 일이 있으면 화를 내는 오늘날의 사람과 다름없었다. 불의를 보면 공분하고, 전쟁보다 평화가 지속되기를 바라고, 예술을 보고 들으며 즐거워했는데, 오늘날의 사람도 마찬가지이다.

(다) 물론 2500년의 시간으로 인해 달라진 점도 많고 시대와 문화에 따라 '사람다움이 무엇인가?'에 대한 답은 다를 수 있지만, 사람은 돌도 아니고 개도 아니고 사자도 아니라 여전히 사람일 뿐인 것이다. 즉, 현재의 인간이 과거보다 자연의 힘에 두려워하지 않고 자연을 합리적으로 설명할 수는 있지만, 인간적 약점을 극복하고 신적인 존재가 될 수는 없는 그저 인간일 뿐인 것이다.

(라) 『논어』의 일부는 여성과 아동, 이민족에 대한 당시의 편견을 드러내고 있어 이처럼 달라진 시대의 흐름에 따라 폐기될 수밖에 없지만, 이를 제외한 부분은 '오래된 미래'로서 읽을 가치가 있는 것이다.

(마) 이론의 생명 주기가 짧은 학문의 경우 2500년 전의 책은 역사적 가치가 있을지언정 이론으로서는 폐기 처분이 당연시된다. 그런데 왜 21세기의 우리가 2500년 전의 『논어』를 지금까지도 읽고, 또 읽어야 할 책으로 간주하고 있는 것일까?

① (가) – (마) – (나) – (다) – (라)
② (가) – (마) – (다) – (나) – (라)
③ (가) – (마) – (라) – (다) – (나)
④ (나) – (다) – (가) – (마) – (라)
⑤ (마) – (가) – (나) – (다) – (라)

12

(가) '인력이 필요해서 노동력을 불렀더니 사람이 왔더라.'라는 말이 있다. 인간을 경제적 요소로만 단순하게 생각했으나, 이에 따른 인권문제, 복지문제, 내국인과 이민자와의 갈등 등이 수반된다는 말이다. 프랑스처럼 우선 급하다고 이민자를 선별하지 않고 받으면 인종 갈등과 이민자의 빈곤화 등 많은 사회비용이 발생한다.

(나) 이제 다문화정책의 패러다임을 전환해야 한다. 한국에 들어온 다문화가족을 적극적으로 지원해야 한다. 다문화 가족과 더불어 살면서 다양성과 개방성을 바탕으로 상생의 발전을 도모해야 한다. 그리고 결혼이민자만 다문화가족으로 볼 것이 아니라 외국인 근로자와 유학생, 북한이탈주민까지 큰 틀에서 함께 보는 것도 필요하다.

(다) 다문화정책의 핵심은 두 가지이다. 첫째, 새로운 사회에 적응하려는 의지가 강해서 언어 배우기, 일자리, 문화 이해에 매우 적극적인 태도를 지닌 좋은 인력을 선별해서 입국하도록 하는 것이다. 둘째, 이민자가 새로운 사회에 잘 정착할 수 있도록 사회통합에 주력해야 하는 것이다. 해외 인구 유입 초기부터 사회 비용을 절약할 수 있는 사람들을 들어오게 하는 것이 중요하기 때문이다.

(라) 또한 이미 들어온 이민자에게는 적극적인 지원을 해야 한다. 언어와 문화, 환경이 모두 낯선 이민자에게는 이민 초기에 세심한 배려가 필요하다. 특히 중요한 것은 다문화 가족이 그들이 가지고 있는 강점을 활용하여 취약 계층이 아닌 주류층으로 설 수 있도록 지원해야 한다. 뿐만 아니라 이민자에 대한 지원 시기를 놓치거나 차별과 편견으로 내국인에게 증오감을 갖게 해서는 안 된다.

① (가) – (다) – (라) – (나)
② (다) – (가) – (라) – (나)
③ (다) – (나) – (라) – (가)
④ (라) – (나) – (다) – (가)
⑤ (라) – (다) – (나) – (가)

13

먹을거리가 풍부한 현대인의 가장 큰 관심사 중 하나는 웰빙과 다이어트일 것이다. 현대인은 날씬한 몸매에 대한 열망이 지나쳐서 비만한 사람들이 나태하다고 생각하기도 하고, 심지어는 거식증으로 인해 사망한 패션모델까지 있었다. 이러한 사회적 경향 때문에 우리가 먹는 음식물에 포함된 지방이나 기름 성분은 몸에 좋지 않은 '나쁜 성분'으로 매도당하기도 한다. 물론 과도한 지방 섭취, 특히 몸에 좋지 않은 지방은 비만의 원인이 되고 당뇨병, 심장병, 고혈압과 같은 각종 성인병을 유발하지만, 사실 지방은 우리 몸이 정상적으로 활동하는 데 필수적인 성분이다.

(가) 먹을 것이 풍족하지 않은 상황에서 생존에 필수적인 능력은 다름 아닌 에너지를 몸에 축적하는 능력이었다.

(나) 사실 비만과 다이어트의 문제는 찰스 다윈(Charles R. Darwin)의 진화론과 밀접한 관련이 있다. 찰스 다윈은 19세기 영국의 생물학자로 『종의 기원』이라는 책을 써서 자연선택을 통한 생물의 진화 과정을 설명하였다.

(다) 약 100년 전만 해도 우리나라를 비롯한 전 세계 대부분의 국가는 식량이 그리 풍족하지 않았다. 실제로 수십만 년 지속된 인류의 역사에서 인간이 매일 끼니 걱정을 하지 않고 살게 된 것은 최근 수십 년의 일이다.

(라) 생물체가 살아남고 번식을 해서 자손을 남길 수 있느냐 하는 것은 주위 환경과의 관계가 중요한 역할을 하는데, 자연선택이란 주위 환경에 따라 생존하기에 적합한 성질 또는 기능을 가진 종들이 그렇지 못한 종들보다 더 잘 살아남게 되어 자손을 남기게 된다는 개념이다.

그러므로 인류는 이러한 축적 능력이 유전적으로 뛰어난 사람들이 그렇지 않은 사람들보다 상대적으로 더 잘 살아남았을 것이다. 그렇게 살아남은 자들의 후손인 현대인들이 달거나 기름진 음식을 본능적으로 좋아하게 된 것은 진화의 당연한 결과였다. 그리하여 음식이 풍부한 현대 사회에서는 이러한 유전적 특성은 단점으로 작용하게 되었다. 지방이 풍부한 음식을 찾는 경향은 지나치게 지방을 축적하게 했고, 결국 부작용으로 이어졌다.

① (나) – (가) – (라) – (다)
② (나) – (다) – (가) – (라)
③ (나) – (라) – (다) – (가)
④ (다) – (가) – (나) – (라)
⑤ (다) – (라) – (가) – (나)

Easy

14

(가) 나무를 가꾸기 위해서는 처음부터 여러 가지를 고려해 보아야 한다. 심을 나무의 생육조건, 나무의 형태, 성목이 되었을 때의 크기, 꽃과 단풍의 색, 식재지역의 기후와 토양 등을 종합적으로 생각하고 심어야 한다. 나무의 생육조건은 저마다 다르기 때문에 지역의 환경조건에 적합한 나무를 선별하여 환경에 적응하도록 해야 한다. 동백나무와 석류, 홍가시나무는 남부지방에 키우기 적합한 나무로 알려져 있지만 지구온난화로 남부수종의 생육한계선이 많이 북상하여 중부지방에서도 재배가 가능한 나무도 있다. 부산의 도로 중앙분리대에서 보았던 잎이 붉은 홍가시나무는 여주의 시골집 마당 양지바른 곳에서 3년째 잘 적응하고 있다.

(나) 더불어 나무의 특성을 외면하고 주관적인 해석에 따라 심었다가는 훗날 낭패를 보기 쉽다. 물을 좋아하는 수국 곁에 물을 싫어하는 소나무를 심었다면 둘 중 하나는 살기 어려운 환경이 조성된다. 나무를 심고 가꾸기 위해서는 전체적인 밑그림을 그려보고 생태적 특징을 살펴본 후에 심는 것이 바람직하다.

(다) 나무들이 밀집해있으면 나무들끼리의 경쟁은 물론 바람길과 햇빛의 방해로 성장은 고사하고 병충해에 시달리기 쉽다. 또한 나무들은 성장속도가 다르기 때문에 항상 다 자란 나무의 모습을 상상하며 나무들 사이의 공간 확보를 염두에 두어야 한다. 그러나 묘목을 심고 보니 듬성듬성한 공간을 메꾸기 위하여 자꾸 나무를 심게 되는 실수를 저지른다.

(라) 식재계획의 시작은 장기적인 안목으로 적재적소의 원칙을 염두에 두고 나무를 선정해야 한다. 식물은 햇빛, 물, 바람의 조화를 이루면 잘 산다고 하지 않는가. 그래서 나무의 특성 중에서 햇볕을 좋아하는지 그늘을 좋아하는지 물을 좋아하는지 여부를 살펴보는 것이 중요하다. 어린 묘목을 심을 경우 실수하는 것은 나무가 자랐을 때의 생육공간을 생각하지 않고 촘촘하게 심는 것이다.

① (가) – (나) – (다) – (라)
② (가) – (나) – (라) – (다)
③ (가) – (다) – (나) – (라)
④ (가) – (라) – (나) – (다)
⑤ (가) – (라) – (다) – (나)

15

(가) 이 전위차에 의해 전기장이 형성되어 전자가 이동하게 된다. 일반적으로 전자가 이동하더라도 얇은 산화물에 이동이 막힐 것으로 생각하기 쉽지만, 이의 경우 전자 터널링 현상이 발생하여 전자가 얇은 산화물을 통과하게 된다. 이 전자들은 플로팅 게이트로 전자가 모이게 되고, 이러한 과정을 거쳐 데이터가 저장되게 된다.

(나) 어떻게 NAND 플래시 메모리에 데이터가 저장될까? 플로팅 게이트에 전자가 없는 상태의 NAND 플래시 메모리의 컨트롤 게이트에 높은 전압을 가하면 수직 방향으로 컨트롤 게이트는 높은 전위, 기저 상태는 낮은 전위를 갖게 되어 전위차가 발생한다.

(다) 반대로 플로팅 게이트에 전자가 저장된 상태에서 컨트롤 게이트에 0V를 가하면 전위차가 반대로 발생하고, 전자 터널링 현상에 의해 플로팅 게이트에 저장된 전자가 얇은 산화물을 통과하여 기저상태로 되돌아간다. 이런 과정을 거쳐 데이터가 지워지게 된다.

(라) NAND 플래시 메모리는 MOSFET 구조 위에 얇은 산화물, 플로팅 게이트, 얇은 산화물, 컨트롤 게이트를 순서대로 쌓은 구조이며, 데이터의 입력 및 삭제를 반복하여 사용할 수 있는 비휘발성 메모리의 한 종류이다.

① (나) – (가) – (라) – (다)
② (나) – (다) – (가) – (라)
③ (나) – (라) – (가) – (다)
④ (라) – (가) – (다) – (나)
⑤ (라) – (나) – (가) – (다)

16 다음 글에서 〈보기〉의 문장이 들어갈 위치로 가장 적절한 곳은?

베블런 효과는 가격이 오를수록 수요가 증가하는 비정상적인 소비 현상을 설명하는 경제학 이론이다. (가) 일반적인 수요 법칙과 달리, 베블런 효과는 주로 사치품이나 명품에서 나타나며, 소비자가 높은 가격을 지불함으로써 사회적 지위나 부를 과시하려는 것이다. (나) 베블런 효과의 문제점은 경제적 불균형과 과도한 소비를 초래할 수 있다는 점이다. 고가의 사치품에 대한 과시적 소비는 소득 격차를 더욱 부각시키고, 사회적 불평등을 심화시킬 수 있다. (다) 또한, 이러한 소비 패턴은 실질적인 필요보다는 과시적 욕구에 기반하므로, 자원의 비효율적 배분을 초래할 수 있다. (라) 기업 입장에서는 이러한 소비자 심리를 이용해 가격을 인위적으로 높이는 전략을 구사할 수 있지만, 이는 장기적으로 소비자 신뢰를 저하시킬 위험이 있다. (마) 베블런 효과는 소비자 행동 연구와 시장 전략 수립에 중요한 개념이지만, 그 부작용을 고려한 신중한 접근이 필요하다.

보기

예를 들어 고가의 명품 가방이나 시계는 그 자체의 기능보다 소유자의 재력 등 우월의식을 드러내는 역할을 한다.

① (가)
② (나)
③ (다)
④ (라)
⑤ (마)

※ 다음 글의 주제로 가장 적절한 것을 고르시오. [17~18]

| 2023년 하반기 CJ그룹

17

그리스 철학의 집대성자라고도 불리는 철학자 아리스토텔레스는 자연의 모든 물체는 '자연의 사다리'에 의해 계급화되어 있다고 생각했다. 자연의 사다리는 아래서부터 무생물, 식물, 동물, 인간, 그리고 신인데, 이러한 계급에 맞춰 각각에 일정한 기준을 부여했다. 18세기 유럽 철학계와 과학계에서는 이러한 자연의 사다리 사상이 크게 유행을 했으며 사다리의 상층인 신과 인간에게는 높은 이성과 가치가 있고, 그 아래인 동물과 식물에게는 인간보다 낮은 가치가 있다고 보기 시작했다. 이처럼 서양의 자연관은 인간과 자연을 동일시하던 고대에서 벗어나 인간만이 영혼이 있으며, 이에 따라 인간만이 자연을 지배할 수 있다고 믿는 기독교 중심의 중세시대를 지나, 여러 철학자들을 거쳐 점차 인간이 자연보다 우월한 자연지배관으로 모습이 바뀌기 시작했다. 이러한 자연관을 토대로 서양에서는 자연스럽게 산업혁명 등을 통한 대량소비와 대량생산의 경제성장구조와 가치체계가 발전되어 왔다.
동양의 자연관 역시 동양철학과 불교 등의 이념과 함께 고대에서 중세세대를 지나게 되었다. 하지만 서양의 인간중심 철학과 달리 동양철학과 불교에서는 자연과 인간을 동일선상에 놓거나 둘의 조화를 중요시하여 합일론을 주장했다. 이들의 사상은 노자와 장자의 무위자연의 도, 불교의 윤회사상 등에서 살펴볼 수 있다. 대량소비와 대량생산으로 대표되는 자본주의의 한계와 함께 지구온난화, 자원고갈, 생태계 파괴가 대두되는 요즘, 동양의 자연관이 주목받고 있다.

① 자연의 사다리와 산업혁명
② 서양철학에서 나타나는 부작용
③ 철학과 지구온난화의 상관관계
④ 서양의 자연관과 동양의 자연관의 차이
⑤ 서양철학의 문제점과 동양철학을 통한 해결법

Hard

18

쇼펜하우어에 따르면 우리가 살고 있는 세계의 진정한 본질은 의지이며 그 속에 있는 모든 존재는 맹목적인 삶에 의지에 의해서 지배당하고 있다. 쇼펜하우어는 우리가 일상적으로 또는 학문적으로 접근하는 세계는 단지 표상의 세계일뿐이라고 주장하는데, 인간의 이성은 이러한 표상의 세계만을 파악할 수 있을 뿐이다. 그에 따르면 존재하는 세계의 모든 사물들은 우선적으로 표상으로서 드러나게 된다. 시간과 공간 그리고 인과율에 의해서 파악되는 세계가 나의 표상인데, 이러한 표상의 세계는 오직 나에 의해서, 즉 인식하는 주관에 의해서만 파악되는 세계이다. 쇼펜하우어에 따르면 이러한 주관은 모든 현상의 세계, 즉 표상의 세계에서 주인의 역할을 하는 '나'이다.
이러한 주관을 이성이라고 부를 수도 있는데, 이성은 표상의 세계를 이끌어가는 주인공의 역할을 하는 것이다. 그러나 쇼펜하우어는 여기서 한발 더 나아가 표상의 세계에서 주인의 역할을 하는 주관 또는 이성은 의지의 지배를 받는다고 주장한다. 즉, 쇼펜하우어는 이성에 의해서 파악되는 세계의 뒤편에는 참된 본질적 세계인 의지의 세계가 있으므로 표상의 세계는 제한적이며 표면적인 세계일 뿐, 결코 이성에 의해서 또는 주관에 의해서 결코 파악될 수 없다고 주장한다. 오히려 그는 그동안 인간이 진리를 파악하는 데 최고의 도구로 칭송하던 이성이나 주관을 의지에 끌려 다니는 피지배자일 뿐이라고 비판한다.

① 세계의 본질로서 의지의 세계

② 표상 세계의 극복과 그 해결 방안

③ 의지의 세계와 표상의 세계 간의 차이

④ 표상 세계 안에서의 이성의 역할과 한계

19 다음 글의 중심 내용으로 가장 적절한 것은?

> 동양 사상이라 해서 언어와 개념을 무조건 무시하는 것은 결코 아니다. 만약 그렇다면 동양 사상은 경전이나 저술을 통해 언어화되지 않고 순전히 침묵 속에서 전수되어 왔을 것이다. 물론 이것은 사실이 아니다. 동양 사상도 끊임없이 언어적으로 다듬어져 왔으며 논리적으로 전개되어 왔다. 흔히 동양 사상은 신비주의적이라고 말하지만, 이것은 동양 사상의 한 면만을 특정 지우는 것이지 결코 동양의 철인(哲人)들이 사상을 전개함에 있어 논리를 무시했다거나 항시 어떤 신비적인 체험에 호소해서 자신의 주장들을 폈다는 것을 뜻하지는 않는다. 그러나 역시 동양 사상은 신비주의적임에 틀림없다. 거기서는 지고(至高)의 진리란 언제나 언어화될 수 없는 어떤 신비한 체험의 경지임이 늘 강조되어 왔기 때문이다. 최고의 진리는 언어 이전 혹은 언어 이후의 무언(無言)의 진리이다. 엉뚱하게 들리겠지만, 동양 사상의 정수(精髓)는 말로써 말이 필요 없는 경지를 가리키려는 데에 있다고 해도 과언이 아니다. 말이 스스로를 부정하고 초월하는 경지를 나타내도록 사용된 것이다. 언어로써 언어를 초월하는 경지를 나타내고자 하는 것이야말로 동양 철학이 지닌 가장 특징적인 정신이다. 동양에서는 인식의 주체를 심(心)이라는 매우 애매하면서도 포괄적인 말로 이해해 왔다. 심(心)은 물(物)과 항시 자연스러운 교류를 하고 있으며, 이성은 단지 심(心)의 일면일 뿐인 것이다. 동양은 이성의 오만이라는 것을 모른다. 지고의 진리, 인간을 살리고 자유롭게 하는 생동적 진리는 언어적 지성을 넘어선다는 의식이 있었기 때문일 것이다. 언어는 언제나 마음을 못 따르며 둘 사이에는 항시 괴리가 있다는 생각이 동양인들의 의식 저변에 깔려 있는 것이다.

① 동양 사상은 신비주의적인 요소가 많다.
② 언어와 개념을 무시하면 동양 사상을 이해할 수 없다.
③ 동양 사상은 언어적 지식을 초월하는 진리를 추구한다.
④ 인식의 주체를 심(心)으로 표현하는 동양 사상은 이성적이라 할 수 없다.
⑤ 동양 사상에서는 언어는 마음을 따르므로 진리는 마음속에 있다고 주장한다.

20 다음 글을 바탕으로 〈보기〉를 읽고 추론할 수 있는 내용으로 가장 적절한 것은?

독립신문은 우리나라 최초의 민간 신문이다. 사장 겸 주필(신문의 최고 책임자)은 서재필 선생이, 국문판 편집과 교정은 최고의 국어학자로 유명한 주시경 선생이 그리고 영문판 편집은 선교사 호머 헐버트가 맡았다. 창간 당시 독립신문은 이들 세 명에 기자 두 명과 몇몇 인쇄공들이 합쳐 단출하게 시작했다.

신문은 우리가 흔히 사용하는 'A4 용지'보다 약간 큰 '국배판(218×304mm)' 크기로 제작됐고, 총 4면 중 3면은 순 한글판으로, 나머지 1면은 영문판으로 발행했다. 제1호는 '독닙신문'이고 영문판은 'Independent(독립)'로 조판했고, 내용을 살펴보면 제1면에는 대체로 논설과 광고가 실렸고, 제2면에는 관보·외국통신·잡보가, 제3면에는 물가·우체시간표·제물포 기선 출입항 시간표와 광고가 게재됐다.

독립신문은 민중을 개화시키고 교육하기 위해 발간된 것이지만, 그 이름에서부터 알 수 있듯 스스로 우뚝 서는 독립국을 만들고자 자주적 근대화 사상을 강조했다. 창간호 표지에는 '뎨일권 뎨일호. 조선 서울 건양 원년 사월 초칠일 금요일'이라고 표기했는데, '건양(建陽)'은 조선의 연호이고, 한성 대신 서울을 표기한 점과 음력 대신 양력을 쓴 점 모두 중국 사대주의에서 벗어난 자주독립을 꾀한 것으로 볼 수 있다.

독립신문이 발행되자 사람들은 모두 깜짝 놀랄 수밖에 없었다. 순 한글로 만들어진 것은 물론 유려한 편집 솜씨에 조판과 내용까지 완벽했기 때문이다. 무엇보다 제4면을 영어로 발행해 국내 사정을 외국에 알린다는 점은 호시탐탐 한반도를 노리던 일본 당국에 큰 부담을 안겨주었고, 더는 자기네들 마음대로 조선의 사정을 왜곡 보도할 수 없게 된 것이다.

날이 갈수록 독립신문을 구독하려는 사람은 늘어났고, 처음 300부씩 인쇄되던 신문이 곧 500부로, 나중에는 3,000부까지 확대된다. 오늘날에는 한 사람이 신문 한 부를 읽으면 폐지 처리하지만, 과거에는 돌려가며 읽는 경우가 많았고 시장이나 광장에서 글을 아는 사람이 낭독해주는 일도 빈번했기에 한 부의 독자 수는 50명에서 100명에 달했다. 이런 점을 감안해보면 실제 독립신문의 독자 수는 10만 명을 넘어섰다고 가늠해 볼 수 있다.

보기

우리 신문이 한문은 아니 쓰고 다만 국문으로만 쓰는 것은 상하귀천이 다 보게 함이라. 또 국문을 이렇게 구절을 떼어 쓴즉 아무라도 이 신문을 보기가 쉽고 신문 속에 있는 말을 자세히 알아보게 함이라.

① 교통수단이 발달하지 않았던 과거에는 활자 매체인 신문이 소식 전달에 있어 절대적인 역할을 차지했다.

② 민중을 개화시키고 교육하기 위해 발간된 것으로 역사적·정치적으로 큰 의의를 가진다.

③ 한글을 사용해야 누구나 읽을 수 있다는 점을 인식해 한문우월주의에 영향을 받지 않고, 소신 있는 행보를 했다.

④ 일본이 한반도를 집어삼키려 하던 혼란기에 우리만의 신문을 펴낼 수 있었다는 것에 큰 의의가 있다.

⑤ 중국의 지배에서 벗어나 자주독립을 꾀하고 스스로 우뚝 서는 독립국을 만들고자 자주적 사상을 강조했다.

21 다음 글을 바탕으로 〈보기〉를 바르게 해석한 것은?

반도체 및 디스플레이 제조공정에서 사용되는 방법인 포토리소그래피(Photo-lithography)는 그 이름처럼 사진 인쇄 기술과 비슷하게 빛을 이용하여 복잡한 회로 패턴을 제조하는 공정이다. 포토리소그래피는 디스플레이에서는 TFT(Thin Film Transistor, 박막 트랜지스터) 공정에 사용되는데, 먼저 세정된 기판(Substrate) 위에 TFT 구성에 필요한 증착 물질과 이를 덮을 PR(Photo Resist, 감광액) 코팅을 올리고, 빛과 마스크 그리고 현상액과 식각 과정으로 PR 코팅과 증착 물질을 원하는 모양대로 깎아 내린 다음, 다시 그 위에 층을 쌓는 것을 반복하여 원하는 형태를 패터닝하는 것이다.

한편 포토리소그래피 공정에 사용되는 PR 물질은 빛의 반응에 따라 포지티브와 네거티브 두 가지 방식으로 분류되는데, 포지티브 방식은 마스크에 의해 빛에 노출된 부분이 현상액에 녹기 쉽게 화학 구조가 변하는 것으로, 노광(Exposure) 과정에서 빛을 받은 부분을 제거한다. 반대로 네거티브 방식은 빛에 노출된 부분이 더욱 단단해지는 것으로 빛을 받지 못한 부분을 현상액으로 제거한다. 이후 원하는 패턴만 남은 PR층은 식각(Etching) 과정을 거쳐 PR이 덮여 있지 않은 부분의 증착 물질을 제거하고, 이후 남은 증착 물질이 원하는 모양으로 패터닝 되면 그 위의 도포되어 있던 PR층을 마저 제거하여 증착 물질만 남도록 하는 것이다.

보기

창우와 광수는 각각 포토리소그래피 공정을 통해 디스플레이 회로 패턴을 완성시키기로 하였다. 창우는 포지티브 방식을, 광수는 네거티브 방식을 사용하기로 하였는데, 광수는 실수로 포지티브 방식의 PR 코팅을 사용해 공정을 진행했음을 깨달았다.

① 창우의 디스플레이 회로는 증착, PR 코팅, 노광, 현상, 식각까지의 과정을 반복하여 완성되었을 것이다.

② 광수가 포토리소그래피의 매 공정을 검토했을 경우 최소 식각 과정을 확인하면서 자신의 실수를 알아차렸을 것이다.

③ 포토리소그래피 공정 중 현상 과정에서 문제가 발생했다면 창우의 디스플레이 기판에는 PR층과 증착 물질이 남아있지 않을 것이다.

④ 원래 의도대로라면 노광 과정 이후 창우가 사용한 감광액은 용해도가 높아지고, 광수가 사용한 감광액은 용해도가 매우 낮아졌을 것이다.

⑤ 광수가 원래 의도대로 디스플레이 회로를 완성시키기 위해서는 최소한 노광 과정까지는 공정을 되돌릴 필요가 있다.

22 다음 글을 통해 추론할 수 있는 사실을 〈보기〉에서 모두 고르면?

도선에 갑자기 전류를 통하게 하거나 전류의 세기를 변화시키면 그 주변에 자기장이 생겨나는데, 이 자기장은 2차적인 전기장을 만들어내고, 이것이 다시 2차적인 자기장을 만든다. 이처럼 전기장이 자기장을 만들고 그 자기장이 다시 전기장을 만드는 과정이 반복되면서 파동으로 퍼져나가는 것이 바로 전자기파이다. 영국의 물리학자인 제임스 맥스웰은 이 파동의 속도가 빛의 속도와 동일하다는 계산을 해 낸 후 "빛 자체도 일종의 전자기파이다."라는 천재적인 결론을 내린다. 소리처럼 물질이 실제로 떨리는 역학적 파동과는 달리, 빛은 전기장과 자기장의 연속적인 변화를 반복하면서 전파해 가는 전자기 파동인 것이다. 이후 과학자들에 의해 전자기파가 매질 없이도 전파된다는 것까지 확인되면서, 햇빛이 텅 빈 우주 공간을 건너올 수 있는 이유를 알게 되었다.

태양에서 오는 것은 열의 입자가 아니라 전자기파이며, 이것이 어떤 물체에 닿았을 때 그 물체를 진동으로 간섭한다. 그리고 이 진동이 물질의 입자들과 상호 작용하여 그 입자들의 운동을 일으키고 결과적으로는 물질의 온도를 높인다. 이러한 과정을 통해서 태양의 빛은 아무런 매개물 없이 우주를 건너와 지구의 물체를 데울 수 있는 것이다.

보기

ㄱ. 여름철 아스팔트의 온도가 올라가는 것은 태양으로부터 열의 입자가 전달되었기 때문이다.
ㄴ. 태양이 아니더라도 전자기파를 방출하는 물질은 다른 물체를 데울 수 있다.
ㄷ. 소리는 역학적 파동이므로 매질이 없다면 먼 거리까지 전파될 수 없다.

① ㄱ　② ㄴ
③ ㄱ, ㄴ　④ ㄱ, ㄷ
⑤ ㄴ, ㄷ

23 다음 글에 나타난 필자의 주장을 강화할 수 있는 논거로 옳은 것을 〈보기〉에서 모두 고르면?

> 에너지 빈곤 요인은 상호복합적이기 때문에 에너지 복지정책도 이에 따라 복합적인 형태로 접근해야 한다. 단순 가격보조 형태의 에너지 복지대책을 확대하는 것은 낮은 에너지 효율성이라는 에너지 빈곤 요인을 제거하지 못하기 때문에 행정적 부담만 지속적으로 증가할 것이다. 따라서 에너지 빈곤 해소의 가장 중요한 포인트는 에너지 효율성을 높여 에너지 소비량을 줄이는 방향으로 정책을 설계하는 것이며 이를 통해 가격보조 효과가 발생할 수 있도록 유도해야 하는 것이다.
>
> 에너지 복지 프로그램은 크게 '공급형', '효율형', '전환형' 세 가지로 유형화할 수 있다. 정부가 주로 활용하고 있는 '공급형'은 긴급 구호형태를 띄는 연료비 보존 및 단전 유예 등을 들 수 있다. 그러나 공급형은 에너지 수요관리를 해야 하는 에너지 정책과 상충하고, 복지효과 역시 지속적이지 않다는 단점이 있다. 이를 발전시킨 것이 미국의 저소득층 에너지 효율화 집수리 서비스(WAP; Weatherization Assistance Program)와 같은 '효율형' 에너지 복지 대책이다. 이는 에너지 수요를 줄이면서도, 중장기적으로는 요금 절감 효과가 있어 '공급형'에 비해 훨씬 효과가 높은 것으로 평가받고 있다. 또한 저소득층을 에너지 효율화 집수리 사업에 고용하여 일자리 창출 효과도 높일 수 있다. 마지막으로 에너지원 자체를 재생가능 에너지로 전환해 주는 '전환형' 방법이 있다. 앞의 두 유형보다 복지·환경 효과는 더 높은 데 비해 재원이 많이 소요되고, 법·제도적으로도 보완해야 할 점이 많다는 점에서 시기상조로 보는 시각도 존재한다.
>
> 따라서 중단기적으로는 '효율형' 에너지 복지 대책에 집중하되, '전환형' 에너지 복지 프로그램을 병행하는 단계적 접근 전략이 필요하다. 그러나 현재 우리나라의 에너지 복지 정책들은 에너지 비용을 지원하는 단기적이고, 화석 에너지 중심의 기본적인 수준에 머물고 있다. 이에 따라 복지 효과는 지속되지 못하고, 오히려 에너지 사용량이 늘어나 에너지 절감과 같은 환경 보호 효과는 다른 정책에 역행하는 양상을 나타내고 있다. 따라서 한국의 에너지 복지 정책 역시 단계적인 에너지 효율 개선과 에너지 전환을 위한 발전으로 확장할 필요가 있다.

보기

ㄱ. 저소득층에게 에너지 지원은 필수이다.
ㄴ. 현물이나 현금을 지원하는 것은 일시적 미봉책에 불과하다.
ㄷ. 에너지 복지 사업은 고용 창출과 환경보호를 고려해야 한다.

① ㄱ　　② ㄴ
③ ㄱ, ㄴ　　④ ㄴ, ㄷ
⑤ ㄱ, ㄴ, ㄷ

24 다음 글의 주장에 대한 비판으로 적절하지 않은 것은?

> 동물실험이란 교육, 시험, 연구 및 생물학적 제제의 생산 등 과학적 목적을 위해 동물을 대상으로 실시하는 실험 또는 그 과학적 절차를 말한다. 전 세계적으로 매년 약 6억 마리의 동물들이 실험에 쓰이고 있다고 추정되며, 대부분의 동물들은 실험이 끝난 뒤 안락사를 시킨다.
> 동물실험은 대개 인체실험의 전 단계로 이루어지는데, 검증되지 않은 물질을 바로 사람에게 주입하여 발생하는 위험을 줄일 수 있다는 점에서 필수적인 실험이라고 말할 수 있다. 물론 살아있는 생물을 대상으로 하는 실험이기 때문에 대체(Replacement), 감소(Reduction), 개선(Refinement)으로 요약되는 3R 원칙에 입각하여 실험하는 것이 당연하다. 굳이 다른 방법이 있다면 그것을 채택할 것이며, 희생이 되는 동물의 수를 최대한 줄이고, 필수적인 실험 조건 외에는 자극을 주지 않아야 한다.
> 하지만 그럼에도 보다 안전한 결과를 도출해내기 위한 동물실험은 필요악이며, 이러한 필수적인 의약실험조차 금지하려 한다는 것은 기술 발전 속도를 늦춰 약이 필요한 누군가의 고통을 감수하자는 이기적인 주장과 같다고 할 수 있다.

① 3R 원칙과 같은 윤리적 강령이 법적인 통제력을 지니지 않은 이상 실제로 얼마나 엄격하게 지켜질 것인지는 알 수 없다.

② 화장품 업체들의 동물실험과 같은 사례를 통해, 생명과 큰 연관이 없는 실험은 필요악이라고 주장할 수 없다.

③ 아무리 엄격하게 통제된 실험이라고 해도 동물 입장에서 바라본 실험은 비윤리적이며 생명체의 존엄성을 훼손하는 행위라는 사실을 벗어날 수는 없다.

④ 과거와 달리 현대에서는 인공 조직을 배양하여 실험의 대상으로 삼을 수 있으므로 동물실험 자체를 대체하는 것이 가능하다.

⑤ 동물실험에서 안전성을 검증받은 이후 인체에 피해를 준 약물의 사례가 존재한다.

25 다음 글에서 언급한 여러 진리론에 대한 비판으로 적절하지 않은 것은?

> 우리는 일상생활이나 학문 활동에서 '진리' 또는 '참'이라는 말을 자주 사용한다. 예를 들어 '그 이론은 진리이다.'라고 말하거나 '그 주장은 참이다.'라고 말한다. 그렇다면 우리는 무엇을 '진리'라고 하는가? 이 문제에 대한 대표적인 이론에는 대응설, 정합설, 실용설이 있다.
> 대응설은 어떤 판단이 사실과 일치할 때 그 판단을 진리라고 본다. 감각을 사용하여 확인했을 때 그 말이 사실과 일치하면 참이고, 그렇지 않으면 거짓이라는 것이다. 대응설은 일상생활에서 참과 거짓을 구분할 때 흔히 취하고 있는 관점으로 우리가 판단과 사실의 일치 여부를 알 수 있다고 여긴다. 우리는 특별한 장애가 없는 한 대상을 있는 그대로 정확하게 지각한다고 생각한다. 예를 들어 책상이 네모 모양이라고 할 때 감각을 통해 지각된 '네모 모양'이라는 표상은 책상이 지니고 있는 객관적 성질을 그대로 반영한 것이라고 생각한다. 그래서 '그 책상은 네모이다.'라는 판단이 지각 내용과 일치하면 그 판단은 참이 되고, 그렇지 않으면 거짓이 된다는 것이다.
> 정합설은 어떤 판단이 기존의 지식 체계에 부합할 때 그 판단을 진리라고 본다. 진리로 간주하는 지식 체계가 이미 존재하며, 그것에 판단이나 주장이 들어맞으면 참이고 그렇지 않으면 거짓이라는 것이다. 예를 들어 어떤 사람이 '물체의 운동에 대한 그 주장은 뉴턴의 역학의 법칙에 어긋나니까 거짓이다.'라고 말했다면, 그 사람은 뉴턴의 역학의 법칙을 진리로 받아들여 그것을 기준으로 삼아 진위를 판별한 것이다.
> 실용설은 어떤 판단이 유용한 결과를 낳을 때 그 판단을 진리라고 본다. 어떤 판단을 실제 행동으로 옮겨 보고 그 결과가 만족스럽거나 유용하다면 그 판단은 참이고 그렇지 않다면 거짓이라는 것이다. 예를 들어 어떤 사람이 '자기 주도적 학습 방법은 창의력을 기른다.'라고 판단하여 그러한 학습 방법을 실제로 적용해 보았다고 하자. 만약 그러한 학습 방법이 실제로 창의력을 기르는 등 만족스러운 결과를 낳았다면 그 판단은 참이 되고, 그렇지 않다면 거짓이 된다.

① 수학이나 논리학에는 경험적으로 확인하기 어렵지만 참인 명제도 있는데, 그 명제가 진리임을 입증하기 힘들다는 문제가 대응설에서는 발생한다.

② 판단의 근거가 될 수 있는 이론 체계가 아직 존재하지 않을 경우에 그 판단의 진위를 판별하기 어렵다는 문제가 정합설에서는 발생한다.

③ 새로운 주장의 진리 여부를 기존의 이론 체계를 기준으로 판단한다면, 기존 이론 체계의 진리 여부는 어떻게 판단할 수 있는지의 문제가 정합설에서는 발생한다.

④ 실용설에서는 감각으로 검증할 수 없는 존재에 대한 관념은 그것의 실체를 확인할 수 없기 때문에 거짓으로 보아야 하는 문제가 발생한다.

⑤ 실제 생활에서의 유용성은 사람이나 상황에 따라 다르기 때문에 어떤 지식의 진리 여부가 사람이나 상황에 따라 달라지는 문제가 실용설에서는 발생한다.

26 다음 중 밑줄 친 ㉠～㉢에 대한 설명으로 적절하지 않은 것은?

> 국내 연구팀이 반도체 집적회로에 일종의 ㉠ '고속도로'를 깔아 신호의 전송 속도를 높이는 신개념 반도체 소재 기술을 개발했다. 탄소 원자를 얇은 막 형태로 합성한 2차원 신소재인 그래핀을 반도체 회로에 깔아 기존 금속 선로보다 많은 양의 전자를 빠르게 운송하는 것이다.
> 최근 반도체 내에 많은 소자가 집적되면서 소자 사이의 신호를 전송하는 ㉡ '도로'인 금속 재질의 선로에 저항이 기하급수적으로 증가하는 문제가 발생했다. 이러한 집적화의 한계를 극복하기 위해 연구팀은 금속 재질 대신 그래핀을 신호 전송용 길로 활용했다.
> 그래핀은 탄소 원자가 육각형으로 결합한 두께 0.3나노미터의 얇은 2차원 물질로 전선에 널리 쓰이는 구리보다 전기 전달 능력이 뛰어나며 전자 이동속도도 100배 이상 빨라 이상적인 반도체용 물질로 꼽힌다. 그러나 너무 얇다 보니 전류나 신호를 전달하는 데 방해가 되는 저항이 높고, 전하 농도가 낮아 효율이 떨어진다는 단점이 있었다.
> 연구팀은 이런 단점을 해결하고자 그래핀에 불순물을 얇게 덮는 방법을 생각했다. 그래핀 표면에 비정질 탄소를 흡착시켜 일종의 ㉢ '코팅'처럼 둘러싼 것이다. 연구 결과 이 과정에서 신호 전달을 방해하던 저항은 기존 그래핀 선로보다 60% 감소했고, 신호 손실은 약 절반 정도로 줄어들었으며, 전달할 수 있는 전하의 농도는 20배 이상 증가했다. 이를 통해 연구팀은 금속 선로의 수백분의 1 크기로 작으면서도 효율성은 그대로인 고효율, 고속 신호 전송 선로를 완성하였다.

① 연구팀은 ㉡을 ㉠으로 바꾸었다.
② 반도체 내에 많은 소자가 집적될수록 ㉡에 저항이 증가한다.
③ ㉠은 구리보다 전기 전달 능력과 전자 이동속도가 뛰어나다.
④ 연구팀은 전자의 이동속도를 높이기 위해 ㉠에 ㉢을 하였다.
⑤ ㉠은 그래핀, ㉡은 금속 재질, ㉢은 비정질 탄소를 의미한다.

27 다음 글의 내용이 참일 때 항상 거짓인 것은?

> 과거에는 공공 서비스가 경합성과 배제성이 모두 약한 사회 기반 시설 공급을 중심으로 제공되었다. 이런 경우 서비스 제공에 드는 비용은 주로 세금을 비롯한 공적 재원으로 충당을 한다. 하지만 복지와 같은 개인 단위 공공 서비스에 대한 사회적 요구가 증가함에 따라 관련 공공 서비스의 다양화와 양적 확대가 이루어지고 있다. 이로 인해 정부의 관련 조직이 늘어나고 행정 업무의 전문성 및 효율성이 떨어지는 문제점이 나타나기도 한다. 이 경우 정부는 정부 조직의 규모를 확대하지 않으면서 서비스의 전문성을 강화할 수 있는 민간 위탁 제도를 도입할 수 있다. 민간 위탁이란 공익성을 유지하기 위해 서비스의 대상이나 범위에 대한 결정권과 서비스 관리의 책임을 정부가 갖되, 서비스 생산은 민간 업체에게 맡기는 것이다.
>
> 민간 위탁은 주로 다음과 같은 몇 가지 방식으로 운용되고 있다. 가장 일반적인 것은 '경쟁 입찰 방식'이다. 이는 일정한 기준을 충족하는 민간 업체 간 경쟁 입찰을 거쳐 서비스 생산자를 선정, 계약하는 방식이다. 공원과 같은 공공 시설물 관리 서비스가 이에 해당한다. 이 경우 정부가 직접 공공 서비스를 제공할 때보다 서비스의 생산 비용이 절감될 수 있고 정부의 재정 부담도 경감될 수 있다. 다음으로는 '면허 발급 방식'이 있다. 이는 서비스 제공을 위한 기술과 시설이 기준을 충족하는 민간 업체에게 정부가 면허를 발급하는 방식이다. 자동차 운전면허 시험, 산업 폐기물 처리 서비스 등이 이에 해당한다. 이 경우 공공 서비스가 갖춰야 할 최소한의 수준은 유지하면서도 공급을 민간의 자율에 맡겨 공공 서비스의 수요와 공급이 탄력적으로 조절되는 효과를 얻을 수 있다. 또한 '보조금 지급 방식'이 있는데, 이는 민간이 운영하는 종합 복지관과 같이 안정적인 공공 서비스 제공이 필요한 기관에 보조금을 주어 재정적으로 지원하는 것이다.

① 과거 공공 서비스는 주로 공적 재원에 의해 운영됐다.
② 공공 서비스의 양적 확대에 따라 행정 업무 전문성이 떨어지는 부작용이 나타난다.
③ 서비스 생산을 민간 업체에게 맡김으로써 공공 서비스의 전문성을 강화할 수 있다.
④ 경쟁 입찰 방식은 정부의 재정 부담을 줄여준다.
⑤ 정부로부터 면허를 받은 민간 업체는 보조금을 지급받을 수 있다.

※ 다음 글을 근거로 판단할 때, 가장 적절한 것을 고르시오. [28~29]

| 2025년 상반기 SK그룹

28

우리가 세계지도를 펼쳐보며 익숙하게 느끼는 경도와 위도 그리고 대륙의 윤곽은 수많은 시행착오와 발견의 역사를 거쳐 완성된 것으로, 그 시작점 중 하나가 바로 2세기 그리스 – 로마 시대에 등장한 프톨레마이오스의 세계지도다. 프톨레마이오스의 세계지도는 단순한 상상이 아니라, 프톨레마이오스가 집필한 『지리학』을 바탕으로 천체 관측과 좌표 계산을 통해 체계적으로 만들어진 고대 과학의 산물이었다. 곡선의 경도와 위도선을 처음으로 도입했다는 점에서 당시 지구가 구형임을 인식했다는 점도 눈여겨볼 수 있다.

프톨레마이오스의 세계지도에서는 카나리아 제도가 경도 0도로 설정되어 있고, 동쪽으로 180도, 남북으로는 적도를 기준으로 80도까지의 세계가 펼쳐진다. 지도에는 지중해와 인도양이라는 두 개의 내해가 뚜렷하게 구분되어 있으며, 유럽, 중동, 인도, 실론 섬(현재의 스리랑카), 인도차이나반도, 중국 등 다양한 지역이 포함되어 있다. 아프리카 대륙의 남쪽은 동쪽으로 길게 뻗어 동남아시아와 연결된 육지로 그려졌고, 실론 섬은 실제보다 훨씬 크게 묘사되었다. 카스피해는 현대와 달리 동서로 길게 표현되었으며, 나일강의 수원지는 '달의 산맥'이라는 이름으로 표기되어 있다. 또한, 인도는 인더스 강과 갠지스 강 사이에 실제보다 작게 나타나고, 말레이반도는 '황금반도'로 그 너머에는 태국 만과 남중국해가 합쳐진 '거대한 만(Magnus Sinus)'이 자리하여 당시의 사람들이 어떤 세계관을 가지고 있었는지 직접적으로 보여준다.

그러나 프톨레마이오스의 세계지도에는 현재와는 다른 부정확한 표현들이 적지 않다. 이러한 오류들은 당시의 과학적 한계와 정보 부족에서 비롯된 것이다. 정밀한 측정 도구가 없어 경도 측정이 부정확했고, 여행자와 상인, 군사 원정대 등으로부터 전해들은 단편적인 지식에 의존하다 보니 실제와 다른 지형이나 크기가 지도에 반영될 수밖에 없었다. 실론 섬이 지나치게 크게 그려진 것, 아프리카가 동남아시아와 연결된 육지로 표현된 것 등은 모두 프톨레마이오스가 얻을 수 있었던 제한된 자료와 관측 기술의 한계를 보여준다. 이러한 점들은 프톨레마이오스의 세계지도가 고대의 세계관과 지리 지식을 반영하는 동시에 그 시대의 한계를 고스란히 담고 있음을 시사한다.

그러나 이 지도의 영향력은 고대에 머물지 않았다. 프톨레마이오스의 『지리학』은 9세기 이슬람 세계에서 아랍어로 번역되어 이슬람 학자들에게 큰 영향을 주었고, 15세기 초에는 라틴어로 번역되어 유럽에 다시 소개되었다. 원본 지도는 남아 있지 않지만 13세기 말 비잔틴 수도사들이 좌표 기록을 바탕으로 재구성한 판본이 전해진다. 이후 15세기 인쇄술이 발달하면서 이 지도는 유럽 각지에 널리 보급되었고, 르네상스와 대항해 시대 탐험가들에게도 새로운 영감과 정보를 제공했다. 프톨레마이오스의 세계지도는 고대의 지리 지식과 세계관을 집대성한 결정체로, 이후 지도 제작과 지리학 발전에 중요한 이정표가 되었다.

① 지도에서 곡선의 경도와 위도선은 이슬람 학자들이 처음으로 사용하였다.
② 프톨레마이오스의 세계지도는 그리스 – 로마 시대의 세계관을 보여주는 지도이다.
③ 프톨레마이오스의 세계지도는 객관적인 실측으로만 제작된 최초의 세계지도이다.
④ 프톨레마이오스의 세계지도는 당대의 발전된 인쇄술을 통해 유럽 각지에 널리 보급되었다.
⑤ 프톨레마이오스의 시대에서는 지구의 모습이 구형임을 인식하지 못하고, 평평하다고 생각하였다.

29

1896년 『독립신문』 창간을 계기로 여러 가지의 애국가 가사가 신문에 게재되기 시작했는데, 어떤 곡조에 따라 이 가사들을 노래로 불렀는지는 명확하지 않다. 다만 대한제국이 서구식 군악대를 조직해 1902년 '대한제국 애국가'라는 이름의 국가(國歌)를 만들어 나라의 주요 행사에 사용했다는 기록은 남아 있다. 오늘날 우리가 부르는 애국가의 노랫말은 외세의 침략으로 나라가 위기에 처해있던 1907년을 전후하여 조국애와 충성심을 북돋우기 위하여 만들어졌다.
1935년 해외에서 활동 중이던 안익태는 오늘날 우리가 부르고 있는 국가를 작곡하였다. 대한민국 임시정부는 이 곡을 애국가로 채택해 사용했으나 이는 해외에서만 퍼져나갔을 뿐, 국내에서는 광복 이후 정부수립 무렵까지 애국가 노랫말을 스코틀랜드 민요에 맞춰 부르고 있었다. 그러다가 1948년 대한민국 정부가 수립된 이후 현재의 노랫말과 함께 안익태가 작곡한 곡조의 애국가가 정부의 공식 행사에 사용되고 각급 학교 교과서에도 실리면서 전국적으로 애창되기 시작하였다.
애국가가 국가로 공식화되면서 1950년대에는 대한뉴스 등을 통해 적극적으로 홍보가 이루어졌다. 그리고 「국기게양 및 애국가 제창 시의 예의에 관한 지시(1966)」 등에 의해 점차 국가의례의 하나로 간주되었다.
1970년대 초에는 공연장에서 본공연 전에 애국가가 상영되기 시작하였다. 이후 1980년대 중반까지 주요 방송국에서 국기강하식에 맞춰 애국가를 방송하였다. 주요 방송국의 국기강하식 방송, 극장에서의 애국가 상영 등은 1980년대 후반 중지되었으며 음악회와 같은 공연 시 애국가 연주도 이때 자율화되었다.
오늘날 주요 행사 등에서 애국가를 제창하는 경우에는 부득이한 경우를 제외하고 4절까지 제창하여야 한다. 애국가는 모두 함께 부르는 경우에는 전주곡을 연주한다. 다만, 약식 절차로 국민의례를 행할 때 애국가를 부르지 않고 연주만 하는 의전행사(외국에서 하는 경우 포함)나 시상식・공연 등에서는 전주곡을 연주해서는 안 된다.

① 1940년에 해외에서는 안익태가 만든 애국가 곡조를 들을 수 없었다.
② 1990년대 초반에는 국기강하식 방송과 극장에서의 애국가 상영이 의무화되었다.
③ 오늘날 우리가 부르는 애국가의 노랫말은 1896년 『독립신문』에 게재되지 않았다.
④ 시상식에서 애국가를 부르지 않고 연주만 하는 경우에는 전주곡을 연주할 수 있다.

30 다음 중 밑줄 친 '정원'에 대한 설명으로 적절하지 않은 것은?

> 야생의 자연이라는 이상을 고집하는 자연 애호가들은 인류가 자연과 내밀하면서도 창조적인 관계를 맺었던 반(反)야생의 자연, 즉 '정원'을 간과한다. 정원은 울타리를 통해 농경지보다 야생의 자연과 분명한 경계를 긋는다. 집약적인 토지 이용이라는 전통은 정원에서 시작되었다. 정원은 대규모의 농경지 경작이 행해지지 않은 원시적인 문화에서도 발견된다. 만여 종의 경작용 식물들은 모두 대량 생산에 들어가기 전에 정원에서 자라는 단계를 거쳐 온 것으로 보인다.
> 농업경제의 역사에서 정원이 갖는 의미는 시대와 지역에 따라 매우 달랐다. 좁은 공간에서 집약적인 농사를 짓는 지역에서는 농부가 곧 정원사였다. 반면 예전의 독일 농부들은 정원이 곡물 경작에 사용될 퇴비를 앗아가므로 정원을 악으로 여기기도 했다. 하지만 여성들의 입장은 지역적인 편차가 없었다. 아메리카의 푸에블로 인디언부터 근대 독일의 농부 집안까지 정원은 농업 혁신에 주도적인 역할을 해온 여성들에게는 자신들의 제국이자 자존심이었다. 그곳에는 여성들이 경험을 통해 쌓은 지식 전통이 살아 있었다. 환경사에서 여성이 갖는 특별한 역할의 물질적 근간은 대부분 정원에서 발견된다. 지난 세기들의 경우 이는 특히 여성 제후들과 관련되어 있으며 자료가 풍부하다. 작센의 여성 제후인 안나는 식물에 관한 지식을 늘 공유했던 긴밀하고도 광범위한 사회적 네트워크를 가지고 있었는데, 그중에는 식물 경제학에 관심이 깊은 고귀한 신분의 여성들도 많았으며 수도원 소속의 여성들도 있었다.
> 여성들이 정원에서 쌓은 경험의 특징은 무엇일까? 정원에서는 땅을 면밀히 살피고 손으로 흙을 부스러뜨리는 습관이 생겨났을 것이다. 정원에서 즐겨 이용되는 삽도 다양한 토질의 층을 자세히 연구하도록 부추겼을 것이 분명하다. 넓은 경작지보다는 정원에서 땅을 다룰 때 더 아끼고 보호했을 것이다. 정원이라는 매우 제한된 공간에는 옛날에도 충분한 퇴비를 줄 수 있었다. 경작지보다도 다양한 종류의 퇴비로 실험할 수 있었고 새로운 작물을 키우며 경험을 수집할 수 있었다. 정원에서는 좁은 공간에서 다양한 식물이 자라기 때문에 모든 종류의 식물들이 서로 잘 지내지는 않는다는 사실에도 주의를 기울였다. 이는 식물 생태학의 근간을 이루는 통찰이었다.
> 결론적으로 정원은 여성들이 주도가 되어 토양과 식물을 이해하고, 농경지 경작에 유용한 지식과 경험을 배양할 수 있는 좋은 장소였다.

① 울타리를 통해 야생의 자연과 분명한 경계를 긋는다.
② 시대와 지역에 따라 정원에 대한 여성들의 입장이 달랐다.
③ 정원에서는 모든 종류의 식물들이 서로 잘 지내지는 않는다.
④ 여성이 갖는 특별한 역할의 물질적 근간이 대부분 발견되는 곳이다.
⑤ 집약적 토지 이용의 전통이 시작된 곳으로 원시적인 문화에서도 발견된다.

31 다음 글의 ㉠~㉢에 대한 사례로 적절하지 않은 것은?

> 4차 산업혁명의 주제는 무엇일까? 제조업의 입장에서 4차 산업혁명은 ICT와 제조업의 결합을 의미하며, 여기에서 발생하는 제조업의 변화 양상은 크게 제조업의 서비스화, 제조업의 디지털화, 제조업의 스마트화 등으로 정리할 수 있다.
> 먼저 ㉠ 제조업의 서비스화에서의 핵심은 '아이디어를 구체화하는 시스템'이다. 제조업체는 제품과 서비스를 통합적으로 제공하고, 이를 통해 제품의 부가가치와 경쟁력을 높여 수익을 증대하고자 한다.
> 다음으로 ㉡ 제조업의 디지털화는 '디지털 인프라 혁명'이라고도 하며, 가상과 현실, 사람과 사물이 연결되는 초연결(Hyper-connected) 네트워크 통해 언제 어디서나 접속 가능한 환경을 조성하여 재화를 생산하는 것을 의미한다. 제조업체는 맞춤형 생산이 가능한 3D프린팅, 스마트 공장, 증강현실·가상현실 기반 콘텐츠, 클라우드 기반 정보 시스템 등을 생산과정에 활용한다.
> 마지막으로 ㉢ 제조업의 스마트화는 인공지능(AI), 로봇, 사물인터넷(IoT), 빅데이터, 클라우드, AR, VR, 홀로그램 등 지능 기술의 발달에 따른 '기술적 혁명'을 말한다. 이는 생산성 향상, 생산공정 최적화 등을 달성하는 데 기여할 것으로 예상된다. 이러한 제조업의 스마트화는 생산인구 감소, 고임금, 자원 고갈(에너지, 인력, 장비, 설비 등) 등에 대비해 노동 생산성과 자원 효율성 제고를 위한 새로운 전략적 대응으로 등장하였다.

① ㉠ - 애플은 하드웨어와 소프트웨어뿐만 아니라 콘텐츠 생산자와 소비자를 연결하는 플랫폼인 애플 스토어 서비스를 구축하였다.

② ㉠ - 롤스로이스는 항공기 엔진과 관련 부품의 판매뿐만 아니라 ICT를 이용한 실시간 모니터링을 통해 엔진의 유지·보수 및 관리가 가능한 엔진 점검 서비스를 제공한다.

③ ㉡ - 포드는 'TechShop' 프로젝트를 통해 2,000여 명의 회원들이 자유롭게 자사의 3D프린터 제작 설비를 활용하여 아이디어를 시제품으로 구체화할 수 있도록 지원했다.

④ ㉡ - GE의 제조 공장에서는 제조 주기의 단축을 위한 기술을 축적하고 있으며, 하나의 공장에서 항공, 에너지, 발전 관련 등 다양한 제품군을 제조하는 설비를 갖추고자 노력하고 있다.

⑤ ㉢ - 지멘스의 제조 공장에서는 제품 개발 및 제조·기획을 관장하는 '가상생산' 시스템과 제품 수명 주기 관리를 통한 '공장생산' 시스템을 통합해 생산 효율성의 극대화를 추구한다.

※ 다음 글의 빈칸에 들어갈 내용으로 가장 적절한 것을 고르시오. [32~33]

| 2025년 상반기 CJ그룹

32

> 힐링(Healing)은 사회적 압박과 스트레스 등으로 손상된 몸과 마음을 치유하는 방법을 일컫는 말이다. 우리나라보다 먼저 힐링이 정착된 서구에서는 힐링을 질병 치유의 대체 요법 또는 영적·심리적 치료 요법 등으로 지칭하고 있다. 국내에서도 최근 힐링과 관련된 갖가지 상품이 유행하고 있다. 간단한 인터넷 검색을 통해 수천 가지의 상품을 확인할 수 있을 정도다. 종교적 명상, 자연 요법, 운동 요법 등 다양한 형태의 힐링 상품이 존재한다. 심지어 고가의 힐링 여행이나 힐링 주택 등의 상품도 나오고 있다. 그러나 ________________ 우선 명상이나 기도 등을 통해 내면에 눈뜨고, 필라테스나 요가를 통해 육체적 건강을 회복하여 자신감을 얻는 것부터 출발할 수 있다.

① 자신을 진정으로 사랑하는 법을 알아야 할 것이다.
② 힐링이 먼저 정착된 서구의 힐링 상품들을 참고해야 할 것이다.
③ 이러한 상품들의 값이 터무니없이 비싸다고 느껴지지는 않을 것이다.
④ 많은 돈을 들이지 않고서도 쉽게 할 수 있는 일부터 찾는 것이 좋을 것이다.
⑤ 혼자만 할 수 있는 힐링 상품을 찾는 것보다는 다른 사람과 함께 하는 힐링 상품을 찾는 것이 좋을 것이다.

| 2024년 하반기 CJ그룹

33

> 과학을 이야기할 때 꼭 언급하고 지나가야 할 문제는 과학적인 방법으로 얻어진 결과를 어느 정도 신뢰할 수 있느냐 하는 문제이다. 과학은 인간의 이성으로 진리를 추구해 가는 가장 합리적인 방법이다. 따라서 과학적인 방법으로 도출해 낸 결론은 우리가 얻을 수 있는 가장 신뢰할 수 있는 결론이라고 해야 할 것이다. 그러나 인간의 이성으로 얻은 결론이므로 인간이라는 한계를 뛰어넘을 수는 없다. 인간의 지식이나 이성이 완벽하지 않다는 것은 누구나 인정하고 있는 사실이다. 그러므로
> ________________

① 과학에 대하여 보다 더 적극적인 관심을 가질 필요가 있다.
② 과학적인 방법으로 얻어진 결론도 완벽하다고 할 수는 없다.
③ 과학으로써 인간의 지식이나 이성의 한계를 넘어서야 한다.
④ 과학의 산물이 인간에게 유용한 것만은 아니라고 보아야 한다.
⑤ 과학 탐구에 있어서도 결국 그 주체는 인간임을 잊어서는 안 된다.

※ 다음 글을 읽고 추론한 내용으로 가장 적절한 것을 고르시오. [34~35]

| 2025년 상반기 CJ그룹

34

'청렴(淸廉)'은 현대 사회에서 좁게는 반부패와 동의어로 사용되며 넓게는 투명성과 책임성 등을 포괄한 통합적 개념으로 사용되고 있다. 유학자들은 청렴을 효제와 같은 인륜의 덕목보다는 하위에 두었지만, 군자라면 마땅히 지켜야 할 일상의 덕목으로 중시하였다. 조선의 대표적 유학자였던 이황과 이이는 청렴을 사회 규율이자 개인 처세의 지침으로 강조하였다. 특히 공적 업무에 종사하는 사람이라면 사회 규율로써의 청렴이 개인의 처세와 직결된다는 점에 유념해야 한다고 보았다.
청렴에 대한 논의는 정약용의 『목민심서』에서 본격적으로 나타난다. 정약용은 청렴이야말로 목민관이 지켜야 할 근본적인 덕목이며 목민관의 직무는 청렴이 없이는 불가능하다고 강조하였다. 정약용은 청렴을 당위의 차원에서 주장하는 기존의 학자들과 달리 행위자 자신에게 실질적 이익이 된다는 점을 들어 설득한다. 그는 청렴은 큰 이득이 남는 장사라고 말하면서, 지혜롭고 욕심이 큰 사람은 청렴을 택하지만, 지혜롭지 않고 욕심이 작은 사람은 탐욕을 택한다고 설명한다. 정약용은 "지자(知者)는 인(仁)을 이롭게 여긴다."라는 공자의 말을 빌려 "지혜로운 자는 청렴함을 이롭게 여긴다."라고 하였다. 비록 재물을 얻는 데 뜻이 있더라도 청렴함을 택하는 것이 결과적으로는 지혜로운 선택이라고 정약용은 말한다. 목민관의 작은 탐욕은 단기적으로 이익을 얻을 수 있겠지만, 결국 개인의 몰락과 가문의 불명예를 가져올 수 있기 때문이다.
정약용은 청렴을 지키는 것은 두 가지 효과가 있다고 보았다. 첫째, 청렴은 다른 사람에게 긍정적 효과를 미친다. 목민관이 청렴할 경우 백성을 비롯한 공동체 구성원에게 좋은 혜택이 돌아갈 것이다. 둘째, 청렴한 행위를 하는 것은 목민관 자신에게도 좋은 결과를 가져다준다. 청렴은 그 자신의 덕을 높일 뿐만 아니라, 가문에 빛나는 명성과 영광을 가져다줄 것이다.

① 정약용은 청렴이 목민관이 반드시 지켜야 할 덕목임을 당위론 차원에서 정당화하였다.
② 정약용은 탐욕을 택하는 것보다 청렴을 택하는 것이 이롭다는 공자의 뜻을 계승하였다.
③ 정약용은 청렴한 사람은 욕심이 작기 때문에 재물에 대한 탐욕에 빠지지 않는다고 보았다.
④ 정약용은 청렴이 백성에게 이로움을 줄 뿐만 아니라 목민관 자신에게도 이로운 행위라고 보았다.
⑤ 이황과 이이는 청렴을 개인의 처세에 있어 주요 지침으로 여겼으나 사회 규율로는 보지 않았다.

한국의 고령화는 세계에서 가장 빠른 속도로 진행되고 있다. 2025년에는 65세 이상 인구 비중이 20%를 넘어서며 본격적인 초고령사회에 진입한다. 이에 따라 과거에는 노년층이 경제의 주변부로 여겨졌지만, 최근에는 '그레이 르네상스'라는 말이 나올 정도로 시니어층이 소비와 사회 변화를 이끄는 주체로 떠오르고 있다. 특히 경제력과 건강을 갖춘 '액티브 시니어', 디지털 환경에 익숙한 '디지털 시니어' 등 다양한 모습의 노년층이 등장하면서 시니어 산업이 새로운 성장 동력으로 주목받고 있다.

시니어 산업은 매우 다양한 분야로 세분화된다. 먼저, 시니어 하우징 분야에서는 전통적인 실버타운을 넘어 자립 생활이 가능한 시니어 레지던스, 커뮤니티형 주거단지 등 다양한 주거형태가 등장하고 있다. 이들의 주거공간은 단순 거주 기능을 넘어 건강관리, 취미활동, 커뮤니티 형성 등 삶의 질을 높이는 서비스를 결합해 제공한다. 자산관리와 금융 분야도 빠르게 성장 중이다. 은퇴설계, 연금, 자산관리 서비스 등 시니어의 경제적 안정과 맞춤형 금융 상품에 대한 수요가 크게 늘고 있다.

건강관리와 요양·돌봄 분야 역시 시니어 산업의 핵심이다. 만성질환 관리, 건강식품, 의료기기, 원격진료 등 헬스케어 산업이 빠르게 발전하고 있으며, 방문요양, 돌봄 로봇, 스마트 모니터링 시스템 등 첨단 기술을 접목한 돌봄 서비스도 확산되고 있다. 특히 최근에는 웨어러블 기기를 통해 건강 데이터를 실시간으로 수집·분석하고, 이상 징후를 즉시 의료진이나 가족에게 알리는 시스템 등 인공지능과 사물인터넷을 활용한 스마트 헬스케어 서비스가 주목받고 있다.

여가와 문화, 교육 분야도 시니어 산업에서 빠질 수 없다. 여행, 평생교육, 취미활동, 문화예술 프로그램 등 시니어의 자기계발과 사회참여를 지원하는 다양한 서비스가 주목받고 있으며 최근에는 시니어 맞춤형 여행상품, 온라인 강좌, 문화예술 동아리 등이 인기를 끌고 있다. 마지막으로 고령층의 사회 참여와 일자리 창출도 중요한 이슈다. 단순한 생계형 일자리에서 벗어나 전문성과 경험을 살리는 것을 주요 목적으로 멘토링, 사회공헌 등의 활동이 각광받고 있다.

시니어 산업은 앞으로도 시장 규모가 지속적으로 성장할 것으로 전망된다. 고령화가 가져올 사회적 도전과 함께 기술 융합과 서비스 혁신을 통해 새로운 기회가 계속해서 창출될 것이다. 사회적 돌봄 인프라 강화, 디지털 격차 해소 등 해결해야 할 과제도 많지만, 시니어 산업은 결국 한국 사회의 미래를 이끌 중요한 산업이 될 것으로 전망된다.

① 요양원 운영은 대표적인 시니어 하우징 사업이다.
② 갈수록 심해지는 고령화는 시니어 산업의 성장을 이끌어 낼 것이다.
③ 시니어 사업은 디지털 격차로 인해 전통적인 기술이 선호되는 사업이다.
④ 그레이 르네상스는 첨단 기기를 잘 다루는 노년층이 등장하면서 시작되었다.
⑤ 고령층 일자리 창출 사업의 목적은 노인의 자립을 위한 생계형 일자리 제공이다.

※ 다음 글을 읽고 추론한 내용으로 적절하지 않은 것을 고르시오. [36~38]

| 2024년 상반기 삼성그룹

36

레이저 절단 가공은 고밀도, 고열원의 레이저를 절단하고자 하는 소재로, 절단 부위를 쏘아 녹이고 증발시켜 소재를 절단하는 최첨단 기술이다. 레이저 절단 가공은 일반 가공법으로는 작업이 불가능한 절단면 및 복잡하고 정교한 절단 형상을 신속하고 정확하게 절단하여 가공할 수 있고, 절단하고자 하는 소재의 제약도 일반 가공법에 비해 자유롭다. 또한, 재료와 직접 접촉하지 않으므로 절단 소재의 물리적 변형이 적어 깨지기 쉬운 소재도 다루기 쉽고, 다른 열 절단 가공에 비해 열변형의 우려가 적다. 이런 장점으로 반도체 소자가 나날이 작아지고 더욱 정교해지면서 레이저 절단 가공은 반도체 산업에서는 이제 없어서는 안 될 필수적인 과정이 되었다.

① 레이저 절단 가공 작업 중에는 기체가 발생한다.
② 과거 반도체 소자의 정교함은 현재 반도체 소자에 미치지 못하였을 것이다.
③ 레이저 절단 가공은 절단 부위를 녹이므로 열변형의 우려가 큰 가공법이다.
④ 현재 기술력으로는 레이저 절단 외의 다른 가공법을 사용하여 반도체 소자를 다루기 힘들 것이다.
⑤ 두께가 얇아 깨지기 쉬운 반도체 웨이퍼는 레이저 절단 가공으로 가공하여야 한다.

37

> 인간의 삶과 행위를 하나의 질서로 파악하고 개념과 논리를 통해 이해하고자 하는 시도는 소크라테스와 플라톤을 기점으로 시작된 가장 전통적인 방법론이라고 할 수 있다. 이는 결국 경험적이고 우연적인 요소를 배제하여 논리적 필연으로 인간을 규정하고자 한 것이다. 이에 반해 경험과 감각을 중시하고 욕구하는 실체로서의 인간을 파악하고자 한 이들이 소피스트들이다. 이 두 관점은 두 개의 큰 축으로 서구 지성사에 작용해 온 것이 사실이다.
>
> 하지만 이는 곧 소크라테스와 플라톤의 관점에서는 삶과 행위의 구체적이고 실제적인 일상이 무시된 채 본질적이고 이념적인 영역을 추구하였다는 것이며, 소피스트들의 관점에서는 고정적 실체로서의 도덕이나 정당화의 문제보다는 변화하는 실제적 행위만이 인정되었다는 이야기로 환원되어왔다. 그리고 이와 같은 문제를 제대로 파악한 것이 바로 고대 그리스의 웅변가이자 소피스트인 '이소크라테스'이다.
>
> 이소크라테스는 소피스트들에 대해서는 그들의 교육이 도덕이나 시민적 덕성의 함양과는 무관하게 탐욕과 사리사욕을 위한 교육에 그치고 있다고 비판했으며, 동시에 영원불변하는 보편적 지식의 무용성을 주장했다. 그는 시의적절한 의견들을 통해 더 좋은 결과에 이를 수 있는 능력을 얻으려는 자가 바로 철학자라고 주장했다. 그렇기에 이소크라테스의 수사학은 플라톤의 이데아론은 물론 소피스트들의 무분별한 실용성을 지양하면서도, 동시에 삶과 행위의 문제를 이론적이고도 실제적으로 해석하는 것으로 평가할 수 있다.

① 이소크라테스의 주장에 따르면 플라톤의 이데아론은 과연 그것이 현실을 살아가는 이들에게 무슨 의미가 있는가에 대한 필연적인 물음에 맞닥뜨리게 된다.

② 소피스트들의 주장과 관점은 현대사회의 물질만능주의를 이해하기에 적절한 사례가 된다.

③ 소피스트와 이소크라테스는 영원불변하는 보편적 지식의 존재를 부정하며 구체적이고 실제적인 일상을 중요하게 여겼다.

④ 이소크라테스를 통해 절대적인 진리를 추구하지 않는 것이 반드시 비도덕적인 일로 환원된다고는 볼 수 없음을 확인할 수 있다.

⑤ 훌륭한 말과 미덕을 갖춘 지성인은 이소크라테스가 추구한 목표에 가장 가까운 존재라고 할 수 있다.

38

태양 빛은 흰색으로 보이지만 실제로는 다양한 파장의 가시광선이 혼합되어 나타난 것이다. 프리즘을 통과시키면 흰색 가시광선은 파장에 따라 붉은빛부터 보랏빛까지의 무지갯빛으로 분해된다. 가시광선의 파장 범위는 390 ~ 780nm* 정도인데 보랏빛이 가장 짧고 붉은빛이 가장 길다. 빛의 진동수는 파장과 반비례하므로 진동수는 보랏빛이 가장 크고 붉은빛이 가장 작다. 태양 빛이 대기층에 입사하여 산소나 질소 분자와 같은 공기 입자(직경 0.1~1nm 정도), 먼지 미립자, 에어로졸**(직경 1~100,000nm 정도) 등과 부딪치면 여러 방향으로 흩어지는데 이러한 현상을 산란이라 한다. 산란은 입자의 직경과 빛의 파장에 따라 '레일리(Rayleigh) 산란'과 '미(Mie) 산란'으로 구분된다.

레일리 산란은 입자의 직경이 파장의 1/10보다 작을 경우에 일어나는 산란을 말하는데 그 세기는 파장의 네제곱에 반비례한다. 대기의 공기 입자는 직경이 매우 작아 가시광선 중 파장이 짧은 빛을 주로 산란시키며, 파장이 짧을수록 산란의 세기가 강하다. 따라서 맑은 날에는 주로 공기 입자에 의한 레일리 산란이 일어나서 보랏빛이나 파란빛이 강하게 산란되는 반면 붉은빛이나 노란빛은 약하게 산란된다. 산란되는 세기로는 보랏빛이 가장 강하겠지만, 우리 눈은 보랏빛보다 파란빛을 더 잘 감지하기 때문에 하늘은 파랗게 보이는 것이다. 만약 태양 빛이 공기 입자보다 큰 입자에 의해 레일리 산란이 일어나면 공기 입자만으로는 산란이 잘되지 않던 긴 파장의 빛까지 산란되어 하늘의 파란빛은 상대적으로 엷어진다.

미 산란은 입자의 직경이 파장의 1/10보다 큰 경우에 일어나는 산란을 말하는데 주로 에어로졸이나 구름 입자 등에 의해 일어난다. 이때 산란의 세기는 파장이나 입자 크기에 따른 차이가 거의 없다. 구름이 흰색으로 보이는 것은 미 산란으로 설명된다. 구름 입자(직경 20,000nm 정도)처럼 입자의 직경이 가시광선의 파장보다 매우 큰 경우에는 모든 파장의 빛이 고루 산란된다. 이 산란된 빛이 동시에 우리 눈에 들어오면 모든 무지갯빛이 혼합되어 구름이 하얗게 보인다. 이처럼 대기가 없는 달과 달리 지구는 산란 효과에 의해 파란 하늘과 흰 구름을 볼 수 있다.

*nm(나노미터) : 물리학적 계량 단위(1nm=10^{-9}m)
**에어로졸 : 대기에 분산된 고체 또는 액체 입자

① 가시광선의 파란빛은 보랏빛보다 진동수가 작다.
② 프리즘으로 분해한 태양 빛을 다시 모으면 흰색이 된다.
③ 파란빛은 가시광선 중에서 레일리 산란의 세기가 가장 크다.
④ 빛의 진동수가 2배가 되면 레일리 산란의 세기는 16배가 된다.
⑤ 달의 하늘에서는 공기 입자에 의한 태양 빛의 산란이 일어나지 않는다.

39 다음 글에 대한 반론으로 가장 적절한 것은?

> 현대인은 타인의 고통을 주로 뉴스나 영화 등의 매체를 통해 경험한다. 타인의 고통을 직접 대면하는 경우와 비교할 때 그와 같은 간접 경험으로부터 연민을 갖기는 쉽지 않다. 더구나 현대 사회는 사적 영역을 침범하지 않도록 주문한다. 이런 존중의 문화는 타인의 고통에 대한 지나친 무관심으로 변질될 수 있다. 그래서인지 현대 사회는 소박한 연민조차 느끼지 못하는 불감증 환자들의 안락하지만 황량한 요양소가 되어 가고 있는 듯하다.
> 연민에 대한 정의는 시대와 문화, 지역에 따라 가지각색이지만, 다수의 학자들에 따르면 연민은 두 가지 조건이 충족될 때 생긴다. 먼저 타인의 고통이 그 자신의 잘못에서 비롯된 것이 아니라 우연히 닥친 비극이어야 한다. 다음으로 그 비극이 언제든 나를 엄습할 수도 있다고 생각해야 한다. 이런 조건에 비추어 볼 때 현대 사회에서 연민의 감정은 무뎌질 가능성이 높다. 현대인은 타인의 고통을 대부분 그 사람의 잘못된 행위에서 비롯된 필연적 결과로 보며, 자신은 그러한 불행을 예방할 수 있다고 생각하기 때문이다.

① 현대인들은 자신의 사적 영역을 존중받길 원한다.
② 간접적인 경험보다 직접적인 경험에서 연민의 감정이 쉽게 생긴다.
③ 사람들은 비극이 나에게도 일어날 수 있다고 생각할 때 연민을 느낀다.
④ 연민이 충족되기 위해선 타인의 고통이 자신의 잘못에서 비롯된 것이어야 한다.
⑤ 교통과 통신이 발달하면서 현대인들은 이전에는 몰랐던 사람들의 불행까지도 의식할 수 있게 되었다.

40 다음 글을 읽고 ㉠의 사례가 아닌 것을 고르면?

> ㉠ <u>닻내림 효과</u>란 닻을 내린 배가 크게 움직이지 않듯 처음 접한 정보가 기준점이 돼 판단에 영향을 미치는 일종의 편향(왜곡) 현상을 말한다. 즉, 사람들이 어떤 판단을 하게 될 때 초기에 접한 정보에 집착해 합리적 판단을 내리지 못하는 현상을 일컫는 행동경제학 용어이다. 대부분의 사람은 제시된 기준을 그대로 받아들이지 않고 기준점을 토대로 약간의 조정 과정을 거치기는 하나, 그런 조정과정이 불완전하므로 최초 기준점에 영향을 받는 경우가 많다.

① 연봉 협상 시 본인의 적정 기준보다 더 높은 금액을 제시한다.
② 원래 1만 원이던 상품에 2만 원의 가격표를 붙이고 50% 할인한 가격에 판매한다.
③ 홈쇼핑에서 ‘이번 시즌 마지막 세일’, ‘오늘 방송만을 위한 한정 구성’, ‘매진 임박’ 등의 표현을 사용하여 판매한다.
④ 명품 매장에서 최고가 상품들의 가격표를 보이게 진열하여 다른 상품들이 그다지 비싸지 않은 것처럼 느끼게 만든다.
⑤ ‘온라인 정기구독 연간 $25’와 ‘온라인 및 오프라인 정기구독 연간 $125’ 사이에 ‘오프라인 정기구독 연간 $125’의 항목을 넣어 판촉한다.

| 02 | 수리

| 2025년 상반기 CJ그룹

01 높이가 각각 8cm, 10cm, 6cm인 벽돌 3종류가 있다. 되도록 적은 벽돌을 사용하여 같은 종류의 벽돌끼리 같은 높이로 쌓아 올리고자 한다. 필요한 벽돌의 개수는 모두 몇 개인가?

① 31개
② 35개
③ 39개
④ 43개
⑤ 47개

Easy

| 2024년 하반기 SK그룹

02 호수에 40m의 간격으로 나무를 심었더니 50그루를 심을 수 있었다. 이 호수에 25m 간격으로 나무를 심는다면 모두 몇 그루를 심을 수 있겠는가?

① 80그루
② 85그루
③ 90그루
④ 95그루
⑤ 100그루

| 2024년 하반기 LG그룹

03 L동아리에서는 테니스 경기를 토너먼트 방식으로 진행한다. 총 16명이 참여했을 때, 최종 우승자가 나올 때까지 진행되는 경기의 수는?(단, 동점자는 없다)

① 11번
② 12번
③ 13번
④ 14번
⑤ 15번

2025년 상반기 삼성그룹

04 S전자에서는 냉장고 3대, 세탁기 4대, 청소기 2대 중 3대를 신제품 행사에 전시하려고 한다. 이때, 적어도 1대는 냉장고를 전시할 확률은?(단, 모든 가전제품은 서로 다른 모델이다)

① $\frac{4}{7}$
② $\frac{13}{21}$
③ $\frac{14}{21}$
④ $\frac{5}{7}$
⑤ $\frac{16}{21}$

Easy

2024년 하반기 삼성그룹

05 S사에서는 크리스마스 행사로 경품 추첨을 진행하려 한다. 작년에는 제주도 숙박권 10명, 여행용 파우치 20명을 추첨하여 경품을 주었으며, 올해는 작년보다 제주도 숙박권은 20%, 여행용 파우치는 10% 더 준비했다. 올해 경품을 받는 인원은 작년보다 몇 명 더 많은가?(단, 경품은 중복 당첨이 불가능하다)

① 1명
② 2명
③ 3명
④ 4명
⑤ 5명

2025년 상반기 SK그룹

06 S사의 작년 직원 수는 모두 100명이었다. 올해 신입사원 선발 결과, 남직원은 전년 대비 10%, 여직원은 전년 대비 20% 증가하여 전체 직원 수는 총 114명이 되었다. 올해 증가한 남직원의 수는?

① 2명
② 4명
③ 6명
④ 8명
⑤ 10명

07 S마을에서 운행 중인 순환선 마을버스가 4대 있는데, 이 버스를 1대 더 늘리면 배차간격이 2분 줄어든다고 한다. 마을버스의 평균 속력이 30km/h일 때, 이 버스의 순환 노선의 길이는?(단, 각 정거장의 길이와 버스 간의 거리는 모두 같고, 버스의 평균 속력은 변하지 않는다)

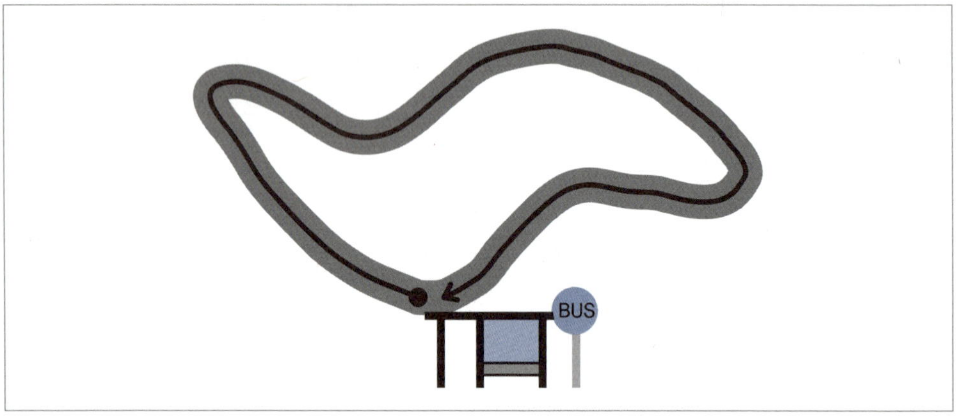

① 20km
② 30km
③ 40km
④ 50km
⑤ 60km

08 흰 구슬 4개, 검은 구슬 6개가 들어 있는 주머니에서 연속으로 2개의 구슬을 꺼낼 때, 흰 구슬과 검은 구슬을 각각 1개씩 뽑을 확률은?(단, 꺼낸 구슬은 다시 넣지 않는다)

① $\frac{2}{15}$
② $\frac{4}{15}$
③ $\frac{7}{15}$
④ $\frac{8}{15}$
⑤ $\frac{11}{15}$

| 2024년 상반기 SK그룹

09 작년 S초등학교의 전교생 수는 480명이었다. 올해 남학생 수는 20% 증가하였고, 여학생 수는 10% 감소하여 올해 남학생 수와 여학생 수의 비율이 20 : 21이 되었다. 올해 전교생 수는?

① 488명　　② 492명
③ 496명　　④ 500명
⑤ 504명

| 2024년 상반기 SK그룹

10 어떤 일을 A가 5시간, B가 8시간 동안 하면 완료할 수 있고, 같은 일을 A가 6시간, B가 5시간 하면 완료할 수 있다고 한다. 이 일을 B가 혼자서 할 때 걸리는 시간은?

① 19시간　　② 21시간
③ 23시간　　④ 25시간
⑤ 27시간

Easy

| 2024년 상반기 SK그룹

11 S사는 3월 6일에 1차 전체회의를 진행하였다. 100일 후 2차 전체회의를 진행하고자 할 때, 2차 전체회의는 언제 진행되는가?

① 5월 31일　　② 6월 7일
③ 6월 14일　　④ 6월 21일
⑤ 6월 28일

| 2023년 하반기 삼성그룹

12 A～H 8명의 후보 선수 중 4명을 뽑을 때, A, B, C를 포함하여 뽑을 확률은?

① $\frac{1}{14}$　　② $\frac{1}{5}$
③ $\frac{3}{8}$　　④ $\frac{1}{2}$
⑤ $\frac{3}{5}$

Hard

| 2024년 하반기 CJ그룹

13 10명의 각 나라 대표들이 모여 당구 경기를 진행하려고 한다. 경기 진행 방식은 토너먼트 방식으로 다음과 같이 진행될 때, 만들어질 수 있는 대진표의 수는?

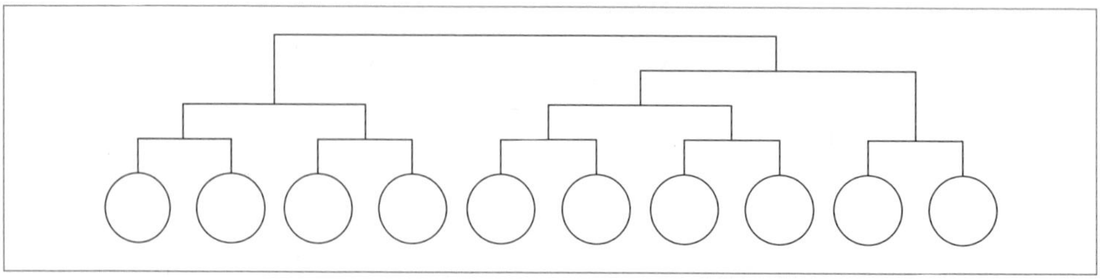

① 27,200가지
② 27,560가지
③ 28,000가지
④ 28,350가지
⑤ 28,500가지

| 2023년 하반기 SK그룹

14 보트를 타고 길이가 35km인 강을 왕복하려고 한다. 유속이 2km/h이고 보트의 속력이 12km/h일 때, 걸린 시간은?

① 7시간
② 6시간
③ 5시간
④ 4시간
⑤ 3시간

| 2023년 하반기 CJ그룹

15 연경이와 효진이, 은이가 동시에 회사를 출발하여 식당까지 걸었다. 은이는 3km/h의 속력으로 걷고, 연경이는 4km/h의 속력으로 걷는다. 연경이가 은이보다 식당에 10분 일찍 도착하였고, 효진이도 은이보다 5분 일찍 식당에 도착했다. 효진이의 속력은?

① $\frac{7}{2}$km/h
② $\frac{10}{3}$km/h
③ $\frac{13}{4}$km/h
④ $\frac{18}{5}$km/h
⑤ $\frac{24}{7}$km/h

| 2023년 하반기 SK그룹

16 농도가 20%인 소금물 100g에서 50g을 덜어낸 뒤, 남아있는 소금물에 물을 더 넣어 농도 10%의 소금물을 만들려고 한다. 이때 필요한 물의 양은?

① 10g
② 20g
③ 30g
④ 40g
⑤ 50g

| 2023년 하반기 CJ그룹

17 수현이의 부모님은 미국에 거주 중이고, 동생은 일본에서 유학 중이다. 한국에서 미국과 일본에 국제전화를 걸 때 분당 통화요금은 각각 40원, 60원이다. 이번 달에 수현이가 부모님과 동생에게 전화를 건 시간을 합하면 1시간이고, 부모님과 통화하는 데 들어간 요금이 동생과 통화하는 데 들어간 요금의 2배일 때, 수현이가 내야 하는 국제전화 요금 총액은 얼마인가?

① 2,400원
② 2,500원
③ 2,600원
④ 2,700원
⑤ 2,800원

Hard

| 2023년 상반기 LG그룹

18 A와 B가 같이 일을 하면 12일이 걸리고, B와 C가 같이 일을 하면 6일, C와 A가 같이 일을 하면 18일이 걸리는 일이 있다. 만약 A ~ C 모두 함께 72일 동안 일을 하면 기존에 했던 일의 몇 배의 일을 할 수 있는가?

① 9배
② 10배
③ 11배
④ 12배
⑤ 13배

❙ 2023년 상반기 삼성그룹

19 작년 S사의 일반 사원 수는 400명이었다. 올해 진급하여 직책을 단 사원은 작년 일반 사원 수의 12%이고, 20%는 퇴사를 했다. 올해 전체 일반 사원 수가 작년보다 6% 증가했을 때, 올해 채용한 신입사원은 몇 명인가?

① 144명
② 146명
③ 148명
④ 150명
⑤ 152명

❙ 2023년 상반기 삼성그룹

20 남학생 4명과 여학생 3명을 원형 모양의 탁자에 앉힐 때, 여학생 3명이 이웃해서 앉을 확률은?

① $\frac{1}{21}$
② $\frac{1}{7}$
③ $\frac{1}{5}$
④ $\frac{1}{15}$
⑤ $\frac{1}{20}$

❙ 2025년 상반기 삼성그룹

21 S사는 작년에 A제품과 B제품을 합쳐 총 3,200개를 생산하였다. 올해는 작년 대비 A제품의 생산량을 25%, B제품의 생산량을 35% 증가시켜 총 4,200개를 생산한다고 할 때, 올해 A, B제품의 생산량 차이는?

① 900개
② 1,000개
③ 1,100개
④ 1,200개
⑤ 1,300개

2025년 상반기 CJ그룹

22 농도 4%의 소금물이 들어있는 컵에 농도 10%의 소금물을 부었더니, 농도 8%의 소금물 600g이 만들어졌다. 처음 들어있던 농도 4%의 소금물의 양은?

① 160g
② 180g
③ 200g
④ 220g
⑤ 240g

Easy

2024년 상반기 삼성그룹

23 영업부 5명의 직원이 지방으로 1박 2일 출장을 갔다. 이때 1, 2, 3인실 방에 배정되는 경우의 수는?(단, 각 방은 하나씩 있으며 1, 2, 3인실이 반드시 다 채워질 필요는 없다)

① 50가지
② 60가지
③ 70가지
④ 80가지
⑤ 90가지

2025년 상반기 SK그룹

24 A씨는 S산 입구에서 정상으로 향하는 등산로를 이용해 1.8km/h의 속력으로 등산하였고, 정상에서 30분 휴식한 뒤, 올라왔던 등산로를 통해 2.4km/h의 속력으로 하산하였다. 등산에 총 4시간이 소요되었을 때, A씨가 이용한 등산로의 거리는?(단, A씨의 등산 및 하산 속력은 각각 일정하게 유지되었다고 가정한다)

① 3.0km
② 3.2km
③ 3.4km
④ 3.6km
⑤ 3.8km

| 2025년 상반기 SK그룹

25 다음 수열에서 120번째 항의 값은?

$$\frac{2}{3} \quad \frac{2}{5} \quad \frac{2}{7} \quad \frac{2}{9} \quad \cdots$$

① $\frac{2}{121}$　② $\frac{2}{123}$

③ $\frac{2}{231}$　④ $\frac{2}{239}$

⑤ $\frac{2}{241}$

※ 일정한 규칙으로 수를 나열할 때, 빈칸에 들어갈 알맞은 수를 고르시오. **[26~33]**

| 2025년 상반기 SK그룹

26

$$\frac{1}{6} \quad \frac{1}{3} \quad \frac{1}{2} \quad \frac{2}{3} \quad \frac{5}{6} \quad (\quad)$$

① $\frac{1}{6}$　② $\frac{3}{5}$

③ $\frac{4}{7}$　④ 1

⑤ 6

| 2024년 상반기 SK그룹

27

$$\frac{5}{12} \quad \frac{8}{15} \quad \frac{13}{18} \quad (\quad) \quad \frac{17}{12} \quad \frac{55}{27}$$

① $\frac{31}{21}$　② $\frac{4}{3}$

③ $\frac{25}{21}$　④ 1

⑤ $\frac{17}{21}$

| 2024년 상반기 포스코그룹

28

$-1 \quad 2 \quad -5 \quad 6 \quad -25 \quad 10 \quad -125 \quad (\quad)$

① -15　② 14
③ -5　④ 20

| 2024년 하반기 포스코그룹

29

345　307　269　231　193　(　)

① 151　② 153
③ 155　④ 157

| 2024년 상반기 LG그룹

30

100　80　61　43　(　)　10　-5

① 28　② 27
③ 26　④ 25
⑤ 24

PART 3 주요기업 기출복원문제

31 | 2023년 하반기 CJ그룹

4	3	1	2	−1	3	( )

① −3
② −4
③ −5
④ −6
⑤ −7

Easy

32 | 2023년 하반기 CJ그룹

13	9	6	12	( )	15	−8

① 24
② 9
③ −1
④ 3
⑤ 5

33 | 2023년 상반기 포스코그룹

216	( )	324	432	486	576	729	768

① 324
② 340
③ 384
④ 410

Hard

| 2024년 상반기 삼성그룹

34 다음은 수도권에서의 배, 귤, 사과 판매량에 대한 자료이다. 수도권 중 서울에서 판매된 배의 비율을 a, 경기도에서 판매된 귤의 비율을 b, 인천에서 판매된 사과의 비율을 c라고 할 때, $a+b+c$의 값은?(단, 수도권은 서울, 경기, 인천이다)

〈수도권 배, 귤, 사과 판매량〉

(단위 : 개)

구분	서울	경기	인천
배	800,000	1,500,000	200,000
귤	7,500,000	3,000,000	4,500,000
사과	300,000	450,000	750,000

① 0.9
② 0.94
③ 0.98
④ 1.02
⑤ 1.06

Easy

| 2024년 하반기 삼성그룹

35 A씨는 1년 동안 주거비 등 5가지 영역에서 소비를 한다. A씨가 2023년에 2,500만 원을 지출했고, 2024년에는 2023년보다 10% 더 지출했을 때, 2024년과 2023년의 주거비의 차는 얼마인가?

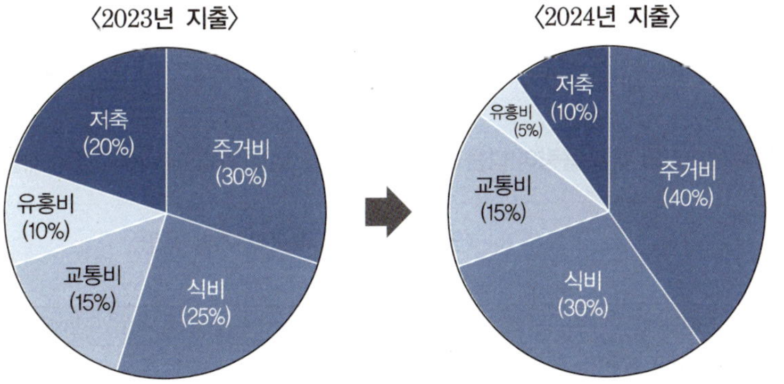

① 65만 원
② 150만 원
③ 220만 원
④ 350만 원
⑤ 410만 원

PART 3 주요기업 기출복원문제

| 2023년 하반기 삼성그룹

36

어떤 공장에서 A제품을 n개 이어 붙이는 데 필요한 시간이 다음과 같은 규칙을 보일 때, 8개를 이어 붙이는 데 필요한 시간은?

〈A제품 접합 소요 시간〉

(단위 : 분)

개수	1	2	3	4	5
소요 시간	1	3	8	19	42

① 315분
② 330분
③ 345분
④ 360분
⑤ 375분

| 2023년 하반기 삼성그룹

37

일정한 수를 다음과 같은 규칙으로 나열할 때, 빈칸에 들어갈 a와 b의 총합이 처음으로 800억 원이 넘는 b의 값은?

(단위 : 억 원)

A규칙	50	70	95	125	160	200	…	(a)
B규칙	150	180	210	240	270	300	…	(b)

① 295
② 330
③ 350
④ 360
⑤ 390

Easy

| 2023년 상반기 삼성그룹

38

반도체 메모리의 개발 용량이 다음과 같이 규칙적으로 증가할 때, 2007년에 개발한 메모리의 용량은?

〈연도별 반도체 메모리 개발 용량〉

(단위 : MB)

구분	1999년	2000년	2001년	2002년	2003년
메모리 개발 용량	256	512	1,024	2,048	4,096

① 32,768MB
② 52,428MB
③ 58,982MB
④ 65,536MB
⑤ 78,642MB

| 2024년 하반기 삼성그룹

39 다음은 2024년 1 ~ 6월 S시 관광객 수에 대한 자료이다. 이에 대한 설명으로 옳지 않은 것은?

〈2024년 1 ~ 6월 S시 관광객 수〉

(단위 : 명)

구분	1월	2월	3월	4월	5월	6월
관광객 수	4,500	4,000	1,500	3,500	5,000	800

① 관광객 수가 가장 많은 달은 5월이다.
② 4월의 관광객 수는 전월 대비 2배 이상이다.
③ 6월의 관광객 수는 전월 대비 16% 감소하였다.
④ 1 ~ 6월의 전체 관광객 수는 20,000명 미만이다.
⑤ 관광객 수의 전월 대비 감소폭이 가장 적은 달은 2월이다.

Easy | 2025년 상반기 삼성그룹

40 다음은 A ~ C사의 2024년 1분기 매출액 및 전분기 대비 변동률을 나타낸 자료이다. 이에 대한 설명으로 옳은 것은?(단, 모든 계산은 소수점 셋째 자리에서 반올림하고, 단위는 억 원으로 한다)

〈2024년 1분기 매출액 및 전분기 대비 매출액 변동률〉

구분	1분기 매출액	2분기 변동률	3분기 변동률	4분기 변동률
A사	16억 원	+12%	−11%	−20%
B사	11억 원	−8%	+9%	+8%
C사	9억 원	+6%	−5%	+30%

① 3사의 분기별 매출액 순위는 4분기에 변한다.
② A사의 2분기 매출액은 같은 분기 C사의 1.5배 이상이다.
③ B사의 4분기 매출액은 같은 분기 A사의 매출액을 초과하였다.
④ B사의 4분기 매출액은 1분기 매출액보다 10% 이상 증가하였다.
⑤ 4분기에 감소한 A사 매출액의 절댓값은 4분기에 증가한 C사 매출액의 절댓값보다 작다.

| 2024년 하반기 삼성그룹

41 다음은 2024년 1 ~ 9월의 1kg당 배추 가격에 대한 자료이다. 이에 대한 설명으로 옳지 않은 것은?

〈2024년 1 ~ 9월 1kg당 배추 가격〉

(단위 : 원)

구분	1분기			2분기			3분기		
	1월	2월	3월	4월	5월	6월	7월	8월	9월
가격	650	800	1,100	1,400	900	700	900	1,400	1,850

① 1kg당 배추 가격이 전월 대비 가장 크게 상승한 때는 8월이다.

② 1kg당 배추 가격이 전월 대비 가장 크게 하락한 때는 5월이다.

③ 분기별 1kg당 배추 가격의 평균이 가장 큰 때는 3분기이다.

④ 9월의 1kg당 배추 가격은 1월 대비 3배 이상이다.

⑤ 1 ~ 9월 1kg당 배추 가격의 중앙값은 900원이다.

| 2024년 하반기 SK그룹

42 다음은 K공단에서 조사한 2018 ~ 2023년 건강보험 진료비 및 약품비 현황에 대한 자료이다. 이에 대한 설명으로 옳지 않은 것은?

〈건강보험 진료비 및 약품비 현황〉

(단위 : 억 원)

구분	2018년	2019년	2020년	2021년	2022년	2023년
진료비	750,000	810,000	820,000	890,000	980,000	1,050,000
약품비	180,000	200,000	210,000	220,500	245,000	260,000

① 약품비는 항상 진료비의 25% 이하이다.

② 2023년의 약품비는 2018년 대비 약 44% 증가하였다.

③ 진료비는 2023년에 처음으로 100조 원을 초과하였다.

④ 진료비 증가액이 전년 대비 가장 큰 해는 2022년이다.

⑤ 약품비 증가액이 전년 대비 가장 작은 해는 2020년이다.

43 다음은 지역별 인구 및 인구밀도에 대한 자료이다. 이에 대한 설명으로 옳은 것을 〈보기〉에서 모두 고르면?

〈지역별 인구 및 인구밀도〉

(단위 : 천 명, 명/km^2)

구분	2021년		2022년		2023년	
	인구	인구밀도	인구	인구밀도	인구	인구밀도
서울	10,032	16,574	10,036	16,582	10,039	16,593
부산	3,498	4,566	3,471	4,531	3,446	4,493
대구	2,457	2,779	2,444	2,764	2,431	2,750
인천	2,671	2,602	2,645	2,576	2,655	2,586

※ $(\text{인구밀도})=\frac{(\text{인구})}{(\text{면적})}$

보기

ㄱ. 2021년에서 2022년까지 감소한 인구가 2022년 전체 인구에서 차지하는 비율은 부산보다 대구가 더 크다.

ㄴ. 인천의 면적은 1,000km^2보다 넓다.

ㄷ. 부산의 면적은 대구의 면적보다 넓다.

① ㄱ
② ㄴ
③ ㄱ, ㄴ
④ ㄴ, ㄷ
⑤ ㄱ, ㄴ, ㄷ

44 P시는 소규모 도서관의 발전을 지원하기 위해 도서관 지원 사업 후보를 선정할 예정이다. 다음 배점 기준을 바탕으로 지원 사업 후보를 결정할 때, 선정되는 도서관은?

〈P시 도서관 지원 사업 후보〉

구분	도서관 면적	도서 소장 권수	월 평균 이용자 수	이용자 만족도
A도서관	3,210m^2	10,658권	4,214명	하
B도서관	1,670m^2	7,215권	4,170명	중
C도서관	1,260m^2	7,812권	2,108명	상
D도서관	2,140m^2	6,247권	2,262명	중

〈P시 도서관 지원 사업 배점 기준〉

구분	도서관 면적	도서 소장 권수	월 평균 이용자 수	이용자 만족도
1점	3,000m^2 이상	10,000권 이상	3,000명 미만	하
2점	2,000m^2 이상	8,000권 이상	3,000명 이상	중
3점	1,500m^2 이상	5,000권 이상	4,000명 이상	상
4점	1,500m^2 미만	5,000권 미만	5,000명 이상	–

※ 항목별 배점을 합산하여 점수가 가장 높은 도서관을 선정함

※ 점수가 같은 경우 이용자 만족도가 높은 도서관을 선정함

① A도서관
② B도서관
③ C도서관
④ D도서관

45 다음은 기업 집중도 현황을 나타낸 자료이다. 이에 대한 설명으로 옳지 않은 것은?

〈기업 집중도 현황〉

구분	2021년	2022년	2023년	
				전년 대비
상위 10대 기업	25.0%	26.9%	25.6%	▽ 1.3%p
상위 50대 기업	42.2%	44.7%	44.7%	-
상위 100대 기업	48.7%	51.2%	51.0%	▽ 0.2%p
상위 200대 기업	54.5%	56.9%	56.7%	▽ 0.2%p

① 2023년 상위 10대 기업의 점유율은 전년에 비해 낮아졌다.
② 2021년 상위 101 ~ 200대 기업이 차지하고 있는 비율은 5% 미만이다.
③ 전년 대비 2023년에는 상위 50대 기업을 제외하고 모두 점유율이 감소했다.
④ 전년 대비 2023년의 상위 100대 기업이 차지하고 있는 점유율은 약간 하락했다.
⑤ 2022 ~ 2023년까지 상위 10대 기업의 등락률과 상위 200대 기업의 등락률은 같은 방향을 보인다.

Hard

46 다음은 남성과 여성의 희망 자녀 수에 대한 자료이다. 이에 대한 설명으로 옳은 것은?

〈남성 · 여성 희망 자녀 수〉

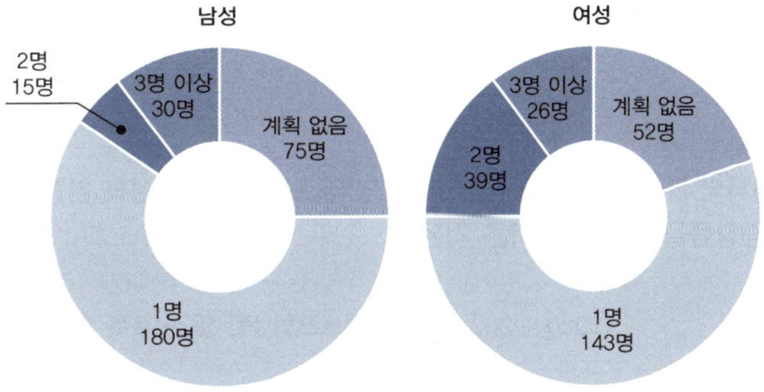

① 남성과 여성의 전체 조사 인원은 600명 이상이다.
② 희망 자녀 수가 1명인 여성 인원은 전체 여성 인원의 60%이다.
③ 희망 자녀 수가 2명인 여성 인원의 전체 여성 인원에 대한 비율은 응답이 같은 남성 인원의 전체 남성 인원에 대한 비율의 2배이다.
④ 자녀 계획이 없는 남성 인원의 전체 남성 인원에 대한 비율은 응답이 같은 여성 인원의 전체 여성 인원에 대한 비율보다 5%p 더 크다.
⑤ 각 성별의 각 항목을 인원수가 많은 순서대로 나열하면 모든 항목의 순위는 같다.

| 2023년 하반기 삼성그룹

47 다음은 어느 도서관에서 일정 기간 도서 대여 횟수를 작성한 자료이다. 이에 대한 내용으로 옳지 않은 것은?

〈도서 대여 횟수〉

(단위 : 회)

구분	비소설		소설	
	남자	여자	남자	여자
40세 미만	20	10	40	50
40세 이상	30	20	20	30

① 소설을 대여한 전체 횟수가 비소설을 대여한 전체 횟수보다 많다.
② 40세 미만보다 40세 이상의 전체 대여 횟수가 더 적다.
③ 남자가 소설을 대여한 횟수가 여자가 소설을 대여한 횟수의 70% 이하이다.
④ 40세 미만의 전체 대여 횟수에서 비소설 대여 횟수가 차지하는 비율은 20%를 넘는다.
⑤ 40세 이상의 전체 대여 횟수에서 소설 대여 횟수가 차지하는 비율은 40% 이상이다.

Easy

| 2023년 하반기 삼성그룹

48 다음은 S사의 2020 ~ 2022년 데스크탑 PC와 노트북 판매 실적 현황이다. 전년 대비 2022년의 판매량 증감률을 바르게 짝지은 것은?

〈2020 ~ 2022년 S사 데스크탑 PC 및 노트북 판매 실적〉

(단위 : 천 대)

구분	2020년	2021년	2022년
데스크탑 PC	5,500	5,000	4,700
노트북	1,800	2,000	2,400

	데스크탑 PC	노트북
①	6%	20%
②	6%	10%
③	−6%	20%
④	−6%	10%
⑤	−6%	5%

| 2023년 하반기 삼성그룹

49 다음은 S전자 공장에서 만든 부품과 불량품의 수치를 기록한 표이다. 전년 대비 부품 수의 차이와 불량품 수의 차이 사이에 일정한 비례관계가 성립할 때, 빈칸 (A)와 (B)에 들어갈 수치를 바르게 나열한 것은?

〈연도별 부품 수와 불량품 수〉

(단위 : 개)

구분	2017년	2018년	2019년	2020년	2021년	2022년
부품 수	120	170	270	420	620	(A)
불량품 수	10	30	70	(B)	210	310

	(A)	(B)
①	800	90
②	830	110
③	850	120
④	870	130
⑤	900	150

Hard

| 2023년 하반기 CJ그룹

50 C통신사 대리점에서 근무하는 A씨는 판매율을 높이기 위해 핸드폰을 구매한 고객에게 사은품을 나누어 주는 이벤트를 실시하고자 한다. 본사로부터 할당받은 예산은 총 5백만 원이며, 예산 내에서 고객 1명당 2가지 사은품을 증정하고자 한다. 고객 만족도 대비 비용이 낮은 순으로 상품을 확보하였을 때, 최대 몇 명의 고객에게 사은품을 전달할 수 있는가?

〈사은품 정보〉

구분	개당 구매비용(원)	확보 가능한 최대물량(개)	고객 만족도(점)
차량용 방향제	7,000	300	5
식용유 세트	10,000	80	4
유리용기 세트	6,000	200	6
32GB USB	5,000	180	4
머그컵 세트	10,000	80	5
영화 관련 도서	8,800	120	4
핸드폰 충전기	7,500	150	3

① 360명　② 370명　③ 380명　④ 390명　⑤ 400명

| 2023년 하반기 CJ그룹

51 다음은 피자 1판 주문 시 구매 방식별 할인 혜택과 비용을 나타낸 자료이다. 이를 근거로 정가가 12,500원인 피자 1판을 가장 저렴하게 살 수 있는 구매 방식은?

〈구매 방식별 할인 혜택과 비용〉

구분	할인 혜택과 비용
스마트폰앱	정가의 25% 할인
전화	정가에서 1,000원 할인 후, 할인된 가격의 10% 추가 할인
회원카드와 쿠폰	회원카드로 정가의 10% 할인 후, 할인된 가격의 15%를 쿠폰으로 추가 할인
직접 방문	정가의 30% 할인, 교통비용 1,000원 발생
교환권	피자 1판 교환권 구매비용 10,000원 발생

※ 구매 방식은 한 가지만 선택함

① 스마트폰앱
② 전화
③ 회원카드와 쿠폰
④ 직접 방문
⑤ 교환권

| 2024년 상반기 포스코그룹

52 다음은 A ~ D사의 남녀직원 비율을 나타낸 자료이다. 이에 대한 설명으로 옳지 않은 것은?

〈회사별 남녀직원 비율〉

(단위 : %)

구분	A사	B사	C사	D사
남	60	40	45	38
여	40	60	55	62

① 여직원 대비 남직원 비율이 가장 높은 회사는 A사이며, 가장 낮은 회사는 D사이다.
② B, C, D사의 여직원 수의 합은 남직원 수의 합보다 크다.
③ A사의 남직원이 B사의 여직원보다 많다.
④ A, B사의 전체 직원 중 남직원이 차지하는 비율이 55%라면 A사의 전체 직원 수는 B사 전체 직원 수의 3배이다.

Hard

| 2023년 하반기 SK그룹

53 다음은 어느 지역에서 세대 간 직업 이동성을 알아보기 위하여 임의로 표본 추출하여 조사한 자료이다. 직업은 편의상 A, B, C로 구분하였다. 이에 대한 설명으로 옳은 것을 〈보기〉에서 모두 고르면?

〈세대 간 직업이동성 비율〉

(단위 : %)

자녀의 직업 / 부모의 직업	A	B	C
A	45	48	7
B	5	70	25
C	1	50	49

※ 전체 부모 세대의 직업은 A가 10%, B가 40%, C가 50%이고, 조사한 부모당 자녀 수는 한 명임

보기

ㄱ. 자녀의 직업이 C일 확률은 $\frac{81}{100}$이다.

ㄴ. 자녀의 직업이 B인 경우에 부모의 직업이 C일 확률은 구할 수 없다.

ㄷ. 부모와 자녀의 직업이 모두 A일 확률은 $0.1\times\frac{45}{100}$이다.

ㄹ. 자녀의 직업이 A일 확률은 부모의 직업이 A일 확률보다 낮다.

① ㄱ, ㄷ
② ㄱ, ㄹ
③ ㄴ, ㄷ
④ ㄴ, ㄹ
⑤ ㄷ, ㄹ

54 다음은 뷰티숍 개점을 위한 설문조사를 통해 얻게 된 어느 지역의 고객 분포에 대한 자료이다. 이에 대한 내용으로 옳은 것은?(단, 복수응답과 무응답은 없다)

〈응답자의 연령대별 방문횟수〉

(단위 : 명)

방문횟수 \ 연령대	20 ~ 25세	26 ~ 30세	31 ~ 35세	합계
1회	19	12	3	34
2 ~ 3회	27	32	4	63
4 ~ 5회	6	5	2	13
6회 이상	1	2	0	3
합계	53	51	9	113

〈직업별 응답자의 수〉

(단위 : 명)

구분	응답자
학생	49
회사원	43
공무원	2
전문직	7
자영업	9
가정주부	3
합계	113

① 31 ~ 35세 응답자의 1인당 평균 방문횟수는 2회 미만이다.
② 전체 응답자 중 20 ~ 25세인 전문직 응답자 비율은 5% 미만이다.
③ 전체 응답자 중 20 ~ 25세 응답자가 차지하는 비율은 50% 이상이다.
④ 26 ~ 30세 응답자 중 4회 이상 방문한 응답자 비율은 10% 이상이다.
⑤ 전체 응답자 중 직업이 학생 또는 공무원인 응답자 비율은 50% 이상이다.

55 다음은 L사의 등급별 인원비율 및 성과 상여금을 나타낸 자료이다. 마케팅부서의 인원은 15명이고, 영업부서 인원은 11명일 때, 상여금에 대한 설명으로 옳지 않은 것은?(단, 인원은 소수점 첫째 자리에서 반올림한다)

〈등급별 인원비율 및 성과 상여금〉

구분	S등급	A등급	B등급	C등급
인원비율	15%	30%	40%	15%
성과 상여금(만 원)	500	420	330	290

① 마케팅부서에 지급되는 총상여금은 5,660만 원이다.

② A등급 1인당 상여금은 B등급 1인당 상여금보다 약 27% 이상 많다.

③ 영업부서 A등급과 B등급의 인원은 마케팅부서 인원보다 각각 2명씩 적다.

④ 영업부서에 지급되는 총상여금은 마케팅부서 총상여금보다 1,200만 원이 적다.

⑤ 마케팅부서의 S등급 상여금을 받는 인원과 영업부서의 C등급 상여금을 받는 인원의 수가 같다.

| 03 | 추리

| 2025년 상반기 SK그룹

01 제시된 명제가 모두 참일 때, 다음 중 항상 참이 아닌 것은?

- A가 선발되지 않으면, D가 선발된다.
- A가 선발되면, C는 선발되지 않는다.
- B가 선발되면, C도 선발된다.

① A가 선발되면, B도 선발된다.
② C가 선발되면, D도 선발된다.
③ B가 선발되면, A는 선발되지 않는다.
④ D가 선발되지 않으면, B도 선발되지 않는다.
⑤ D가 선발되지 않으면, C도 선발되지 않는다.

| 2024년 상반기 SK그룹

02 제시된 명제가 모두 참일 때, 반드시 참인 것은?

- 마포역 부근의 어떤 정형외과는 토요일이 휴진이다.
- 공덕역 부근의 어떤 치과는 토요일이 휴진이다.
- 공덕역 부근의 모든 치과는 화요일이 휴진이다.

① 마포역 부근의 어떤 정형외과는 화요일이 휴진이다.
② 모든 공덕역 부근의 치과는 토요일이 휴진이 아니다.
③ 마포역 부근의 모든 정형외과는 화요일이 휴진이 아니다.
④ 공덕역 부근의 어떤 치과는 토요일과 화요일이 모두 휴진이다.
⑤ 마포역 부근의 어떤 정형외과는 토요일과 화요일이 모두 휴진이다.

※ 제시된 명제가 모두 참일 때, 빈칸에 들어갈 명제로 가장 적절한 것을 고르시오. [3~10]

| 2024년 하반기 삼성그룹

03

> 전제1. 날씨가 좋으면 야외 활동을 한다.
> 전제2. 날씨가 좋지 않으면 행복하지 않다.
> 결론. ____________________

① 날씨가 좋으면 행복한 것이다.
② 야외 활동을 하면 날씨가 좋은 것이다.
③ 야외 활동을 하지 않으면 행복하지 않다.
④ 행복하지 않으면 날씨가 좋지 않은 것이다.
⑤ 날씨가 좋지 않으면 야외 활동을 하지 않는다.

Easy

| 2024년 하반기 CJ그룹

04

> 전제1. 모든 생명체는 물이 있어야 살아갈 수 있다.
> 전제2. 모든 동물은 생명체이다.
> 결론. ____________________

① 생명체는 모두 동물이다.
② 동물이 아닌 것은 생명체가 아니다.
③ 동물들은 물이 있어야 살 수 있다.
④ 생명체가 살아갈 수 없으면 물이 없다.
⑤ 물이 있으면 모든 생명체가 살아갈 수 있다.

| 2024년 상반기 삼성그룹

05

> 전제1. 마라톤을 좋아하는 사람은 체력이 좋고, 인내심도 있다.
> 전제2. 몸무게가 무거운 사람은 체력이 좋다.
> 전제3. 명랑한 사람은 마라톤을 좋아한다.
> 결론. ____________________

① 체력이 좋은 사람은 인내심이 없다.
② 인내심이 없는 사람은 명랑하지 않다.
③ 체력이 좋지 않은 사람은 인내심도 없다.
④ 마라톤을 좋아하는 사람은 몸무게가 가볍다.
⑤ 몸무게가 무겁지 않은 사람은 체력이 좋지 않다.

Hard

06

2025년 상반기 삼성그룹

전제1. S대학의 어떤 신입생은 기숙사에 거주한다.
전제2. 기숙사에 거주하는 사람은 모두 도보로 등교한다.
결론. ______________________

① S대학의 어떤 신입생은 도보로 등교한다.
② 도보로 등교하는 사람은 모두 신입생이다.
③ S대학의 신입생이 아니면 도보로 등교하지 않는다.
④ S대학의 기숙사에 거주하는 사람은 모두 신입생이다.
⑤ 어떤 사람이 도보로 등교하면 기숙사에 거주하는 것이다.

2023년 하반기 삼성그룹

07

전제1. 밤에 잠을 잘 못자면 낮에 피곤하다.
전제2. ______________________
전제3. 업무효율이 떨어지면 성과급을 받지 못한다.
결론. 밤에 잠을 잘 못자면 성과급을 받지 못한다.

① 업무효율이 떨어지면 밤에 잠을 잘 못 잔다.
② 낮에 피곤하면 업무효율이 떨어진다.
③ 성과급을 받으면 밤에 잠을 잘 못 잔다.
④ 밤에 잠을 잘 자면 성과급을 받는다.
⑤ 성과급을 받지 못하면 낮에 피곤하다.

2023년 하반기 삼성그룹

08

전제1. 모든 금속은 전기가 통한다.
전제2. 광택이 있는 물질 중에는 금속이 아닌 것도 있다.
결론. ______________________

① 광택이 있는 물질은 모두 금속이다.
② 금속은 모두 광택이 있다.
③ 전기가 통하는 물질 중 광택이 있는 것은 없다.
④ 전기가 통하지 않으면서 광택이 있는 물질이 있다.
⑤ 전기가 통하지 않으면 광택이 없는 물질이다.

| 2023년 상반기 삼성그룹

09

> 전제1. 스테이크를 먹는 사람은 지갑이 없다.
> 전제2. ____________________
> 결론. 지갑이 있는 사람은 쿠폰을 받는다.

① 쿠폰을 받는 사람은 지갑이 없다.
② 지갑이 없는 사람은 쿠폰을 받지 않는다.
③ 지갑이 없는 사람은 스테이크를 먹지 않는다.
④ 스테이크를 먹지 않는 사람은 쿠폰을 받는다.
⑤ 스테이크를 먹는 사람은 쿠폰을 받지 않는다.

Easy

| 2024년 상반기 LG그룹

10

> 전제1. 광물은 매우 규칙적인 원자 배열을 가지고 있다.
> 전제2. 다이아몬드는 광물이다.
> 결론. ____________________

① 광물은 다이아몬드이다.
② 광물이 아니면 다이아몬드이다.
③ 다이아몬드가 아니면 광물이 아니다.
④ 다이아몬드는 매우 규칙적인 원자 배열을 가지고 있다.
⑤ 광물이 아니면 규칙적인 원자 배열을 가지고 있지 않다.

| 2024년 상반기 삼성그룹

11 S사는 직원 A ~ F 6명 중에서 임의로 선발하여 출장을 보내려고 한다. 다음 〈조건〉에 따라 출장 갈 인원을 결정할 때, A가 출장을 간다면 같이 출장을 가는 최소 인원은 몇 명인가?(단, 출장 인원은 A를 포함한다)

조건

- A가 출장을 가면 B와 C 2명 중 1명은 출장을 가지 않는다.
- C가 출장을 가면 D와 E 2명 중 적어도 1명은 출장을 가지 않는다.
- B가 출장을 가지 않으면 F는 출장을 간다.

① 1명
② 2명
③ 3명
④ 4명
⑤ 5명

| 2024년 하반기 LG그룹

12 L기업의 직원 A ~ E 5명 중 1명이 어제 출근하지 않았다. 이들 중 2명만 거짓말을 한다고 할 때, 출근하지 않은 직원은?(단, 출근을 하였어도 결근 사유를 듣지 못할 수도 있다)

- A대리 : 나는 출근했고, E대리도 출근했다. 누가 출근하지 않았는지는 알지 못한다.
- B사원 : C사원은 출근하였다. A대리님의 말은 모두 사실이다.
- C사원 : D사원은 출근하지 않았다.
- D사원 : B사원의 말은 모두 사실이다.
- E대리 : 출근하지 않은 사람은 D사원이다. D사원이 개인 사정으로 인해 출근하지 못한다고 A대리님에게 전했다.

① A대리
② B사원
③ C사원
④ D사원
⑤ E대리

Easy

| 2025년 상반기 CJ그룹

13 민수, 철수, 영희 세 사람이 달리기를 하였고, 결과는 다음과 같았다. 세 사람의 순위를 빠른 순서대로 바르게 나열한 것은?

- 결승선에 민수가 철수보다 늦게 들어왔다.
- 결승선에 영희가 민수보다 먼저 들어왔다.
- 결승선에 영희가 철수보다 늦게 들어왔다.

① 철수 – 영희 – 민수
② 영희 – 민수 – 철수
③ 영희 – 철수 – 민수
④ 철수 – 민수 – 영희
⑤ 민수 – 영희 – 철수

PART 3 주요기업 기출복원문제

| 2024년 하반기 포스코그룹

14 민지, 아름, 진희, 희정, 세영은 상영시간에 맞춰 영화관에 도착하는 순서대로 각자 상영관에 입장하였다. 다음 대화에서 한 사람이 거짓말을 하고 있을 때, 가장 마지막으로 영화관에 도착한 사람은?(단, 다섯 명 모두 다른 시간에 도착하였다)

- 민지 : 나는 마지막에 도착하지 않았어. 다음에 분명 누군가가 왔어.
- 아름 : 내가 가장 먼저 영화관에 도착했어. 진희의 말은 진실이야.
- 진희 : 나는 두 번째로 영화관에 도착했어.
- 희정 : 나는 세 번째로 도착했고, 진희는 내가 도착한 다음에서야 왔어.
- 세영 : 나는 영화가 시작한 뒤에야 도착했어. 나는 마지막으로 도착했어.

① 민지
② 아름
③ 진희
④ 세영

| 2024년 하반기 LG그룹

15 L기숙사에서 도난사건이 발생하였다. 물건을 훔친 사람은 1명이며, 기숙사생 A～D는 다음과 같이 진술하였다. 4명 중 1명만이 진실을 말했을 때, 물건을 훔친 범인은?(단, L기숙사에는 A～D 4명만 거주 중이며, 이들 중 반드시 범인이 있다)

- A : 어제 B가 훔치는 것을 봤다.
- B : C와 D는 계속 같이 있었으므로 2명은 범인이 아니다.
- C : 나와 B는 어제 하루 종일 각자 방에만 있었으므로 둘 다 범인이 아니다.
- D : C와 나는 계속 같이 있었으니, A와 B 중에 범인이 있다.

① A
② B
③ C
④ D
⑤ 알 수 없음

Hard

| 2025년 상반기 SK그룹

16 5층인 S빌라에 A～E 5명이 살고 있다. 다음 대화에서 1명이 거짓을 말하고 있다면, 거짓을 말하는 사람은?(단, 5명 모두 다른 층에 살고 있다)

- A : C는 가장 위에 살고 있어.
- B : D의 바로 위층에는 C가 살고 있어.
- C : E보다 위에 사는 사람은 총 4명이야.
- D : C의 바로 아래층에는 B가 살고 있어.
- E : 내 바로 위층에는 A가 살고, 나는 D와 2층 차이가 나.

① A
② B
③ C
④ D
⑤ E

| 2024년 하반기 SK그룹

17 TV광고 모델에 지원한 A～G 7명 중에서 2명이 선발되었다. 선발 내용에 대하여 5명이 다음 〈조건〉과 같이 진술하였다. 이 중 3가지 진술만 참일 때, 항상 선발되는 사람은?

> **조건**
> - A, B, G는 모두 탈락하였다.
> - E, F, G는 모두 탈락하였다.
> - C와 G 중에서 1명만 선발되었다.
> - A, B, C, D 중에서 1명만 선발되었다.
> - B, C, D 중에서 1명만 선발되었고, D, E, F 중에서 1명만 선발되었다.

① A　　② C
③ D　　④ E
⑤ G

| 2024년 상반기 SK그룹

18 A팀 직원 10명은 S레스토랑에서 회식을 진행하였다. 다음 〈조건〉과 같이 10명 모두 식사와 후식을 하나씩 선택하였을 때, 양식과 커피를 선택한 직원은 모두 몇 명인가?

> **조건**
> - 식사는 한식과 양식 2종류가 있고, 후식은 커피, 녹차, 홍차 3종류가 있다.
> - 홍차를 선택한 사람은 3명이며, 이 중 2명은 한식을 선택했다.
> - 녹차를 선택한 사람은 홍차를 선택한 사람보다 많지만, 5명을 넘지 않았다.
> - 한식을 선택한 사람 중 2명은 커피를, 1명은 녹차를 선택했다.

① 1명　　② 2명
③ 3명　　④ 4명
⑤ 5명

Hard

| 2024년 상반기 삼성그룹

19 8개의 좌석이 있는 원탁에 수민, 성찬, 진모, 성표, 영래, 현석 6명이 앉아 있다. 다음 〈조건〉에 따라 6명이 앉아 있을 때, 항상 옳은 것은?

조건

- 수민이와 현석이는 서로 옆자리이다.
- 성표의 맞은편에는 진모가, 현석이의 맞은편에는 영래가 앉아 있다.
- 영래와 수민이는 둘 다 한쪽 옆자리만 비어 있다.
- 진모의 양 옆자리에는 항상 누군가가 앉아 있다.

① 영래의 오른쪽에는 성표가 앉는다.
② 현석이의 왼쪽에는 항상 진모가 앉는다.
③ 진모와 수민이는 1명을 사이에 두고 앉는다.
④ 성표는 어떤 경우에도 빈자리 옆이 아니다.
⑤ 성찬이는 어떤 경우에도 빈자리 옆이 아니다.

| 2024년 상반기 삼성그룹

20 A～F 6명은 각각 뉴욕, 파리, 방콕, 시드니, 런던, 베를린 중 한 곳으로 여행을 가고자 한다. 다음 〈조건〉에 따라 여행지를 고를 때, 항상 참인 것은?

조건

- 여행지는 서로 다른 곳으로 선정한다.
- A는 뉴욕과 런던 중 한 곳을 고른다.
- B는 파리와 베를린 중 한 곳을 고른다.
- D는 방콕과 런던 중 한 곳을 고른다.
- A가 뉴욕을 고르면 B는 파리를 고른다.
- B가 베를린을 고르면 E는 뉴욕을 고른다.
- C는 시드니를 고른다.
- F는 A～E가 선정하지 않은 곳을 고른다.

① F는 뉴욕을 고를 수 없다.
② E가 뉴욕을 고를 경우, D는 런던을 고른다.
③ D가 런던을 고를 경우, B는 파리를 고른다.
④ A가 뉴욕을 고를 경우, E는 런던을 고른다.
⑤ B가 베를린을 고를 경우, F는 뉴욕을 고른다.

| 2023년 하반기 삼성그룹

21 S부서는 회식 메뉴를 선정하려고 한다. 제시된 〈조건〉에 따라 주문할 메뉴를 선택한다고 할 때, 다음 중 반드시 주문할 메뉴를 모두 고르면?

> **조건**
>
> - 삼선짬뽕은 반드시 주문한다.
> - 양장피와 탕수육 중 하나는 반드시 주문하여야 한다.
> - 자장면을 주문하는 경우, 탕수육은 주문하지 않는다.
> - 자장면을 주문하지 않는 경우에만 만두를 주문한다.
> - 양장피를 주문하지 않으면, 팔보채를 주문하지 않는다.
> - 팔보채를 주문하지 않으면, 삼선짬뽕을 주문하지 않는다.

① 삼선짬뽕, 자장면, 양장피

② 삼선짬뽕, 탕수육, 양장피

③ 삼선짬뽕, 팔보채, 양장피

④ 삼선짬뽕, 탕수육, 만두

⑤ 삼선짬뽕, 탕수육, 양장피, 자장면

| 2023년 하반기 삼성그룹

22 원형 테이블에 번호 순서대로 앉아 있는 5명의 여자 1 ~ 5 사이에 5명의 남자 A ~ E가 1명씩 앉아야 한다. 다음 〈조건〉을 따르면서 자리를 배치할 때 적절하지 않은 것은?

> **조건**
>
> - A는 짝수번호의 여자 옆에 앉아야 하고, 5 옆에는 앉을 수 없다.
> - B는 짝수번호의 여자 옆에 앉을 수 없다.
> - C가 3 옆에 앉으면 D는 1 옆에 앉는다.
> - E는 3 옆에 앉을 수 없다.

① A는 1과 2 사이에 앉을 수 없다.

② D는 4와 5 사이에 앉을 수 없다.

③ C가 2와 3 사이에 앉으면 A는 반드시 3과 4 사이에 앉는다.

④ E가 1과 2 사이에 앉으면 C는 반드시 4와 5 사이에 앉는다.

⑤ E가 4와 5 사이에 앉으면 A는 반드시 2와 3 사이에 앉는다.

| 2023년 하반기 SK그룹

23 **다음 명제가 모두 참일 때, 반드시 참인 명제는?**

- 서로 다른 음식을 판매하는 총 6대의 푸드트럭이 지원 사업에 신청하였고, 이들 중 3대의 푸드트럭이 최종 선정될 예정이다.
- 치킨을 판매하는 푸드트럭이 선정되면, 핫도그를 판매하는 푸드트럭은 선정되지 않는다.
- 커피를 판매하는 푸드트럭이 선정되지 않으면, 피자를 판매하는 푸드트럭이 선정된다.
- 솜사탕을 판매하는 푸드트럭이 선정되면, 치킨을 판매하는 푸드트럭도 선정된다.
- 핫도그를 판매하는 푸드트럭이 최종 선정되었다.
- 피자를 판매하는 푸드트럭과 떡볶이를 판매하는 푸드트럭 중 하나만 선정된다.
- 솜사탕을 판매하는 푸드트럭이 선정되지 않으면, 떡볶이를 판매하는 푸드트럭이 선정된다.

① 치킨, 커피, 핫도그를 판매하는 푸드트럭이 선정될 것이다.
② 피자, 솜사탕, 핫도그를 판매하는 푸드트럭이 선정될 것이다.
③ 피자, 커피, 핫도그를 판매하는 푸드트럭이 선정될 것이다.
④ 커피, 핫도그, 떡볶이를 판매하는 푸드트럭이 선정될 것이다.
⑤ 피자, 핫도그, 떡볶이를 판매하는 푸드트럭이 선정될 것이다.

| 2023년 하반기 SK그룹

24 **S병원에는 현재 5명의 심리상담사가 근무 중이다. 얼마 전 시행한 감사 결과 이들 중 1명이 근무시간에 자리를 비운 것이 확인되었다. 5명의 심리상담사 중 3명이 진실을 말하고 2명이 거짓을 말한다고 할 때, 다음 중 거짓을 말하고 있는 심리상담사를 모두 고르면?**

- A : B는 진실을 말하고 있어요.
- B : 제가 근무시간에 C를 찾아갔을 때, C는 자리에 없었어요.
- C : 근무시간에 자리를 비운 사람은 A입니다.
- D : 저는 C가 근무시간에 밖으로 나가는 것을 봤어요.
- E : D는 어제도 근무시간에 자리를 비웠어요.

① A, B
② A, D
③ B, C
④ B, D
⑤ C, E

25 C기업의 직원인 A～E 5명이 자신들의 직급에 대하여 이야기하고 있다. 이들은 각각 사원, 대리, 과장, 차장, 부장이다. 1명의 말만 진실이고 나머지 사람들의 말은 모두 거짓이라고 할 때, 다음 중 진실을 말한 사람은?(단, 직급은 사원 – 대리 – 과장 – 차장 – 부장 순이며, 모든 사람은 진실 또는 거짓만 말한다)

- A : 나는 사원이고, D는 사원보다 직급이 높아.
- B : E가 차장이고, 나는 차장보다 낮은 직급이지.
- C : A는 과장이 아니고, 사원이야.
- D : E보다 직급이 높은 사람은 없어.
- E : C는 부장이고, B는 사원이야.

① A ② B
③ C ④ D
⑤ E

26 재은이는 얼마 전부터 건강을 위해 매주 아침마다 달리기를 하기로 했다. 다음 사실로부터 추론할 수 있는 것은?

- 재은이는 화요일에 월요일보다 50m 더 달려 200m를 달렸다.
- 재은이는 수요일에 화요일보다 30m 적게 달렸다.
- 재은이는 목요일에 수요일보다 10m 더 달렸다.

① 재은이는 목요일에 가장 적게 달렸다.
② 재은이는 수요일에 가장 적게 달렸다.
③ 재은이는 목요일에 가장 많이 달렸다.
④ 재은이는 목요일에 화요일보다 20m 적게 달렸다.
⑤ 재은이는 월요일에 수요일보다 50m 적게 달렸다.

Easy

| 2023년 상반기 CJ그룹

27 **다음 사실로부터 추론할 수 있는 것은?**

- 지훈이는 이번 주 워크숍에 참여하며, 다음 주에는 체육대회에 참가할 예정이다.
- 영훈이는 다음 주 체육대회와 창립기념일 행사에만 참여할 예정이다.

① 영훈이는 이번 주 워크숍에 참여한다.
② 지훈이와 영훈이는 다음 주 체육대회에 참가한다.
③ 지훈이는 다음 주 창립기념일 행사에 참여한다.
④ 지훈이와 영훈이는 이번 주 체육대회에 참가한다.
⑤ 영훈이는 창립기념일 행사보다 체육대회에 먼저 참가한다.

Hard

| 2023년 상반기 CJ그룹

28 **C사는 A ~ E제품 5개를 대상으로 내구성, 효율성, 실용성 세 개 영역에 대해 1 ~ 3등급을 기준에 따라 평가하였다. A ~ E제품에 대한 평가 결과가 다음과 같을 때, 반드시 참이 되지 않는 것은?**

- 모든 영역에서 3등급을 받은 제품이 있다.
- 모든 제품이 3등급을 받은 영역이 있다.
- A제품은 내구성 영역에서만 3등급을 받았다.
- B제품만 실용성 영역에서 3등급을 받았다.
- C, D제품만 효율성 영역에서 2등급을 받았다.
- E제품은 1개의 영역에서만 2등급을 받았다.
- A와 C제품이 세 영역에서 받은 등급의 총합은 서로 같다.

① A제품은 효율성 영역에서 1등급을 받았다.
② B제품은 내구성 영역에서 3등급을 받았다.
③ C제품은 내구성 영역에서 3등급을 받았다.
④ D제품은 실용성 영역에서 2등급을 받았다.
⑤ E제품은 실용성 영역에서 2등급을 받았다.

29 A ~ F 6명은 경기장에서 배드민턴 시합을 하기로 하였다. 경기장에 도착하는 순서대로 다음과 같은 토너먼트 배치표의 1 ~ 6에 1명씩 배치한 후 모두 도착하면 토너먼트 경기를 하기로 하였다. 다음 〈조건〉에 따라 항상 거짓인 것은?

〈토너먼트 배치표〉

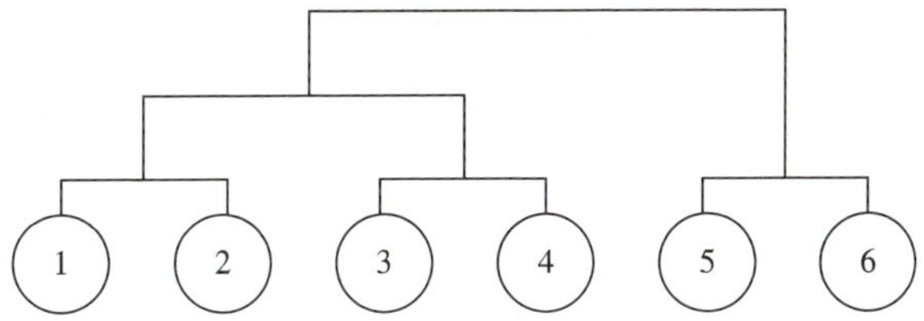

조건

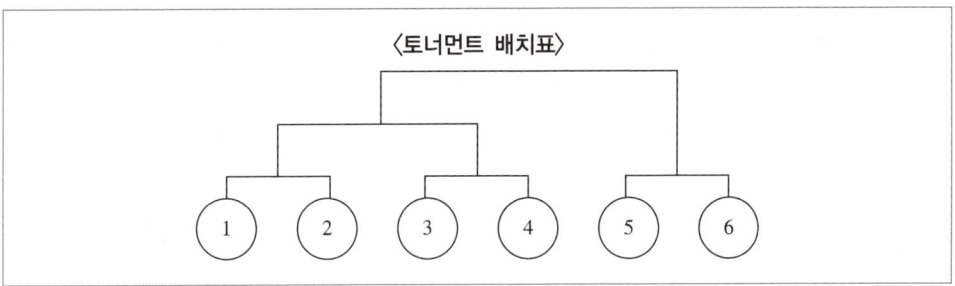

- C는 A 바로 뒤에 도착하였다.
- F는 마지막으로 도착하였다.
- E는 D보다 먼저 도착하였다.
- B는 두 번째로 도착하였다.
- D는 C보다 먼저 도착하였다.

① A는 최대 2번 경기를 하게 된다.
② B는 최대 3번 경기를 하게 된다.
③ E는 가장 먼저 경기장에 도착하였다.
④ D는 첫 번째 경기에서 A와 승부를 겨룬다.
⑤ C는 다섯 번째로 도착하여 최대 2번 경기를 하게 된다.

| 2023년 상반기 LG그룹

30 **제시된 내용을 바탕으로 내린 A, B의 결론에 대한 판단으로 옳은 것은?**

- 자동차 외판원인 C ~ H 여섯 명의 판매실적을 비교했다.
- C는 D에게 실적에서 앞섰다.
- E는 F에게 실적에서 뒤졌다.
- G는 H에게 실적에서 뒤졌지만, C에게는 실적에서 앞섰다.
- D는 F에게 실적에서 앞섰지만, G에게는 실적에서 뒤졌다.

A : 실적이 가장 좋은 외판원은 H이다.
B : 실적이 가장 나쁜 외판원은 E이다.

① A만 옳다.
② B만 옳다.
③ A, B 모두 옳다.
④ A, B 모두 틀리다.
⑤ A, B 모두 옳은지 틀린지 판단할 수 없다.

| 2023년 상반기 삼성그룹

31 **A ~ D 4명만 참여한 달리기 시합에서 동순위 없이 순위가 완전히 결정되었고, A, B, C는 각자 다음과 같이 진술하였다. 이들의 진술이 자신보다 낮은 순위의 사람에 대한 진술이라면 참이고, 높은 순위의 사람에 대한 진술이라면 거짓이라고 할 때, 반드시 참인 것은?**

- A : C는 1위이거나 2위이다.
- B : D는 3위이거나 4위이다.
- C : D는 2위이다.

① A는 1위이다.
② B는 2위이다.
③ D는 4위이다.
④ A가 B보다 순위가 높다.
⑤ C가 D보다 순위가 높다.

Hard

32 **S사는 자율출퇴근제를 시행하고 있다. 출근시간은 12시 이전에 자유롭게 할 수 있으며 본인 업무를 마치면 바로 퇴근한다. 다음 1월 28일의 업무에 대한 일지를 고려할 때, 항상 참인 것은?**

- 점심시간은 12시부터 1시까지이며, 점심시간에는 업무를 하지 않는다.
- 업무 1개당 1시간이 소요되며, 출근하자마자 업무를 시작하여 쉬는 시간 없이 근무한다.
- S사에 근무 중인 K팀의 A, B, C, D는 1월 28일에 전원 출근했다.
- A와 B는 오전 10시에 출근했다.
- B와 D는 오후 3시에 퇴근했다.
- C는 팀에서 업무가 가장 적어 가장 늦게 출근하고 가장 빨리 퇴근했다.
- D는 B보다 업무가 1개 더 많았다.
- A는 C보다 업무가 3개 더 많았고, 팀에서 가장 늦게 퇴근했다.
- 이날 K팀은 가장 늦게 출근한 사람과 가장 늦게 퇴근한 사람을 기준으로, 오전 11시에 모두 출근하였으며 오후 4시에 모두 퇴근한 것으로 보고되었다.

① C는 오후 2시에 퇴근했다.

② B의 업무는 A의 업무보다 많았다.

③ A는 4개의 업무를 하고 퇴근했다.

④ A와 B는 팀에서 가장 빨리 출근했다.

⑤ 업무를 마친 C가 D의 업무 중 1개를 대신했다면 D와 같이 퇴근할 수 있었다.

※ 다음 도식에서 기호들은 일정한 규칙에 따라 문자를 변화시킨다. 물음표에 들어갈 문자로 알맞은 것을 고르시오(단, 규칙은 가로와 세로 중 한 방향으로만 적용된다). **[33~36]**

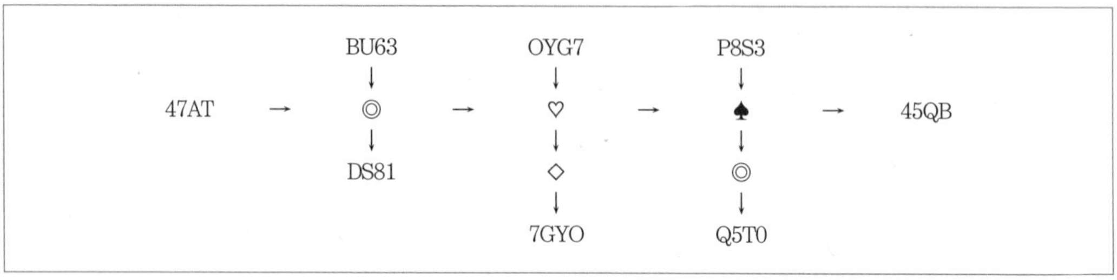

| 2025년 상반기 삼성그룹

33

STOP → ◎ → ♡ → ?

① NQUR
② QURN
③ RNQU
④ RUNQ
⑤ URQN

| 2025년 상반기 삼성그룹

34

18AB → ♡ → ♠ → ?

① AZ70
② A7Z0
③ ZA07
④ Z0A7
⑤ 70AZ

| 2025년 상반기 삼성그룹

35

E5D8 → ♠ → ◇ → ?

① CD47
② D4C7
③ C7D4
④ D7C4
⑤ DC74

| 2025년 상반기 삼성그룹

36

H476 → ◇ → ♠ → ◎ → ?

① 83I1
② 813I
③ 318I
④ 3I81
⑤ I138

※ 다음 도식에서 기호들은 일정한 규칙에 따라 문자를 변화시킨다. 물음표에 들어갈 적절한 문자를 고르시오(단, 규칙은 가로와 세로 중 한 방향으로만 적용된다). **[37~40]**

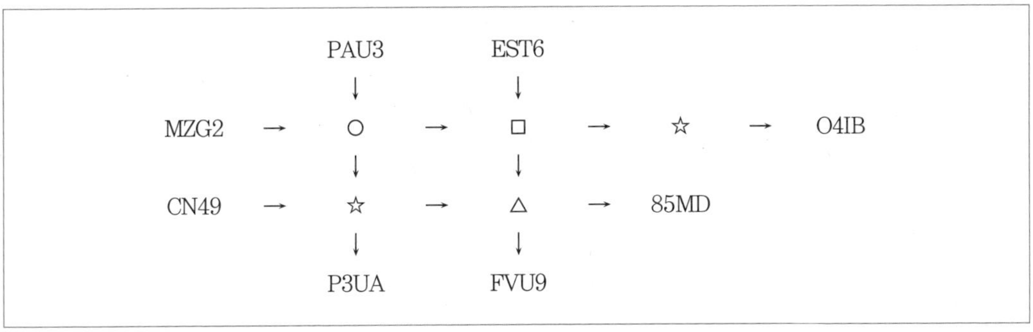

| 2023년 상반기 삼성그룹

37

JLMP → ○ → □ → ?

① NORL
② LNOK
③ RONL
④ MPQM
⑤ ONKK

| 2023년 상반기 삼성그룹

38

DRFT → □ → ☆ → ?

① THVF
② EUGW
③ SGQE
④ VHTF
⑤ DTFR

| 2023년 상반기 삼성그룹

39

8TK1 → △ → ○ → ?

① 81KT
② 9WL4
③ UJ27
④ KT81
⑤ 0LS9

Hard

| 2023년 상반기 삼성그룹

40

F752 → ☆ → □ → △ → ?

① 348E
② 57F2
③ 974H
④ 388I
⑤ 663E

M E M O

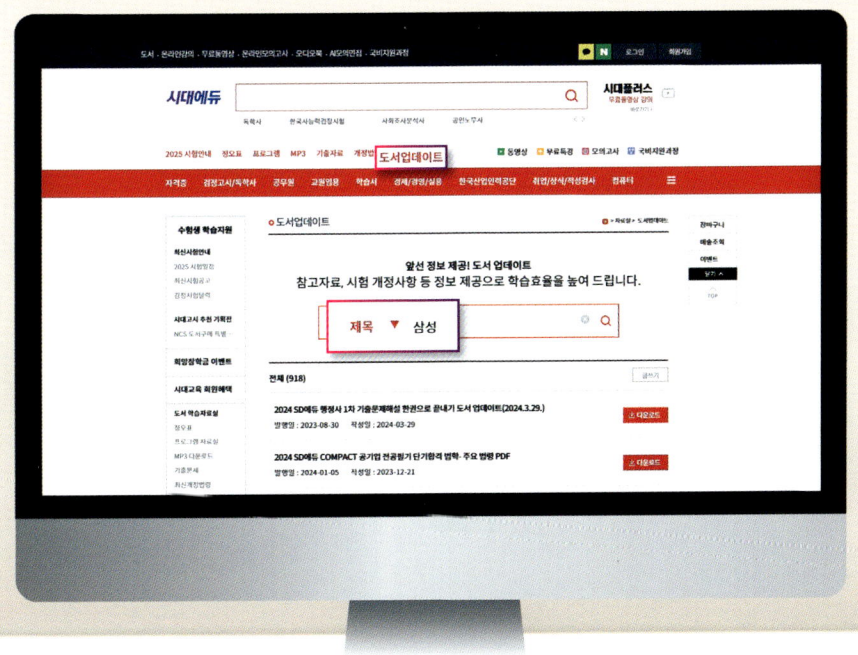

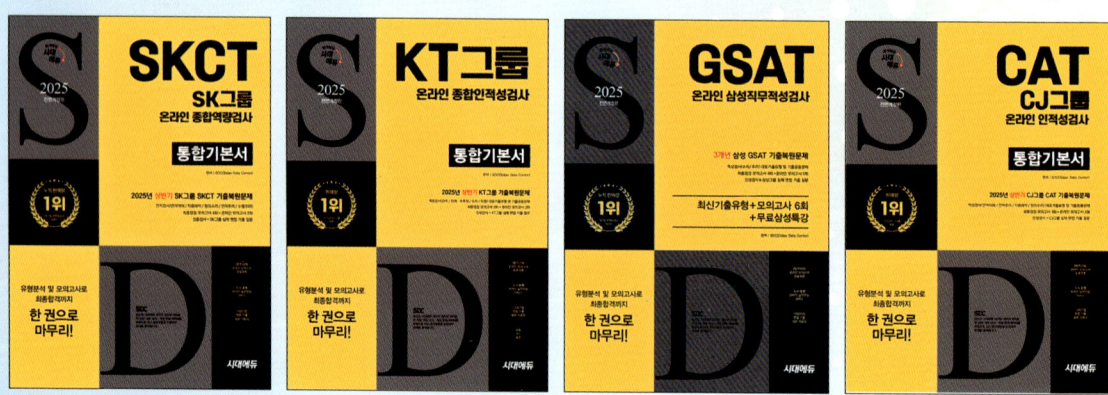

KT그룹

온라인 종합적성검사

기출이 답이다

편저 | SDC(Sidae Data Center)

SDC

SDC는 시대에듀 데이터 센터의 약자로 약 30만 개의 NCS · 적성 문제 데이터를 바탕으로 최신 출제경향을 반영하여 문제를 출제합니다.

판매량 1위
YES24 KT그룹 부문

7개년 기출복원문제 +
기출유형 완전 분석 + 무료KT특강

정답 및 해설

[합격시대]
온라인 모의고사
무료쿠폰

—

10대기업
면접 기출
질문 자료집

—

영역별
공략비법
강의

시대에듀

PART 2

기출복원문제

정답 및 해설

CHAPTER 01

2025년 상반기 기출복원문제

| 01 | 언어

01	02	03	04	05					
③	⑤	③	⑤	④					

01 정답 ③

• 내로라하다 : 어떤 분야를 대표할 만하다.
• 그러다 보니 : 보조용언 '보다'가 앞 단어와 연결어미로 이어지는 '-다 보다'의 구성으로 쓰이면 앞말과 띄어 쓴다.

오답분석

① 무엇 보다 → 무엇보다 / 인식해야 만 → 인식해야만
 • 무엇보다 : '보다'는 비교의 대상이 되는 말에 붙어 '~에 비해서'의 뜻을 나타내는 조사이므로, 붙여 쓴다.
 • 인식해야만 : '만'은 한정, 강조를 의미하는 보조사이므로 붙여 쓴다.
② 두가지를 → 두 가지를 / 조화시키느냐하는 → 조화시키느냐 하는
 • 두 가지를 : 수 관형사는 뒤에 오는 명사 또는 의존명사와 띄어 쓴다.
 • 조화시키느냐 하는 : 어미 다음에 오는 말은 띄어 쓴다.
④ 심사하는만큼 → 심사하는 만큼 / 한 달 간 → 한 달간
 • 심사하는 만큼 : 뒤에 나오는 내용의 원인, 근거를 의미하는 의존명사이므로 띄어 쓴다.
 • 한 달간 : '동안'을 의미하는 접미사이므로 붙여 쓴다.
⑤ 삼라 만상은 → 삼라만상은 / 모순 되는 → 모순되는
 • 삼라만상 : 우주에 있는 온갖 사물과 현상을 의미하는 명사이므로 붙여 쓴다.
 • 모순되는 : 이 경우에는 '되다'를 앞의 명사와 붙여 쓴다.

02 정답 ⑤

제시문의 첫 번째 문단에서는 '사회적 자본'이 늘어나면 정치 참여도가 높아진다는 주장을 하였고, 두 번째 문단에서는 사회적 자본의 개념을 사이버공동체에 도입하였으나 현실과 잘 맞지 않는다고 하면서 사회적 자본의 한계를 서술했다. 그리고 마지막 문단에서는 이 같은 사회적 자본만으로는 정치 참여가 늘어나기 어렵고 이른바 '정치적 자본'의 매개를 통해서만이 가능하다는 주장을 하고 있다. 따라서 ⑤가 글의 중심 내용으로 가장 적절하다.

03 정답 ③

제시문은 효율적 제품 생산을 위한 한 가지 방법인 제품별 배치 방법의 장단점에 대한 내용이다. 따라서 (다) 효율적 제품 생산을 위해 필요한 생산 설비의 효율적 배치 – (라) 효율적 배치의 한 방법인 제품별 배치 방식 – (가) 제품별 배치 방식의 장점 – (나) 제품별 배치 방식의 단점 순서대로 나열하는 것이 적절하다.

04 정답 ⑤

제시문의 마지막 문단에서 예술 작품을 통한 해석으로 작품의 단일한 의미를 찾아내는 것이 꼭 실현되는 것은 아니라는 것을 알 수 있다.

05 정답 ④

제시문의 두 번째 문단에 따르면 낮은 수준으로 입장료를 책정할 시 수입이 줄어들고, 너무 높은 수준으로 매기면 소비자들이 이용을 포기해 수입이 줄어들 수 있다고 설명한다. 따라서 ④는 적절하지 않은 추론이다.

오답분석

① 독점적 지위를 가진 생산자는 이부가격을 설정할 수 있으며, 놀이공원은 이부가격설정의 예 중 하나이다.
② 독점적 지위를 가진 생산자는 시장 가격을 임의의 수준으로 설정할 수 있다.
③ 소비자 잉여와 생산자 잉여의 합을 총잉여라 한다.
⑤ 소비자가 어떤 상품을 구매하기 위하여 지불할 용의가 있는 금액보다 실제로 지불한 가격이 낮아 얻는 이득을 소비자 잉여라 한다.

| 02 | 언어 · 수추리

01	02	03	04	05					
⑤	④	④	②	③					

01 정답 ⑤

키는 원숭이>기린이고, 몸무게는 원숭이>기린>하마이다. 따라서 원숭이가 가장 무겁다.

오답분석

①·④ 기린과 하마의 키 관계는 알 수 없다.
② 원숭이와 하마의 키 관계는 알 수 없다.
③ 하마는 기린보다 가볍다.

02 정답 ④

첫 번째 조건에서 D는 A의 바로 왼쪽에 앉으며, 마지막 조건에서 B는 E의 바로 오른쪽에 앉으므로 'D－A', 'E－B'를 각각 한 묶음으로 생각할 수 있다. 두 번째 조건에서 C는 세 번째 자리에 앉아야 하며, 세 번째 조건에 의해 'D－A'는 각각 첫 번째, 두 번째 자리에 앉아야 한다. 이를 표로 정리하면 다음과 같다.

첫 번째 자리	두 번째 자리	세 번째 자리	네 번째 자리	다섯 번째 자리
D	A	C	E	B

오답분석

① C는 A의 바로 오른쪽에 앉는다.
② C는 E의 바로 왼쪽에 앉는다.
③ C는 세 번째 자리에 앉는다.
⑤ D는 첫 번째 자리에 앉는다.

03 정답 ④

다음과 같은 네 가지 경우가 가능하다.

구분	A의 진술	B의 진술	C의 진술	D의 진술
A가 범인인 경우	거짓	참	거짓	참
B가 범인인 경우	거짓	거짓	거짓	참
C가 범인인 경우	참	참	거짓	참
D가 범인인 경우	거짓	참	참	거짓

따라서 D 한 사람의 진술만이 참일 경우 범인은 B이고, C 한 사람의 진술만이 거짓일 경우 범인은 C이다.

04 정답 ②

첫 번째, 두 번째, 세 번째 항을 기준으로 3칸씩 이동하며 규칙이 적용되는 수열이다.

i) 1　4　7　10 → +3인 규칙

ii) 10　8　6　4 → −2인 규칙

iii) 3　12　(48)　192 → ×4인 규칙

05 정답 ③

분자는 5씩 더하는 수열이고, 분모는 4씩 곱하는 수열이다.

따라서 분자는 16+5=21이고, 분모는 128×4=512이므로, ($)=\frac{21}{512}$이다.

| 03 | 수리

01	02	03	04	05					
⑤	①	②	④	③					

01 정답 ⑤

두 사람이 걸은 시간을 x분이라고 하면 두 사람이 만날 때 철수가 걸은 거리와 영희가 걸은 거리의 합이 공원 둘레의 길이이다.

$60x+90x=1,500$

$\therefore x=10$

따라서 두 사람은 동시에 출발한 지 10분 후에 만나게 된다.

02 정답 ①

증발한 물의 양을 xg이라고 하자.

$\frac{8}{100}\times500=\frac{10}{100}\times(500-x)$

$\rightarrow 4,000=5,000-10x$

$\therefore x=100$

따라서 증발한 물의 양은 100g이다.

03 정답 ②

• 내일 비가 올 때 이길 확률 : $\frac{2}{5}\times\frac{1}{3}=\frac{2}{15}$

• 내일 비가 오지 않을 때 이길 확률 : $\frac{3}{5}\times\frac{1}{4}=\frac{3}{20}$

따라서 이길 확률은 $\frac{2}{15}+\frac{3}{20}=\frac{17}{60}$ 이다.

04 정답 ④

서류 합격자 비율을 x%라고 하면 최종 합격자를 구하는 식은 다음과 같다.

$7,750\times x\times 0.3=93$명

→ $7,750\times x=310$

∴ $x=4$

따라서 서류 합격자 비율은 4%이다.

05 정답 ③

2016년 대비 2024년 장르별 공연 건수의 증가율은 다음과 같다.

• 양악 : $\frac{4,628-2,658}{2,658}\times100\fallingdotseq74\%$

• 국악 : $\frac{2,192-617}{617}\times100\fallingdotseq255\%$

• 무용 : $\frac{1,521-660}{660}\times100\fallingdotseq130\%$

• 연극 : $\frac{1,794-610}{610}\times100\fallingdotseq194\%$

따라서 2016년 대비 2024년 공연 건수의 증가율이 가장 높은 장르는 국악이다.

오답분석

① 2020년과 2023년에는 연극 공연 건수가 국악 공연 건수보다 더 많았다.
② 2019년까지는 양악 공연 건수가 국악, 무용, 연극 공연 건수의 합보다 더 많았지만, 2020년 이후에는 국악, 무용, 연극 공연 건수의 합이 더 크다. 또한, 2022년에는 무용 공연 건수 자료가 집계되지 않아 양악의 공연 건수가 다른 공연 건수의 합보다 많은지 적은지 판단할 수 없으므로 옳지 않은 설명이다.
④ 2022년의 무용 공연 건수가 제시되어 있지 않으므로 연극 공연 건수가 무용 공연 건수보다 많아진 것이 2023년부터인지 판단할 수 없으므로 옳지 않은 설명이다.
⑤ 2023년에 비해 2024년에 공연 건수가 가장 많이 증가한 장르는 양악이다.

| 04 | 도형

01	02	03	04						
②	①	②	④						

01 정답 ②

A : 시계 방향으로 색상 한 칸 이동(도형의 위치 고정)
B : 시계 반대 방향으로 도형 한 칸 이동
C : 상하 반전(도형의 위치 고정)
D : 도형의 좌우 위치 변경(도형의 색상 고정)

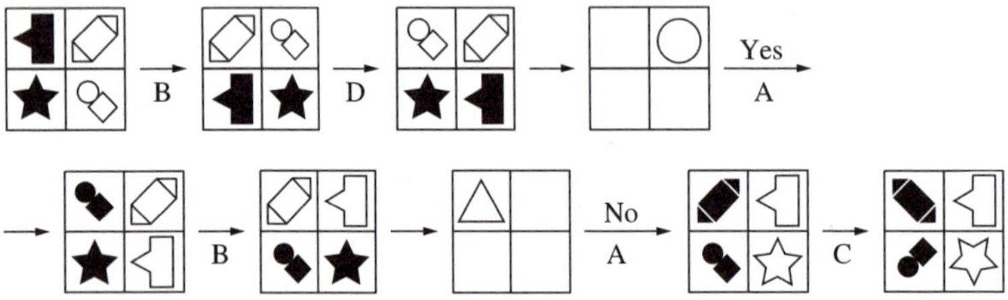

02 정답 ①

A : 시계 방향으로 색 한 칸 이동
B : 시계 방향으로 도형 한 칸 이동
C : 도형의 상하 위치 변경(도형의 색상 고정)
D : 도형의 좌우 위치 변경(도형의 색상 고정)

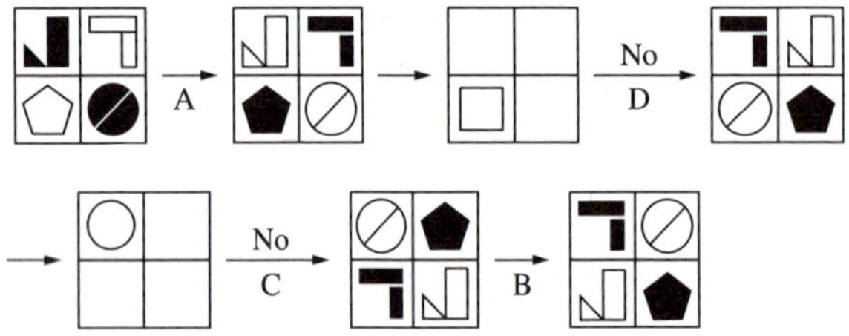

[3~4]

A : 시계 방향으로 한 칸 이동

외부도형	①	②	③	④	→	1	①	3	③
내부도형	1	2	3	4		2	②	4	④

B : 오른쪽 내부도형과 왼쪽 외부도형 위치 변경

외부도형	①	②	③	④	→	2	②	4	④
내부도형	1	2	3	4		1	①	3	③

C : 왼쪽 외부도형과 오른쪽 외부도형 위치 변경

외부도형	①	②	③	④	→	②	①	④	③
내부도형	1	2	3	4		1	2	3	4

03 정답 ②

외부도형	①	②	③	④	→	②	①	④	③	NO →	1	②	3	④
내부도형	1	2	3	4	C	1	2	3	4	A	2	①	4	③

NO →	②	1	④	3
C	2	①	4	③

04 정답 ④

외부도형	①	②	③	④	→	1	①	3	③	→	①	1	③	3
내부도형	1	2	3	4	A	2	②	4	④	C	2	②	4	④

NO →	②	1	④	3	NO →	①	1	③	3
B	2	①	4	③	B	2	②	4	④

CHAPTER 02

2024년 하반기 기출복원문제

| 01 | 언어

01	02	03	04						
④	③	③	②						

01 정답 ④

방언이 유지되려는 힘이 크다는 것은 지역마다 자기 방언의 특성을 지키려는 노력이 강하다는 것을 의미한다. 따라서 방언이 유지되려는 힘이 커지면 방언의 통일성은 약화될 것이다.

02 정답 ③

제시문은 책을 사거나 빌리는 것만으로는 책을 진정으로 소유할 수 없다고 하며, 책을 진정으로 소유하기 위한 독서의 방법과 책을 고르는 기준을 제시하고 있다. 따라서 글의 중심 내용으로는 '독서의 목적은 책의 내용을 온전히 소유하는 것이다.'가 가장 적절하다.

오답분석

①·② 글 전체 내용을 포괄하지 못하므로 중심 내용이 될 수 없다.
④·⑤ 글의 논점에서 벗어난 내용이므로 중심 내용이 될 수 없다.

03 정답 ③

제시문은 1920년대 영화의 소리에 대한 부정적인 견해가 있었음을 이야기하며 화두를 꺼내고 있다. 이후 현대에는 소리와 영상을 분리해서 생각할 수 없음을 설명하고, 영화에서의 소리가 어떤 역할을 하는지에 대해 말하면서 현대 영화에서의 소리의 의의를 서술하고 있다. 따라서 (라) 1920년대 영화의 소리에 대한 부정적인 견해 – (가) 현대 영화에서 분리해서 생각할 수 없는 소리와 영상 – (다) 영화 속 소리의 역할 – (나) 현대 영화에서 소리의 의의 순으로 나열하는 것이 가장 적절하다.

04 정답 ②

가격이 저렴한 산업용 전기를 통한 기업의 이익은 '전기 에너지 부족 문제'라는 글의 주제와 관련도가 낮으며, 기업이 과도한 전기 에너지를 사용하고 있는 문제 상황에 대한 근거로도 적절하지 않다.

| 02 | 언어 · 수추리

01	02	03	04	05					
⑤	①	②	④	④					

01 정답 ⑤

주어진 명제와 이의 대우를 정리하면 '진달래를 좋아함 → 감성적 → 보라색을 좋아함 → 백합을 좋아하지 않음'이다.
따라서 진달래를 좋아하는 사람은 보라색을 좋아한다.

02 정답 ①

주어진 내용을 정리하면 '일본어를 잘함 → 스페인어를 잘함 → 중국어를 잘함 → 불어를 못함'이다.
따라서 A만 옳고 B는 틀리다.

03 정답 ②

만약 민정이가 진실을 말한다면 영재가 거짓, 세희가 진실, 준수가 거짓, 성은이의 '민정이와 영재 중 1명만 진실만을 말한다.'가 진실이 되면서 모든 조건이 성립한다.
반면, 만약 민정이가 거짓을 말한다면 영재가 진실, 세희가 거짓, 준수가 진실, 성은이의 '민정이와 영재 중 1명만 진실만을 말한다.'가 거짓이 되면서 모순이 생긴다.
따라서 거짓을 말한 사람은 영재와 준수이다.

04 정답 ④

앞의 항에 $+7$, -16을 번갈아 가며 적용하는 수열이다.
따라서 (　)$=49-16=33$이다.

05 정답 ④

각 자릿수의 합이 다음 항의 수인 수열이다.
$\underline{A\ B\ C} \to A$: 8,521, B : $8+5+2+1=16$, C : $1+6=7$
따라서 (　)$=7$이다.

| 03 | 수리

01	02	03	04	05					
③	①	④	⑤	④					

01 정답 ③

7시간이 지났다면 용민이는 $7\times7=49$km, 효린이는 $3\times7=21$km를 걸은 것이다.
용민이는 호수를 한 바퀴 돌고나서 효린이가 걸은 21km까지 더 걸은 것이므로 호수의 둘레는 $49-21=28$km이다.

PART 2 기출복원문제 정답 및 해설

02 정답 ①

농도 5%의 묽은 염산의 양을 xg이라고 하면 농도 20%의 묽은 염산과 농도 5%의 묽은 염산을 섞었을 때 농도가 10%보다 작거나 같아야 하므로 다음과 같은 식이 성립한다.

$\frac{20}{100}\times300+\frac{5}{100}\times x\le\frac{10}{100}(300+x)$

→ $6,000+5x\le10(300+x)$

→ $5x\ge3,000$

∴ $x\ge600$

따라서 농도가 5%인 묽은 염산의 최소 필요량은 600g이다.

03 정답 ④

각각의 상황에 따른 확률은 다음과 같다.

- 4번 중 2번은 10점을 쏠 확률 : ${}_4C_2\times\left(\frac{1}{5}\right)^2=\frac{6}{25}$
- 남은 2번은 10점을 쏘지 못할 확률 : ${}_2C_2\times\left(\frac{4}{5}\right)^2=\frac{16}{25}$

따라서 구하는 확률은 $\frac{6}{25}\times\frac{16}{25}=\frac{96}{625}$이다.

04 정답 ⑤

투자한 100,000원에 대한 주가 등락률과 그에 따른 주식가격을 계산하면 다음과 같다.

구분	1월 3일	1월 4일	1월 5일	1월 6일	1월 9일
등락률	×1.1	×1.2	×0.9	×0.8	×1.1
주식가격	100,000×1.1 =110,000	110,000×1.2 =132,000	132,000×0.9 =118,800	118,800×0.8 =95,040	95,040×1.1 =104,544

오답분석

① 1월 5일 주식가격은 118,800원이므로, 매도할 경우 118,800−100,000=18,800원 이익이다.

②·④ 1월 6일 주식가격은 95,040원이므로, 매도할 경우 100,000−95,040=4,960원 손실이며, 1월 2일 대비 주식가격 감소율(이익률)은 $\frac{100,000-95,040}{100,000}\times100=4.96\%$이다.

③ 1월 4일 주식가격은 132,000원이므로, 매도할 경우 이익률은 $\frac{132,000-100,000}{100,000}\times100=32\%$이다.

05 정답 ④

제조업용 로봇 생산액의 2021년 대비 2023년의 성장률은 $\frac{7,016-6,272}{6,272}\times100\fallingdotseq11.9\%$이다.

| 04 | 도형

01	02	03	04						
③	⑤	①	③						

01 정답 ③

A : 왼쪽 내부도형과 오른쪽 내부도형 위치 변경

						→				
외부도형	①	②	③	④			①	②	③	④
내부도형	1	2	3	4			2	1	4	3

B : 시계 방향으로 두 칸 이동

						→				
외부도형	①	②	③	④			2	1	4	3
내부도형	1	2	3	4			②	①	④	③

C : 오른쪽 외부도형과 오른쪽 내부도형 위치 변경

						→				
외부도형	①	②	③	④			①	2	③	4
내부도형	1	2	3	4			1	②	3	④

					→ A					No → B				
외부도형	①	②	③	④		①	②	③	④		1	2	3	4
내부도형	1	2	3	4		2	1	4	3		②	①	④	③

No → A				
	1	2	3	4
	①	②	③	④

02 정답 ⑤

A : 왼쪽 내부도형과 오른쪽 내부도형 위치 변경

외부도형	①	②	③	④	→	①	②	③	④
내부도형	1	2	3	4		2	1	4	3

B : 시계 방향으로 두 칸 이동

외부도형	①	②	③	④	→	2	1	4	3
내부도형	1	2	3	4		②	①	④	③

C : 오른쪽 외부도형과 오른쪽 내부도형 위치 변경

외부도형	①	②	③	④	→	①	2	③	4
내부도형	1	2	3	4		1	②	3	④

외부도형	①	②	③	④	→	2	1	4	3	→	2	1	4	3
내부도형	1	2	3	4	B	②	①	④	③	A	①	②	③	④

No →	2	②	4	④	Yes →	2	②	4	④
C	①	1	③	3	A	1	①	3	③

03 정답 ①

A : 왼쪽 내부도형과 오른쪽 외부도형 위치 변경

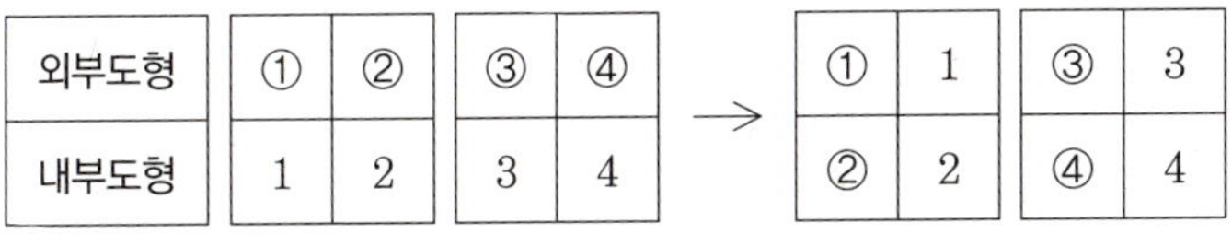

B : 왼쪽 전체 도형과 오른쪽 전체 도형 위치 변경

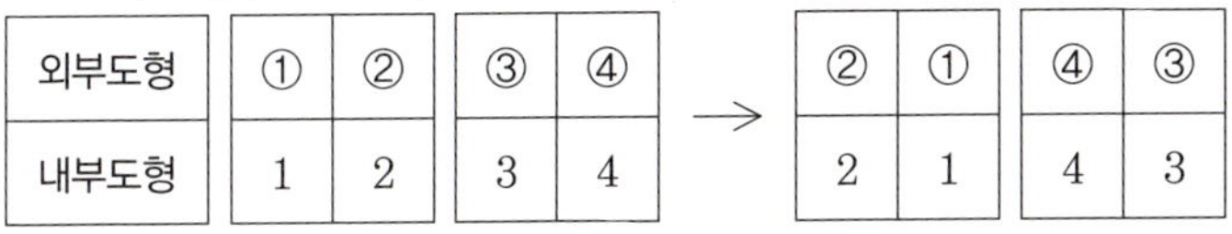

C : 왼쪽 외부도형과 오른쪽 내부도형 위치 변경

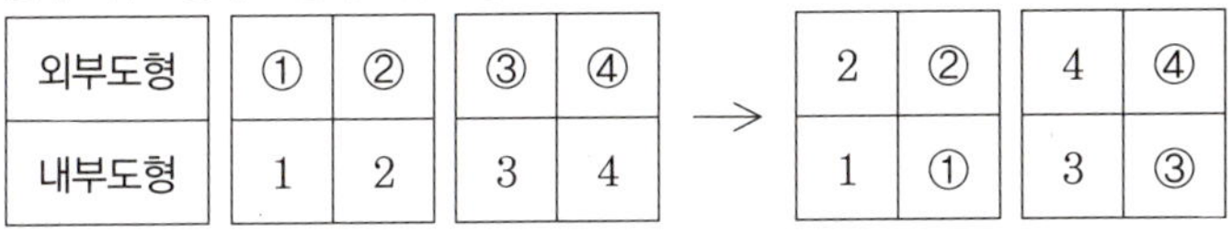

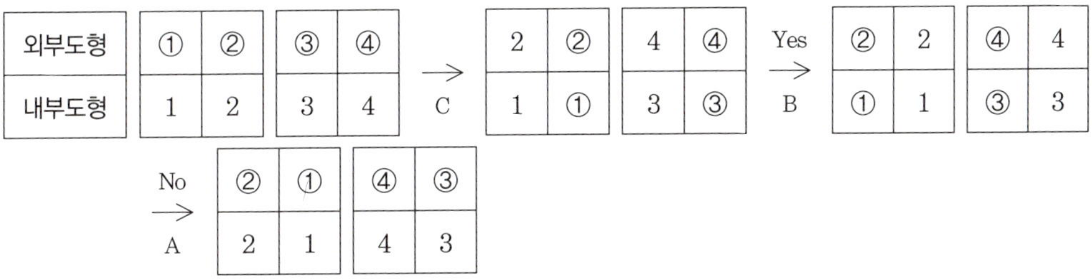

04 정답 ③

A : 왼쪽 내부도형과 오른쪽 외부도형 위치 변경

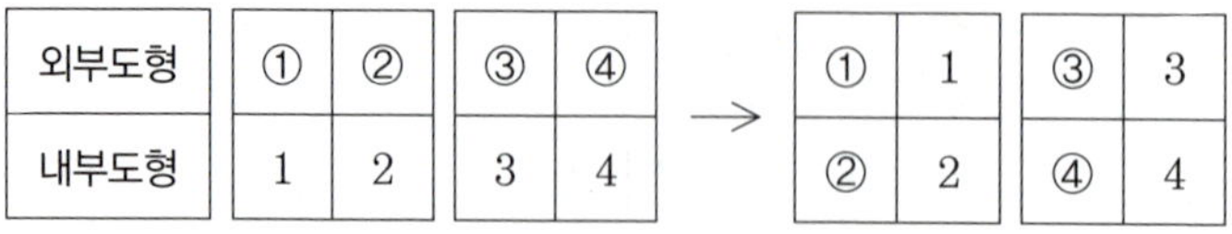

B : 왼쪽 전체 도형과 오른쪽 전체 도형 위치 변경

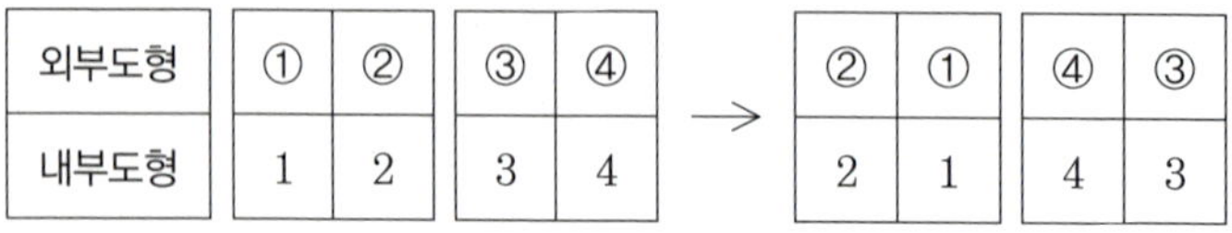

C : 왼쪽 외부도형과 오른쪽 내부도형 위치 변경

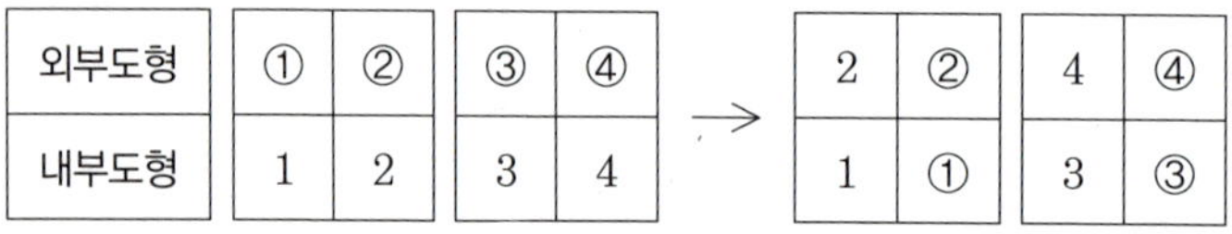

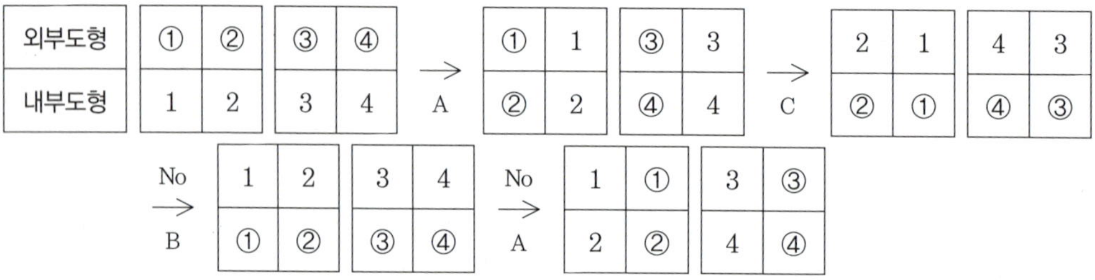

CHAPTER

03 2024년 상반기 기출복원문제

| 01 | 언어

01	02	03	04						
⑤	⑤	②	③						

01 정답 ⑤

농작물 재배 능력이 낮고 영농 기반이 부족한 청년농업인들에게는 기존의 농업방식보다 자동화 재배 관리가 가능한 온프레시팜 방식이 농작물 재배에 더 용이할 수 있으나, 초기 시설비용이 많이 들고 재배 기술의 확보가 어려워 접근이 더 수월하다고 볼 수는 없다.

오답분석

① 온프레시팜 지원 사업은 청년농업인들이 더욱 쉽게 농작물을 재배하는 것은 물론 경제적으로도 정착할 수 있도록 도와주는 사업이다.
② 온프레시팜 방식은 농업에 이제 막 뛰어든 청년농업인들이 더욱 수월하게 농업을 경영할 수 있도록 돕는 사업이다.
③·④ 온프레시팜 방식은 토양 없이 식물 뿌리와 줄기에 영양분이 가득한 물을 분사해 농작물을 생산하는 방식이기 때문에 흙 속에 살고 있는 병해충으로 인한 피해를 예방할 수 있다. 또한 흙이 없어 다층으로의 재배도 가능하기에 동일한 면적에서 기존의 농업방식보다 더 많은 농작물을 재배할 것으로 예상된다.

02 정답 ⑤

제시문의 세 번째 문단을 통해 정부가 철도를 통한 탄소 감축을 위해 노력하고 있음을 알 수 있으나, 구체적으로 시행한 조치는 언급되지 않았다.

오답분석

① 첫 번째 문단을 통해 전 세계적으로 탄소중립이 주목받자 이에 대한 방안으로 등장한 것이 철도 수송임을 알 수 있다.
② 네 번째 문단을 통해 '중앙선 안동 ~ 영천 간 궤도' 설계 시 탄소 감축 방안으로 저탄소 자재인 유리섬유 보강근이 철근 대신 사용되었음을 알 수 있다.
③ 첫 번째 문단과 두 번째 문단을 통해 철도 수송의 확대가 온실가스 배출량의 획기적인 감축을 가져올 것임을 알 수 있다.
④ 네 번째 문단을 통해 S철도공단은 철도 중심 교통체계 구축을 위해 건설 단계에서부터 친환경·저탄소 자재를 적용하였고, 탄소 감축을 위해 2025년부터는 모든 철도 건축물을 일정한 등급 이상으로 설계하기로 결정하였음을 알 수 있다.

03 정답 ②

제시문은 이글루가 따뜻해질 수 있는 원리에 대해 설명하고 있다. 따라서 (나) 에스키모는 이글루를 연상시킴 – (라) 이글루는 눈으로 만든 집임에도 불구하고 따뜻함 – (가) 눈 벽돌로 이글루를 만들고 안에서 불을 피움 – (마) 온도가 올라가면 눈이 녹으면서 벽의 빈틈을 메우고, 눈이 녹으면 출입구를 열어 물을 얼림 – (다) 이 과정을 반복하면서 눈 벽돌집은 얼음집으로 변하여 내부가 따뜻해짐 순으로 나열하는 것이 가장 적절하다.

04 정답 ③

제시문의 논지는 인간과 자연의 진정한 조화이다. 따라서 자연과 공존하는 삶을 주장하고 있는 ③이 글을 읽고 추론한 내용으로 가장 적절하다.

| 02 | 언어 · 수추리

01	02	03	04	05	06	07			
⑤	②	④	②	①	②	③			

01 정답 ⑤

창조적인 기업은 융통성이 있고, 융통성이 있는 기업 중의 일부는 오래간다. 따라서 '창조적인 기업이 오래 갈지 안 갈지 알 수 없다.'는 반드시 참이다.

02 정답 ②

제시된 내용을 정리하면 다음과 같다.

P : 원숭이를 좋아한다.
Q : 코끼리를 좋아한다.
R : 낙타를 좋아한다.
S : 토끼를 좋아한다.

- 원숭이를 좋아하면 코끼리를 좋아한다. : $P \rightarrow Q$
- 낙타를 좋아하면 코끼리를 좋아하지 않는다. : $R \rightarrow \sim Q$
- 토끼를 좋아하면 원숭이를 좋아하지 않는다. : $S \rightarrow \sim P$

이를 바탕으로 내린 A, B의 결론에 대한 판단은 다음과 같다.

- A : 코끼리를 좋아하면 토끼를 좋아한다. : 추론할 수 없음
- B : 낙타를 좋아하면 원숭이를 좋아하지 않는다. : $R \rightarrow \sim Q \rightarrow \sim P$

따라서 B만 옳다.

03 정답 ④

월요일에 먹는 영양제는 비타민 B와 칼슘, 마그네슘 중 하나이다. 마그네슘의 경우 비타민 D보다 늦게 먹고, 비타민 B보다는 먼저 먹어야 하므로 마그네슘과 비타민 B는 월요일에 먹을 수 없다. 그러므로 K씨가 월요일에 먹는 영양제는 칼슘이다.
또한 비타민 B는 화요일 또는 금요일에 먹을 수 있는데, 화요일에 먹게 될 경우 마그네슘을 비타민 B보다 먼저 먹을 수 없게 되므로 비타민 B는 금요일에 먹는다. 나머지 조건에 따라 K씨가 요일별로 먹는 영양제를 정리하면 다음과 같다.

월	화	수	목	금
칼슘	비타민 C	비타민 D	마그네슘	비타민 B

따라서 회사원 K씨가 월요일에는 칼슘, 금요일에는 비타민 B를 먹는 것을 알 수 있다.

04 정답 ②

(앞의 항)−(뒤의 항)=(다음 항)인 수열이다.
따라서 (　)$=-7-49=-56$이다.

05 정답 ①

n번째 항일 때 $\frac{(2n-1)(2n+1)}{(2n+3)(2n+5)}$인 수열이다.

따라서 ( )$=\frac{(2\times4-1)(2\times4+1)}{(2\times4+3)(2\times4+5)}=\frac{7\times9}{11\times13}=\frac{63}{143}$이다.

06 정답 ②

n번째 항일 때 $n(n+1)(n+2)$인 수열이다.

따라서 ( )$=5\times6\times7=210$이다.

07 정답 ③

나열된 수를 각각 A, B, C라고 하면

$\underline{A\ B\ C} \rightarrow B^A=C$이다.

따라서 ( )=4이다.

| 03 | 수리

01	02	03	04	05	06				
④	②	②	③	④	⑤				

01 정답 ④

토마토의 개수를 x개, 배의 개수를 y개라고 하자.

$120\times x+450\times y=6,150-990$

$\rightarrow 4x+15y=172 \cdots$ ㉠

$90\times x+210\times y=3,150-300$

$\rightarrow 3x+7y=95 \cdots$ ㉡

㉠과 ㉡을 연립하면 다음과 같다.

$\therefore x=13,\ y=8$

따라서 바구니 안에 배는 8개가 들어있다.

02 정답 ②

(집에서 마트까지 걸은 시간)+(물건을 구매하는 시간)+(마트에서 집까지 걸은 시간)=2시간 30분이다.

집에서 마트까지의 거리를 $x$km라고 하면 다음과 같은 식이 성립한다.

$\frac{x}{4}+\frac{2}{3}+\frac{x}{6}=\frac{5}{2}$

$\rightarrow \frac{5}{12}x=\frac{11}{6}$

$\therefore x=\frac{22}{5}=4.4$

따라서 집에서 마트까지의 거리는 4.4km이다.

03 정답 ②

5명이 노란색 원피스 2벌, 파란색 원피스 2벌, 초록색 원피스 1벌 중 1벌씩 선택하는 경우의 수를 구하기 위해 먼저 5명을 2명, 2명, 1명으로 이루어진 3개의 팀으로 나누어야 한다. 이때 팀을 나누는 경우의 수는 다음과 같다.

$_5C_2 \times {_3C_2} \times {_1C_1} \times \frac{1}{2!} = \frac{5\times4}{2} \times 3 \times 1 \times \frac{1}{2} = 15$가지

2벌인 원피스의 색깔은 노란색과 파란색 2가지이므로 선택할 수 있는 경우의 수는 $15\times2=30$가지이다.

04 정답 ③

바레니클린의 시장가격에서 국가 지원액을 제외한 본인부담금은 $1,767-1,000=767$원/정이다. 하루에 2정씩 총 28일(∵ 1월 투여기간)을 복용하므로 본인부담금은 $767\times2\times28=42,952$원이다. 금연 패치는 하루에 1,500원이 지원되므로 본인부담금이 없다.

05 정답 ④

메달 및 상별 점수는 다음 표와 같다.

구분	금메달	은메달	동메달	최우수상	우수상	장려상
총개수(개)	40	31	15	41	26	56
개당 점수(점)	3,200÷40=80	2,170÷31=70	900÷15=60	1,640÷41=40	780÷26=30	1,120÷56=20

따라서 금메달은 80점, 은메달은 70점, 동메달은 60점임을 알 수 있다.

오답분석

① 경상도가 획득한 메달 및 상의 총개수는 $4+8+12=24$개이며, 가장 많은 지역은 $13+1+22=36$개인 경기도이다.
② 울산에서 획득한 메달 및 상의 총점은 $(3\times80)+(7\times30)+(18\times20)=810$점이다.
③ 동메달이 아닌 장려상이 $16+18+22=56$개로 가장 많은 것을 알 수 있다.
⑤ 장려상을 획득한 지역은 대구, 울산, 경기도이며 세 지역 중 금·은·동메달의 총개수가 가장 적은 지역은 금메달만 2개인 대구이다.

06 정답 ⑤

국민연금 전체 운용수익률은 연평균기간이 짧을수록 5.24% → 3.97% → 3.48% → −0.92%로 감소하고 있다.

오답분석

① 기간별 연평균으로 분류하여 수익률을 나타내므로 매년 증가하고 있는지는 알 수 없다.
② 2023년 운용수익률에서 기타부문은 흑자를 기록했고, 공공부문은 알 수 없다.
③ 공공부문의 경우 11년 연평균(2013 ~ 2023년)의 수치만 있으므로 알 수 없다.
④ 금융부문 운용수익률은 연평균기간이 짧을수록 감소하고 있다.

| 04 | 도형

01	02	03	04						
①	④	②	④						

01 정답 ①

A : 색 반전
B : 상하 반전(도형의 위치 고정)
C : 도형의 좌우 위치 변경(도형의 색상 고정)

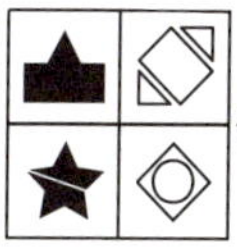

을 숫자로 표현하면

①	2
③	4

이므로

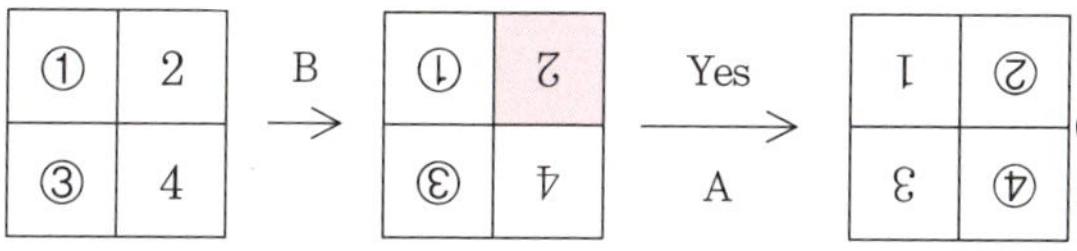

이다.

02 정답 ④

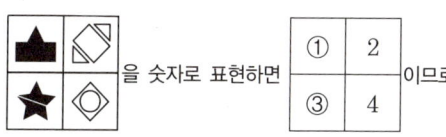

A : 색 반전
B : 시계 방향으로 도형 한 칸 이동
C : 도형의 상하 위치 변경(도형의 색상 고정)

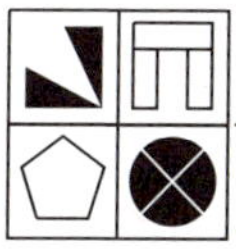

을 숫자로 표현하면

①	2
3	④

이므로

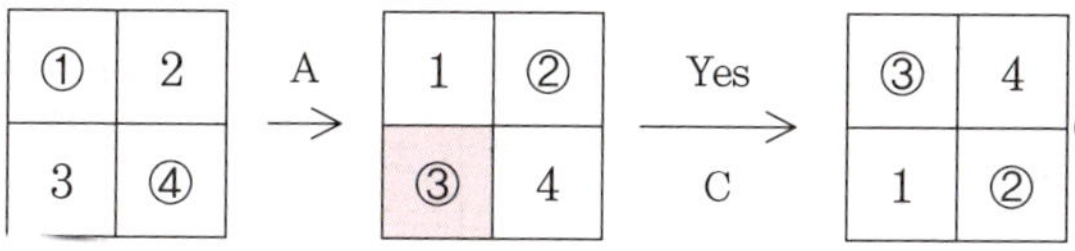

이다.

03 정답 ②

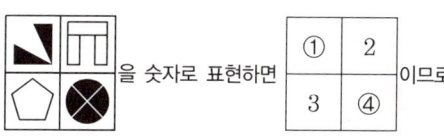

A : 왼쪽 외부도형과 오른쪽 내부도형 위치 변경

외부도형	①	②	③	④
내부도형	1	2	3	4

→

2	②	4	④
1	①	3	③

B : 왼쪽 외부도형과 오른쪽 외부도형 위치 변경

외부도형	①	②	③	④
내부도형	1	2	3	4

→

②	①	④	③
1	2	3	4

PART 2 기출복원문제 정답 및 해설

C : 오른쪽 외부도형과 오른쪽 내부도형 위치 변경

외부도형	①	②	③	④	→	①	2	③	4
내부도형	1	2	3	4		1	②	3	④

외부도형	①	②	③	④	→	②	①	④	③	No →	2	①	4	③
내부도형	1	2	3	4	B	1	2	3	4	A	1	②	3	④

Yes →	①	2	③	4
B	1	②	3	④

04 정답 ④

A : 왼쪽 외부도형과 오른쪽 내부도형 위치 변경

외부도형	①	②	③	④	→	2	②	4	④
내부도형	1	2	3	4		1	①	3	③

B : 왼쪽 외부도형과 오른쪽 외부도형 위치 변경

외부도형	①	②	③	④	→	②	①	④	③
내부도형	1	2	3	4		1	2	3	4

C : 오른쪽 외부도형과 오른쪽 내부도형 위치 변경

외부도형	①	②	③	④	→	①	2	③	4
내부도형	1	2	3	4		1	②	3	④

외부도형	①	②	③	④	→	②	①	④	③	→	②	2	④	4
내부도형	1	2	3	4	B	1	2	3	4	C	1	①	3	③

No →	①	2	③	4	Yes →	2	①	4	③
A	1	②	3	④	B	1	②	3	④

CHAPTER 04

2023년 하반기 기출복원문제

| 01 | 언어

01	02	03	04						
④	①	②	②						

01 정답 ④

제시문과 관련이 없는 내용이다.

오답분석

① 첫 번째 문단에서 미국 텍사스 지역에서 3D 프린터 건축 기술을 이용한 주택이 완공되었음을 알 수 있다.
② 두 번째 문단에서 전통 건축 기술에 비해 3D 프린터 건축 기술은 건축 폐기물 및 CO_2 배출량 감소 등 환경오염이 적다는 사실을 알 수 있다.
③ 네 번째 문단에서 코로나19 사태로 인한 인력 수급난을 해소할 수 있음을 알 수 있다.
⑤ 마지막 문단에서 우리나라의 3D 프린터 건축 기술은 아직 제도적 및 기술적 한계가 있음을 알 수 있다.

02 정답 ①

ㄱ. 화장품 시장에서 동물 및 환경 보호를 위해 친환경 성분의 원료를 구매해 이용하는 것은 녹색소비에 해당한다.
ㄴ. 로컬푸드란 반경 50km 이내에서 생산하는 농산물을 말하는 것으로, B레스토랑의 소비행위는 자신이 거주하는 지역에서 생산한 농산물을 소비하는 로컬소비에 해당한다.
ㄷ. 환경오염을 유발하는 폐어망 및 폐페트병을 재활용하여 또 다른 자원으로 사용한 제품을 구매하는 것은 녹색소비에 해당한다.
ㄹ. 제3세계란 개발도상국들을 총칭하는 것으로 D카페의 제3세계 원두 직수입은 이들의 경제성장을 위한 공정무역 소비 행위에 해당한다.
ㅁ. E사는 아시아 국가의 빈곤한 여성 생산자들의 경제적 자립을 위해 상품을 수입하여 판매하므로 이는 공정무역 소비 행위에 해당한다.

03 정답 ②

제시문은 관객이 영화를 보면서 흐름을 지각하는 것을 제대로 설명하지 못하는 동일시 이론에 대해 문제를 제기하고 이를 칸트의 무관심성을 통해 설명할 수 있다고 제시한다. 이어서 관객이 영화의 흐름을 생동감 있게 체험할 수 있는 이유로 '방향 공간'과 '감정 공간'을 제시하고 이에 대한 설명을 한 뒤 이것이 관객이 영화를 지각할 수 있는 원리가 될 수 있음을 정리하며 마치고 있다. 따라서 (나) 영화를 보면서 흐름을 지각하는 것을 제대로 설명하지 못하는 '동일시 이론' – (가) 영화 흐름의 지각에 대해 설명할 수 있는 칸트의 '무관심성' – (라) 영화의 생동감을 체험할 수 있게 하는 '방향 공간' – (마) 영화의 생동감을 체험할 수 있게 하는 또 다른 이유인 '감정 공간' – (다) 관객이 영화를 지각하는 과정에 대한 정리 순으로 나열하는 것이 가장 적절하다.

04 정답 ②

질소가 무조건 많이 함유된 것이 좋은 비료가 아니라 탄소와 질소의 비율이 잘 맞는 것이 중요하다.

오답분석

① 비료를 만드는 데 발생하는 열로 유해 미생물을 죽일 수 있다고 언급하였다.
③ 커피박을 이용해서 비료를 만들면 커피박을 폐기하는 데 필요한 비용을 절약할 수 있기 때문에 경제적으로도 이득이라고 할 수 있다.
④ 비료에서 중요한 요소로 질소를 언급하고 있고, 유기 비료이기 때문에 유기물의 함량 또한 중요하다. 또한 질소와 유기물 함량을 분석하고 있기에 중요한 고려 요소라고 할 수 있다.
⑤ 부재료로 언급된 것 중에서 한약재찌꺼기가 가장 질소 함량이 높다고 하였다.

| 02 | 언어 · 수추리

01	02	03	04	05	06	07			
③	③	⑤	②	⑤	①	①			

01 정답 ③

참인 명제는 그 대우 명제도 참이므로 두 번째 명제의 대우 명제인 '배를 좋아하지 않으면 귤을 좋아하지 않는다.' 역시 참이다. 이를 첫 번째, 세 번째 명제와 연결하면 '사과를 좋아함 → 배를 좋아하지 않음 → 귤을 좋아하지 않음 → 오이를 좋아함'이 성립한다. 따라서 '사과를 좋아하면 오이를 좋아한다.'는 참이다.

02 정답 ③

- A : 수요일에는 혜진, 수연, 태현이가 휴가 중이고, 목요일에는 수연, 지연, 태현이가 휴가 중이므로 수요일과 목요일에 휴가 중인 사람의 수는 같다.
- B : 태현이는 금요일까지 휴가이다.

따라서 A, B 모두 옳다.

03 정답 ⑤

대화 내용을 살펴보면 영석이의 말에 선영이가 동의했으므로 영석과 선영은 진실 혹은 거짓을 함께 말한다. 이때 지훈은 선영이가 거짓말만 한다고 하였으므로 반대가 된다. 그리고 동현의 말에 정은이가 부정했기 때문에 둘 다 진실일 수 없다. 하지만 정은이가 둘 다 좋아한다는 경우의 수가 있으므로 둘 모두 거짓일 수 있다. 또한 마지막 선영이의 말로 선영이가 진실일 경우에는 동현과 정은은 모두 거짓만을 말하게 된다. 이를 표로 나타내면 다음과 같다.

구분	경우 1	경우 2	경우 3
동현	거짓	거짓	진실
정은	거짓	진실	거짓
선영	진실	거짓	거짓
지훈	거짓	진실	진실
영석	진실	거짓	거짓

따라서 지훈이 거짓을 말할 때, 진실만을 말하는 사람은 선영, 영석이다.

04 정답 ②

홀수 항은 -3, -5, -7, …이고, 짝수 항은 2^2, 4^2, 6^2, …인 수열이다.
따라서 ( )$=8^2=64$이다.

05 정답 ⑤

분자는 $+3$, $+2$, $+1$, 0, …이고, 분모는 -7, -6, -5, -4, …인 수열이다.
따라서 ( )$=\frac{33+0}{340-4}=\frac{33}{336}$이다.

06 정답 ①

앞의 항에 $\times 7-1$, $\times 7$, $\times 7+1$, $\times 7+2$, …인 수열이다.
따라서 ( )$=0.2\times 7-1=0.4$이다.

07 정답 ①

나열된 수를 각각 A, B, C라고 하면
$\underline{A\ B\ C} \rightarrow A\times C=B$이다.
따라서 ( )$=\frac{12}{3}=4$이다.

| 03 | 수리

01	02	03	04	05	06				
④	①	⑤	③	①	④				

01 정답 ④

A열차의 길이를 xm라고 하면 A열차의 속력은 $\frac{390+x}{9}$m/s이고, B열치의 길이는 350m이므로 B열차의 속력은 $\frac{365+335}{10}=70$m/s이다.
두 열차가 마주보는 방향으로 달려 완전히 지나가는 데 4.5초가 걸리므로 두 열차가 4.5초 동안 달린 거리의 합은 두 열차의 길이의 합과 같다.

$\left(\frac{390+x}{9}+70\right)\times 4.5=x+335$

$\rightarrow \frac{390+x}{2}+315=x+335$

$\rightarrow 390+x=2x+40$

$\therefore x=350$

따라서 A열차의 길이는 350m이다.

02 정답 ①

올라간 거리를 $x$km라고 하면 내려온 거리는 $(x+2)$km이고 올라간 시간과 내려간 시간이 같다.

$\frac{x}{4}=\frac{x+2}{6}$

$\rightarrow 3x=2(x+2)$

$\therefore\ x=4$

따라서 내려올 때 걸린 시간은 $\frac{4+2}{6}=1$시간이다.

03 정답 ⑤

첫 번째 이벤트에서 같은 조였던 사람은 두 번째 이벤트에서 같은 조가 될 수 없다고 하였으므로 보기에 주어진 각 조의 조원들은 첫 번째 이벤트에서 모두 다른 조일 수밖에 없다. 그러므로 첫 번째 이벤트의 각 조에서 2명씩은 이미 1, 4조에 배정되었고, 나머지 2명씩 8명을 2, 3조에 배정해야 한다.

두 번째 이벤트의 2, 3조 역시 첫 번째 이벤트에서 같은 조였던 사람은 두 번째 이벤트에서 같은 조가 될 수 없으므로 각 조에서 1명씩 뽑아 배정해야 한다.

한 조를 정하고 나면 나머지 한 조는 자동으로 정해지므로 ${}_2C_1\times{}_2C_1\times{}_2C_1\times{}_2C_1$의 식을 세울 수 있다.

따라서 조를 정할 수 있는 경우의 수는 $2\times2\times2\times2=16$가지이다.

04 정답 ③

브랜드별 중성세제의 변경 후 판매 용량에 대한 가격에서 변경 전 가격을 빼면 다음과 같다.

- A브랜드 : $(8,200\times1.2)-(8,000\times1.3)=9,840-10,400=-560$원
- B브랜드 : $(6,900\times1.6)-(7,000\times1.4)=11,040-9,800=1,240$원
- C브랜드 : $(4,000\times2.0)-(3,960\times2.5)=8,000-9,900=-1,900$원
- D브랜드 : $(4,500\times2.5)-(4,300\times2.4)=11,250-10,320=930$원

따라서 A브랜드는 560원 감소, B브랜드는 1,240원 증가, C브랜드는 1,900원 감소, D브랜드는 930원 증가했다.

05 정답 ①

이산화탄소의 농도가 계속해서 증가하고 있는 것과 달리 오존전량은 2016년부터 2019년까지 차례로 감소하고 있다.

오답분석

② 2017년 오존전량은 1DU 감소하였고, 2018년에는 2DU, 2019년에는 3DU 감소하였다. 2022년에는 8DU 감소하였다.
③ 이산화탄소의 농도는 2016년 387.2ppm에서 시작하여 2022년 395.7ppm으로 해마다 증가했다.
④ 2022년 이산화탄소 농도는 2017년의 388.7ppm에서 395.7ppm으로 7ppm 증가했다.
⑤ 2022년 오존전량은 335DU로, 2016년의 331DU보다 4DU 증가했다.

06 정답 ④

우리나라는 30개의 OECD 회원국 중에서 순위가 매년 20위 이하이므로 상위권이라 볼 수 없다.

오답분석

① 2021년에 39위를 함으로써 처음으로 30위권에 진입했다.
② 청렴도는 2016년에 4.5점으로 가장 낮고, 2022년과의 차이는 $5.4-4.5=0.9$점이다.
③ 자료를 통해 확인할 수 있다.
⑤ 우리나라의 CPI는 2020년에 5.6으로 가장 높아 가장 청렴했다고 볼 수 있다.

| 04 | 도형

01	02	03	04						
④	⑤	③	②						

01 정답 ④

A : 시계 반대 방향으로 도형 및 색상 한 칸 이동
B : 색 반전
C : 시계 방향으로 도형 및 색상 한 칸 이동

을 숫자로 표현하면

1	2
3	4

이므로

1	2
3	4

→ B

①	②
③	④

No → C

③	①
④	②

→ B

3	1
4	2

이다.

02 정답 ⑤

A : 시계 반대 방향으로 도형 및 색상 한 칸 이동
B : 색 반전
C : 시계 방향으로 도형 및 색상 한 칸 이동

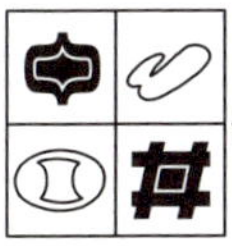

을 숫자로 표현하면

①	2
3	④

이므로

①	2
3	④

→ B

1	②
③	4

No → C

③	1
4	②

→ C

4	③
②	1

이다.

03 정답 ③

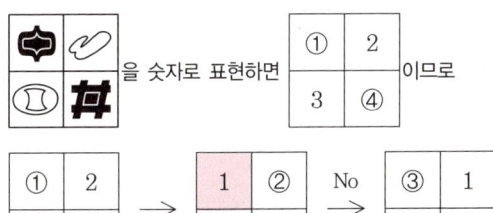

A : 오른쪽 외부도형과 오른쪽 내부도형 위치 변경

외부도형	①	②	③	④
내부도형	1	2	3	4

→

①	2	③	4
1	②	3	④

B : 왼쪽 외부도형과 왼쪽 내부도형 위치 변경

외부도형	①	②	③	④
내부도형	1	2	3	4

→

1	②	3	④
①	2	③	4

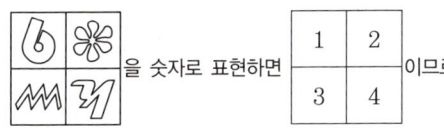

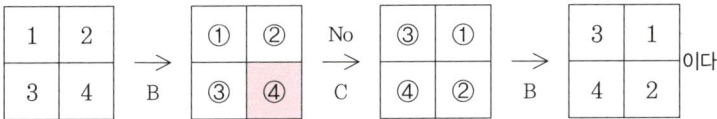

C : 오른쪽 내부도형과 왼쪽 내부도형 위치 변경

외부도형	①	②	③	④	→	①	②	③	④
내부도형	1	2	3	4		2	1	4	3

외부도형	①	②	③	④	→	①	2	③	4	Yes →	1	2	3	4
내부도형	1	2	3	4	A	1	②	3	④	B	①	②	③	④

No →	1	2	3	4
C	②	①	④	③

04 정답 ②

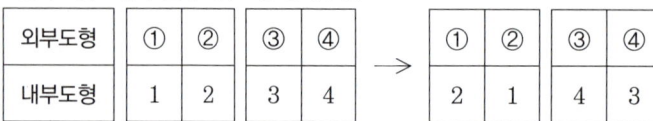

A : 오른쪽 외부도형과 오른쪽 내부도형 위치 변경

외부도형	①	②	③	④	→	①	2	③	4
내부도형	1	2	3	4		1	②	3	④

B : 왼쪽 외부도형과 왼쪽 내부도형 위치 변경

외부도형	①	②	③	④	→	1	②	3	④
내부도형	1	2	3	4		①	2	③	4

C : 오른쪽 내부도형과 왼쪽 내부도형 위치 변경

외부도형	①	②	③	④	→	①	②	③	④
내부도형	1	2	3	4		2	1	4	3

외부도형	①	②	③	④	→	①	2	③	4	→	①	2	③	4
내부도형	1	2	3	4	A	1	②	3	④	C	②	1	④	3

Yes →	②	2	④	4	No →	②	1	④	3
B	①	1	③	3	A	①	2	③	4

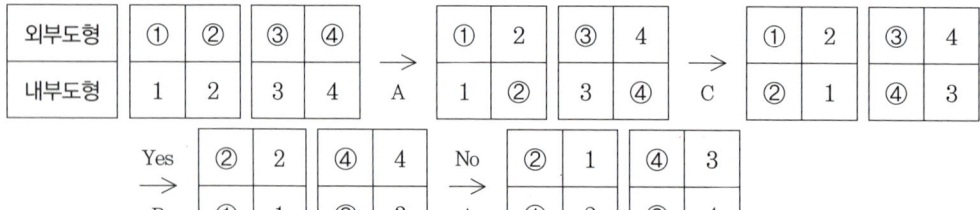

CHAPTER 05

2023년 상반기 기출복원문제

| 01 | 언어

01	02	03	04	05					
④	②	②	②	⑤					

01 정답 ④

제시문 전체를 통해서 ④의 내용을 확인할 수 있다. 나머지는 제시문의 내용과 어긋난다.

02 정답 ②

오답분석

① 은 왕조의 옛 도읍지는 허난성이다.
③ 용골에는 은 왕조의 기록이 있었다.
④ 사마천의 『사기』가 언제 만들어졌다는 내용은 없다.
⑤ 제시문에서 언급되지 않은 내용이다.

03 정답 ②

체내 활성산소의 농도와 생물체의 생명 연장이 비례한다는 내용은 제시문에서 확인할 수 없다. 오히려 활성산소인 과산화수소는 체내에 쌓이면 독소가 된다는 점이 설명되어 있다.

04 정답 ②

'Ⅱ-2-가'는 기부 문화의 문제점보다는 기부 문화의 활성화 방안으로 적절하며, ㉡은 이러한 방안이 필요한 문제점으로 적절하다. 따라서 서로 위치를 바꾸는 것은 적절하지 않다.

05 정답 ⑤

후추나 천초는 고추가 전래되지 않았던 조선 전기까지 주요 향신료였으며, 19세기 이후 고추가 향신료로서 절대적인 우위를 차지하면서 후추나 천초의 지위가 달라졌다고 설명한다. 그러나 후추나 천초가 김치에 쓰였다는 언급은 없다.

| 02 | 언어 · 수추리

01	02	03	04	05	06	07			
④	⑤	②	④	③	②	②			

01 정답 ④

제시문의 명제를 정리하면 다음과 같다.

- 내구성을 따지지 않는 사람 → 속도에 관심이 없는 사람 → 디자인에 관심 없는 사람
- 연비를 중시하는 사람 → 내구성을 따지는 사람

따라서 반드시 참인 것은 ④이다.

02 정답 ⑤

'연차를 쓸 수 있음'을 A, '제주도 여행을 함'을 B, '회를 좋아함'을 C, '배낚시를 함'을 D, '다른 계획이 있음'을 E라고 할 때, 'A → B', 'D → C', 'E → ~D', '~E → A'가 성립한다. 두 번째 명제를 제외한 후 연립하면 'D → ~E → A → B'가 되므로 'D → B'가 성립한다. 따라서 그 대우 명제인 '제주도 여행을 하지 않으면 배낚시를 하지 않는다.'는 참이다.

03 정답 ②

먼저 B의 진술이 거짓일 경우 A와 C는 모두 프로젝트에 참여하지 않으며, C의 진술이 거짓일 경우 B와 C는 모두 프로젝트에 참여한다. 따라서 B와 C의 진술은 동시에 거짓이 될 수 없으므로 둘 중 1명의 진술은 반드시 참이 된다.

i) B의 진술이 참인 경우

A는 프로젝트에 참여하지 않으며, B와 C는 모두 프로젝트에 참여한다. B와 C 모두 프로젝트에 참여하므로 D는 프로젝트에 참여하지 않는다.

ii) C의 진술이 참인 경우

A의 진술은 거짓이므로 A는 프로젝트에 참여하지 않으며, B는 프로젝트에 참여한다. C는 프로젝트에 참여하지 않으나, B가 프로젝트에 참여하므로 D는 프로젝트에 참여하지 않는다.

따라서 반드시 프로젝트에 참여하는 사람은 B이다.

04 정답 ④

n번째 항에 $2^n-1(n=1, 2, 3, \cdots)$을 더한 값이 $n+1$번째 항이 되는 수열이다.

따라서 ( )$=121+2^7-1=248$이다.

05 정답 ③

나열된 수를 각각 A, B, C라고 하면

$\underline{A\ B\ C} \rightarrow (A+B)\div 3=C$이다.

따라서 ( )$=6\times 3-8=10$이다.

06 정답 ②

각 항에 $+0.1$, $+0.15$, $+0.2$, $+0.25$, $\cdots$을 적용하는 수열이다.

따라서 ( )$=1.1+0.3=1.4$이다.

07 정답 ②

분자는 $-5, -6, -7, \cdots$, 분모는 $+11, +22, +33, \cdots$을 적용하는 수열이다.

따라서 ( )$=\frac{-19-9}{121+55}=-\frac{28}{176}$이다.

| 03 | 수리

01	02	03	04	05	06				
③	⑤	②	③	④	③				

01 정답 ③

사과를 x개 산다고 하면 자두는 $(14-x)$개 살 수 있으므로 다음과 같은 식이 성립한다.

$235 \le 15x+20(14-x) \le 250$

$\therefore 6 \le x \le 9$

따라서 사과를 최대 9개까지 살 수 있다.

02 정답 ⑤

문제 B를 맞힐 확률을 p라고 하자.

$\left(1-\frac{3}{5}\right)\times p=\frac{24}{100}$

$\rightarrow \frac{2}{5}p=\frac{6}{25}$

$\therefore p=\frac{3}{5}$

따라서 문제 A는 맞히고, 문제 B는 맞히지 못할 확률은 $\left(1-\frac{3}{5}\right)\times\left(1-\frac{3}{5}\right)=\frac{4}{25}$이므로 16%이다.

03 정답 ②

집에서 도서관까지의 거리를 $x$km라 하자.

$\frac{0.5x}{2}+\frac{0.5x}{6}=\frac{1}{3}$

$15x+5x=20$

$\therefore x=1$

따라서 집에서 도서관까지의 거리는 1km이다.

04 정답 ③

쓰레기 1kg당 처리비용은 400원으로 동결상태이다. 오히려 쓰레기 종량제 봉투 가격이 인상될수록 A신도시의 쓰레기 발생량과 쓰레기 관련 적자 예산이 급격히 감소하는 것을 볼 수 있다.

05 정답 ④

ㄴ. 무료급식소 봉사자 중 40·50대는 274+381=655명으로 전체 1,115명의 절반 이상이다.
ㄹ. 노숙자쉼터 봉사자는 800명으로 이 중 30대는 118명이다.

따라서 노숙자쉼터 봉사자 중 30대가 차지하는 비율은 $\frac{118}{800}\times100=14.75\%$이다.

오답분석

ㄱ. 전체 보육원 봉사자는 총 2,000명으로 이 중 30대 이하 봉사자는 148+197+405=750명이다.

따라서 전체 보육원 봉사자 중 30대 이하가 차지하는 비율은 $\frac{750}{2,000}\times100=37.5\%$이다.

ㄷ. 전체 봉사자 중 50대의 비율은 $\frac{1,600}{5,000}\times100=32\%$이고, 20대의 비율은 $\frac{650}{5,000}\times100=13\%$이다.

따라서 전체 봉사자 중 50대의 비율은 20대의 $\frac{32}{13}\fallingdotseq2.5$배이다.

06 정답 ③

ㄴ. 연령대별 아메리카노와 카페라테의 선호율 차이를 구하면 다음과 같다.

구분	20대	30대	40대	50대
아메리카노 선호율	42%	47%	35%	31%
카페라테 선호율	8%	18%	28%	42%
차이	34%p	29%p	7%p	11%p

따라서 아메리카노와 카페라테의 선호율 차이가 가장 적은 연령대는 40대임을 알 수 있다.

ㄷ. 20대와 30대의 선호율 하위 3개 메뉴를 정리하면 다음과 같다.

- 20대 : 핫초코(6%), 에이드(3%), 아이스티(2%)
- 30대 : 아이스티(3%), 핫초코(2%), 에이드(1%)

따라서 20대와 30대의 선호율 하위 3개 메뉴는 동일함을 알 수 있다.

오답분석

ㄱ. 연령대별 아메리카노 선호율은 20대 42%, 30대 47%, 40대 35%, 50대 31%로 30대의 선호율은 20대보다 높음을 알 수 있다.
ㄹ. 40대와 50대의 선호율 상위 2개 메뉴가 전체 선호율에서 차지하는 비율을 구하면 다음과 같다.

- 40대 : 아메리카노(35%), 카페라테(28%) → 63%
- 50대 : 카페라테(42%), 아메리카노(31%) → 73%

따라서 50대의 선호율 상위 2개 메뉴가 전체 선호율에서 차지하는 비율은 70%를 넘지만 40대에서는 63%로 70% 미만이다.

| 04 | 도형

01	02	03	04						
④	②	②	④						

01 정답 ④

A : 왼쪽 외부도형과 오른쪽 외부도형 위치 변경

					→				
외부도형	①	②	③	④	→	②	①	④	③
내부도형	1	2	3	4		1	2	3	4

B : 시계 방향으로 두 칸 이동

외부도형	①	②	③	④	→	2	1	4	3
내부도형	1	2	3	4		②	①	④	③

C : 시계 반대 방향으로 한 칸 이동

외부도형	①	②	③	④	→	②	2	④	4
내부도형	1	2	3	4		①	1	③	3

외부도형	①	②	③	④	→	2	1	4	3
내부도형	1	2	3	4	B	②	①	④	③

No →	1	2	3	4	No →	2	①	4	③
A	②	①	④	③	C	1	②	3	④

02 정답 ②

A : 왼쪽 외부도형과 오른쪽 외부도형 위치 변경

외부도형	①	②	③	④	→	②	①	④	③
내부도형	1	2	3	4		1	2	3	4

B : 시계 방향으로 두 칸 이동

외부도형	①	②	③	④	→	2	1	4	3
내부도형	1	2	3	4		②	①	④	③

C : 시계 반대 방향으로 한 칸 이동

외부도형	①	②	③	④	→	②	2	④	4
내부도형	1	2	3	4		①	1	③	3

외부도형	①	②	③	④	→	2	1	4	3	→	1	2	3	4
내부도형	1	2	3	4	B	②	①	④	③	A	②	①	④	③

No →	2	①	4	③	Yes →	②	1	④	3
C	1	②	3	④	B	①	2	③	4

03 정답 ②

A : 왼쪽 내부도형과 오른쪽 내부도형 위치 변경

외부도형	①	②	③	④	→	①	②	③	④
내부도형	1	2	3	4		2	1	4	3

B : 왼쪽 외부도형과 오른쪽 내부도형 위치 변경

외부도형	①	②	③	④	→	2	②	4	④
내부도형	1	2	3	4		1	①	3	③

C : 오른쪽 외부도형과 오른쪽 내부도형 위치 변경

외부도형	①	②	③	④	→	①	2	③	4
내부도형	1	2	3	4		1	②	3	④

외부도형	①	②	③	④	→	①	②	③	④
내부도형	1	2	3	4	A	2	1	4	3

No →	①	1	③	3	Yes →	①	1	③	3
C	2	②	4	④	A	②	2	④	4

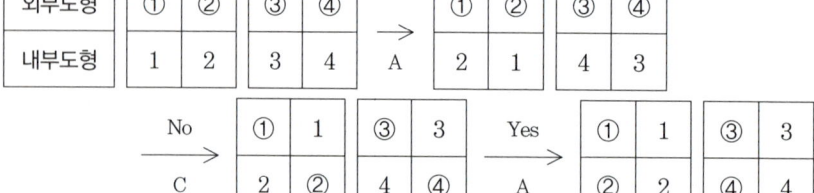

04 정답 ④

A : 왼쪽 내부도형과 오른쪽 내부도형 위치 변경

					→				
외부도형	①	②	③	④	→	①	②	③	④
내부도형	1	2	3	4		2	1	4	3

B : 왼쪽 외부도형과 오른쪽 내부도형 위치 변경

					→				
외부도형	①	②	③	④	→	2	②	4	④
내부도형	1	2	3	4		1	①	3	③

C : 오른쪽 외부도형과 오른쪽 내부도형 위치 변경

					→				
외부도형	①	②	③	④	→	①	2	③	4
내부도형	1	2	3	4		1	②	3	④

외부도형	①	②	③	④	→	2	②	4	④	→	2	②	4	④
내부도형	1	2	3	4	B	1	①	3	③	A	①	1	③	3

No →	1	②	3	④
B	①	2	③	4

CHAPTER 06

2022년 하반기 기출복원문제

| 01 | 언어

01	02	03	04						
⑤	③	②	④						

01 정답 ⑤

(마) 문단은 공포증을 겪는 사람들의 상황 해석 방식과 공포증에서 벗어나는 방법이 핵심 화제이다. 공포증을 겪는 사람들의 행동 유형은 설명하고 있지 않다.

02 정답 ③

용융 탄산염형 연료전지는 고온에서 고가의 촉매제가 필요하지 않고, 열병합에 용이한 덕분에 발전 사업용으로 활용할 수 있다. 또한 고체 산화물형 연료전지는 800 ~ 1,000℃의 고온에서 작동하여 발전 시설로서 가치가 크다. 따라서 발전용으로 적절한 연료전지는 용융 탄산염형 연료전지와 고체 산화물형 연료전지이다.

오답분석

① 알칼리형 연료전지는 연료나 촉매에서 발생하는 이산화탄소를 잘 버티지 못한다는 단점 때문에 1960년대부터 우주선에 주로 사용해 왔다.
② 인산형 연료전지는 진한 인산을 전해질로, 백금을 촉매로 사용한다.
④ 고체 산화물형 연료전지는 전해질을 투입하지 않는 것이 아니라, 전해질이 고체 세라믹이어서 전지의 부식 문제를 보완한 형태이다.
⑤ 고분자 전해질형 연료전지는 수소에 일산화탄소가 조금이라도 들어갈 경우 백금과 루테늄의 합금을 촉매로 사용한다.

03 정답 ②

수직 계열화에서 사용자 중심으로 산업 패러다임이 변화되고 있음을 제시하는 (나) 문단이 가장 먼저 오는 것이 적절하며, 다음으로 가스경보기를 예로 들어 수평적 연결에 대해 설명하는 (다) 문단이 와야 한다. 그 뒤를 이어 이러한 수평적 연결이 사물인터넷 서비스로 새롭게 성장한다는 (가) 문단이, 마지막으로는 다양해지는 사물인터넷 서비스에 대해 설명하는 (라) 문단이 오는 것이 가장 적절하다.

04 정답 ④

기존의 개요 (가)와 자료 (나)에서 저성장과 관련된 내용은 확인할 수 없다. 따라서 저성장 시대에 재해 예방을 고려한 도시계획 세우기가 아니라, 4차 산업혁명과 관련된 '최첨단', '스마트', '똑똑한', '편리함' 등의 키워드를 넣은 재해 예방을 고려한 도시계획 세우기가 내용에 포함되는 것이 적절하다.

| 02 | 언어 · 수추리

01	02	03	04	05	06	07			
③	④	①	③	②	②	④			

01 정답 ③

'A카페에 간다.'를 p, '타르트를 주문한다.'를 q, '빙수를 주문한다.'를 r, '아메리카노를 주문한다.'를 s라고 하면, $p \rightarrow q \rightarrow \sim r$, $p \rightarrow q \rightarrow s$의 관계가 성립한다. 따라서 'A카페를 가면 아메리카노를 주문한다.'는 참인 명제이므로 이의 대우 명제인 '아메리카노를 주문하지 않으면 A카페를 가지 않았다는 것이다.' 역시 참이다.

02 정답 ④

제시된 명제를 기호화하여 나타내면 다음과 같다.

명제	기호화
아침에 시리얼을 먹는 사람은 두뇌 회전이 빠르다.	A → B
아침에 토스트를 먹는 사람은 피곤하다.	C → D
에너지가 많은 사람은 아침에 밥을 먹는다.	E → F
피곤하면 회사에 지각한다.	D → G
두뇌 회전이 빠르면 일 처리가 빠르다.	B → H

이를 정리하면 A → B → H, C → D → G, E → F가 된다.
따라서 C → G의 대우는 ~G → ~C이므로, '회사에 지각하지 않으면 아침에 토스트를 먹지 않는다.'는 반드시 참이다.

오답분석

① '회사에 가장 일찍 오는 사람은 피곤하지 않다.'는 어느 명제에서든 추론할 수 없다.
② '두뇌 회전이 느리면 아침에 시리얼을 먹는다.'는 ~B → A로, 첫 번째 명제 A → B에서 추론할 수 없다.
③ '아침에 밥을 먹는 사람은 에너지가 많다.'는 F → E로, 세 번째 명제의 역이므로 반드시 참이라고 할 수 없다.
⑤ '일 처리가 느리면 아침에 시리얼을 먹는다.'는 ~H → A로, 첫 번째·마지막 명제를 통해 추론할 수 없다.

03 정답 ①

먼저 8호 태풍 바비의 이동 경로에 관한 A국과 D국의 예측이 서로 어긋나므로 둘 중 한 국가의 예측만 옳은 것을 알 수 있다.

i) A국의 예측이 옳은 경우
A국의 예측에 따라 8호 태풍 바비는 일본에 상륙하고, 9호 태풍 마이삭은 한국에 상륙한다. D국의 예측은 옳지 않으므로 10호 태풍 하이선이 중국에 상륙하지 않을 것이라는 C국의 예측 역시 옳지 않음을 알 수 있다. 따라서 B국의 예측에 따라 10호 태풍 하이선은 중국에 상륙하며, 태풍의 이동 경로를 바르게 예측한 나라는 A국과 B국이다.

ii) D국의 예측이 옳은 경우
D국의 예측에 따라 10호 태풍 하이선은 중국에 상륙하지 않으며, 8호 태풍 바비가 일본에 상륙한다는 A국의 예측이 옳지 않게 되므로 9호 태풍 마이삭은 한국에 상륙하지 않는다. 따라서 B국이 예측한 결과의 대우인 '태풍 하이선이 중국에 상륙하지 않으면, 9호 태풍 마이삭은 한국에 상륙하지 않는다.'가 성립하므로 B국의 예측 역시 옳은 것을 알 수 있다. 그런데 이때 10호 태풍 하이선은 중국에 상륙하지 않는다는 C국의 예측 역시 성립하므로 두 국가의 예측만이 실제 태풍의 이동 경로와 일치했다는 조건에 어긋난다.

따라서 태풍의 이동 경로를 바르게 예측한 나라는 A국과 B국이다.

04 정답 ③

각 수와 수 사이의 증감을 비교하면 다음과 같다.

$+1^2$, -2, $+3^2$, -4, $+5^2$, -6, $+7^2$

따라서 ( )=86−8=78이다.

05 정답 ②

분자는 6씩 더하고, 분모는 6씩 빼는 수열이다.

따라서 ( )$=\frac{59+6}{373-6}=\frac{65}{367}$이다.

06 정답 ②

÷2, +11이 반복되는 문자열이다.

N	ㅅ	R	ㅈ	T	ㅊ	(U)
14	7	18	9	20	10	21

따라서 빈칸에 들어갈 알맞은 문자는 'U'이다.

07 정답 ④

피보나치 수열로 앞의 두 항의 합이 다음 항인 규칙이다.

a	2	c	5	h	13	(u)	34
1	2	3	5	8	13	21	34

따라서 빈칸에 들어갈 알맞은 문자는 'u'이다.

| 03 | 수리

01	02	03	04	05	06				
②	①	①	③	④	①				

01 정답 ②

• 내일 비가 오고 모레 비가 안 올 확률 : $\frac{1}{5}\times\frac{2}{3}=\frac{2}{15}$

• 내일 비가 안 오고 모레 비가 안 올 확률 : $\frac{4}{5}\times\frac{7}{8}=\frac{7}{10}$

$\therefore\ \frac{2}{15}+\frac{7}{10}=\frac{5}{6}$

따라서 모레 비가 안 올 확률은 $\frac{5}{6}$이다.

02 정답 ①

오늘 처리할 업무를 선택하는 방법은 발송업무, 비용정산업무를 제외한 5가지 업무 중 3가지를 택하는 조합이다. 즉, ${}_5C_3={}_5C_2=\frac{5\times4}{2\times1}=10$가지이다. 이때 선택할 수 있는 5가지 업무 중 발송업무와 비용정산업무는 순서가 정해져 있으므로 두 업무를 같은 업무로 생각하면 5가지 업무의 처리 순서를 정하는 경우의 수는 $\frac{5!}{2!}=\frac{5\times4\times3\times2\times1}{2\times1}=60$가지이다.

따라서 구하는 경우의 수는 $10\times60=600$가지이다.

03 정답 ①

식물의 나이를 각각 x세, y세라고 하자.

$x+y=8$ ··· ㉠

$x^2+y^2=34$ ··· ㉡

㉡을 변형하면 $x^2+y^2=(x+y)^2-2xy$가 되는데, 이에 $x+y=8$을 대입하면 $34=64-2xy$ → $xy=15$ ··· ㉢이다.

㉠과 ㉢을 만족하는 자연수 순서쌍은 $(x, y)=(5, 3), (3, 5)$이다.

따라서 두 식물의 나이 차는 2세이다.

04 정답 ③

- 1인 1일 사용량에서 영업용 사용량이 차지하는 비중 : $\frac{80}{282}\times100≒28.37\%$
- 1인 1일 가정용 사용량의 하위 두 항목이 차지하는 비중 : $\frac{20+13}{180}\times100≒18.33\%$

05 정답 ④

각 연령대를 기준으로 남성과 여성의 인구비율을 계산하면 다음과 같다.

구분	남성	여성
0 ~ 14세	$\frac{323}{627}\times100≒51.5\%$	$\frac{304}{627}\times100≒48.5\%$
15 ~ 29세	$\frac{453}{905}\times100≒50.1\%$	$\frac{452}{905}\times100≒49.9\%$
30 ~ 44세	$\frac{565}{1,110}\times100≒50.9\%$	$\frac{545}{1,110}\times100≒49.1\%$
45 ~ 59세	$\frac{630}{1,257}\times100≒50.1\%$	$\frac{627}{1,257}\times100≒49.9\%$
60 ~ 74세	$\frac{345}{720}\times100≒47.9\%$	$\frac{375}{720}\times100≒52.1\%$
75세 이상	$\frac{113}{309}\times100≒36.6\%$	$\frac{196}{309}\times100≒63.4\%$

남성 인구가 40% 이하인 연령대는 75세 이상(36.6%)이며, 여성 인구가 50% 초과 60% 이하인 연령대는 60 ~ 74세(52.1%)이다.

06 정답 ①

$[\text{실업률 증감}(\%)]=\frac{(\text{11월 실업률})-(\text{2월 실업률})}{(\text{2월 실업률})}\times100=\frac{3.1-4.9}{4.9}\times100≒-37\%$이다.

| 04 | 도형

01	02	03	04						
②	⑤	④	②						

01 정답 ②

A : 색 반전
B : 시계 방향으로 도형 및 색상 한 칸 이동
C : 반시계 방향으로 도형 및 색상 한 칸 이동

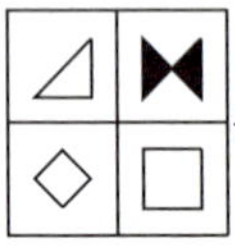

을 숫자로 표현하면

1	②
3	4

이므로

1	②
3	4

→ B

3	1
4	②

Yes → C

1	②
3	4

이다.

02 정답 ⑤

A :

외부도형	1	2
내부도형	③	④

→

①	②
3	4

B :

외부도형	①	2
내부도형	3	④

→

2	①
④	3

C :

외부도형	①	②
내부도형	3	4

→

1	2
③	④

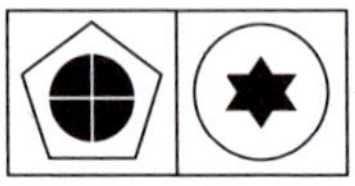

을 숫자로 표현하면

외부도형	1	2
내부도형	③	④

이므로

1	2
③	④

→ B

2	1
④	③

Yes → C

②	①
4	3

이다.

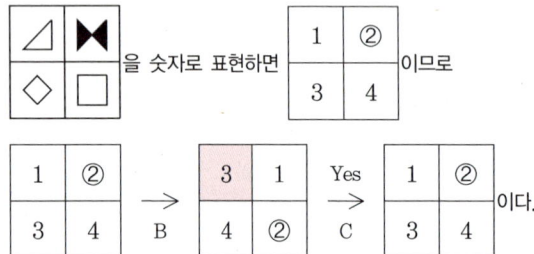

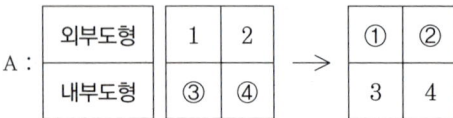

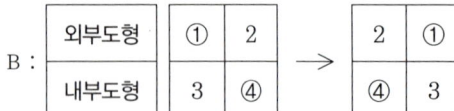

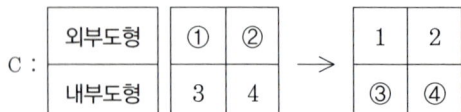

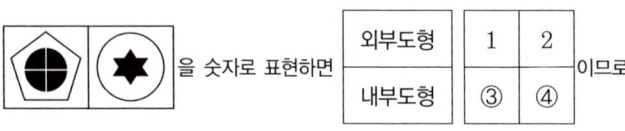

03 정답 ④

A : 오른쪽 외부도형과 왼쪽 내부도형 위치 변경

외부도형	①	②	③	④	→	①	1	③	3
내부도형	1	2	3	4		②	2	④	4

B : 외부도형과 내부도형 위치 변경

외부도형	①	②	③	④	→	1	2	3	4
내부도형	1	2	3	4		①	②	③	④

C : 시계 방향으로 한 칸 이동

외부도형	①	②	③	④	→	1	①	3	③
내부도형	1	2	3	4		2	②	4	④

외부도형	①	②	③	④	→	1	①	3	③	No →	1	2	3	4
내부도형	1	2	3	4	C	2	②	4	④	A	①	②	③	④

No →	①	1	③	3
C	②	2	④	4

04 정답 ②

A : 오른쪽 외부도형과 왼쪽 내부도형 위치 변경

외부도형	①	②	③	④	→	①	1	③	3
내부도형	1	2	3	4		②	2	④	4

B : 외부도형과 내부도형 위치 변경

외부도형	①	②	③	④	→	1	2	3	4
내부도형	1	2	3	4		①	②	③	④

C : 시계 방향으로 한 칸 이동

외부도형	①	②	③	④	→	1	①	3	③
내부도형	1	2	3	4		2	②	4	④

외부도형	①	②	③	④	→	1	2	3	4	→	1	①	3	③
내부도형	1	2	3	4	B	①	②	③	④	A	2	②	4	④

No →	2	1	4	3	No →	2	②	4	④
C	②	①	④	③	A	1	①	3	③

CHAPTER

07 2022년 상반기 기출복원문제

| 01 | 언어

01	02	03	04	05					
②	②	⑤	③	⑤					

01 정답 ②

구비문학에서는 단일한 작품, 원본이라는 개념이 성립하기 어려우며, 선창자의 재간과 그때그때의 분위기에 따라 새롭게 변형되거나 창작되는 일이 흔하다. 다시 말해 정해진 틀이 있다기보다는 상황이나 분위기에 따라 바뀌는 것이 가능하다. 따라서 글의 제목은 형편이나 때에 따라 변화될 수 있음을 뜻하는 말인 '유동성'을 사용한 '구비문학의 유동성'이 가장 적절하다.

02 정답 ②

고대 중국인들은 하늘을 인간의 개별적 또는 공통적 운명을 지배하는 신비하고 절대적인 존재로 보았다. 따라서 이러한 고대 중국인들의 주장에 대한 반박으로는 '사람이 받게 되는 재앙과 복의 원인은 모두 자신에게 있다.'는 내용의 ②가 가장 적절하다.

03 정답 ⑤

먼저 귀납에 대해 설명하고 있는 (나) 문단이, 다음으로 특성으로 인한 귀납의 논리적 한계가 나타난다는 (라) 문단이 오는 것이 적절하다. 이후 이러한 한계에 대한 흄의 의견인 (다) 문단과 이에 따라 귀납의 정당화 문제에 대해 설명하는 (가) 문단을 나열하는 것이 가장 적절하다.

04 정답 ③

수면 패턴은 휴일과 평일 모두 일정하게 지키는 것이 수면 리듬을 유지하는 데 좋으므로, 휴일에 늦잠을 자는 것은 적절하지 않다.

05 정답 ⑤

아인슈타인의 광량자설은 빛이 파동이면서 동시에 입자인 이중적인 본질을 가지고 있다는 것을 의미하므로, 뉴턴의 입자설과 토머스 영의 파동성설을 모두 포함한다.

오답분석

① 뉴턴의 가설은 그의 권위에 의해 오랫동안 정설로 여겨졌지만, 토머스 영의 겹실틈 실험에 의해 다른 가설이 생겨났다.
② 겹실틈 실험은 한 개의 실틈을 거쳐 생긴 빛이 다음 설치된 두 개의 겹실틈을 지나가게 해서 스크린에 나타나는 무늬를 관찰하는 것이다.
③ 일자 형태의 띠가 두 개 나타나면 빛은 입자이다. 그러나 겹실틈 실험 결과 보강 간섭이 일어난 곳은 밝아지고 상쇄 간섭이 일어난 곳은 어두워지는 간섭무늬가 연속적으로 나타났다.
④ 토머스 영의 겹실틈 실험은 빛의 파동성을 증명하였고, 이는 명백한 사실이었으므로 아인슈타인은 빛이 파동이면서 동시에 입자인 이중적인 본질을 가지고 있다는 것을 증명하였다.

| 02 | 언어 · 수추리

01	02	03	04	05	06	07			
②	①	④	④	②	③	⑤			

01 정답 ②

주어진 조건에 따라 머리 길이가 긴 순서대로 나열하면 '슬기 – 민경 – 경애 – 정서 – 수영'이 된다. 따라서 슬기의 머리가 가장 긴 것을 알 수 있다. 한편, 경애가 단발머리인지는 주어진 조건만으로 알 수 없다.

02 정답 ①

A고등학교 학생은 봉사활동을 해야 졸업한다. 즉, A고등학교 졸업생 중에는 봉사활동을 하지 않은 학생이 없으므로, ①은 항상 참이다.

03 정답 ④

제시된 명제를 정리하면 '바나나>방울토마토', '바나나>사과>딸기'로, 바나나의 열량이 가장 높은 것을 알 수 있다. 한편, 이를 통해 방울토마토와 딸기의 열량을 비교할 수 없으므로 가장 낮은 열량의 과일은 알 수 없다.

04 정답 ④

-32, -16, -8, -4, -2, -1, …가 적용되는 수열이다.
따라서 ( )$=55-4=51$이다.

05 정답 ②

홀수 항은 1^2-1, 2^2-1, 3^2-1, 4^2-1, …인 수열이고, 짝수 항은 -3, -4, -5, …인 수열이다.
따라서 ( )$=(-1)+(-5)=-6$이다.

06 정답 ③

$\times(-1)$과 $+$(4의 배수)를 번갈아 적용하는 수열이다.
따라서 ( )$=(-1)\times(-1)=1$이다.

07 정답 ⑤

앞의 항에 각 자리 숫자의 합을 더하는 수열이다.
따라서 ( )$=115+(1+1+5)=122$이다.

| 03 | 수리

01	02	03	04	05	06				
③	③	③	②	④	②				

01 정답 ③

아버지의 나이가 아들의 나이의 3배가 되는 때를 x년 후라고 하자.

$45+x=3(13+x)$

$\rightarrow -2x=-6$

$\therefore\ x=3$

따라서 3년 후에 아버지의 나이가 아들의 나이의 3배가 된다.

02 정답 ③

- 파란색 식권 3장 → 최대 3명이 식사 가능
- 초록색 식권 2장 → 최대 4명이 식사 가능

따라서 최대 7명이 식사할 수 있다.

03 정답 ③

4과목의 평균 점수를 85점 이상 받아야 하므로 총점은 340점 이상이어야 한다.

따라서 갑돌이는 $340-(70+85+90)=95$점 이상을 받아야 한다.

04 정답 ②

A사의 판매율이 가장 높은 연도는 2021년, B사의 판매율이 가장 높은 연도는 2019년으로 다르다.

오답분석

① A사와 B사의 판매율은 2020년만 감소하여 판매율 증감이 같다.

③ A사의 판매율이 가장 높은 연도는 2021년이고, C사의 판매율이 가장 낮은 연도도 2021년으로 동일하다.

④ B사의 판매율이 가장 낮은 연도는 2017년이고, C사의 판매율이 가장 높은 연도도 2017년으로 동일하다.

⑤ C사의 가장 높은 판매율은 34%, 가장 낮은 판매율은 11%로 그 차이는 23%p이다.

05 정답 ④

2013년 대비 2021년 신장 증가량은 A가 22cm, B가 21cm, C가 28cm로, C가 가장 많이 증가하였다.

오답분석

① B의 2021년 체중은 2018년에 비해 감소하였다.

② 2013년의 신장 순위는 B－C－A 순서이지만, 2021년의 신장 순위는 C－B－A 순서이다.

③ 2021년에 3명 중 가장 키가 큰 사람은 C이다.

⑤ 2013년 대비 2018년 체중 증가는 A, B, C 모두 6kg으로 동일하다.

06 정답 ②

(17+15+12+7+4)÷5=11

따라서 전통사찰로 지정등록된 수의 평균은 11개소이다.

오답분석

① 2021년 전통사찰 지정등록 수는 2020년보다 증가했다.
③ 2015년 전년 대비 지정등록 감소폭은 3개소, 2019년은 2개소이다.
④ 해당 자료만으로는 전통사찰 총등록현황을 알 수 없다.
⑤ 전년(2014년)에 비해 오히려 감소했다.

| 04 | 도형

01	02	03	04						
②	④	③	⑤						

01 정답 ②

A : 색상만 상하 위치 변경
B : 시계 방향으로 도형 및 색상 두 칸 이동
C : 색 반전

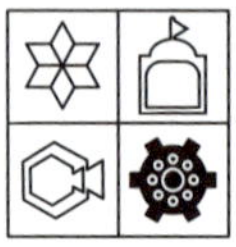

을 숫자로 표현하면

1	2
3	④

이므로

1	2	→	④	3	Yes →	4	③	→	④	③
3	④	B	2	1	C	②	①	A	2	①

이다.

02 정답 ④

A : 색상만 상하 위치 변경
B : 시계 방향으로 도형 및 색상 두 칸 이동
C : 색 반전

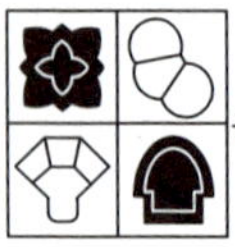

을 숫자로 표현하면

①	2
3	④

이므로

①	2	→	④	3	Yes →	4	③	→	④	3
3	④	B	2	①	A	②	1	C	2	①

이다.

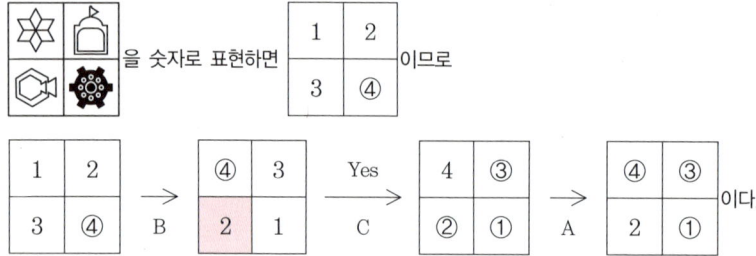

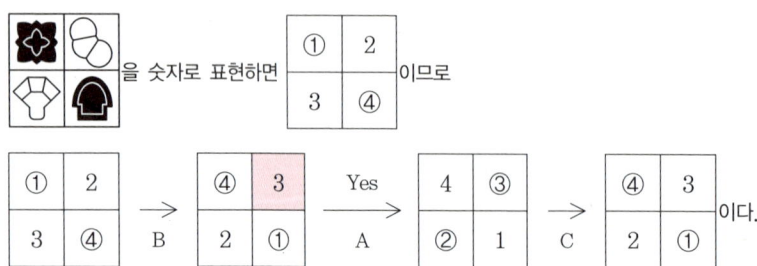

03 정답 ③

A : 오른쪽 내부도형과 왼쪽 내부도형 위치 변경

						→				
외부도형	①	②	③	④			①	②	③	④
내부도형	1	2	3	4			2	1	4	3

B : 시계 반대 방향으로 한 칸 이동

						→				
외부도형	①	②	③	④			②	2	④	4
내부도형	1	2	3	4			①	1	③	3

C : 오른쪽 외부도형과 왼쪽 외부도형 위치 변경

						→				
외부도형	①	②	③	④			②	①	④	③
내부도형	1	2	3	4			1	2	3	4

					→ A				
외부도형	①	②	③	④		①	②	③	④
내부도형	1	2	3	4		2	1	4	3

Yes → B					→ C				
	②	1	④	3		1	②	3	④
	①	2	③	4		①	2	③	4

04 정답 ⑤

A : 오른쪽 내부도형과 왼쪽 내부도형 위치 변경

외부도형	①	②	③	④	→	①	②	③	④
내부도형	1	2	3	4		2	1	4	3

B : 시계 반대 방향으로 한 칸 이동

외부도형	①	②	③	④	→	②	2	④	4
내부도형	1	2	3	4		①	1	③	3

C : 오른쪽 외부도형과 왼쪽 외부도형 위치 변경

외부도형	①	②	③	④	→	②	①	④	③
내부도형	1	2	3	4		1	2	3	4

외부도형	①	②	③	④	→	②	2	④	4	→	②	2	④	4
내부도형	1	2	3	4	B	①	1	③	3	A	1	①	3	③

Yes →	2	②	4	④	No →	2	②	4	④
C	1	①	3	③	A	①	1	③	3

CHAPTER

08 2021년 하반기 기출복원문제

| 01 | 언어

01	02	03	04	05					
③	⑤	⑤	⑤	②					

01 정답 ③

제시문은 또 다른 물의 재해인 '지진'의 피해에 대해 설명하는 글로, 두 번째 문단과 세 번째 문단은 '지진'의 피해에 대한 구체적인 사례를 제시하고 있다. 따라서 글의 제목으로 가장 적절한 것은 ③이다.

02 정답 ⑤

제시문은 초상 사진이라는 상업 가능성이 발견된 다게레오 타입의 사진과 초상 사진으로 쓰일 수는 없었지만 판화와의 유사함으로 화가들에게 활용된 칼로 타입 사진에 관한 글이다. 따라서 (바) 사진이 산업으로서의 가능성을 최초로 보여 준 분야인 초상 사진 – (라) 초상 사진에 사용되는 다게레오 타입 – (가) 많은 돈을 벎 – (마) 초상 사진보다는 풍경・정물 사진에 제한적으로 이용되던 칼로 타입 – (나) 칼로 타입이 그나마 퍼진 프랑스 – (다) 판화와 유사함을 발견하고 이 기법을 활용 순으로 나열하는 것이 가장 적절하다.

03 정답 ⑤

제시문은 청소년들의 과도한 불안이 집중을 방해하여 학업 수행에 부정적으로 작용한다고 주장한다. 따라서 이러한 주장에 대한 반박으로는 오히려 불안이 긍정적으로 작용할 수 있다는 내용의 ⑤가 가장 적절하다.

04 정답 ⑤

첫 번째 문단에서 주시경이 늣씨 개념을 도입한 것은 서양의 블룸필드보다 훨씬 이전이라고 하였으므로 적절하지 않다.

오답분석

① 세 번째 문단의 '그는 맞춤법을 확립하는 정책에도 자신의 학문적 성과를 반영하고자 했다.'는 내용으로 알 수 있다.
② 세 번째 문단의 '1907년에 설치된 국문 연구소의 위원으로 국어 정책을 수립하는 일에도 적극 참여하였다.'로 알 수 있다.
③ 첫 번째 문단의 '과학적 연구 방법이 전무하다시피 했던 국어학 연구에서, 그는 단어의 원형을 밝혀 적는 형태주의적 입장을 가지고 독자적으로 문법 현상을 분석하고 이론으로 체계화하는 데 힘을 쏟았다.'는 내용으로 알 수 있다.
④ 두 번째 문단의 '그는 언어를 민족의 정체성을 나타내는 징표로 보았으며, 국가와 민족의 발전이 말과 글에 달려 있다고 생각하여 국어 교육에 온 힘을 다하였다.'는 내용으로 알 수 있다.

05 정답 ②

밑줄 친 부분에서 전달하고자 하는 바는 우리가 의도하는 바와 그 결과가 반드시 일치(동일)하지는 않는다는 것이다.

| 02 | 언어 · 수추리

01	02	03	04	05	06	07			
③	④	④	③	③	①	③			

01 정답 ③

제시된 명제를 정리하면 민수가 철수보다, 영희가 철수보다, 영희가 민수보다 숨은 그림을 더 많이 찾았다. 따라서 '영희 – 민수 – 철수' 순서로 숨은 그림을 많이 찾았다.

02 정답 ④

진실을 말하는 사람이 1명뿐인데, 만약 E의 말이 거짓이라면 5명 중에 먹은 사과의 개수가 겹치는 사람은 없어야 한다. 그런데 먹은 사과의 개수가 겹치지 않고 5명이서 12개의 사과를 나누어 먹는 것은 불가능하다. 그러므로 E의 말은 참이고, A, B, C, D의 말은 거짓이므로 이를 정리하면 다음과 같다.

- A보다 사과를 적게 먹은 사람이 있다.
- B는 사과를 3개 이상 먹었다.
- C는 D보다 사과를 많이 먹었고, B보다 사과를 적게 먹었다.
- 사과를 가장 많이 먹은 사람은 A가 아니다.
- E는 사과를 4개 먹었고, 먹은 사과의 개수가 같은 사람이 있다.

E가 먹은 개수를 제외한 나머지 사과의 개수는 모두 8개이고, D<C<B(3개 이상)이며, 이 중에서 A보다 사과를 적게 먹은 사람이 있어야 한다. 이를 모두 충족시키는 개수는 B : 3개, C : 2개, D : 1개, A : 2개이다.
따라서 사과를 가장 많이 먹은 사람은 E, 가장 적게 먹은 사람은 D이다.

03 정답 ④

A와 C의 진술은 서로 모순되므로 동시에 거짓이거나 참일 경우 성립하지 않는다. 또한 A가 거짓인 경우 불참한 스터디원이 2명 이상이 되므로 A는 반드시 참이 되어야 한다. 그러므로 성립 가능한 경우는 다음과 같다.

i) B와 C가 거짓인 경우
　A와 C, E는 스터디에 참석했으며 B와 D가 불참하였으므로 B와 D가 벌금을 내야 한다.

ii) C와 D가 거짓인 경우
　A와 D, E는 스터디에 참석했으며 B와 C가 불참하였으므로 B와 C가 벌금을 내야 한다.

iii) C와 E가 거짓인 경우
　불참한 스터디원이 C, D, E 3명이 되므로 성립하지 않는다.

따라서 B와 D 또는 B와 C가 함께 벌금을 내야 하므로 참인 것은 ④이다.

04 정답 ③

홀수 항은 1^2, 2^2, 3^2, …씩 더하고, 짝수 항은 -1, -2, -3, …씩 더하는 수열이다.
따라서 ( )=68+1=69이다.

05 정답 ③

+1과 −3을 번갈아 적용하는 수열이다.
따라서 ( )=3+1=4이다.

06 정답 ①

나열된 수를 각각 세 개씩 묶고 A, B, C라고 하면

$\underline{A\ B\ C} \rightarrow A\times B\times C=1$이다.

따라서 ($\quad$)$=1\div\frac{7}{9}\div3=\frac{3}{7}$이다.

07 정답 ③

홀수 항은 $\div2$, 짝수 항은 $\div4$를 적용하는 수열이다.

따라서 ($\quad$)$=20\div4=5$이다.

| 03 | 수리

01	02	03	04	05	06				
①	②	③	④	③	③				

01 정답 ①

막내의 나이를 x살, 나이가 같은 3명의 멤버 중 1명의 나이를 y살이라고 하자.

$y=105\div5=21$($\because$ $y=5$명의 평균 나이)

$24+3y+x=105$

$\rightarrow x+3\times21=81$

$\therefore x=18$

따라서 막내의 나이는 18살이다.

02 정답 ②

나누는 수보다 남는 수가 2씩 적으므로 3, 4, 5, 6의 공배수보다 2만큼 작은 수가 조건을 만족하는 자연수이다.

3, 4, 5, 6의 최소공배수는 60이므로 100 이하의 자연수는 $60-2=58$이다.

따라서 $58=7\times8+2$이므로 58을 7로 나눴을 때 나머지는 2이다.

03 정답 ③

두 사이트 전체 참여자의 평균 평점은 전체 평점의 합을 전체 인원으로 나눈 것이다.

따라서 전체 참여자의 평균 평점은 $\frac{(1,000\times5.0)+(500\times8.0)}{1,000+500}=6.0$점이다.

04 정답 ④

과일 종류별 무게를 가중치로 적용한 네 과일의 가중평균은 42만 원이다. 과일 라의 가격을 a만 원이라고 가정하고 가중평균에 대한 방정식을 구하면 다음과 같다.

$$\frac{(25\times40)+(40\times15)+(60\times25)+(a\times20)}{40+15+25+20}=42$$

→ $(25\times0.4)+(40\times0.15)+(60\times0.25)+(a\times0.2)=42$

→ $10+6+15+0.2a=42$

→ $0.2a=42-31=11$

$\therefore\ a=\frac{11}{0.2}=55$

따라서 과일 라의 가격은 55만 원이다.

05 정답 ③

전년 대비 업체 수가 가장 많이 증가한 해는 103개소가 증가한 2020년이며, 생산금액이 가장 많이 늘어난 해는 402,017백만 원이 증가한 2021년이다.

오답분석

① 조사기간 동안 업체 수는 해마다 증가했으며, 품목 수도 꾸준히 증가했다.
② 증감률 전체 총합이 27.27%이며, 이를 7로 나누면 약 3.89%이다.
④ 2018 ~ 2021년 사이 운영인원의 증감률 추이와 품목 수의 증감률 추이는 '증가 – 증가 – 증가 – 감소'로 같다.
⑤ 전체 계산을 하면 정확하겠지만 시간이 없을 때는 각 항목의 격차를 어림잡아 계산해야 한다. 즉, 품목 수의 증감률은 업체 수에 비해 한 해(2021년)만 뒤처져 있으며 그 외에는 모두 앞서고 있으므로 옳은 판단이다.

06 정답 ③

- 2019년 전년 대비 감소율 : $\frac{23-24}{24}\times100 \fallingdotseq -4.17\%$
- 2020년 전년 대비 감소율 : $\frac{22-23}{23}\times100 \fallingdotseq -4.35\%$

따라서 2020년이 2019년보다 더 큰 비율로 감소하였다.

오답분석

① 2021년 총지출을 a억 원이라고 가정하면 $a\times0.06=21$억 원 → $a=\frac{21}{0.06}=350$이므로, 2021년 총지출은 350억 원이다.
② 2018년 경제 분야 투자규모의 전년 대비 증가율은 $\frac{24-20}{20}\times100=20\%$이다.
④ 2017 ~ 2021년 동안 경제 분야에 투자한 금액은 $20+24+23+22+21=110$억 원이다.
⑤ 2018 ~ 2021년 동안 경제 분야 투자규모의 전년 대비 증감추이는 '증가 – 감소 – 감소 – 감소'이고, 총지출 대비 경제 분야 투자규모 비중의 경우 '증가 – 증가 – 감소 – 감소'이다.

| 04 | 도형

01	02	03	04						
②	④	②	④						

01 정답 ②

A : 시계 방향으로 도형 및 색상 한 칸 이동
B : 색 반전
C : 도형 및 색상 좌우 위치 변경

을 숫자로 표현하면

1	②
③	4

이므로

1	②
③	4

→ A

③	1
4	②

No → C

1	③
②	4

→ B

①	3
2	④

이다.

02 정답 ④

A : 시계 방향으로 도형 및 색상 한 칸 이동
B : 색 반전
C : 도형 및 색상 좌우 위치 변경

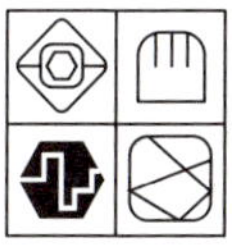

을 숫자로 표현하면

1	2
③	4

이므로

1	2
③	4

→ B

①	②
3	④

No → B

1	2
③	4

→ A

③	1
4	2

이다.

03 정답 ②

A : 시계 반대 방향으로 한 칸 이동

					→				
외부도형	①	②	③	④		②	2	④	4
내부도형	1	2	3	4		①	1	③	3

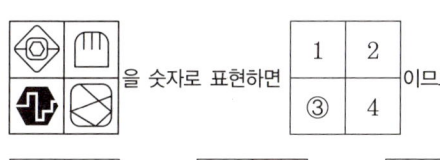

B : 오른쪽 내부도형과 왼쪽 외부도형 위치 변경

					→				
외부도형	①	②	③	④		2	②	4	④
내부도형	1	2	3	4		1	①	3	③

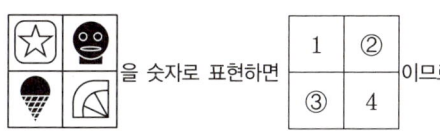

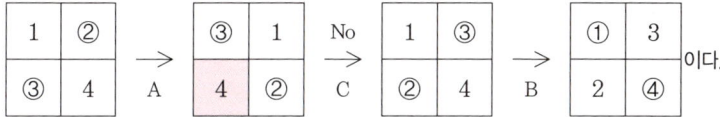

C : 시계 방향으로 한 칸 이동

외부도형	①	②	③	④
내부도형	1	2	3	4

→

1	①	3	③
2	②	4	④

외부도형	①	②	③	④
내부도형	1	2	3	4

→ A

②	2	④	4
①	1	③	3

No → C

①	②	③	④
1	2	3	4

Yes → A

②	2	④	4
①	1	③	3

04 정답 ④

A : 시계 반대 방향으로 한 칸 이동

외부도형	①	②	③	④
내부도형	1	2	3	4

→

②	2	④	4
①	1	③	3

B : 오른쪽 내부도형과 왼쪽 외부도형 위치 변경

외부도형	①	②	③	④
내부도형	1	2	3	4

→

2	②	4	④
1	①	3	③

C : 시계 방향으로 한 칸 이동

외부도형	①	②	③	④
내부도형	1	2	3	4

→

1	①	3	③
2	②	4	④

외부도형	①	②	③	④
내부도형	1	2	3	4

→ A

②	2	④	4
①	1	③	3

→ B

1	2	3	4
①	②	③	④

No → C

①	1	③	3
②	2	④	4

No → A

1	2	3	4
①	②	③	④

CHAPTER 09

2021년 상반기 기출복원문제

| 01 | 언어

01	02	03	04	05					
③	①	④	①	②					

01 정답 ③

제시문은 VOD서비스의 등장으로 방송국이 프로그램의 순수한 재미와 완성도에 집중하게 될 것이라고 추측했을 뿐, 이러한 양상이 방송국 간의 과도한 광고 유치 경쟁을 불러일으킬 것이라고는 언급하지 않았다.

02 정답 ①

제시문은 인간의 도덕적 자각과 사회적 의미를 강조하는 윤리인 '충'과 '서'가 있음을 알리고, 각각의 의미를 설명하는 글이다. 따라서 (가) 인간의 도덕적 자각과 사회적 실천을 강조하는 윤리인 '충서' – (다) '충'의 의미 – (나) '서'의 의미 – (라) '서'가 의미하는 역지사지의 상태 순으로 나열하는 것이 가장 적절하다.

03 정답 ④

제시문에서는 안전성과 사회적 불평등, 인간의 존엄성을 근거로 인간 배아의 유전자 편집 기술을 허용해서는 안 된다고 주장한다. 따라서 이러한 주장에 대한 반박으로는 오히려 사회적 불평등을 해결할 수 있다는 내용의 ④가 가장 적절하다.

04 정답 ①

다리뼈는 연골세포의 세포분열로 인해 뼈대의 길이 성장이 일어난다.

오답분석

② 뼈끝판의 세포층 중 뼈대의 경계면에 있는 세포층이 아닌 뼈끝과 경계면이 있는 세포층에서만 세포분열이 일어난다.
③ 사춘기 이후 호르몬에 의한 뼈의 길이 성장은 일어나지 않는다.
④ 남성호르몬인 안드로겐은 사춘기 남자의 급격한 성장에 일조하며, 여자에게서도 분비된다.
⑤ 뇌에서 분비하는 성장호르몬은 뼈 성장에 직접적으로 도움을 준다.

05 정답 ②

제시문은 5060세대에 대해 설명하는 글로, 기존에는 5060세대들이 사회로부터 배척당하였다면 최근에는 사회적인 면이나 경제적인 면에서 그 위상이 높아졌고, 이로 인해 마케팅 전략 또한 변화될 것이라고 보고 있다. 따라서 글의 제목으로는 ②가 가장 적절하다.

| 02 | 언어 · 수추리

01	02	03	04	05	06	07			
①	⑤	①	①	②	④	④			

01 정답 ①

오른쪽 끝자리에는 30대 남성이, 왼쪽에서 두 번째 자리에는 40대 남성이 앉으므로 네 번째 조건에 따라 30대 여성은 왼쪽에서 네 번째 자리에 앉아야 한다. 이때, 40대 여성은 왼쪽에서 첫 번째 자리에 앉아야 하므로 남은 자리에 20대 남녀가 앉을 수 있다.

• 경우 1

40대 여성	40대 남성	20대 여성	30대 여성	20대 남성	30대 남성

• 경우 2

40대 여성	40대 남성	20대 남성	30대 여성	20대 여성	30대 남성

따라서 항상 참인 것은 ①이다.

02 정답 ⑤

E는 교양 수업을 신청한 A보다 나중에 수강한다고 하였으므로 목요일 또는 금요일에 강의를 들을 수 있다. 이때, 목요일과 금요일에는 교양 수업이 진행되므로 'E는 반드시 교양 수업을 듣는다.'는 항상 참이 된다.

오답분석

① A가 수요일에 강의를 듣는다면 E는 교양2 또는 교양3 강의를 들을 수 있다.

② B가 수강하는 전공 수업의 정확한 요일을 알 수 없으므로 C는 전공1 또는 전공2 강의를 들을 수 있다.

③ C가 화요일에 강의를 듣는다면 D는 교양 강의를 듣는다. 이때, 교양 수업을 듣는 A는 E보다 앞선 요일에 수강하므로 E는 교양2 또는 교양3 강의를 들을 수 있다.

구분	월(전공1)	화(전공2)	수(교양1)	목(교양2)	금(교양3)
경우 1	B	C	D	A	E
경우 2	B	C	A	D	E
경우 3	B	C	A	E	D

④ D는 전공 수업을 신청한 C보다 나중에 수강하므로 전공 또는 교양 수업을 들을 수 있다.

03 정답 ①

D와 E의 주장이 서로 상반되므로 둘 중 1명은 거짓을 말하고 있는 범인인 것을 알 수 있다.

• D가 범인인 경우

D가 거짓을 말하고 있으므로 A는 범인이 아니다. A가 범인이 아니며, E는 진실을 말하고 있으므로 B 또한 범인이 아니다. 따라서 B가 범인이라고 주장한 C가 범인이고, 나머지는 진실만을 말하므로 범인이 아니다.

• E가 범인인 경우

E가 거짓을 말하고 있으므로 A와 B는 범인이다. 즉, 범인은 모두 3명이 되어 모순이 발생한다.

따라서 C와 D가 범인이다.

04 정답 ①

나열된 수를 각각 A, B, C, D라고 하면

$\underline{A\ B\ C\ D} \rightarrow 2\times(A+C)=B+D$이다.

따라서 $2\times\left(4+\frac{7}{2}\right)=5+(\quad) \rightarrow (\quad)=15-5=10$이다.

05 정답 ②

홀수 항은 5씩 곱하고, 짝수 항은 4^1, 4^2, 4^3, 4^4, …씩 더하는 수열이다.

따라서 $(\quad)=28+4^3=92$이다.

06 정답 ④

수열의 n번째 항을 a_n이라고 하면 $a_n=\frac{n+(n+1)}{n\times(n+1)}$인 수열이다.

따라서 $(\quad)=\frac{6+7}{6\times7}=\frac{13}{42}$이다.

07 정답 ④

앞의 항에 $\times2-1$을 적용하는 수열이다.

따라서 $(\quad)=129\times2-1=257$이다.

| 03 | 수리

01	02	03	04	05					
③	①	③	②	④					

01 정답 ③

동혁이의 소요 시간은 총 9시간이다. 집에서 산까지 걸어가는 데 소요되는 시간은 $10 \div 5 = 2$시간이며, 산을 오르는 데 걸린 시간은 $12 \div 4 = 3$시간이다.
또한 돌아올 때 평지에서 소요되는 시간도 2시간이므로 산을 내려오는 데 소요된 시간은 $9-(2+3+2)=2$시간이다.
따라서 산을 내려올 때의 속력은 $12 \div 2 = 6$km/h이다.

02 정답 ①

농도가 14%인 A설탕물 300g과 농도가 18%인 B설탕물 200g을 합친 후 100g의 물을 더 넣으면 600g의 설탕물이 되고, 이 설탕물에 녹아있는 설탕의 양은 $300 \times 0.14 + 200 \times 0.18 = 78$g이다.
여기에 C설탕물을 합치면 $600+150=750$g의 설탕물이 되고, 이 설탕물에 녹아있는 설탕의 양은 $78+150 \times 0.12 = 96$g이다.
따라서 마지막 설탕물 200g에 들어있는 설탕의 양은 $200 \times \frac{96}{750} = 200 \times 0.128 = 25.6$g이다.

03 정답 ③

'1권 이상 읽음'의 성인 독서율은 2018년 대비 2020년 사례 수 증가율만큼 증가한다.
따라서 빈칸에 해당되는 50대 성인 독서율의 경우, 2018년 대비 2020년 사례 수가 $\frac{1,200-1,000}{1,000} \times 100 = 20\%$ 증가하였으므로 '1권 이상 읽음'의 성인 독서율 (가)에 들어갈 수치는 $60 \times 1.2 = 72$가 된다.

04 정답 ②

경현이의 6번의 시험 전체의 평균점수는 $\frac{315+320+335+390+400+370}{6} = \frac{2,130}{6} = 355$점이다.
따라서 355점보다 높았던 달은 9월, 10월, 11월에 봤던 시험으로 총 3번이다.

05 정답 ④

생후 1주일 내 사망자 수는 $1,162+910=2,072$명이고, 생후 셋째 날 사망자 수는 $166+114=280$명이므로, 전체의 약 13.5%를 차지한다.

오답분석

① 생후 첫날 신생아 사망률은 여아가 $3.8+27.4+8.6=39.8\%$이고, 남아가 $2.7+26.5+8.3=37.5\%$로 여아가 남아보다 높다.
② 신생아 사망률은 산모의 연령이 40세 이상일 때가 제일 높으나, 출생아 수는 40세 이상이 제일 적기 때문에 신생아 사망자 수는 산모의 연령이 19세 미만인 경우를 제외하고는 40세 이상의 경우보다 나머지 연령대가 더 많다.
③ 생후 1주일 내에서 첫날 여아의 사망률은 39.8%이고, 남아의 사망률은 37.5%이므로, 첫날 신생아 사망률은 40%를 넘지 않는다.
⑤ 25 ~ 29세 미만 산모의 신생아 사망률이 20 ~ 24세 산모의 신생아 사망률보다 높다.

| 04 | 도형

01	02								
⑤	③								

01 정답 ⑤

A : 색 반전
B : 도형 및 색상 좌우 위치 변경
C : 시계 반대 방향으로 도형 및 색상 한 칸 이동

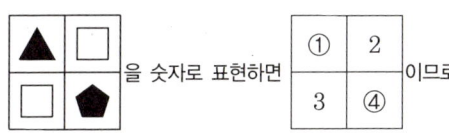

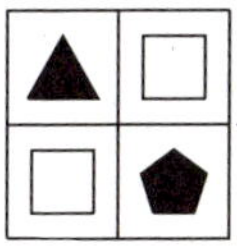

을 숫자로 표현하면

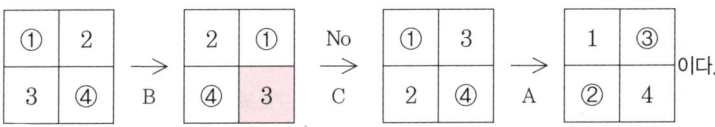

①	2
3	④

이므로

①	2
3	④

→ B

2	①
④	3

No → C

①	3
2	④

→ A

1	③
②	4

이다.

02 정답 ③

A :

외부도형	1	2
내부도형	3	4

→

2	1
4	3

B :

외부도형	1	2
내부도형	③	④

→

①	②
3	4

을 숫자로 표현하면

외부도형	①	②
내부도형	3	4

이므로

①	②
3	4

→ A

②	①
4	3

→ B

2	1
④	③

이다.

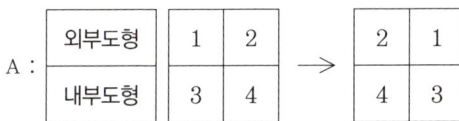

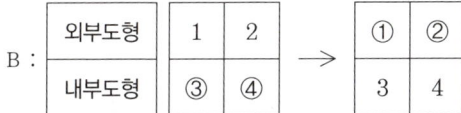

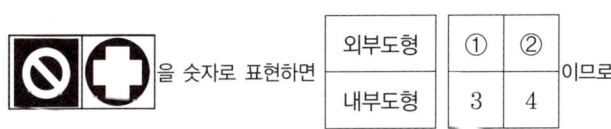

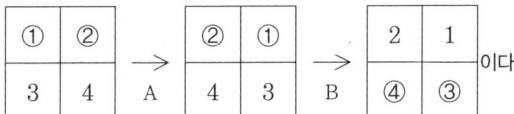

CHAPTER 10

2020년 하반기 기출복원문제

| 01 | 언어

01	02	03	04	05					
①	④	⑤	②	④					

01 정답 ①

제시문은 사회 윤리의 중요성과 특징, 향후 발전 방법에 대하여 설명하고 있다. 이때 글의 구조를 파악해 보면, (가)는 대전제, (다)는 소전제, (마)는 (다)에 대한 보충 설명, (라)는 (마)에 대한 보충 설명, (나)는 결론의 구조를 취하고 있다.

따라서 (가) 현대 사회에서 대두되는 사회 윤리의 중요성 – (다) 개인의 윤리와 다른 사회 윤리의 특징 – (마) 개인 윤리와 사회 윤리의 차이점 – (라) 개인과 사회의 차이와 특성 – (나) 현대 사회의 특성에 맞는 사회 윤리의 정의의 순으로 나열하는 것이 적절하다.

02 정답 ④

제시문에서는 편리성, 경제성, 객관성 등을 이유로 인공 지능 면접을 지지하고 있다. 따라서 객관성보다 면접관의 생각이나 견해가 회사 상황에 맞는 인재를 선발하는 데 적합하다는 논지로 반박하는 것이 적절하다.

오답분석

① · ③ · ⑤ 제시문의 주장에 반박하는 것이 아니라 제시문의 주장을 강화하는 근거에 해당한다.

② 인공 지능 면접에 필요한 기술과 인간적 공감의 관계는 제시문에서 주장한 내용이 아니므로 반박의 근거로 적절하지 않다.

03 정답 ⑤

경험론자들은 인식의 근원을 오직 경험에서만 찾을 수 있다고 주장하므로 파르메니데스의 주장과 대비된다.

오답분석

① 파르메니데스의 존재론의 의의는 존재라는 개념을 시간적, 물리적인 감각적 대상으로 보는 것이 아니라, 예리한 인식으로 파악하는 로고스와 같은 것이라고 주장했으므로 적절하다.

② 플라톤은 이데아를 감각 세계의 너머에 있는 실재이자 모든 사물의 원형으로 파악하고 있다. 이는 파르메니데스의 존재 개념과 유사하며, 제시문에서도 언급되어 있듯이 파르메니데스에 대한 플라톤의 평가에서 파르메니데스에게 영향을 받았음을 알 수 있다.

③ '감각적으로 지각할 수 있는 세계 전체를 기만적인 것으로 치부하고 유일하게 실재하는 것은 존재라고 생각했다.'는 문장에서 파르메니데스는 지각 및 감성보다 이성 및 지성을 우위에 두었을 것이라 추론할 수 있다.

④ 제시문의 내용 중 '예리한 인식에는 감각적 지각이 필요 없다고 주장'하면서 '존재는 로고스에 의해 인식되며, 로고스와 같은 것'이라는 파르메니데스의 주장에서 추론할 수 있다.

04 정답 ②

첩보 위성은 임무를 위해 낮은 궤도를 비행해야 하므로, 높은 궤도로 비행시키면 수명은 길어질 수 있으나 임무의 수행 자체가 어려워질 수 있다.

05 정답 ④

민간 부문에서 역량 모델의 도입에 대한 논의가 먼저 이루어진 것으로 짐작할 수는 있지만, 이것이 민간 부문에서 더욱 효과적으로 작용한다는 것을 의미한다고 보기는 어렵다.

| 02 | 언어 · 수추리

01	02	03	04	05	06	07			
②	②	①	②	①	①	②			

01 정답 ②

을과 정이 서로 상반된 이야기를 하고 있으므로 둘 중 1명이 거짓말을 하고 있다. 만일 을이 참이고, 정이 거짓이라면 화분을 깨뜨린 사람은 병, 정이 되는데, 화분을 깨뜨린 사람은 1명이어야 하므로 모순이다. 따라서 거짓말을 한 사람은 을이다.

02 정답 ②

i) B가 부정행위를 했을 경우
두 번째와 네 번째 조건에 따라 C와 D도 함께 부정행위를 하게 되므로 첫 번째 조건에 부합하지 않는다. 따라서 B는 부정행위를 하지 않았으며, 두 번째 조건에 따라 C도 부정행위를 하지 않았다.

ii) D가 부정행위를 했을 경우
다섯 번째 조건의 대우인 'D가 부정행위를 했다면, E도 부정행위를 했다.'와 세 번째 조건에 따라 E와 A가 함께 부정행위를 하게 되므로 첫 번째 조건에 부합하지 않는다. 따라서 D 역시 부정행위를 하지 않았다.

결국 B, C, D를 제외한 A, E가 시험 도중 부정행위를 했음을 알 수 있다.

03 정답 ①

'경지가 도서관에 간다.'를 A, '정민이가 도서관에 간다.'를 B, '보현이가 도서관에 간다.'를 C, '영경이가 도서관에 간다.'를 D, '근희가 도서관에 간다.'를 E라고 하면 세 번째와 네 번째 조건에 따라 '$\sim A \to B \to C$'가 성립하고, 다섯 번째 조건과 여섯 번째 조건에 따라 '$\sim D \to E \to \sim A$'가 성립한다. 따라서 '$\sim D \to E \to \sim A \to B \to C$'이므로 첫 번째 조건에 따라 근희가 금요일에 도서관에 가면 정민이와 보현이도 도서관에 간다.

04 정답 ②

앞의 두 항의 합이 다음 항이 되는 피보나치 수열이다.
따라서 (　)$=5+8=13$이다.

PART 2 기출복원문제 정답 및 해설

05 정답 ①

앞의 항에 -2, 3, -4, 5, -6, …을 곱하는 수열이다.
따라서 ( )$=2\times3=6$이다.

06 정답 ①

홀수 항은 0.5, 1.5, 2.5, …씩, 짝수 항은 $\frac{1}{2}$, $\frac{1}{4}$, $\frac{1}{6}$, …씩 더하는 수열이다.

따라서 ( )$=(-5)+0.5=-4.5$이다.

07 정답 ②

앞의 항에 2.5, 3.5, 4.5, 5.5, 6.5, …을 더하는 수열이다.
따라서 ( )$=(-1)+4.5=3.5$이다.

| 03 | 수리

01	02	03	04	05	06	07	08		
②	④	⑤	②	③	③	④	①		

01 정답 ②

12와 32의 최소공배수는 96이고, 100 이하 자연수 중 96의 배수는 1개이므로 구하는 자연수의 개수는 1개이다.

02 정답 ④

처음 숫자의 십의 자리 숫자를 x, 일의 자리 숫자를 y라고 하자.
$x+y=10$ … ㉠
$(10y+x)\div2=10x+y-14$
→ $19x-8y=28$ … ㉡
㉠과 ㉡을 연립하면 $x=4$, $y=6$이다.
따라서 처음 숫자는 $4\times10+6=46$이다.

03 정답 ⑤

불만족을 선택한 직원은 $1,000\times0.4=400$명이고, 이 중 여직원은 $400\times0.7=280$명, 남직원은 $400\times0.3=120$명이다.
불만족을 표현한 직원 중 여직원 수는 전체 여직원의 20%이므로 전체 여직원 수는 $280\times5=1,400$명이고, 남직원 수는 전체의 10%이므로 $120\times10=1,200$명이다.
따라서 전체 직원 수는 $1,400+1,200=2,600$명이다.

04 정답 ②

분수쇼는 시작하고 나서 매 45분마다 하며, 퍼레이드는 60분마다 하고 있다. 45와 60의 최소공배수를 구하면 180분이므로, 두 이벤트의 시작을 함께 볼 수 있는 시간은 10시 이후 3시간마다 가능하다.
따라서 오후 12시부터 오후 6시 사이에는 오후 1시와 오후 4시에 볼 수 있으므로 2번 볼 수 있다.

05 정답 ③

5장의 카드에서 2장을 뽑아 두 자리 정수를 만드는 전체 경우의 수는 $4\times4=16$가지(∵ 십의 자리에는 0이 올 수 없다)이다.
십의 자리가 홀수일 때와 짝수일 때를 나누어 생각해보면

- 십의 자리가 홀수, 일의 자리가 짝수일 경우의 수 : $2\times3=6$가지
- 십의 자리가 짝수, 일의 자리가 짝수일 경우의 수 : $2\times2=4$가지

따라서 구하는 확률은 $\frac{6+4}{16}=\frac{10}{16}=\frac{5}{8}$이다.

06 정답 ③

$3,000\times(0.582+0.615)=3,000\times1.197=3,591$
따라서 '읽음'을 선택한 여성과 남성의 인원은 총 3,591명이다.

07 정답 ④

2016년과 2020년에는 출생아 수와 사망자 수의 차이가 20만 명이 되지 않는다.

08 정답 ①

자료는 비율을 나타내기 때문에 실업자의 수는 알 수 없다.

오답분석

② 실업자 비율은 2%p 증가하였다.
③ 경제활동인구 비율은 80%에서 70%로 감소하였다.
④ 취업자 비율은 12%p 감소했지만 실업자 비율은 2%p 증가하였기 때문에 취업자 비율의 증감 폭이 더 크다.
⑤ 비경제활동인구의 비율은 20%에서 30%로 증가하였다.

| 04 | 도형

01	02								
⑤	③								

01 정답 ⑤

A : 도형 및 색상 상하 위치 변경
B : 시계 방향으로 도형 및 색상 한 칸 이동
C : 도형 및 색상 좌우 위치 변경

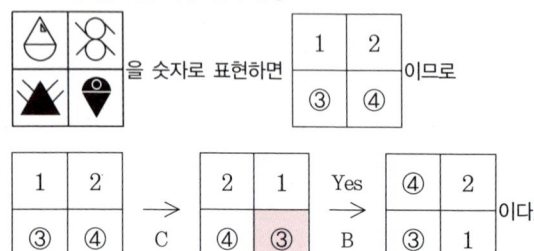

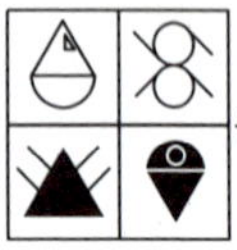

을 숫자로 표현하면

1	2
③	④

이므로

1	2
③	④

→ C

2	1
④	③

Yes → B

④	2
③	1

이다.

02 정답 ③

A :

외부도형	1	2
내부도형	3	4

→

1	3
2	4

B :

외부도형	1	2
내부도형	3	4

→

3	1
4	2

C :

외부도형	1	2
내부도형	3	4

→

1	3
4	2

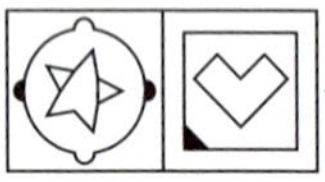

을 숫자로 표현하면

외부도형	1	2
내부도형	3	4

이므로

1	2
3	4

→ C

1	3
4	2

→ B

4	1
2	3

→ A

4	2
1	3

이다.

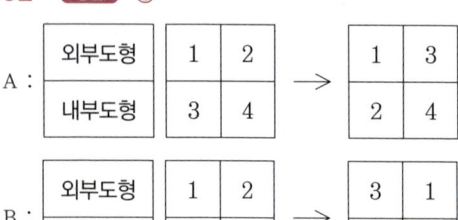

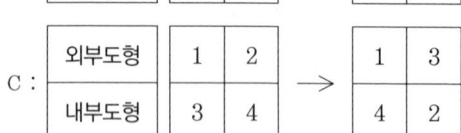

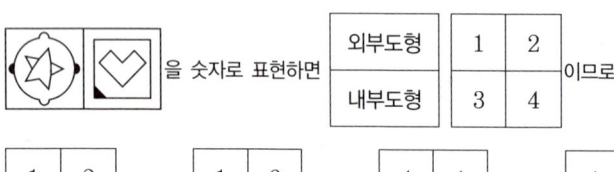

CHAPTER 11

2019년 하반기 기출복원문제

| 01 | 언어

01	02	03	04						
②	⑤	①	④						

01 정답 ②

희망(希望)은 '어떤 일을 이루거나 하기를 바람' 또는 '앞으로 잘될 수 있는 가능성'을 뜻한다. 따라서 빈칸에 들어갈 단어로는 '희망'이 적절하다.

오답분석

① 꿈 : 1. 잠자는 동안에 깨어 있을 때와 마찬가지로 여러 가지 사물을 보고 듣는 정신 현상
2. 실현하고 싶은 희망이나 이상
3. 실현될 가능성이 아주 적거나 전혀 없는 헛된 기대나 생각

③ 환상 : 현실적인 기초나 가능성이 없는 헛된 생각이나 공상

④ 야망 : 크게 무엇을 이루어 보겠다는 희망

⑤ 염원 : 마음에 간절히 생각하고 기원함

02 정답 ⑤

제시문은 인지부조화의 개념과 과정을 설명한 후, 인지부조화를 감소시키는 행동에 자기방어적인 행동을 유발하는 비합리적인 면이 있음을 지적하며, 이러한 행동이 부정적 결과를 초래할 수 있다고 설명하고 있다.

03 정답 ①

제시문은 탑을 복원할 경우 탑에 담긴 역사적 의미와 함께 탑과 주변 공간의 조화가 사라지고, 정확한 자료 없이 탑을 복원한다면 탑을 온전하게 되살릴 수 없다는 점을 들어 탑을 복원하기보다는 보존해야 한다고 주장한다. 따라서 이러한 근거들과 관련이 없는 ①은 주장에 대한 반박으로 적절하지 않다.

04 정답 ④

제시문은 스페인의 건축가 가우디의 건축물에 관해 설명하는 글이다. 따라서 (나) 가우디 건축물의 특징인 곡선과 대표 건축물인 카사 밀라 – (라) 카사 밀라에 관한 설명 – (다) 가우디 건축의 또 다른 특징인 자연과의 조화 – (가) 이를 뒷받침하는 건축물인 구엘 공원의 순으로 나열하는 것이 적절하다.

| 02 | 언어 · 수추리

01	02	03	04	05	06	07	08	09	10
①	①	③	①	③	②	①	③	⑤	①
11	12								
②	⑤								

01 정답 ①

주어진 조건에 따라 GDP 순위가 높은 순서대로 나열하면 '영국 – 프랑스(6위) – 브라질 – 러시아(11위) – 한국(12위)'의 순서이다. 따라서 '다섯 국가 중 순위가 가장 낮은 나라는 한국이다.'는 참이다.

02 정답 ①

브라질의 GDP 순위는 6위인 프랑스보다 낮고, 11위인 러시아보다 높으므로 7 ~ 10위 사이의 순위임을 알 수 있다. 따라서 '브라질의 GDP 순위는 10위 이내이다.'는 참이다.

03 정답 ③

영국의 GDP 순위는 다섯 국가 중 가장 높지만, 주어진 조건만으로는 영국의 GDP 순위를 정확히 알 수 없다.

04 정답 ①

'등산을 좋아하는 사람'을 A, '스케이팅을 좋아하는 사람'을 B, '영화 관람을 좋아하는 사람'을 C, '독서를 좋아하는 사람'을 D, '조깅을 좋아하는 사람'을 E, '낮잠 자기를 좋아하는 사람'을 F라고 할 때, 'A → ~B', '~C → D', '~C → ~E', 'F → B', 'B → D'가 성립한다. 따라서 'F → B → D'가 성립되므로 '낮잠 자기를 좋아하는 사람은 독서를 좋아한다.'는 참이다.

05 정답 ③

'영화 관람을 좋아하지 않는 사람은 독서를 좋아한다.'가 항상 참인 명제라고 해서 이 명제의 역인 '영화 관람을 좋아하는 사람은 독서를 좋아하지 않는다.'가 항상 참인 것은 아니다. 따라서 참인지 거짓인지 알 수 없다.

06 정답 ②

첫 번째 명제와 네 번째 명제의 대우에 따라 'A → ~F'가 참이므로 '등산을 좋아하는 사람은 낮잠 자기 또한 좋아한다.'는 거짓이다.

07 정답 ①

C를 4번에 고정시키고 E와 D를 기준으로 정리하면 다음과 같다.

구분	1	2	3	4	5	6
경우 1	D	F	B	C	E	A
경우 2	D	B	F	C	E	A
경우 3	A	D	F	C	B	E
경우 4	B	D	F	C	A	E

따라서 C가 4번에 앉아있을 때 E는 5번 또는 6번에 앉으므로, E가 C보다 오른쪽에 앉아 있다는 것은 참이다.

08 정답 ③

07번 해설에 따르면 경우 1, 경우 2, 경우 3에서 A는 1번 또는 6번에 앉지만, 경우 4에서는 5번에 앉는다.
따라서 A가 가장자리에 앉는지 아닌지는 주어진 조건만으로 알 수 없다.

09 정답 ⑤

-5, $\times 2$를 번갈아 적용하는 수열이다.
따라서 ( )$=150-5=145$이다.

10 정답 ①

7의 배수를 첫 항부터 차례대로 더하는 수열이다.
따라서 ( )$=24+7\times 3=45$이다.

11 정답 ②

앞의 항에 $\times(-1)$, $\times(-2)$, $\times(-3)$, …을 적용하는 수열이다.
따라서 ( )$=(-120)\times(-6)=720$이다.

12 정답 ⑤

나열된 수를 4개씩 묶어 각각 A, B, C, D라고 하면

$\underline{A\ B\ C\ D} \rightarrow \frac{A\times C}{B}=D$이다.

따라서 ( )$=75\times 5\div 15=25$이다.

PART 2 기출복원문제 정답 및 해설

| 03 | 수리

01	02	03	04	05	06	07			
②	⑤	①	③	③	③	③			

01 정답 ②

농도가 5%인 소금물 400g에 들어있는 소금의 양은 $\frac{5}{100}\times400=20$g이다.

증발시킨 물의 양을 xg이라고 하자. 증발시키면 소금의 양은 그대로이고, 소금물의 양과 농도만 변화하므로 다음과 같은 식이 성립한다.

$\frac{10}{100}\times(400-x)=20$

$\therefore\ x=200$

따라서 200g의 물을 증발시켜야 한다.

02 정답 ⑤

중간 막대의 길이를 $x$cm라고 하자.

가장 긴 막대의 길이는 $(x+32)$cm이고, 가장 짧은 막대의 길이는 $(x-16)$cm이다. 2.5m는 250cm와 같으므로 다음과 같은 식이 성립한다.

$(x+32)+x+(x-16)=250$

$\rightarrow 3x+16=250$

$\rightarrow 3x=234$

$\therefore\ x=78$

따라서 가장 긴 막대의 길이는 78+32=110cm이다.

03 정답 ①

기존 남학생 수를 x명, 여학생 수를 y명이라고 하자.

신입회원이 남자라면 $x+1=2y$ … ㉠

신입회원이 여자라면 $y+1=x$ … ㉡

㉠과 ㉡을 연립하면 $x=3$, $y=2$이다.

따라서 기존의 동아리 회원 수는 3+2=5명이다.

04 정답 ③

각 학년의 전체 수학 점수의 합을 구하면 다음과 같다.

- 1학년 : 38×50=1,900점
- 2학년 : 64×20=1,280점
- 3학년 : 44×30=1,320점

따라서 전체 수학 점수 평균은 $\frac{1,900+1,280+1,320}{50+20+30}=\frac{4,500}{100}=45$점이다.

05 정답 ③

어른의 수를 x명이라고 하면, 청소년의 수는 $(30-x)$명이므로, 영화 티켓 총가격에 대한 식은 다음과 같다.

$11,000\times x+0.6\times 11,000\times(30-x)=264,000$

→ $44x=660$

∴ $x=15$

따라서 어른은 15명이다.

06 정답 ③

두 사람이 만나는 시간을 x시간 후라고 하자.

(속력)×(시간)=(거리)이므로

$3x+5x=24$

→ $8x=24$

∴ $x=3$

따라서 두 사람은 3시간 후에 만나게 된다.

07 정답 ⑤

전국의 화재 건수 증감 추이는 '증가 – 감소 – 증가 – 감소'이다. 전국과 같은 증감 추이를 보이는 지역은 강원도, 전라남도, 경상북도, 경상남도, 제주특별자치도로 총 5곳이다.

오답분석

① 매년 화재 건수가 많은 지역은 '경기도 – 서울특별시 – 경상남도' 순서이므로, 3번째로 화재 건수가 많은 지역은 경상남도이다.

② 충청북도의 화재 건수는 매년 증가하다가 2018년에 감소하였다.

③ 2018년 서울특별시의 화재 건수는 전체의 $\frac{6,368}{42,338}\times 100 \fallingdotseq 15\%$이므로 20% 미만이다.

④ 강원도의 2018년 화재 건수는 전년 대비 $\frac{2,364-2,228}{2,364}\times 100 \fallingdotseq 5.8\%$ 감소하였으므로 7% 미만으로 감소하였다.

CHAPTER 12

2019년 상반기 기출복원문제

| 01 | 언어

01	02	03							
⑤	④	③							

01 정답 ⑤

제시문은 철학에서의 '부조리'에 대한 개념을 설명하는 글이다. 부조리의 개념을 소개하는 (나) 문단이 먼저 나오고, 부조리라는 개념을 도입하고 설명한 알베르 카뮈에 대해 설명하고 있는 (라) 문단이 이어져야 한다. 다음으로 앞 문단의 연극의 비유에 관해 설명하고 있는 (가) 문단이 오고, 이에 대한 결론을 제시하는 (다) 문단의 순으로 나열하는 것이 적절하다.

02 정답 ④

제시문은 실험결과를 통해 비둘기가 자기장을 가지고 있다는 것을 설명하는 글이다. 따라서 이 제시문의 다음 내용으로는 비둘기가 자기장을 느끼는 원인에 대해 설명하는 글이 나오는 것이 적절하다.

오답분석

①·②·③ 제시문의 자기장에 대한 설명과 관련이 없는 주제이다.
⑤ 비둘기가 자기장을 느끼는 원인에 대한 설명이 제시되어 있지 않으므로 적절하지 않다.

03 정답 ③

저장강박증이 있는 사람들은 물건에 대한 애정이 없어서 관리를 하지 않는다. 따라서 ③의 내용은 적절하지 않다.

| 02 | 언어 · 수추리

01	02	03	04	05	06	07	08	09	10
①	③	③	③	①	②	③	①	①	③
11	12								
④	⑤								

01 정답 ①

'장화를 좋아함'을 p, '비 오는 날을 좋아함'을 q, '물놀이를 좋아함'을 r, '여름을 좋아함'을 s라고 할 때, '어떤 고양이 → p → q → r → s'가 성립한다. 따라서 '어떤 고양이는 여름을 좋아한다.'는 참이다.

02 정답 ③

'어떤 고양이 → p → q'가 성립하지만, '비 오는 날을 좋아하지 않는 고양이도 있다.'가 참인지 거짓인지 알 수 없다.

03 정답 ③

'p → r'이 성립한다고 해서 '장화를 좋아하지 않으면 물놀이를 좋아하지 않는다.'가 참인지 거짓인지 알 수 없다.

04 정답 ③

두 번째 조건에 의해 남직원은 9명, 여직원은 6명인 것을 알 수 있다. 그러나 제시된 조건만으로는 여직원 2명을 제외한 다른 여직원이 커피를 마셨는지 아닌지는 알 수 없다.

05 정답 ①

커피를 마시지 않는 사람은 인사팀 직원의 $\frac{2}{5}$이므로 6명이고, 여직원의 수가 6명이므로 여직원 중에는 커피를 마시는 사람이 없다.

06 정답 ②

여직원 2명만 전혀 커피를 마시지 않는다고 했으므로 여직원은 3명이나 4명이 커피를 마셨다. 커피를 마시는 직원은 9명이므로 남은 커피는 6잔이나 5잔이다. 따라서 남직원은 최소 5명 이상이 커피를 마신다.

07 정답 ③

C는 B의 바로 아래층에 살고, B는 네 번째와 여섯 번째 명제에 의해 3층이나 7층에 살고 있다. 또한 다섯 번째 명제에 의해 C는 반려동물이 없으므로, 2층에 거주할 수 없다. 따라서 C는 6층에 거주한다. 그러나 A는 1층 또는 2층에 거주할 수 있으므로 주어진 명제가 참인지 거짓인지는 알 수 없다.

08 정답 ①

E가 아파트에 입주한다면 반려동물을 기를 수 있는 1층이나 2층에 입주해야 한다. 현재 살고 있는 A～D 중 반려동물을 키우는 사람은 A 1명이므로, E는 A가 살고 있지 않은 1층 또는 2층에 거주한다(∵ 주어진 명제를 통해 A가 몇 층에 사는지 추론할 수 없음). 이때 B는 E의 입주 여부와 관계없이 항상 7층에 거주한다.

09 정답 ①

앞의 항에 -2^1, $+2^2$, -2^3, $+2^4$, -2^5, …을 적용하는 수열이다.

따라서 ( )$=(-18)+2^6=(-18)+64=46$이다.

10 정답 ③

앞의 항에 ×3, −6을 번갈아 적용하는 수열이다.

따라서 ( )$=0\times3=0$이다.

11 정답 ④

홀수 항은 −2, 짝수 항은 ×3을 적용하는 수열이다.

따라서 ( )$=\frac{21}{2}\times3=\frac{63}{2}$이다.

12 정답 ⑤

나열된 수를 4개씩 묶어 각각 A, B, C, D라고 하면

$\underline{A\ B\ C\ D} \rightarrow A^B=C^D$이다.

따라서 $3^{(\ )}=9^3$이므로 ( )$=6$이다.

| 03 | 수리

01	02	03	04	05	06	07	08		
④	③	①	⑤	③	③	⑤	③		

01 정답 ④

미주가 집에서 출발해서 동생을 만나기 전까지 이동한 시간을 x시간이라고 하자.

미주가 이동한 거리는 $8x$km이고, 동생이 미주가 출발한 지 12분 뒤에 지갑을 들고 이동했으므로 이동한 거리는 $20\left(x-\frac{1}{5}\right)$km이다.

$8x=20\left(x-\frac{1}{5}\right)$

$\rightarrow 12x=4$

$\therefore x=\frac{1}{3}$

따라서 미주와 동생은 $\frac{1}{3}$시간=20분 후에 만나게 된다.

02 정답 ③

작년의 남학생 수와 여학생 수를 각각 a, b명이라고 하자.
작년의 전체 학생 수는 $a+b=820$ ⋯ ㉠
올해의 전체 학생 수는 $1.08a+0.9b=810$ ⋯ ㉡
㉠과 ㉡을 연립하면 $a=400$, $b=420$이다.
따라서 작년 여학생 수는 420명이다.

03 정답 ①

시침은 1시간에 30°, 1분에 0.5°씩 움직이고, 분침은 1분에 6°씩 움직인다.
현재 시간이 7시 20분이므로 각각의 각도는 다음과 같다.
- 시침이 움직인 각도 : $(30\times7)+(0.5\times20)=210+10=220°$
- 분침이 움직인 각도 : $6\times20=120°$

따라서 7시 20분의 작은 각의 각도는 (시침의 각도)−(분침의 각도)이므로 $220-120=100°$이다.

04 정답 ⑤

직사각형이 정사각형으로 변하는 데 걸리는 시간을 x초라고 하자.
$15-2x=6+x$
$\rightarrow 3x=9$
$\therefore x=3$
따라서 정사각형이 될 때의 한 변의 길이는 $6+1\times3=9$cm이고, 넓이는 $9\times9=81\text{cm}^2$이다.

05 정답 ③

경서와 민준이가 받은 용돈의 금액을 각각 x, $2x$원이라고 하고, 지출한 금액을 각각 $4y$, $7y$원이라고 하자.
$x-4y=2,000$ ⋯ ㉠
$2x-7y=5,500$ ⋯ ㉡
㉠과 ㉡을 연립하면 $x=8,000$, $y=1,500$이다.
따라서 민준이가 받은 용돈은 $2\times8,000=16,000$원이다.

06 정답 ③

K사의 전 직원을 x명이라고 하면 찬성한 직원은 $0.8x$명이고, 그중 남직원은 $0.8x\times0.7=0.56x$명이다.

(단위 : 명)

구분	찬성	반대	합계
남자	$0.56x$	$0.04x$	$0.6x$
여자	$0.24x$	$0.16x$	$0.4x$
합계	$0.8x$	$0.2x$	x

따라서 여직원을 뽑았을 때, 이 사람이 유연근무제에 찬성한 사람일 확률은 $\frac{0.24x}{0.4x}=\frac{3}{5}$이다.

PART 2 기출복원문제 정답 및 해설

07 정답 ⑤

2018년 11월 공산품 물가지수는 85.71이므로 2017년 11월에 비해 공산품의 물가는 100−85.71=14.29% 감소하였음을 알 수 있다. 따라서 공산품 분야의 2017년 11월 물가지수를 250이라고 한다면, 2018년 11월 물가는 250×(1−0.1429)≒214.3이다.

오답분석

① 해당 지수는 2017년 동월 기준이므로, 2017년 11월 정밀기기 분야의 물가지수를 100이라고 하였을 때 2018년 11월 정밀기기 분야의 물가지수는 76.03임을 의미한다. 따라서 2018년 11월 정밀기기 분야의 전년 동월 대비 감소율은 $\frac{100-76.03}{100}\times 100=$ 23.97%이다.

② 2019년 2월 농산물 분야의 수출물가지수는 2017년 2월 농산물 분야의 물가를 기준으로 산출된 것이고, 2019년 2월 수산물 분야의 수출물가지수는 2017년 2월 수산물 분야의 물가를 기준으로 산출된 것이므로 기준이 다르기 때문에 비교할 수 없다.

③ 수출물가지수는 2017년 동월을 기준으로 하고 있으므로, 2019년 1월은 2017년 1월을 기준으로, 그 전월인 2018년 12월은 2017년 12월을 기준으로 했기 때문에 비교할 수 없다.

④ 전년 동월 대비 물가가 증가한 분야의 수출물가지수는 100을 초과할 것이다. 2018년 11월과 2018년 12월에 수출물가지수가 100을 넘는 분야는 각각 6개 분야로 동일하다.

08 정답 ③

2011년 대비 2018년 건강보험 수입의 증가율은 $\frac{58-33.6}{33.6}\times 100 ≒ 72.6$%이고, 건강보험 지출의 증가율은 $\frac{57.3-34.9}{34.9}\times 100 ≒$ 64.2%이므로 그 차이는 72.6−64.2=8.4%p이다. 따라서 15%p 이하이다.

오답분석

① 2016년 보험료 등이 건강보험 수입에서 차지하는 비율은 $\frac{45.3}{52.4}\times 100 ≒ 86.5$%이다.

② 건강보험 수입과 지출은 전년 대비 매년 증가하고 있으므로 전년 대비 증감 추이는 2012년부터 2017년까지 동일하다.

④ 건강보험 수지율이 전년 대비 감소하는 2012년, 2013년, 2014년, 2015년 모두 정부지원 수입이 전년 대비 증가했다.

⑤ 건강보험 지출 중 보험급여비가 차지하는 비중은 2012년에 $\frac{36.2}{37.4}\times 100 ≒ 96.8$%, 2013년에 $\frac{37.6}{38.8}\times 100 ≒ 96.9$%, 2014년에 $\frac{40.3}{41.6}\times 100 ≒ 96.9$%로 매년 90%를 초과한다.

PART 3

3개년 주요기업 기출복원문제

정답 및 해설

PART

3 3개년 주요기업 기출복원문제

| 01 | 언어

01	02	03	04	05	06	07	08	09	10	11	12	13	14	15	16	17	18	19	20
⑤	⑤	②	①	④	④	①	①	①	⑤	①	②	③	⑤	⑤	②	④	④	③	③
21	22	23	24	25	26	27	28	29	30	31	32	33	34	35	36	37	38	39	40
④	⑤	④	②	④	④	⑤	②	③	②	④	④	②	④	②	③	③	③	⑤	③

01 정답 ⑤

1차 전지와 2차 전지 모두 양극, 음극, 전해질로 구성되어 내부에서 일어나는 화학 반응을 통해 전류가 흐르는 것이다.

오답분석

① 세 번째 문단의 마지막 문장에서 2차 전지의 단점으로 초기 구입비용이 높다고 하였다.
② 1차 전지는 화학 반응이 비가역적이고, 2차 전지는 화학 반응이 가역적이므로 가장 큰 차이점은 재사용의 가능 여부이다.
③ 전기차, 재생에너지 저장장치 등 첨단 산업에서 2차 전지의 중요성이 부각되고 있으므로 미래 산업에서는 2차 전지의 가치가 더욱 높을 것이다.
④ 1차 전지는 리모컨, 벽시계, 손전등과 같이 저전력으로 장기간 사용하는 간단한 장비에 쓰이며, 2차 전지는 스마트폰, 노트북, 전기차 등 첨단 장비에 주로 쓰인다.

02 정답 ⑤

오답분석

①·④ 글의 마지막 문장에서 확인할 수 있다.
② 글의 두 번째 문장에서 확인할 수 있다.
③ 제시문의 흐름에서 확인할 수 있다.

03 정답 ②

제시문에 따르면 보복운전만 특수범죄로 취급한다. 보복운전이 형법에 의해 특수범죄로 취급되는 이유는 자동차를 법률에 명시된 '위험한 물건'으로 보기 때문이다.

오답분석

① 보복운전의 상황에서 자동차는 법률에 명시된 '위험한 물건'이 된다. 위험한 물건은 그 자체로 흉기에 속하지는 않으나, 보복운전과 같은 상황하에서는 흉기로 취급된다.
③ 속도위반은 난폭운전으로 처벌받을 수 있는 요소 중 하나이다.
④ 흔히들 난폭운전과 보복운전을 비슷한 개념으로 혼동한다.
⑤ 안전운전을 위해서는 도로교통법상 위배됨 없이 운전을 함과 더불어, 다른 사람에게 위험과 장해를 초래하지 않도록 해야 한다.

04 정답 ①

제시문에서 언급되지 않은 내용이다.

오답분석

② 두 번째 문단에서 확인할 수 있다.
③ 첫 번째 문단에서 '위기(爲己)란 자아가 성숙하는 것을 추구하며'라고 하였다.
④ 첫 번째 문단에서 '공자는 공부하는 사람의 관심이 어디에 있느냐를 가지고 학자를 두 부류로 구분했다.'고 하였다.

05 정답 ④

제시문은 분자 상태의 수소와 산소가 결합하여 물이 되는 과정을 설명한 것으로, 수소 분자와 산소 분자가 원자로 분해되고, 분해된 산소 원자 하나와 수소 원자 두 개가 결합하여 물이라는 화합물이 생성된다고 했다. 따라서 산소 분자와 수소 분자가 '각각' 물이 된다는 내용은 적절하지 않은 해석이다.

06 정답 ④

음극재로 사용하는 실리콘은 충·방전 시 최대 300%까지 부피 팽창이 일어나 소재 및 배터리가 쉽게 손상되는 단점이 있다고 하였으므로 옳은 내용이다.

오답분석

① 2차 전지의 양극에서 이동한 리튬이온은 음극재의 음극활물질에 저장되며, 집전판은 외부 회로와 활물질 사이에서 전자를 전달하는 역할을 한다.
② 2차 전지의 용량은 주로 양극재에 따라 달라진다.
③ 흑연은 원자 6개에 1개의 리튬이온을 저장하지만 실리콘은 원자 5개에 22개의 리튬이온을 저장하므로 같은 면적일 때 흑연보다 실리콘이 더 많은 리튬이온을 저장한다.
⑤ 제시문에서 리튬이온 배터리 이외의 다른 소재의 2차 전지에 대한 비교가 없으므로 옳지 않다.

07 정답 ①

제시문에서는 '틱톡'을 예시로 들며, 1인 미디어의 유행으로 새로운 플랫폼이 등장하는 현상을 설명하고 있다.

오답분석

② 1인 미디어의 문제와 규제에 대해서는 제시문에서 확인할 수 없다.
③ 틱톡은 올해가 아닌 작년에 전 세계에서 4번째로 많이 다운로드된 비게임 어플이다.
④ 틱톡이 인기를 끄는 이유는 알 수 있지만, 1인 미디어가 인기를 끄는 이유가 양질의 정보를 전달해서라는 것은 알 수 없다.
⑤ 1인 크리에이터가 새로운 사회적 이슈가 된다고 나와 있지만, 돈을 벌고 있다는 내용은 제시문에서 확인할 수 없다.

08 정답 ①

세 번째 문단에 따르면 먼 바다에서 지진해일의 파고는 수십 cm 이하이지만 얕은 바다에서는 급격하게 높아진다.

오답분석

② 해안의 경사 역시 암초, 항만 등과 마찬가지로 지진해일을 변형시키는 요인이 된다.
③ 화산폭발로 인해 발생하는 건 맞지만 파장이 긴 파도를 지진해일이라고 한다.
④ 지진해일이 해안가에 가까워질수록 파도가 강해지는 것은 맞지만, 속도는 시속 45 ~ 60km까지 느려진다.
⑤ 태평양에서 발생한 지진해일은 발생 하루 만에 발생지점에서 지구의 반대편까지 이동할 수 있다.

09 정답 ①

마지막 문단에 따르면 한스 슈페만은 1935년 노벨 생리의학상을 받았다고 언급되어 있으므로 ①이 가장 적절하다.

오답분석

② 네 번째 문단에 따르면 한스 슈페만은 도롱뇽의 수정란을 두 분류로 나누어 회색신월환의 역할이 무엇인지 밝혀냈다고 언급되어 있다.
③ 첫 번째 문단에 따르면 생명체는 단순한 수정란에서 세포의 증식, 분화, 형성을 통해 복잡한 형태로 발전한다고 언급되어 있다.
④ 두 번째 문단에 따르면 정자가 동물 반구로 진입해 난자와 만나면 색소들이 정자 진입지점 주변으로 모여 검은 점을 이룬다고 언급되어 있다.

10 정답 ⑤

제시문은 우리에게 친숙한 지레를 예로 들어 흥미를 유발한 후, 그 안에 숨어 있는 '돌림힘'에 대해 설명하고 있다. 따라서 (라) 지레의 원리에 들어 있는 돌림힘의 개념 – (가) 돌림힘의 정의 – (다) 돌림힘과 돌림힘이 합이 된 알짜 돌림힘의 정의 – (나) 알짜 돌림힘이 일을 할 경우의 순으로 나열하는 것이 적절하다.

11 정답 ①

제시문은 2500년 전 인간과 현대의 인간의 공통점을 언급하며 2500년 전에 쓰인 『논어』가 현대에서 지니는 가치에 대하여 설명하고 있다. 따라서 (가) 『논어』가 쓰인 2500년 전 과거와 현대의 차이점 – (마) 2500년 전의 책인 『논어』가 폐기되지 않고 현대에서도 읽히는 이유에 대한 의문 – (나) 인간이라는 공통점을 지닌 2500년 전 공자와 우리들 – (다) 2500년의 시간이 흐르는 동안 인간의 달라진 부분과 달라지지 않은 부분에 대한 설명 – (라) 시대가 흐름에 따라 폐기될 부분을 제외하더라도 여전히 오래된 미래로서의 가치를 지니는 『논어』의 순으로 나열하는 것이 적절하다.

12 정답 ②

제시문은 다문화정책의 두 가지 핵심을 밝히고, 다문화정책의 패러다임 전환을 주장하고 있다. 따라서 (다) 다문화정책의 두 가지 핵심 – (가) 다문화정책에 대한 프랑스의 사례 – (라) 이민자에 대한 배려의 필요성을 주장 – (나) 다문화정책의 패러다임 전환 필요성의 순으로 나열하는 것이 적절하다.

13 정답 ③

제시문의 서론에서 지방은 건강에 반드시 필요한 것이라고 서술하고 있으며, 결론에서는 지방이 풍부한 음식을 찾는 현대인들의 경향이 부작용으로 이어졌다고 한다. 따라서 본론은 (나) 비만과 다이어트의 문제는 찰스 다윈의 진화론과 관련 있음 – (라) 자연선택에서 생존한 종들이 번식하여 자손을 남기게 됨 – (다) 인류의 역사에서 인간이 끼니 걱정을 하지 않고 살게 된 것은 수십 년의 일임 – (가) 생존에 필수적인 능력은 에너지를 몸에 축적하는 능력이었음의 순으로 나열하는 것이 적절하다.

14 정답 ⑤

제시문은 나무를 가꾸기 위해 고려해야 하는 사항에 대해 서술하고 있다. 따라서 (가) 나무를 가꿀 때 고려해야 하는 사항의 나열 및 그중 하나인 생육조건에 대한 설명 – (라) 나무를 양육할 때 주로 저지르는 실수에 대한 설명 – (다) 촘촘히 나무를 심으면 안 되는 이유 – (나) 또 다른 식재계획 시 주의점의 순으로 나열하는 것이 적절하다.

15 정답 ⑤

제시문은 비휘발성 메모리인 NAND 플래시 메모리에 대해 먼저 소개하고, NAND 플래시 메모리에 데이터가 저장되는 과정을 설명한 후 반대로 지워지는 과정을 설명하고 있다. 따라서 (라) NAND 플래시 메모리의 정의 – (나) 컨트롤 게이트와 기저 상태 사이에 전위차 발생 – (가) 전자 터널링 현상으로 전자가 플로팅 게이트로 이동하며 데이터 저장 – (다) 전위차를 반대로 가할 때 전자 터널링 현상으로 전자가 기저상태로 되돌아가며 데이터 삭제의 순으로 나열하는 것이 적절하다.

16 정답 ②

보기의 문장은 앞의 내용에 이어서 예시를 드는 문장이므로 재력 등 우월의식을 드러내기 위한 베블런 효과의 원인 뒤에 들어가야 가장 적절하다. 따라서 '사회적 지위나 부를 과시하려는 것이다.' 뒷부분인 (나)에 그 예시로 들어가는 것이 가장 적절하다.

17 정답 ④

서양의 자연관은 인간이 자연보다 우월한 자연지배관이며, 동양의 자연관은 인간과 자연을 동일 선상에 놓거나 조화를 중요시한다고 설명한다. 따라서 주제로는 '서양의 자연관과 동양의 자연관의 차이'가 가장 적절하다.

18 정답 ④

쇼펜하우어는 표상의 세계 안에서의 인간이 이성의 역할, 즉 시간과 공간, 인과율을 통해서 세계를 파악하는 주인의 역할을 함에도 불구하고 이 이성이 다시 의지에 종속됨으로써 제한적이며 표면적일 수밖에 없다는 한계를 지적하고 있다.

오답분석

① 세계의 본질이 의지의 세계라는 내용은 쇼펜하우어 주장의 핵심 내용이라는 점에서는 옳지만, 제시문의 주요 내용은 주관 또는 이성 인식으로 만들어내는 표상의 세계는 결국 한계를 가질 수밖에 없다는 것이다.
② 제시문에서는 표상 세계의 한계를 지적했을 뿐, 표상 세계의 극복과 그 해결 방안에 대한 내용은 없다.
③ 제시문에서 의지의 세계와 표상 세계는 의지가 표상을 지배하는 종속관계라는 차이를 파악할 수는 있으나, 주제로는 적절하지 않다.

19 정답 ③

'최고의 진리는 언어 이전 혹은 언어 이후의 무언(無言)의 진리이다.', '동양 사상의 정수(精髓)는 말로써 말이 필요 없는 경지'라고 한 부분을 보았을 때 '동양 사상은 언어적 지식을 초월하는 진리를 추구한다.'는 것이 글의 중심 내용이다.

20 정답 ③

보기는 독립신문이 일반 민중들을 위해 순 한글을 사용해 배포됐고, 상하귀천 없이 누구에게나 새로운 소식을 전달해준다는 내용이다. 따라서 ③이 가장 적절하다.

21 정답 ④

포지티브 방식은 PR 코팅, 즉 감광액이 빛에 노출되었을 때 현상액에 녹기 쉽게 화학구조가 변하며, 네거티브 방식은 반대로 감광액이 빛에 노출되면 현상액에 녹기 어렵게 변한다.

오답분석

① 포토리소그래피는 PR층이 덮이지 않은 증착 물질을 제거하는 식각 과정 이후 PR층을 마저 제거한다. 이후 일련의 과정을 다시 반복하여 증착 물질을 원하는 형태로 패터닝하는 것이다.
② PR 코팅은 노광 과정 이후 현상액에 접촉했을 때 반응하여 사라지거나 남게 된다. 따라서 식각 과정 이전에 자신의 실수를 알아차렸을 것이다.

③ 포지티브방식의 PR 코팅을 사용한 창우의 디스플레이 회로의 PR층과 증착 물질이 모두 사라졌다면, 증착 및 코팅 불량이나 PR 제거 실수와 같은 근본적인 오류를 제외할 경우 노광 과정에서 마스크가 빛을 가리지 못해 PR층 전부가 빛에 노출되었을 가능성이 높다.
⑤ 광수가 원래 의도대로 디스플레이 회로를 완성시키기 위해서는 최소 PR 코팅 이전까지 공정을 되돌릴 필요가 있다.

22 정답 ⑤

ㄴ. 두 번째 문단에 따르면 전자기파가 어떤 물체에 닿아 진동으로 간섭함으로써 결과적으로 물질의 온도를 높이므로 전자기파를 방출하는 물질이라면 다른 물체를 데울 수 있음을 추론할 수 있다.
ㄷ. 첫 번째 문단에 따르면 소리처럼 물질이 실제로 떨리는 역학적 파동과 달리 전자기파는 매질 없이도 전파되므로 소리는 매질이 있어야만 전파될 수 있음을 추론할 수 있다.

오답분석

ㄱ. 두 번째 문단에 따르면 태양에서 오는 것은 열의 입자가 아닌 전자기파이며, 전자기파가 진동으로 간섭함으로써 물질의 온도를 높이는 것이므로 옳지 않은 추론이다.

23 정답 ④

필자는 현재 에너지 비용을 지원하는 단기적인 복지 정책은 효과가 지속되지 않고, 오히려 에너지 사용량이 늘어나 에너지 절감과 같은 환경 효과를 볼 수 없으므로 '효율형'과 '전환형'의 복합적인 에너지 복지 정책을 추진해야 한다고 주장한다. 따라서 에너지 비용을 지원하는 정책의 효과가 지속되지 않는다는 데에는 ㄴ이, 일자리 창출 효과의 '효율형' 정책과 환경 보호 효과의 '전환형' 정책을 복합적으로 추진해야 한다는 데에는 ㄷ이 각각 필자의 논거로 사용될 수 있다.

24 정답 ②

제시문에서 필자는 3R 원칙을 강조하며 가장 필수적이고 최저한의 동물실험이 필요악임을 주장하고 있다. 특히 '보다 안전한 결과를 도출해내기 위한 동물실험은 필요악이며, 이러한 필수적인 의약실험조차 금지하려 한다는 것은 기술 발전 속도를 늦춰 약이 필요한 누군가의 고통을 감수하자는 이기적인 주장'이라는 대목을 통해 약이 필요한 이들을 위한 의약실험에 초점을 맞추고 있음을 확인할 수 있다. 따라서 ②의 주장처럼 생명과 큰 관련이 없는 동물실험을 비판의 근거로 삼는 것은 적절하지 않다.

25 정답 ④

감각으로 검증할 수 없는 존재에 대한 관념은 그것의 실체를 확인할 수 없기 때문에 거짓으로 보아야 하는 문제가 발생하는 진리론은 대응설이다.

26 정답 ④

㉠의 '고속도로'는 그래핀이 사용된 선로를 의미하며, ㉢의 '코팅'은 비정질 탄소로 그래핀을 둘러싼 것을 의미한다. ㉠의 그래핀은 전자의 이동속도가 빠른 대신 저항이 높고 전하 농도가 낮다. 연구팀은 이러한 그래핀의 단점을 해결하기 위해, 즉 저항을 감소시키고 전하 농도를 증가시키기 위해 그래핀에 비정질 탄소를 얇게 덮는 방법을 생각해냈다.

오답분석

① ㉡의 '도로'는 기존 금속 재질의 선로를 의미한다. 연구팀은 기존의 금속 재질(㉡) 대신 그래핀(㉠)을 반도체 회로에 사용하였다.
② 반도체 내에 많은 소자가 집적되면서 금속 재질의 선로(㉡)에 저항이 기하급수적으로 증가하였다.
③ 그래핀(㉠)은 구리보다 전기 전달 능력이 뛰어나고 전자 이동속도가 100배 이상 빠르다.
⑤ ㉠의 '고속도로'는 그래핀, ㉡의 '도로'는 금속 재질, ㉢의 '코팅'은 비정질 탄소를 의미한다.

27 정답 ⑤

면허를 발급하는 것은 면허 발급 방식이며, 보조금을 지급받는 것은 보조금 지급 방식으로 둘 사이의 연관성은 없다.

오답분석

① 과거에는 공공 서비스가 경합성과 배제성이 모두 약한 사회 기반 시설 공급을 중심으로 제공되었다. 이런 경우 서비스 제공에 드는 비용은 주로 세금을 비롯한 공적 재원으로 충당을 한다.
② 공공 서비스의 다양화와 양적 확대가 이루어지면서 행정 업무의 전문성 및 효율성이 떨어지는 문제점이 나타나기도 한다.
③ 정부는 위탁 제도를 도입함으로써 정부 조직의 규모를 확대하지 않으면서 서비스의 전문성을 강화할 수 있다.
④ 경쟁 입찰 방식의 경우 정부가 직접 공공 서비스를 제공할 때보다 서비스의 생산 비용이 절감될 수 있고, 정부의 재정 부담도 경감될 수 있다.

28 정답 ②

프톨레마이오스의 세계지도는 2세기 그리스 – 로마 시대에 제작된 지도이다. 두 번째 문단의 마지막 문장에서 프톨레마이오스의 세계지도가 당시의 사람들이 가지고 있었던 세계관을 직접적으로 보여준다고 서술하고 있으며, 세 번째 문단의 마지막 문장에서도 프톨레마이오스의 세계지도가 고대의 세계관과 지리 지식을 반영하는 동시에 그 시대의 한계를 고스란히 담고 있다고 하였다.

오답분석

① 첫 번째 문단에서 프톨레마이오스의 『지리학』을 바탕으로 제작된 프톨레마이오스 세계지도에서 곡선의 경도와 위도선을 처음으로 도입했다고 서술하고 있다.
③ 프톨레마이오스의 세계지도는 당시 정밀한 측정 도구의 부재 및 여행자와 상인, 군사 원정대 등으로부터 전해들은 단편적인 지식에 의존해 제작되어 실제와 다른 지형이나 크기가 지도에 반영되었다.
④ 프톨레마이오스 세계지도의 제작 시기는 2세기 무렵이며, 인쇄술의 발달은 한참 뒤인 15세기에 이루어졌고, 이때 유럽 각지에 널리 보급되었다.
⑤ 첫 번째 문단에서 곡선의 경도와 위도선을 처음으로 도입하여 프톨레마이오스의 시대에 지구가 이미 구형이었음을 인식했다고 서술하고 있다.

29 정답 ③

첫 번째 문단에서 오늘날 우리가 부르는 애국가의 노랫말은 외세의 침략으로 나라가 위기에 처해있던 1907년을 전후하여 조국애와 충성심을 북돋우기 위하여 만들어졌음을 알 수 있다. 따라서 1896년 『독립신문』에 현재의 노랫말이 게재되지 않았다.

오답분석

① 두 번째 문단에서 1935년 해외에서 활동 중이던 안익태가 오늘날 우리가 부르고 있는 국가를 작곡하였고, 이 곡은 해외에서만 퍼져나갔다고 하였으므로, 1940년에 해외에서는 애국가 곡조를 들을 수 있었다.
② 네 번째 문단에서 국기강하식 방송, 극장에서의 애국기 상영 등은 1980년대 후반 중지되었다고 하였으므로, 1990년대 초반까지 애국가 상영이 의무화되었다는 말은 적절하지 않다.
④ 마지막 문단에서 연주만 하는 의전행사나 시상식 · 공연 등에서는 전주곡을 연주해서는 안 된다고 하였으므로 적절하지 않다.

30 정답 ②

두 번째 문단에 따르면 농업경제의 역사에서 정원이 갖는 의미는 시대와 지역에 따라 매우 달랐으나, 여성들의 입장은 지역적인 편차가 없었으므로 ②는 적절하지 않다.

31 정답 ④

기술을 통한 제조 주기의 단축과 하나의 공장에서 다양한 제품군을 생산하는 것은 '기술적 혁명'을 통한 생산성 향상, 생산 공정 최적화 등과 관련이 있다. 따라서 GE의 제조 공장은 ⓒ '제조업의 스마트화 사례'에 해당한다.

32 정답 ④

빈칸의 전후 문장을 통해 내용을 파악해야 한다. 우선 '그러나'를 통해 빈칸에는 앞의 내용에 상반되는 내용이 오는 것임을 알 수 있다. 따라서 수천 가지의 힐링 상품이나, 고가의 상품들을 참고하는 것과는 상반된 내용을 찾으면 된다. 또한 빈칸 뒤는 주위에서 쉽게 할 수 있는 힐링 방법을 통해 자신감을 얻는 것부터 출발해야 한다는 내용이므로, 빈칸에는 많은 돈을 들이지 않고도 쉽게 할 수 있는 일부터 찾아야 한다는 내용인 ④가 오는 것이 가장 적절하다.

33 정답 ②

'그러나 인간의 이성으로 얻은 ~' 이하는 그 앞의 진술에 대한 반론으로, 이를 통해 인간에게 한계가 있는 이상 인간에 의해 얻어진 과학적 지식 역시 완벽하다고는 할 수 없음을 추론할 수 있다.

34 정답 ④

마지막 문단에서 정약용은 청렴을 지키는 것의 효과로 첫째, '다른 사람에게 긍정적 효과를 미친다.', 둘째, '목민관 자신에게도 좋은 결과를 가져다준다.'고 하였으므로 ④는 제시문의 내용으로 적절하다.

오답분석

① 두 번째 문단에서, '정약용은 청렴을 당위 차원에서 주장하는 기존의 학자들과 달리 행위자 자신에게 실질적 이익이 된다는 점을 들어 설득한다.'고 설명하고 있다.
② 두 번째 문단에서, '정약용은 "지자(知者)는 인(仁)을 이롭게 여긴다."라는 공자의 말을 빌려 지혜로운 자는 청렴함을 이롭게 여긴다.'라고 하였으므로 공자의 뜻을 계승한 것이 아니라 공자의 말을 빌려 청렴의 중요성을 강조한 것이다.
③ 두 번째 문단에서, '지혜롭고 욕심이 큰 사람은 청렴을 택하지만, 지혜롭지 않고 욕심이 작은 사람은 탐욕을 택한다.'라고 하였으므로 청렴한 사람은 욕심이 크기 때문에 탐욕에 빠지지 않는다는 설명이 적절하다.
⑤ 첫 번째 문단에서, '이황과 이이는 청렴을 사회 규율이자 개인 처세의 지침으로 강조하였다.'라고 하였으므로 이황과 이이는 청렴을 사회 규율로 보았다는 것을 알 수 있다.

35 정답 ②

시니어 산업의 성장은 사회가 고령화됨에 따라 경제력을 갖추고 디지털 환경에 익숙한 구매력을 가진 노년층이 많아지면서 일어난 현상이다. 따라서 고령화사회가 심해질수록 시니어 산업은 오히려 성장할 것으로 전망할 수 있다.

오답분석

① 시니어 하우징은 전통적인 노년층의 단순 거주 기능을 넘어 건강관리, 취미활동, 커뮤니티 형성 등 삶의 질을 높이는 주거 서비스를 의미한다. 따라서 요양원 운영은 시니어 하우징 사업으로 보기 어렵다.
③ 최근에는 인공지능과 사물인터넷 등 첨단 기술이 시니어 사업과 결합하고 있으며, 디지털 환경에 익숙한 디지털 시니어가 등장하고 있으므로 전통적인 기술이 선호되는 사업으로는 볼 수 없다.
④ 그레이 르네상스는 노년층이 소비와 사회 변화를 이끄는 주체로 떠오르면서 생긴 현상이다. 첨단 기기를 잘 다루는 노년층의 등장은 디지털 시니어에 더 가까운 개념이다.
⑤ 고령층 일자리 창출 사업의 주요 목적은 단순한 생계형 일자리에서 벗어나 전문성과 경험을 살리는 것이다.

36 정답 ③

제시문에서 레이저 절단 가공은 고밀도, 고열원의 레이저를 쏘아 절단 부위를 녹이고 증발시켜 소재를 절단하는 작업이지만, 다른 열 절단 가공에 비해 열변형의 우려가 적다고 언급되어 있다.

오답분석

① 제시문에 따르면 고밀도, 고열원의 레이저를 쏘아 소재를 녹이고 증발시켜 소재를 절단한다 하였으므로 절단 작업 중에는 기체가 발생함을 추론할 수 있다.
② 제시문에 따르면 반도체 소자가 나날이 작아지고 정교해졌다고 하였으므로 과거 반도체 소자는 현재 반도체 소자보다 덜 정교함을 추측할 수 있다.

④ 제시문에 따르면 반도체 소자는 나날이 작아지며 정교해지고 있으므로 현재 기술력으로는 레이저 절단 가공 외의 가공법으로는 반도체 소자를 다루기 쉽지 않음을 추측할 수 있다.
⑤ 제시문에서 레이저 절단 가공은 물리적 변형이 적어 깨지기 쉬운 소재도 다룰 수 있다고 언급되어 있다.

37 정답 ③

이소크라테스는 영원불변하는 보편적 지식의 무용성을 주장했을 뿐, 존재 자체를 부정했다는 내용은 제시문에서 확인할 수 없다.

오답분석

① 플라톤의 이데아론은 삶과 행위의 구체적이고 실제적인 일상이 무시된 채 본질적이고 이념적인 영역을 추구하고 있다는 비판을 받았다.
② 물질만능주의는 모든 관계를 돈과 같은 가치에 연관시켜 생각하는 행위로, 탐욕과 사리사욕을 위한 교육에 매진하는 소피스트들과 일맥상통하는 면이 있다.
④ 이소크라테스는 이데아론의 무용성을 주장하면서 동시에 비도덕적이고 지나치게 사리사욕을 위한 소피스트들의 교육을 비판했다.
⑤ 이소크라테스는 삶과 행위의 문제를 이론적이고도 실제적으로 해석하면서도, 도덕이나 정당화의 문제보다는 변화하는 실제적 행위만 추구한 소피스트들을 비판했기에 훌륭한 말(실제적 문제)과 미덕(도덕과 정당화)을 추구했음을 알 수 있다.

38 정답 ③

레일리 산란의 세기는 보랏빛이 가장 강하지만 우리 눈은 보랏빛보다 파란빛을 더 잘 감지하기 때문에 하늘이 파랗게 보이는 것이다.

오답분석

①·② 첫 번째 문단의 내용을 통해 추론할 수 있다.
④ 빛의 진동수는 파장과 반비례하고, 레일리 산란의 세기는 파장의 네제곱에 반비례한다. 즉, 빛의 진동수가 2배가 되면 파장은 1/2배가 되고, 레일리 산란의 세기는 $2^4=16$배가 된다.
⑤ 마지막 문단의 내용을 통해 추론할 수 있다.

39 정답 ⑤

간접 경험에서 연민을 갖기 어렵다고 치더라도 교통과 통신이 발달하면서 고통을 대면하는 경우가 많아진 만큼 연민의 필요성이 커지고 있다. 따라서 이러한 주장을 현대인들이 연민을 느끼지 못한다는 것에 대한 반론으로 들 수 있다.

오답분석

①·②·③ 제시문의 내용과 일치하는 주장이다.
④ 제시문이 주장하는 것은 '현대인은 주로 타인의 고통을 간접적으로 접해 연민을 느끼기 어렵다.'이다. 그러나 ④의 경우 단순히 연민에 대한 학자의 성의에 대해 빈대하는 것이므로 글에 대한 반론으로 보기 어렵다.

40 정답 ③

③은 왜건 효과(편승 효과)의 사례이다. 밴드왜건 효과란 유행에 따라 상품을 구입하는 소비 현상을 뜻하는 경제용어로, 기업은 이러한 현상을 충동구매 유도 마케팅 전략으로 활용하고 정치계에서는 특정 유력 후보를 위한 선전용으로 활용한다.

| 02 | 수리

01	02	03	04	05	06	07	08	09	10	11	12	13	14	15	16	17	18	19	20
⑤	①	⑤	⑤	④	③	①	④	②	③	③	①	④	②	⑤	⑤	④	③	⑤	③
21	22	23	24	25	26	27	28	29	30	31	32	33	34	35	36	37	38	39	40
④	③	②	④	⑤	④	④	②	③	③	②	③	①	④	④	⑤	⑤	④	③	②
41	42	43	44	45	46	47	48	49	50	51	52	53	54	55					
④	①	②	③	②	④	③	③	④	③	①	③	⑤	④	④					

01 정답 ⑤

8, 10, 6 세 수의 최소공배수는 120이므로 세 벽돌의 쌓아 올린 높이는 120cm이다.

따라서 필요한 벽돌의 수는 모두 $\frac{120}{8}+\frac{120}{10}+\frac{120}{6}=15+12+20=47$개이다.

02 정답 ①

40m의 간격으로 50그루를 심으므로 호수 둘레의 길이는 $40\times50=2,000$m이다.

따라서 25m 간격으로 나무를 심는다면 나무는 모두 $\frac{2,000}{25}=80$그루 심을 수 있다.

03 정답 ⑤

토너먼트 경기는 대진표에 따라 한 번 진 사람은 탈락하고 이긴 사람이 올라가서 우승자를 정하는 방식이다.
16명이 경기를 하면 처음에는 8번의 경기가 이루어지고, 다음은 4번, 2번, 1번의 경기가 차례로 진행된다.
따라서 최종 우승자가 나올 때까지 총 $8+4+2+1=15$번의 경기가 진행된다.

04 정답 ⑤

- 전체 가전제품의 개수 : $3+4+2=9$대
- 전시할 3대의 가전제품이 모두 세탁기와 청소기일 확률 : $\frac{{}_6C_3}{{}_9C_3}=\frac{5}{21}$

따라서 적어도 1대의 냉장고를 전시할 확률은 $1-\frac{5}{21}=\frac{16}{21}$이다.

05 정답 ④

작년보다 제주도 숙박권은 20%, 여행용 파우치는 10%를 더 준비했다고 했으므로 제주도 숙박권은 $10\times0.2=2$명, 여행용 파우치는 $20\times0.1=2$명이 경품을 더 받는다.
따라서 작년보다 총 4명이 경품을 더 받을 수 있다.

06 정답 ③

S사의 작년 남직원의 수를 x명, 여직원의 수를 y명이라고 하면 다음의 식이 성립한다.

$x+y=100 \rightarrow y=100-x \cdots$ ㉠

$1.1x+1.2y=114 \cdots$ ㉡

㉠을 ㉡에 대입하면 다음의 식이 성립한다.

$1.1x+1.2\times(100-x)=114$

$\rightarrow 1.1x+120-1.2x=114$

$\rightarrow -0.1x=-6$

$\therefore x=60,\ y=40$

따라서 작년 남직원의 수가 60명이므로 올해 증가한 남직원의 수는 $60\times0.1=6$명이다.

07 정답 ①

버스를 1대 늘리기 전 순환선 마을버스는 모두 4대이므로, 1대의 마을버스가 노선을 1바퀴 돌 때 걸리는 시간을 t시간이라고 하면 배차간격은 $\frac{t}{4}$시간이다.

버스를 1대 늘려 순환선 마을버스가 모두 5대일 때 버스의 배차간격은 $\frac{t}{5}$시간이다.

이때 배차간격이 2분$=\frac{1}{30}$시간 줄었으므로 다음과 같은 식이 성립한다.

$\frac{t}{4}-\frac{1}{30}=\frac{t}{5}$

$\therefore t=\frac{2}{3}$

따라서 순환 노선의 길이는 $30\times\frac{2}{3}=20$km이다.

08 정답 ④

- 흰 구슬을 먼저 뽑고 검은 구슬을 뽑을 확률 : $\frac{4}{10}\times\frac{6}{9}=\frac{4}{15}$
- 검은 구슬을 먼저 뽑고 흰 구슬을 뽑을 확률 : $\frac{6}{10}\times\frac{4}{9}=\frac{4}{15}$

$\therefore \frac{4}{15}+\frac{4}{15}=\frac{8}{15}$

따라서 흰 구슬과 검은 구슬을 각각 1개씩 뽑을 확률은 $\frac{8}{15}$이다.

09 정답 ②

작년 남학생 수를 x명, 여학생 수를 y명이라고 하면 다음과 같은 식이 성립한다.

$x+y=480 \cdots$ ㉠

올해 남학생 수는 $x\times(1+0.2)=1.2x$명이고, 여학생 수는 $y\times(1-0.1)=0.9y$명이다.

올해 남학생 수와 여학생 수의 비율이 20 : 21이므로 다음과 같은 식이 성립한다.

$1.2x : 0.9y = 20 : 21$

$\rightarrow 25.2x=18y$

$\therefore y=1.4x \cdots$ ㉡

㉡을 ㉠에 대입하면 $x=200,\ y=280$이다.

따라서 올해 전교생 수는 $(1.2\times200)+(0.9\times280)=240+252=492$명이다.

10 정답 ③

전체 일의 양을 1, A와 B가 1시간 동안 할 수 있는 일의 양을 각각 a, b라고 하면 다음과 같은 식이 성립한다.

$5a+8b=1$ … ㉠

$6a+5b=1$ … ㉡

㉠×6−㉡×5로 두 식을 연립하면 $b=\frac{1}{23}$이다.

따라서 B가 혼자서 일할 때 걸리는 시간은 23시간이다.

11 정답 ③

1차 전체회의가 열린 3월 6일부터 그달 말일인 3월 31일 사이의 일수는 25일이다.

4월과 5월의 말일은 각각 30일, 31일이므로 3월 6일부터 5월 31일까지의 일수는 $25+30+31=86$일이다.

따라서 남은 일수는 $100-86=14$일이므로 2차 전체회의는 6월 14일에 열린다.

12 정답 ①

8명의 선수 중 4명을 뽑는 경우의 수는 ${}_8C_4=\frac{8\times7\times6\times5}{4\times3\times2\times1}=70$가지이고, A, B, C를 포함하여 4명을 뽑는 경우의 수는 A, B, C를 제외한 5명 중 1명을 뽑으면 되므로 ${}_5C_1=5$가지이다.

따라서 구하고자 하는 확률은 $\frac{5}{70}=\frac{1}{14}$이다.

13 정답 ④

10명을 4명과 6명으로 나누는 경우의 수는 ${}_{10}C_4\times{}_6C_6=210$가지이다.

4명이 포함된 그룹에서 2명씩 팀을 나누면 ${}_4C_2\times{}_2C_2\times\frac{1}{2!}=3$가지이다.

6명이 속한 팀을 다시 4명과 2명으로 나누면 ${}_6C_4\times{}_2C_2=15$가지이다.

이 중 4명을 2명씩 팀으로 다시 나누면 ${}_4C_2\times{}_2C_2\times\frac{1}{2!}=3$가지이다.

따라서 10명의 대진표를 구성하는 전체 경우의 수는 $210\times3\times15\times3=28,350$가지이다.

14 정답 ②

- 강을 올라갈 때 걸리는 시간 : $\frac{35}{12-2}=\frac{35}{10}=3$시간 30분
- 강을 내려갈 때 걸리는 시간 : $\frac{35}{12+2}=\frac{35}{14}=2$시간 30분

따라서 보트를 타고 강을 왕복할 때 걸리는 시간은 총 6시간이다.

15 정답 ⑤

회사부터 식당까지의 거리를 $x$km라고 하자.

은이가 이동한 시간은 $\frac{x}{3}$시간이고, 연경이가 이동한 시간은 $\frac{x}{3}-\frac{1}{6}=\frac{x}{4}$시간이므로 $x=2$이다.

효진이의 속력을 $y$km/h라고 하면 다음과 같은 식이 성립한다.

$\frac{2}{y}+\frac{1}{12}=\frac{2}{3}$

$\rightarrow \frac{2}{y}=\frac{7}{12}$

$\therefore y=\frac{24}{7}$

따라서 효진이의 속력은 $\frac{24}{7}$km/h이다.

16 정답 ⑤

50g을 덜어낸 뒤 남아있는 소금물의 양은 50g이고, 농도는 20%이다. 이때 남아있는 소금의 양은 다음과 같다.

(소금의 양)=(농도)×(남아있는 소금물의 양)$=\frac{20}{100}\times 50=10$g

농도를 10%로 만들기 위해 더 넣은 물의 양을 xg이라고 하면 다음과 같은 식이 성립한다.

$\frac{10}{50+x}\times 100=10\%$

$\therefore x=50$

따라서 필요한 물의 양은 50g이다.

17 정답 ④

수현이가 부모님과 통화한 시간을 x분, 동생과 통화한 시간을 y분이라고 하면 다음과 같은 식이 성립한다.

$x+y=60$ … ㉠

$40x=2\times 60y \rightarrow x=3y$ … ㉡

㉡을 ㉠에 대입하면 $x=45$, $y=15$이다.

따라서 수현이가 내야 하는 국제전화 요금 총액은 $(40\times 45)+(60\times 15)=2,700$원이다.

18 정답 ③

전체 일의 양을 1이라고 하고, A~C가 하루에 할 수 있는 일의 양을 각각 $\frac{1}{a}$, $\frac{1}{b}$, $\frac{1}{c}$라고 하자.

$\frac{1}{a}+\frac{1}{b}=\frac{1}{12}$ … ㉠

$\frac{1}{b}+\frac{1}{c}=\frac{1}{6}$ … ㉡

$\frac{1}{c}+\frac{1}{a}=\frac{1}{18}$ … ㉢

㉠, ㉡, ㉢을 모두 더한 다음 2로 나누면 3명이 하루에 할 수 있는 일의 양을 구할 수 있다.

$\frac{1}{a}+\frac{1}{b}+\frac{1}{c}=\frac{1}{2}\left(\frac{1}{12}+\frac{1}{6}+\frac{1}{18}\right)=\frac{1}{2}\left(\frac{3+6+2}{36}\right)=\frac{11}{72}$

따라서 72일 동안 3명이 끝낼 수 있는 일의 양은 $\frac{11}{72}\times 72=11$이므로 전체 일의 양의 11배이다.

19 정답 ⑤

작년 사원 수에서 줄어든 인원은 올해 진급한 사원(12%)과 퇴사한 사원(20%)이므로 이를 합하면 $400\times(0.12+0.2)=128$명이며, 작년 사원에서 올해도 사원인 사람은 $400-128=272$명이다.

올해 사원 수는 작년 사원 수에서 6% 증가했으므로 $400\times 1.06=424$명이 된다.

따라서 올해 채용한 신입사원은 $424-272=152$명이다.

20 정답 ③

• 7명의 학생이 원탁에 앉는 경우의 수 : $(7-1)!=6!$가지
• 7명의 학생 중 여학생 3명이 원탁에 이웃해서 앉는 경우의 수 : $(5-1)!\times 3!$가지

따라서 7명의 학생 중 여학생 3명이 원탁에 이웃해서 앉는 확률은 $\frac{4!\times 3!}{6!}=\frac{1}{5}$이다.

21 정답 ④

작년 A제품의 생산량을 a개, B제품의 생산량을 b개라고 하면, 다음과 같은 식이 성립한다.
$a+b=3,200$ … ㉠
올해 A제품의 생산량을 25%, B제품의 생산량을 35% 증가시켜 총 4,200개를 생산하면, 다음과 같은 식이 성립한다.
$(a\times 1.25)+(b\times 1.35)=4,200$ … ㉡
㉠과 ㉡을 연립하여 ㉡−㉠을 정리하면 다음과 같다.
$1.25a+1.35b=4,200$ … ㉡
$1.25a+1.25b=4,000$ … ㉠$\times 1.25$
→ $0.1b=200$
∴ $a=1,200$, $b=2,000$
작년 A제품의 생산량이 1,200개, B제품의 생산량이 2,000개이므로 올해 A제품의 생산량은 $1.25\times 1,200=1,500$개, B제품의 생산량은 $1.35\times 2,000=2,700$개이다.
따라서 올해 A, B제품의 생산량 차이는 $2,700-1,500=1,200$개이다.

22 정답 ③

농도 4%의 소금물의 양을 xg이라고 하면 농도 10%의 소금물의 양은 $(600-x)$g이므로 식을 세우면 다음과 같다.
$\frac{4}{100}x+\frac{10}{100}(600-x)=\frac{8}{100}\times 600$
→ $4x+10(600-x)=4,800$
→ $6x=1,200$
∴ $x=200$
따라서 처음 컵에 들어있던 농도 4%의 소금물의 양은 200g이다.

23 정답 ②

3인실, 2인실, 1인실에 배정될 수 있는 경우를 정리하면 다음과 같다.
• (3, 2, 0) : ${}_5C_3\times{}_2C_2=10$가지
• (3, 1, 1) : ${}_5C_3\times{}_2C_1\times{}_1C_1=20$가지
• (2, 2, 1) : ${}_5C_2\times{}_3C_2\times{}_1C_1=30$가지
∴ $10+20+30=60$
따라서 방에 배정되는 경우의 수는 총 60가지이다.

24 정답 ④

A씨는 S산 정상에서 30분간 휴식하였으므로 이동하는 데 걸린 시간은 3시간 30분(3.5시간)이다.
또한 S산 입구에서 정상까지의 등산로의 거리를 $x$km라고 하면 다음의 식이 성립한다.
$3.5=\frac{x}{1.8}+\frac{x}{2.4}$

→ $3.5=\frac{10x}{18}+\frac{10x}{24}=\frac{20x+15x}{36}=\frac{35}{36}x$

$\therefore\ x=3.5\times\frac{36}{35}=3.6$

따라서 등산로의 거리는 3.6km이다.

25 정답 ⑤

제시된 수열은 분모는 3, 5, 7, 9, …, 분자는 2인 수열이므로 수열의 일반항을 a_n이라 하면 $a_n=\frac{2}{2n+1}$이다.

따라서 120번째 항의 값은 $\frac{2}{2\times120+1}=\frac{2}{241}$이다.

26 정답 ④

분모는 6, 분자는 +1인 수열이다.

따라서 ( )$=\frac{5+1}{6}=\frac{6}{6}=1$이다.

27 정답 ④

분모는 +3을 하고, 분자는 앞의 두 항의 합이 다음 항이 되는 피보나치 수열이다.

따라서 ( )$=\frac{8+13}{18+3}=\frac{21}{21}=1$이다.

28 정답 ②

홀수 항은 ×5, 짝수 항은 +4를 적용하는 수열이다.

따라서 ( )=10+4=14이다.

29 정답 ③

앞의 항에 −38을 적용하는 수열이다.

따라서 ( )=193−38=155이다.

30 정답 ③

앞의 항에 −20, −19, −18, −17, −16, …을 적용하는 수열이다.

따라서 ( )=43−17=26이다.

31 정답 ②

(앞의 항)−(뒤의 항)=(다음 항)인 수열이다.

따라서 ( )=−1−3=−4이다.

32 정답 ③

홀수 항은 -7, 짝수 항은 $+3$씩 적용하는 수열이다.
따라서 ( )=6−7=−1이다.

33 정답 ①

홀수 항은 $\times\frac{3}{2}$, 짝수 항은 $\times\frac{4}{3}$을 적용하는 수열이다.

따라서 ( )$=432\times\frac{3}{4}=324$이다.

34 정답 ④

수도권에서 각 과일의 판매량은 다음과 같다.

- 배 : 800,000+1,500,000+200,000=2,500,000개
- 귤 : 7,500,000+3,000,000+4,500,000=15,000,000개
- 사과 : 300,000+450,000+750,000=1,500,000개

$\therefore\ a=\frac{800,000}{2,500,000}=0.32,\ b=\frac{3,000,000}{15,000,000}=0.2,\ c=\frac{750,000}{1,500,000}=0.5$

따라서 $a+b+c=1.02$이다.

35 정답 ④

2023년 A씨의 주거비는 전체 지출 2,500만 원의 30%이므로 2,500만×0.3=750만 원이다.
2024년 A씨의 전체 지출은 2023년보다 10% 증가했으므로 2,500만×1.1=2,750만 원이고, 2024년의 주거비는 전체 지출의 40%이므로 2,750만×0.4=1,100만 원이다.
따라서 2024년과 2023년의 주거비의 차는 1,100−750=350만 원이다.

36 정답 ⑤

제품 A를 n개 이어 붙일 때 필요한 시간이 a_n분일 때, 제품 $(n+1)$개를 이어 붙이는 데 필요한 시간은 $(2a_n+n)$분이다.
제품 n개를 이어 붙이는 데 필요한 시간은 다음과 같다.

- 6개 : 2×42+5=89분
- 7개 : 2×89+6=184분
- 8개 : 2×184+7=375분

따라서 제품 8개를 이어 붙이는 데 필요한 시간은 375분이다.

37 정답 ⑤

A규칙은 계차수열로 앞의 항에 +5를 하여 항과 항 사이에 +15, +20, +25, +30, +35, +40, +45, …을 적용하는 수열이고, B규칙은 앞의 항에 +30을 적용하는 수열이다.
따라서 빈칸에 들어갈 a와 b의 총합이 처음으로 800억 원을 넘는 수는 a=415, b=390이다.

38 정답 ④

제시된 표를 통해 메모리 개발 용량은 1년마다 2배씩 증가함을 알 수 있다.

- 2004년 : 8,192MB
- 2005년 : 16,384MB
- 2006년 : 32,768MB
- 2007년 : 65,536MB

따라서 2007년에 개발한 반도체 메모리의 용량은 65,536MB이다.

39 정답 ③

6월의 관광객 수는 전월 대비 $\frac{5,000-800}{5,000}\times100=84\%$ 감소하였다.

오답분석

① 5월의 관광객 수는 5,000명으로 관광객 수가 가장 많다.
② 3,500>1,500×2이므로 4월의 관광객 수는 3월 관광객 수의 2배 이상이다.
④ 1~6월의 전체 관광객 수는 4,500+4,000+1,500+3,500+5,000+800=19,300명으로 20,000명 미만이다.
⑤ 2월의 전월 대비 관광객 수는 4,500−4,000=500명 감소하여 전월 대비 관광객 수가 가장 적게 감소하였다.

40 정답 ②

제시된 자료를 바탕으로 분기별 매출액을 구하면 다음과 같다.

(단위 : 억 원)

구분	1분기 매출액	2분기 매출액	3분기 매출액	4분기 매출액
A사	16	16×(1+0.12)=17.92	17.92×(1−0.11)≒15.95	15.95×(1−0.2)=12.76
B사	11	11×(1−0.08)=10.12	10.12×(1+0.09)≒11.03	11.03×(1+0.08)≒11.91
C사	9	9×(1+0.06)=9.54	9.54×(1−0.05)≒9.06	9.06×(1+0.3)≒11.78

A사의 2분기 매출액은 17.92억 원이고, C사의 2분기 매출액은 9.54억 원이다.
따라서 17.92÷9.54≒1.88배이므로 1.5배 이상이다.

오답분석

① A~C사의 매출액 순위는 모든 분기에서 A사가 1등, B사가 2등, C사가 3등으로 변하지 않는다.
③ B사의 4분기 매출액은 11.91억 원이고, A사의 4분기 매출액은 12.76억 원으로 B사의 매출액은 A사의 매출액을 초과하지 않았다.
④ B사의 1분기 매출액보다 10% 이상 증가하려면 11×1.1=12.1억 원 이상이어야 한다. 그러나 4분기 매출액은 11.91억 원이므로 10% 미만 증가하였다.
⑤ 4분기에 감소한 A사 매출액의 절댓값은 |12.76−15.95|=3.19억 원, 4분기에 증가한 C사 매출액의 절댓값은 |11.78−9.06|=2.72억 원으로 A사의 절댓값이 C사보다 크다.

41 정답 ④

1월의 1kg당 배추 가격은 650원이고, 9월의 1kg당 배추 가격은 1,850원이다.
따라서 650×3=1,950>1,850원이므로 9월의 배추 가격은 1월 대비 3배 미만이다.

오답분석

①·② 2～9월 1kg당 배추 가격의 전월 대비 증감폭은 다음과 같다.

(단위 : 원)

구분	2월	3월	4월	5월	6월	7월	8월	9월
가격	800−650 =150	1,100−800 =300	1,400−1,100 =300	900−1,400 =−500	700−900 =−200	900−700 =200	1,400−900 =500	1,850−1,400 =450

따라서 1kg당 배추 가격이 전월 대비 가장 크게 상승한 때는 8월이고, 가장 크게 하락한 때는 5월이다.

③ 1분기의 3개월 동안 1kg당 배추 가격의 합은 650+800+1,100=2,550원, 2분기의 3개월 동안 1kg당 배추 가격의 합은 1,400+900+700=3,000원, 3분기의 3개월 동안 1kg당 배추 가격의 합은 900+1,400+1,850=4,150원이다. 그러므로 평균 1kg당 배추 가격은 3분기가 가장 크다.

⑤ 변량의 개수는 9개로 홀수 개이므로 5번째로 큰 값이 중앙값이다. 그러므로 월별 1kg당 배추 가격을 값이 큰 순서대로 나열할 때, 5번째로 큰 값은 900원이기 때문에 중앙값은 900원이다.

42 정답 ①

진료비의 25% 이하가 약품비라면 (약품비)×4<(진료비)이다. 하지만 2020년의 경우 210,000×4=840,000>820,000이다.
따라서 (약품비)×4>(진료비)이므로 2020년의 약품비는 진료비의 25% 이상이다.

오답분석

② 2023년 약품비는 2018년 대비 $\frac{260,000-180,000}{180,000}\times100=\frac{80,000}{180,000}\times100=\frac{4}{9}\times100\fallingdotseq44\%$ 증가하였다.

③ 진료비는 2022년까지 100조 원 미만이었지만, 2023년 이후로 100조 원을 초과하였다.

④ 2019～2023년 진료비의 전년 대비 증가액은 각각 다음과 같다.

- 2019년 : 810,000−750,000=60,000억 원
- 2020년 : 820,000−810,000=10,000억 원
- 2021년 : 890,000−820,000=70,000억 원
- 2022년 : 980,000−890,000=90,000억 원
- 2023년 : 1,050,000−980,000=70,000억 원

따라서 진료비의 전년 대비 증가액은 2022년이 가장 크다.

⑤ 2019～2023년 약품비의 전년 대비 증가액은 다음과 같다.

- 2019년 : 200,000−180,000=20,000억 원
- 2020년 : 210,000−200,000=10,000억 원
- 2021년 : 220,500−210,000=10,500억 원
- 2022년 : 245,000−220,500=24,500억 원
- 2023년 : 260,000−245,000=15,000억 원

따라서 약품비의 전년 대비 증가액은 2020년이 가장 작다.

43 정답 ②

단위를 생략한 인천의 인구 수치가 인구밀도 수치보다 크다. 즉, $\frac{(\text{인구})}{(\text{인구밀도})}>1$이므로, 생략된 단위인 1,000을 곱하면 인천의 면적은 1,000km^2보다 넓음을 알 수 있다.

오답분석

ㄱ. 부산의 비율은 $\frac{27}{3,471}$ 이고, 대구의 비율은 $\frac{13}{2,444}$ 이다. 즉, 부산은 분자보다 분모가 약 130배 크고, 대구는 약 180배 크다. 따라서 비율을 직접 계산하지 않아도 부산이 더 큼을 알 수 있다.

ㄷ. 직접 계산을 하지 않더라도, $\frac{(\text{인구})}{(\text{인구밀도})}$ 의 값은 부산보다 대구가 1에 가까움을 알 수 있다. 따라서 대구의 면적이 부산의 면적보다 넓다.

44 정답 ③

도서관별로 제시된 정보와 배점 기준에 따라 점수를 산정하면 다음과 같다.

구분	도서관 면적	도서 소장 권수	월 평균 이용자 수	이용자 만족도	총점
A도서관	1점	1점	3점	1점	6점
B도서관	3점	3점	3점	2점	11점
C도서관	4점	3점	1점	3점	11점
D도서관	2점	3점	1점	2점	8점

B도서관과 C도서관의 점수가 11점으로 같지만, C도서관이 이용자 만족도가 더 높으므로 P시 도서관 지원 사업 후보로 C도서관이 선정된다.

45 정답 ②

2021년 상위 100대 기업까지 48.7%이고, 200대 기업까지 54.5%이다.
따라서 101～200대 기업이 차지하고 있는 비율은 54.5－48.7＝5.8%이다.

오답분석

①·③ 표를 통해 확인할 수 있다.
④ 표를 통해 0.2%p 감소했음을 알 수 있다.
⑤ 등락률이 상승과 하락의 경향을 보이므로 옳은 설명이다.

46 정답 ④

남성의 전체 인원은 75＋180＋15＋30＝300명이고, 여성의 전체 인원은 52＋143＋39＋26＝260명이다.

따라서 전체 남성 인원에 대한 자녀 계획이 없는 남성 인원의 비율은 남성이 $\frac{75}{300}\times100=25\%$, 전체 여성 인원에 대한 자녀 계획이 없는 여성 인원의 비율은 $\frac{52}{260}\times100=20\%$로, 남성이 여성보다 25－20＝5%p 더 크다.

오답분석

① 전체 조사 인원은 300＋260＝560명으로 600명 미만이다.
② 전체 여성 인원에 대한 희망 자녀 수가 1명인 여성 인원의 비율은 $\frac{143}{260}\times100=55\%$이다.
③ 전체 여성 인원에 대한 희망 자녀 수가 2명인 여성 인원의 비율은 $\frac{39}{260}\times100=15\%$, 전체 남성 인원에 대한 희망 자녀 수가 2명인 남성 인원의 비율은 $\frac{15}{300}\times100=5\%$로 여성이 남성의 3배이다.
⑤ 남성의 각 항목을 인원수가 많은 순서대로 나열하면 '1명 – 계획 없음 – 3명 이상 – 2명'이고, 여성의 각 항목을 인원수가 많은 순서대로 나열하면 '1명 – 계획 없음 – 2명 – 3명' 이상이므로 남성과 여성의 항목별 순위는 서로 다르다.

47 정답 ③

남자가 소설을 대여한 횟수는 60회이고, 여자가 소설을 대여한 횟수는 80회이므로 $\frac{60}{80}\times100=75\%$이다.

오답분석

① 소설 전체 대여 횟수는 140회, 비소설 전체 대여 횟수는 80회이므로 옳다.
② 40세 미만의 전체 대여 횟수는 120회, 40세 이상 전체 대여 횟수는 100회이므로 옳다.
④ 40세 미만의 전체 대여 횟수는 120회이고, 그중 비소설 대여는 30회이므로 $\frac{30}{120}\times100=25\%$이다.
⑤ 40세 이상의 전체 대여 횟수는 100회이고, 그중 소설 대여는 50회이므로 $\frac{50}{100}\times100=50\%$이다.

48 정답 ③

- 전년 대비 2022년 데스크탑 PC의 판매량 증감률 : $\frac{4,700-5,000}{5,000}\times100=\frac{-300}{5,000}\times100=-6\%$
- 전년 대비 2022년 노트북의 판매량 증감률 : $\frac{2,400-2,000}{2,000}\times100=\frac{400}{2,000}\times100=20\%$

49 정답 ④

2018년의 부품 수가 2017년보다 170−120=50개 늘었을 때, 불량품 수는 30−10=20개 늘었고, 2019년의 부품 수가 2018년보다 270−170=100개 늘었을 때, 불량품 수는 70−30=40개 늘었다.
그러므로 전년 대비 부품 수의 차이와 불량품 수의 차이 사이에는 5 : 2의 비례관계가 성립한다.
2022년 부품 수(A)를 x개, 2020년 불량품 수(B)를 y개라고 하면,
2022년의 부품 수가 2021년보다 $(x-620)$개 늘었을 때, 불량품 수는 310−210=100개 늘었다.
$(x-620):100=5:2 \rightarrow x-620=250$
$\therefore\ x=870$
2020년의 부품 수가 2019년보다 420−270=150개 늘었을 때, 불량품 수는 $(y-70)$개 늘었다.
$150:(y-70)=5:2 \rightarrow y-70=60$
$\therefore\ y=130$
따라서 (A)는 870, (B)는 130이다.

50 정답 ③

상품별로 고객 만족도 1점당 비용을 구하면 다음과 같다.

- 차량용 방향제 : 7,000÷5=1,400원
- 식용유 세트 : 10,000÷4=2,500원
- 유리용기 세트 : 6,000÷6=1,000원
- 32GB USB : 5,000÷4=1,250원
- 머그컵 세트 : 10,000÷5=2,000원
- 영화 관련 도서 : 8,800÷4=2,200원
- 핸드폰 충전기 : 7,500÷3=2,500원

할당받은 예산을 고려하여 고객 만족도 1점당 비용이 가장 낮은 상품부터 구매비용을 구하면 다음과 같다.

- 유리용기 세트 : 6,000×200=1,200,000원
  → 남은 예산 : 5,000,000−1,200,000=3,800,000원
- 32GB USB : 5,000×180=900,000원
  → 남은 예산 : 3,800,000−900,000=2,900,000원
- 차량용 방향제 : 7,000×300=2,100,000원
  → 남은 예산 : 2,900,000−2,100,000=800,000원

• 머그컵 세트 : 10,000×80=800,000원
→ 남은 예산 : 800,000−800,000=0원
즉, 확보 가능한 상품의 개수는 200+180+300+80=760개이다.
따라서 사은품을 나누어 줄 수 있는 고객의 수는 760÷2=380명이다.

51 정답 ①

구매 방식별 비용을 구하면 다음과 같다.
• 스마트폰앱 : 12,500×0.75=9,375원
• 전화 : (12,500−1,000)×0.9=10,350원
• 회원카드와 쿠폰 : (12,500×0.9)×0.85≒9,563원
• 직접 방문 : (12,500×0.7)+1,000=9,750원
• 교환권 : 10,000원
따라서 피자 1판을 가장 저렴하게 살 수 있는 구매 방식은 스마트폰앱이다.

52 정답 ③

A사와 B사의 전체 직원 수를 알 수 없으므로, 비율만으로는 판단할 수 없다.

오답분석

① 여직원 대비 남직원 비율은 여직원 비율이 높을수록, 남직원 비율이 낮을수록 값이 작아진다. 따라서 여직원 비율이 가장 높으면서 남직원 비율이 가장 낮은 D사가 비율이 가장 낮고, 남직원 비율이 여직원 비율보다 높은 A사의 비율이 가장 높다.
② B, C, D사 각각 남직원보다 여직원의 비율이 높으므로 B, C, D사 각각에서 남직원 수보다 여직원 수가 많다. 따라서 B, C, D사의 여직원 수의 합은 남직원 수의 합보다 크다.
④ A사의 전체 직원 수를 a명, B사의 전체 직원 수를 b명이라 하면, A사의 남직원 수는 $0.6a$, B사의 남직원 수는 $0.4b$이다.
$\frac{0.6a+0.4b}{a+b}\times100=55 \rightarrow 60a+40b=55(a+b) \rightarrow a=3b$
따라서 A사의 전체 직원 수는 B사 전체 직원 수의 3배이다.

53 정답 ⑤

ㄷ. 부모와 자녀의 직업이 모두 A일 확률은 $\frac{1}{10}\times\frac{45}{100}$, 즉 $0.1\times\frac{45}{100}$이다.
ㄹ. 자녀의 직업이 A일 확률$=\frac{1}{10}\times\frac{45}{100}+\frac{4}{10}\times\frac{5}{100}+\frac{5}{10}\times\frac{1}{100}=\frac{7}{100}$

오답분석

ㄱ. 자녀의 직업이 C일 확률$=\frac{1}{10}\times\frac{7}{100}+\frac{4}{10}\times\frac{25}{100}+\frac{5}{10}\times\frac{49}{100}=\frac{352}{1,000}$
ㄴ. 부모의 직업이 C일 때, 자녀의 직업이 B일 확률은 자녀의 직업이 B일 확률로 나누면 구할 수 있다.

54 정답 ④

26~30세 응답자 51명 중 4회 이상 방문한 응답자는 5+2=7명이고, 비율은 $\frac{7}{51}\times100≒13.73\%$이므로 10% 이상이다.

오답분석

① 주어진 자료만으로는 31~35세 응답자의 1인당 평균 방문횟수를 정확히 구할 수 없다. 그 이유는 방문횟수를 '1회', '2~3회', '4~5회', '6회 이상' 등 구간으로 구분했기 때문이다. 다만 구간별 최솟값으로 평균을 냈을 때, 평균 방문횟수가 2회 이상이라는 점을 통해 2회 미만이라는 것은 옳지 않다는 것을 알 수 있다.
(1, 1, 1, 2, 2, 2, 2, 4, 4) → (평균)$=\frac{19}{9}≒2.11$회

② 주어진 자료만으로 판단할 때, 전문직 응답자 7명 모두 20~25세일 수 있으므로 비율이 5% 이상이 될 수 있다.

③ 전체 응답자 수는 113명이다. 그중 20~25세 응답자는 53명이므로, 비율은 $\frac{53}{113}\times100 \fallingdotseq 46.9\%$가 된다.

⑤ 응답자의 직업에서 학생과 공무원 응답자의 수는 51명이다. 즉, 전체 113명의 절반에 미치지 못하므로 비율은 50% 미만이다.

55 정답 ④

영업부서와 마케팅부서에서 S등급과 C등급에 배정되는 인원은 같고, A등급과 B등급의 인원이 영업부서가 마케팅부서보다 2명씩 적다. 따라서 두 부서의 총상여금 차이는 $(420\times2)+(330\times2)=1,500$만 원이므로 옳지 않다.

오답분석

① 마케팅부서 15명에게 지급되는 총금액은 $(500\times2)+(420\times5)+(330\times6)+(290\times2)=5,660$만 원이다.

② A등급 상여금은 B등급 상여금보다 $\frac{420-330}{330}\times100 \fallingdotseq 27.3\%$ 많다.

③·⑤ 마케팅부서와 영업부서의 등급별 배정인원은 다음과 같다.

구분	S등급	A등급	B등급	C등급
마케팅부서	2명	5명	6명	2명
영업부서	2명	3명	4명	2명

| 03 | 추리

01	02	03	04	05	06	07	08	09	10	11	12	13	14	15	16	17	18	19	20
①	④	③	③	②	④	②	④	④	④	②	②	①	④	④	②	③	①	③	③
21	22	23	24	25	26	27	28	29	30	31	32	33	34	35	36	37	38	39	40
③	⑤	④	⑤	④	④	②	④	①	③	②	①	④	⑤	③	①	①	④	③	④

01 정답 ①

제시된 명제와 그 대우는 동치관계이므로 모두 참이다. 이를 논리식으로 나타내면 다음과 같다.

- ~A → D ≡ ~D → A
- A → ~C ≡ C → ~A
- B → C ≡ ~C → ~B

A가 선발되면 두 번째 명제에 따라 C는 선발되지 않으며, C가 선발되지 않으면 마지막 명제의 대우에 따라 B도 선발되지 않는다(A → ~C → ~B).

오답분석

② C → ~A → D
③ B → C → ~A
④ ~D → A → ~C → ~B
⑤ ~D → A → ~C

02 정답 ④

'어떤'과 '모든'이 나오는 명제는 벤 다이어그램으로 표현하면 효율적이다. 제시된 명제를 정리하면 다음과 같다.

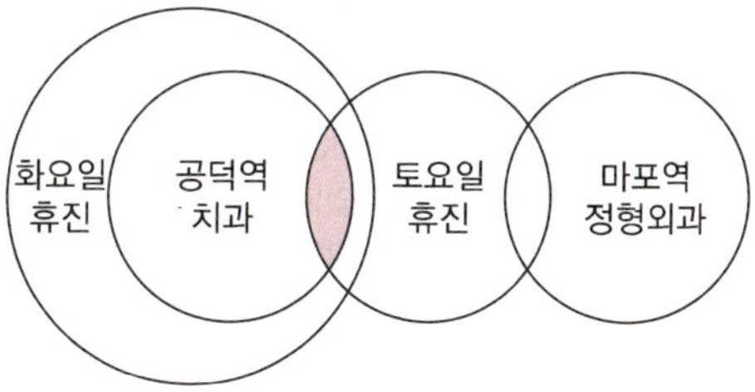

위 벤 다이어그램을 통해 '공덕역 부근의 어떤 치과는 토요일과 화요일이 모두 휴진이다.'를 추론할 수 있다.

오답분석

① 마포역 부근의 어떤 정형외과는 토요일이 휴진이다.
② 공덕역 부근의 어떤 치과는 토요일이 휴진이기 때문에 거짓이다.
③ 제시된 명제만으로는 알 수 없다.
⑤ 마포역 부근의 어떤 정형외과가 화요일도 휴진인지는 알 수 없다.

03 정답 ③

'날씨가 좋다.'를 A, '야외 활동을 한다.'를 B, '행복하다.'를 C라고 하면 전제1은 A → B, 전제2는 ~A → ~C이다. 전제2의 대우는 C → A이므로 C → A → B가 성립하여 결론은 C → B나 ~B → ~C이다.

따라서 빈칸에 들어갈 명제는 '야외 활동을 하지 않으면 행복하지 않다.'이다.

04 정답 ③

'생명체'를 A, '물'을 B, '동물'을 C라고 하면 다음과 같이 명제를 나타낼 수 있다.

- 전제 1 : A → B
- 전제 2 : C → A

그러므로 C → A → B가 성립한다.

따라서 빈칸에 들어갈 결론은 삼단논법에 의해 C → B, '동물들은 물이 있어야 살 수 있다.'이다.

오답분석

① A → C는 C → A의 역이므로 반드시 참이 되지 않는다.
② ~C → ~A는 C → A의 이이므로 반드시 참이 되지 않는다.
④ ~A → ~B는 A → B의 이이므로 반드시 참이 되지 않는다.
⑤ B → A는 A → B의 역이므로 반드시 참이 되지 않는다.

05 정답 ②

제시된 명제를 정리하면 다음과 같다.

- 명랑한 사람 → 마라톤을 좋아하는 사람 → 체력이 좋고, 인내심 있는 사람
- 몸무게가 무거운 사람 → 체력이 좋은 사람

따라서 '명랑한 사람은 인내심이 있다.'가 참이면, 그 대우도 참이므로, 결론으로 적절한 것은 ②이다.

06 정답 ①

전제2에 따라 기숙사에 거주하는 사람은 모두 도보로 등교하므로 전제1에 따라 빈칸에 들어갈 명제는 'S대학의 어떤 신입생은 모두 도보로 등교한다.'이다.

오답분석

② 도보로 등교하는 학생 중 기숙사에 거주하는 사람은 모두 도보로 등교하지만, 도보로 등교한다고 모두 기숙사에 살고 있는 신입생인 것은 아니므로 주어진 전제에서 도출되는 결론이 아니다.
③ 신입생이 아닌 경우에 대한 전제가 없으므로 주어진 전제에서 도출되는 결론이 아니다.
④ 기숙사의 거주자가 모두 신입생으로 구성되어 있다는 전제가 없으므로 주어진 전제에서 도출되는 결론이 아니다.
⑤ 전제2의 역에 해당하는 것으로 전제2가 참이어도 그 역이 항상 참은 아니다. 따라서 주어진 전제에서 도출되는 결론이 아니다.

07 정답 ②

'밤에 잠을 잘 자다.'를 A, '낮에 피곤하다.'를 B, '업무효율이 좋다.'를 C, '성과급을 받는다.'를 D라고 하면 다음과 같다.

- 전제1 : ~A → B
- 전제3 : ~C → ~D
- 결론 : ~A → ~D

따라서 ~A → B → ~C → ~D가 성립하기 위해서 필요한 전제2는 B → ~C이므로, ②가 들어가는 것이 적절하다.

08 정답 ④

'전기가 통하는 물질'을 A, '금속'을 B, '광택이 있는 물질'을 C라고 하면, 전제1에 따라 모든 금속은 전기가 통하므로 B는 A에 포함되며, 전제2에 따라 C는 B의 일부에 포함된다. 이를 벤 다이어그램으로 표현하면 다음과 같다.

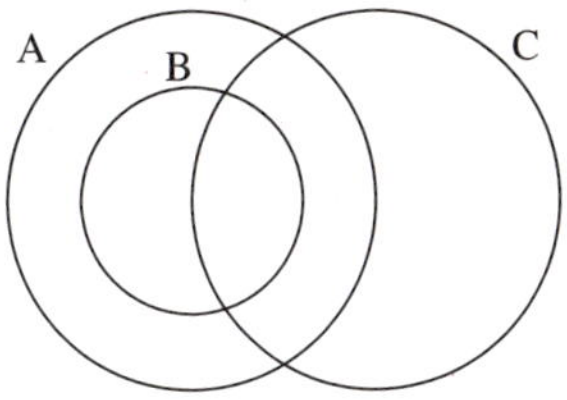

따라서 C에서 A부분을 제외한 부분이 존재하므로, 빈칸에는 '전기가 통하지 않으면서 광택이 있는 물질이 있다.'가 들어가는 것이 적절하다.

09 정답 ④

'스테이크를 먹는다.'를 A, '지갑이 없다.'를 B, '쿠폰을 받는다.'를 C라고 하면 첫 번째 명제와 마지막 명제는 각각 A → B, ~B → C이다. 이때, 첫 번째 명제의 대우는 ~B → ~A이므로 마지막 명제가 참이 되려면 ~A → C가 필요하다.
따라서 빈칸에 들어갈 명제는 '스테이크를 먹지 않는 사람은 쿠폰을 받는다.'가 적절하다.

10 정답 ④

다이아몬드는 광물이고, 광물은 매우 규칙적인 원자 배열을 가지고 있다.
따라서 다이아몬드는 매우 규칙적인 원자 배열을 가지고 있다.

11 정답 ②

먼저 첫 번째 조건에 따라 A가 출장을 간다고 하면 다음의 2가지 경우로 나뉜다.

<table>
<tr><td rowspan="2">A출장○</td><td>B출장○, C출장×</td></tr>
<tr><td>B출장×, C출장○</td></tr>
</table>

또한 두 번째 조건에 따라 C가 출장을 가면 D와 E 중 1명이 출장을 가지 않거나 2명 모두 가지 않는 3가지 경우가 생기고, C가 출장을 가지 않으면 D와 E의 출장 여부를 정확히 알 수 없으므로 4가지 경우가 된다. 그리고 세 번째 조건에 따라 B가 출장을 가지 않으면 F는 출장을 가므로 이를 정리하면 다음과 같다.

<table>
<tr><td rowspan="7">A출장○</td><td rowspan="4">B출장○,
C출장×</td><td>D출장○, E출장×</td><td rowspan="4">F출장○
또는 출장×</td></tr>
<tr><td>D출장×, E출장○</td></tr>
<tr><td>D출장×, E출장×</td></tr>
<tr><td>D출장○, E출장○</td></tr>
<tr><td rowspan="3">B출장×,
C출장○</td><td>D출장○, E출장×</td><td rowspan="3">F출장○</td></tr>
<tr><td>D출장×, E출장○</td></tr>
<tr><td>D출장×, E출장×</td></tr>
</table>

따라서 A가 출장을 간다면 같이 출장을 가는 최소 인원이 되는 경우는 B와 둘이서 출장을 가는 것이다.

12 정답 ②

A대리와 E대리의 진술이 서로 모순이므로, 둘 중 1명은 거짓을 말하고 있다.

i) A대리의 진술이 거짓인 경우
A대리의 말이 거짓이라면 B사원의 말도 거짓이 되고, D사원의 말도 거짓이 되므로 모순이다.

ii) A대리의 진술이 진실인 경우
A대리, B사원, D사원의 말이 진실이 되고, C사원과 E대리의 말이 거짓이 된다.

• 진실
- A대리 : A대리 · E대리 출근, 결근자 모름
- B사원 : C사원 출근, A대리 진술은 진실
- D사원 : B사원 진술은 진실

• 거짓
- C사원 : D사원 출근
- E대리 : D사원 출근, A대리는 결근 사유 듣지 못함

따라서 출근하지 않은 직원은 B사원이다.

13 정답 ①

철수가 민수보다, 영희가 민수보다, 철수가 영희보다 결승선에 먼저 들어왔다. 따라서 철수 – 영희 – 민수 순으로 결승선에 들어왔다.

14 정답 ④

거짓말은 한 사람만 하는데 진희와 희정의 말이 서로 다르므로, 둘 중 한 명이 거짓말을 하고 있음을 알 수 있다. 이때, 반드시 진실인 아름의 말에 따라 진희의 말은 진실이 되므로 결국 희정이가 거짓말을 하고 있음을 알 수 있다.
따라서 영화관에는 아름 – 진희 – 민지 – 희정 – 세영 순서로 도착하였으므로, 가장 마지막에 도착한 사람은 세영이다.

15 정답 ④

A의 진술과 C의 진술이 서로 모순되므로 둘 중 1명은 진실을 말하고 있다.

i) A가 참일 경우
범인은 B가 된다. 이 경우 B, C, D 모두 거짓을 말하는 것이나, D의 진술이 거짓일 경우 A와 B는 범인이 아니므로 모순이다.

ii) C가 참일 경우
B와 C는 범인이 아니며 A, B, D의 진술은 모두 거짓이다. A의 진술이 거짓이므로 B는 범인이 아니고, B의 진술이 거짓이므로 C와 D 2명 중 범인이 있다. 마지막으로 D의 진술도 거짓이므로 A와 B는 범인이 아니다. 따라서 물건을 훔친 범인은 D이다.

16 정답 ②

B와 D의 진술이 모순되므로 2명 중 1명이 거짓을 말하고 있다. 이 경우 A, C, E는 모두 참을 말하고 있으므로 1층은 E, 2층은 A, 5층은 C가 산다.

i) B의 진술이 참일 경우
이때 D의 진술은 거짓이다. 4층에는 D가 살고, 3층에는 B가 산다. 이 경우 D는 1층에 사는 E와 3층 차이가 나므로 E의 진술도 거짓이 된다. 거짓말을 하는 사람은 1명뿐이므로 이는 모순이다.

ii) D의 진술이 참일 경우
이때 B의 진술은 거짓이다. 4층에는 B가 살고, 3층에는 D가 산다. 이 경우 D는 1층에 사는 E와 2층 차이가 나므로 B만 거짓을 진술하게 된다.

따라서 거짓을 말한 사람은 B이다.

17 정답 ③

진술의 진실 여부를 고려할 때 가능한 선발 경우는 다음과 같다.

i) 경우 1

G가 선발되었을 경우, 첫 번째, 두 번째 진술이 거짓이다. 이에 따라 나머지 진술이 참이어야 한다. D가 선발되는 경우를 제외하고는 나머지 진술이 참일 수 없다. 그러므로 D와 G가 선발된다.

ii) 경우 2

B, C, D 중에서 1명만 선발되지 않고 2명이 선발될 경우, 네 번째, 다섯 번째 진술이 거짓이다. 이에 따라 나머지 진술이 참이어야 한다. 그러므로 C, D가 선발된다.

따라서 항상 선발되는 사람은 D이다.

18 정답 ①

두 번째 조건에 따라 홍차를 선택한 사람은 3명이고, 세 번째 조건에 따라 녹차를 선택한 사람은 4명이다. 따라서 커피를 선택한 사람은 3명이 된다. 이후 네 번째 조건에 따라 한식을 선택한 사람 중 2명이 커피를 선택했으므로 양식과 커피를 선택한 사람은 1명이다.

19 정답 ③

영래의 맞은편이 현석이고 현석이의 바로 옆자리가 수민이므로, 이를 기준으로 주어진 조건에 맞추어 자리를 배치해야 한다.

영래의 왼쪽・수민이의 오른쪽이 비어있을 때 또는 영래의 오른쪽・수민이의 왼쪽이 비어있을 때는 성표와 진모가 마주보면서 앉을 수 없으므로 성립하지 않는다.

그러므로 영래의 왼쪽・수민이의 왼쪽이 비어있을 때와 영래의 오른쪽・수민이의 오른쪽이 비어있을 때를 정리하면 다음과 같다.

i) 영래의 왼쪽, 수민이의 왼쪽이 비어있을 때

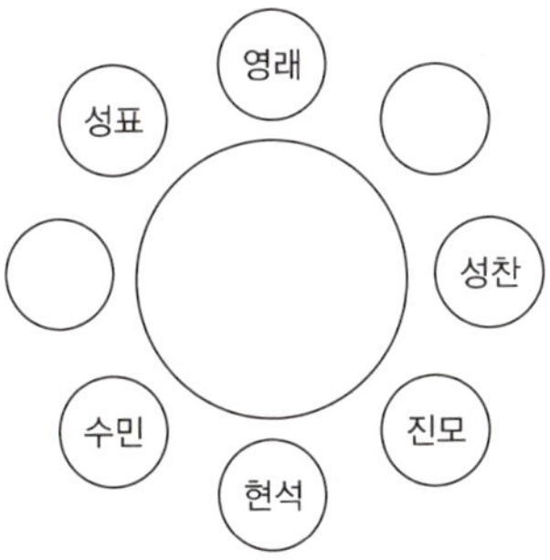

ii) 영래의 오른쪽, 수민이의 오른쪽이 비어있을 때

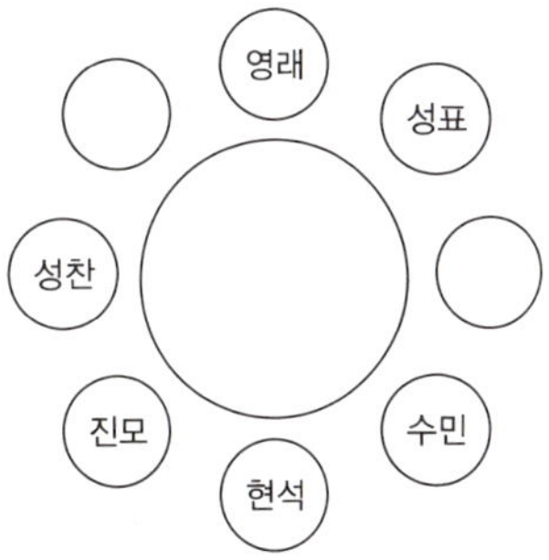

따라서 어느 상황에서든 진모와 수민이는 1명을 사이에 두고 앉는다.

20 정답 ③

D가 런던을 고른 경우 A는 뉴욕만 고를 수 있으므로 B는 파리를 고른다.

오답분석

① A가 런던을 고르고 B가 파리를 고를 경우 F는 뉴욕을 고를 수 있다.
② E가 뉴욕을 고를 경우 A는 런던을 고르므로 D는 방콕을 고른다.
④ A가 뉴욕을 고를 경우 D가 런던을 고르면 E는 방콕 또는 베를린을 고른다.
⑤ B가 베를린을 고를 경우 F는 파리를 고른다.

21 정답 ③

제시된 조건을 논리기호화하여 정리하면 다음과 같다.

• 첫 번째 조건 : 삼선짬뽕
• 마지막 조건의 대우 : 삼선짬뽕 → 팔보채
• 다섯 번째 조건의 대우 : 팔보채 → 양장피

세 번째, 네 번째 조건의 경우 자장면에 대한 단서가 없으므로 전건 및 후건의 참과 거짓을 판단할 수 없다. 그러므로 탕수육과 만두도 주문 여부를 알 수 없다. 따라서 반드시 주문할 메뉴는 삼선짬뽕, 팔보채, 양장피이다.

22 정답 ⑤

두 번째 조건에 의해 B는 항상 1과 5 사이에 앉는다. E가 4와 5 사이에 앉으면 2와 3 사이에는 A, C, D 중 누구나 앉을 수 있다.

오답분석

① A가 1과 2 사이에 앉으면 네 번째 조건에 의해 E는 4와 5 사이에 앉는다. 그러면 C와 D는 3 옆에 앉게 되는데 이는 세 번째 조건과 모순된다.
② D가 4와 5 사이에 앉으면 네 번째 조건에 의해 E는 1과 2 사이에 앉는다. 그러면 C와 D는 3 옆에 앉게 되는데 이는 세 번째 조건과 모순된다.
③ C가 2와 3 사이에 앉으면 세 번째 조건에 의해 D는 1과 2 사이에 앉는다. 또한 네 번째 조건에 의해 E는 3과 4 사이에 앉을 수 없다. 따라서 A는 반드시 3과 4 사이에 앉는다.
④ E가 1과 2 사이에 앉으면 세 번째 조건의 대우 명제에 의해 C는 반드시 4와 5 사이에 앉는다.

23 정답 ④

'치킨을 판매하는 푸드트럭이 선정된다.'를 A, '핫도그를 판매하는 푸드트럭이 선정된다.'를 B, '커피를 판매하는 푸드트럭이 선정된다.'를 C, '피자를 판매하는 푸드트럭이 선정된다.'를 D, '솜사탕을 판매하는 푸드트럭이 선정된다.'를 E, '떡볶이를 판매하는 푸드트럭이 선정된다.'를 F라고 할 때, 주어진 명제를 정리하면 다음과 같다.

• A → ~B
• ~C → D
• E → A
• D → ~F or F → ~D
• ~E → F

핫도그를 판매하는 푸드트럭이 선정되면 B → ~A → ~E → F → ~D → C가 성립한다.
따라서 사업에 선정되는 푸드트럭은 핫도그, 커피, 떡볶이를 판매한다.

24 정답 ⑤

A ~ E의 진술에 따르면 B와 D의 진술은 반드시 동시에 참이나 거짓이 되어야 하며, A와 B의 진술 역시 동시에 참이나 거짓이 되어야 한다. 이때 B의 진술이 거짓일 경우, A와 D의 진술 모두 거짓이 되므로 2명이 거짓을 말한다는 조건에 어긋난다.
따라서 진실을 말하고 있는 심리상담사는 A, B, D이며, 거짓을 말하고 있는 심리상담사는 C와 E가 된다.
이때, 진실을 말하고 있는 B와 D의 진술에 따라 근무시간에 자리를 비운 사람은 C가 된다.

25 정답 ④

만약 A가 진실이라면 동일하게 A가 사원이라고 말한 C도 진실이 되어 진실을 말한 사람이 2명이 되므로, A와 C는 모두 거짓이다. 또한, E가 진실이라면 B가 사원이므로 A의 'D는 사원보다 직급이 높아.'도 진실이 되어 역시 진실을 말한 사람이 2명이 되기 때문에 E도 거짓이다. 따라서 B와 D 중 1명이 진실이다.
만약 B가 진실이라면 E는 차장이고, B는 차장보다 낮은 3개 직급 중 하나인데, C가 거짓이므로 A가 과장이고, E가 거짓이기 때문에 B는 사원이 아니므로 B는 대리가 되고, A가 거짓이므로 D는 사원이다. 그러면 남은 부장 자리가 C여야 하는데, E가 거짓이므로 C는 부장이 될 수 없어 모순이 된다. 따라서 B는 거짓이고, D가 진실이 된다.

D가 진실인 경우 E는 부장이고, A는 과장이며, A는 거짓이므로 D는 사원이다. B가 거짓이므로 B는 차장보다 낮은 직급이 아니므로 차장, C는 대리가 된다. 따라서 진실을 말한 사람은 D이다.

26 정답 ④

재은이가 요일별로 달린 거리를 정리하면 다음과 같다.

월	화	수	목
200－50＝150m	200m	200－30＝170m	170＋10＝180m

따라서 재은이가 목요일에 화요일보다 20m 적게 달린 것을 알 수 있다.

27 정답 ②

- 이번 주 – 워크숍 : 지훈
- 다음 주 – 체육대회 : 지훈, 영훈 / 창립기념일 행사 : 영훈

따라서 다음 주 체육대회에 지훈이와 영훈이가 참가하는 것을 알 수 있다.
한편 제시된 사실만으로는 다음 주 진행되는 체육대회와 창립기념일 행사의 순서는 알 수 없다.

28 정답 ④

네 번째와 다섯 번째 결과를 통해 실용성 영역과 효율성 영역에서는 모든 제품이 같은 등급을 받지 않았음을 알 수 있으므로 두 번째 결과에 나타난 영역은 내구성 영역이다.

구분	A	B	C	D	E
내구성	3	3	3	3	3
효율성			2	2	
실용성		3			

내구성과 효율성 영역에서 서로 다른 등급을 받은 C, D제품과 내구성 영역에서만 3등급을 받은 A제품, 1개의 영역에서만 2등급을 받은 E제품은 첫 번째 결과에 나타난 제품에 해당하지 않으므로 결국 모든 영역에서 3등급을 받은 제품은 B제품임을 알 수 있다. 다섯 번째 결과에 따르면 효율성 영역에서 2등급을 받은 제품은 C, D제품뿐이므로 E제품은 실용성 영역에서 2등급을 받았음을 알 수 있다. 또한 A제품은 효율성 영역에서 2등급과 3등급을 받을 수 없으므로 1등급을 받았음을 알 수 있다.

구분	A	B	C	D	E
내구성	3	3	3	3	3
효율성	1	3	2	2	
실용성		3			2

이때, A와 C제품이 받은 등급의 총합은 서로 같으므로 결국 A와 C제품은 실용성 영역에서 각각 2등급과 1등급을 받았음을 알 수 있다.

구분	A	B	C	D	E
내구성	3	3	3	3	3
효율성	1	3	2	2	1 또는 3
실용성	2	3	1	1 또는 2	2
총합	6	9	6	6 또는 7	6 또는 8

D제품은 실용성 영역에서 1등급 또는 2등급을 받을 수 있으므로 반드시 참이 되지 않는 것은 ④이다.

29 정답 ①

B는 두 번째, F는 여섯 번째로 도착하였고, A가 도착하고 바로 뒤에 C가 도착하였으므로 A는 세 번째 또는 네 번째로 도착하였다. 그런데 D는 C보다 먼저 도착하였고 E보다 늦게 도착하였으므로 A는 네 번째로 도착하였음을 알 수 있다.
따라서 도착한 순서는 E－B－D－A－C－F이고, A는 네 번째로 도착하였으므로 배치표에 의해 최대 3번 경기를 하게 된다.

30 정답 ③

제시된 내용을 식으로 비교해 보면 다음과 같다.
C＞D, F＞E, H＞G＞C, G＞D＞F
∴ H＞G＞C＞D＞F＞E
따라서 A, B 모두 옳다.

31 정답 ②

i) A의 진술이 참인 경우
A가 1위, C가 2위이다. 그러면 B의 진술은 참이다. 따라서 B가 3위, D가 4위이다. 그러나 D가 C보다 순위가 낮음에도 C의 진술은 거짓이다. 이는 제시된 조건에 위배된다.
ii) A의 진술이 거짓인 경우
제시된 조건에 따라 A의 진술이 거짓이라면 C는 3위 또는 4위인데, 자신보다 높은 순위의 사람에 대한 진술이 거짓이므로 C는 3위, A는 4위이다. 그러면 B의 진술은 거짓이므로, D가 1위, B가 2위이다.
따라서 'B는 2위이다.'는 반드시 참이다.

32 정답 ①

B는 오전 10시에 출근하여 오후 3시에 퇴근하였으므로 업무는 4개이다. D는 B보다 업무가 1개 더 많았으므로 D의 업무는 5개이고, 오후 3시에 퇴근했으므로 출근한 시각은 오전 9시이다. K팀에서 가장 늦게 출근한 사람은 C이고 가장 늦게 출근한 사람을 기준으로 오전 11시에 모두 출근하였으므로 C는 오전 11시에 출근하였다. K팀에서 가장 늦게 퇴근한 사람은 A이고 가장 늦게 퇴근한 사람을 기준으로 오후 4시에 모두 퇴근하였다고 했으므로 A는 오후 4시에 퇴근했다. A는 C보다 업무가 3개 더 많았으므로 C의 업무는 2개이다. 이를 표로 정리하면 다음과 같다.

구분	A	B	C	D
업무	5개	4개	2개	5개
출근 시각	오전 10시	오전 10시	오전 11시	오전 9시
퇴근 시각	오후 4시	오후 3시	오후 2시	오후 3시

따라서 'C는 오후 2시에 퇴근했다.'는 항상 참이다.

오답분석

② B의 업무는 A의 업무보다 적었다.
③ A는 5개의 업무를 하고 퇴근했다.
④ 팀에서 가장 빨리 출근한 사람은 D이다.
⑤ C가 D의 업무 중 1개를 대신했다면 D가 C보다 빨리 퇴근했을 것이다.

[33~36]

- ◎ : 각 자릿수 +2, −2, +2, −2
- ♡ : 1234 → 2143
- ♠ : 각 자릿수 −1
- ◇ : 1234 → 3412

33 정답 ④

STOP	→	URQN	→	RUNQ
	◎		♡	

34 정답 ⑤

18AB	→	81BA	→	70AZ
	♡		♠	

35 정답 ③

E5D8	→	D4C7	→	C7D4
	♠		◇	

36 정답 ①

H476	→	76H4	→	65G3	→	83I1
	◇		♠		◎	

[37~40]

- ○ : 1234 → 2341
- □ : 각 자릿수 +2, +2, +2, +2
- ☆ : 1234 → 4321
- △ : 각 자릿수 −1, +1, −1, +1

37 정답 ①

JLMP	→	LMPJ	→	NORL
	○		□	

38 정답 ④

DRFT	→	FTHV	→	VHTF
	□		☆	

39 정답 ③

8TK1	→	7UJ2	→	UJ27
	△		○	

40 정답 ④

F752	→	257F	→	479H	→	388I
	☆		□		△	

시대에듀

M E M O

시대에듀 기출이 답이다 KT그룹 온라인 종합적성검사

개정15판1쇄 발행	2025년 08월 20일 (인쇄 2025년 07월 14일)
초 판 발 행	2018년 03월 20일 (인쇄 2018년 02월 07일)
발 행 인	박영일
책 임 편 집	이해욱
편 저	SDC(Sidae Data Center)
편 집 진 행	안희선 · 구본주
표지디자인	김도연
편집디자인	양혜련 · 장성복
발 행 처	(주)시대고시기획
출 판 등 록	제10-1521호
주 소	서울시 마포구 큰우물로 75 [도화동 538 성지 B/D] 9F
전 화	1600-3600
팩 스	02-701-8823
홈 페 이 지	www.sdedu.co.kr

I S B N	979-11-383-9643-1 (13320)
정 가	23,000원

※ 잘못된 책은 구입하신 서점에서 바꾸어 드립니다.

KT그룹

온라인 종합적성검사

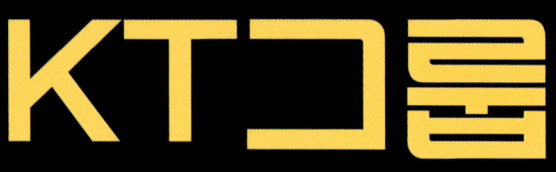

기출이 답이다

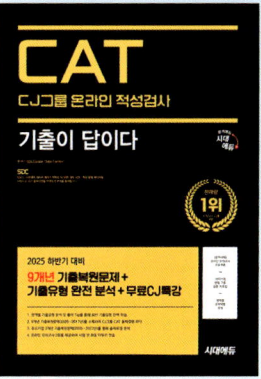

NEXT STEP
시대에듀가 합격을 준비하는
당신에게 제안합니다.
성공의 기회
시대에듀를 잡으십시오.
시대에듀
기회란 포착되어 활용되기 전에는 기회인지조차 알 수 없는 것이다.
– 마크 트웨인 –